LabVIEW

LabVIEW로 배우는
프로그래밍 기초

LabVIEW

LabVIEW로 배우는 프로그래밍 기초

| 김영민 저 |

INFINITYBOOKS
인 피 니 티 북 스

머리말

한국 내쇼날인스트루먼트(National Instruments)에 입사 후 LabVIEW라는 것을 처음 접하였으며, LabVIEW를 배울 때에는 한국 내쇼날인스트루먼트의 교육센터에서 사용하는 교재와 시중에 출판되어 있는 LabVIEW 교재를 주로 참고하였습니다.

이런 저런 자료들을 통해 LabVIEW를 배우며 가장 의문을 가졌던 부분은 "왜 LabVIEW를 다루는 책들은 모두 하드웨어적인 시각에서 LabVIEW를 설명하는가?"라는 점이었습니다. 물론 LabVIEW라는 언어의 발전이 장비의 제어와 긴밀하게 연관되어 있기 때문에 하드웨어의 제어 부분을 빼놓고는 LabVIEW의 장점을 충분히 이용하지 못하는 것은 사실입니다. 또한 일반적으로 가장 많이 사용하는 C 언어와 비교해서 범용적인 프로그래밍 언어로써 자리매김하기에는 약간은 모자란 감이 있는 것도 부인할 수 없습니다.

하지만 LabVIEW는 하나의 독립된 프로그래밍 언어로써 충분한 기능을 가지고 있으므로 하드웨어적인 측면에서만 바라본다면, 그만큼 프로그래밍 언어로서의 기능을 독자에게 이해시키기가 힘들 수밖에 없습니다. 이 책의 집필은 그런 관점에서 시작되었습니다. LabVIEW와 하드웨어의 연동을 배제하고 오로지 소프트웨어적인 측면만을 부각시켜 처음 LabVIEW를 배우는 독자들이 LabVIEW를 소프트웨어 툴이 아닌 하나의 프로그래밍 언어로 받아들일 수 있도록 내용을 구성하였습니다.

이 책의 구성은 실제 프로그래밍의 순서와 동일하게 LabVIEW의 설치부터 시작하기, 소스코드 만들기, 디버깅하기, 사용자 인터페이스 꾸미기, 문서화 하기의 순서로 구성되어 있습니다. 그리고 중간 중간에는 실습 예제를 추가하여 직접 독자가 실습을 할 수 있도록 꾸며놓았습니다. 그리고 각 장의 마지막 부분에는 각 장의 요약 내용과 퀴즈를 추가하여 독자의 이해를 높이고 있습니다.

대부분의 기술들이 그렇지만 프로그래밍 또한 단순히 책을 읽는다고 자신의 것이 되지는 않습니다. 직접 실습하고 반복하며 부딪혀 봐야 자신의 것으로 만들 수 있습니다. 이 책이 LabVIEW를 통해 처음으로 프로그래밍을 배우는 분들에게 자그마한 도움이라도 되길 바랍니다.

마지막으로 이 책의 집필에 도움을 주신 한국 내쇼날인스트루먼트 임직원분들과 편집에 도움을 주신 김현정 님, 신규용 님께 감사 드리며, 항상 저를 응원해 주신 저의 가족과 부모님께 감사드립니다.

저자 김영민

차례

CHAPTER

01

LabVIEW를 시작하기 전에

CHAPTER 01 LabVIEW를 시작하기 전에

1.1 LabVIEW의 역사

LabVIEW를 만든 회사는 내쇼날 인스트루먼트(National Instruments)라고 하는 텍사스의 오스틴(Austin, Texas)에 본사를 둔 미국계 회사입니다. 1976년에 설립되었으며 현재 전세계 40여 개국에 지사가 있고 5000명 이상의 직원을 거느리고 있습니다.

이 회사는 James Truchard, Jeff Kodosky, Bill Nowlin이라는 세 사람에 의해서 설립되었으며, 컴퓨터에서 외부의 계측장비(오실로스코프, DMM 등)를 컨트롤할 수 있게 해주는 GPIB(General Purpose Interface Bus)라는 장치로 유명한 회사입니다. 물론 지금은 GPIB 뿐만 아니라 그 외에 여러 계측장비들을 만드는 세계적으로 유명한 계측기 회사가 되었습니다.

[그림 1-1] 내쇼날 인스트루먼트 본사 전경

현재 LabVIEW는 주로 마이크로소프트의 윈도우에서 사용되고 있지만 LabVIEW의 탄생은 애플의 매킨토시(Macintosh)와 더욱 깊은 관계가 있습니다. 지금은 IBM PC에서도 윈도우라는 그래픽 유저 인터페이스를 사용하고 있지만 윈도우가 상용화되기 이전에는 명령어를 직접 써야 하는 도스(Dos)라는 운영체제를 사용하고 있었습니다. 그러나 애플의 경우는 매킨토시라는 세계 최초로 마우스를 이용하는 운영체제를 이미 상용화하고 있었습니다. LabVIEW의 개발자는 세 사람의 설립자 중에서 제프 코도스키(Jeff Kodosky)라는 사람인데, 그는 이 매킨토시를 보고 영감을 얻어 LabVIEW라는 기존의 텍스트 기반 언어(text based language)와는 완전히 다른 그래픽 기반 언어(graphic based language)를 1986년에 만들게 됩니다.

그 후 1991년에는 LabVIEW에 대한 첫 번째 특허를 취득하였고, 1992년에는 처음으로 윈도우 운영체제에서 사용할 수 있는 LabVIEW 버전을 출시하게 됩니다. 이후에 꾸준히 버전을 업데이트해 오다가 2006년에 한글 버전이 지원되는 8.2 버전을 출시하였으며 2011년 7월 2011 버전(v11.0)을 출시하였습니다(참고로 한국 내쇼날인스트루먼트는 1994년에 설립되었습니다).

현재는 LabVIEW 이외에도 몇몇 그래픽 기반 언어들이 있지만(Simulink, VEE 등) 여타의 다른 그래픽 기반 언어들과 LabVIEW의 가장 큰 차이점은 다른 언어들은 어떤 프로그램을 보조하는 도구(tool)의 성격이 강하지만 LabVIEW의 경우는 하나의 완전한 프로그래밍 언어라는 것입니다.

1.2 LabVIEW 2011 버전의 설치

LabVIEW는 Laboratory Virtual Instrument Engineering Workbench의 약자로서 가상으로 작동하는(컴퓨터에서 작동하는) 장비 정도의 의미를 가지고 있습니다. LabVIEW는 포함하고 있는 기능에 따라서 Base Development / Full Development / Professional Development 의 세 가지 패키지가 있으며, 각각의 차이는 고급 함수의 포함 여부 및 배포(exe 파일 및 설치 파일 만들기) 옵션 포함 차이입니다. 이 중에서 가장 상위 버전은 Professional 패키지입니다. 이 평가판은 내쇼날인스트루먼트의 홈페이지(www.ni.com)에서 회원 가입 후 무료로 사용할 수 있으며 사용 가능 기간은 30일입니다.

[그림 1-2] LabVIEW 2011 평가판 다운로드 화면

LabVIEW를 설치하기 위해서는 [그림 1-3]과 같은 시스템 조건을 만족해야 합니다. 언뜻 보기에는 시스템 요구조건이 별로 높지 않은 것처럼 보이지만 LabVIEW를 무난하게 실행하기 위해서는 아래의 시스템 사양보다는 높은 사양을 사용하실 것을 추천해 드립니다.

LabVIEW Professional: OS 및 컴퓨터 요구사항

Requirements for LabVIEW Development Systems

Refer to the LabVIEW Release Notes for a complete list of system requirements.

Windows OS

	Run-Time Engine	Development Environment
Processor	Pentium III/Celeron 866 MHz or equivalent	Pentium 4/M or equivalent
RAM	256 MB	1 GB
Screen Resolution	1024 x 768 pixels	1024 x 768 pixels
Operating System	Windows Vista/XP/7/Windows Server 2003 R2 (32-bit)/Windows Server 2008 R2 (64-bit)	Windows Vista/XP/7/Windows Server 2003 R2 (32-bit)/Windows Server 2008 R2 (64-bit)
Disk Space	340 MB	3.3 GB (includes default drivers from NI Device Drivers CD)

! 본 소프트웨어는 또한 Linux 및 Mac에서 사용가능합니다.

[그림 1-3] LabVIEW 2011의 시스템 요구사항

평가판 링크를 통해 다운로더 프로그램을 실행시킨 후 압축을 풀면 LabVIEW의 설치가 자동으로 시작됩니다.

[그림 1-4] LabVIEW 2011 버전 설치 초기화면

초기 화면에서 [**다음**]을 선택하고, 사용자의 이름과 소속을 입력한 후 시리얼 번호를 입력하는 창이 뜨면 평가판으로 사용하기 위해서 아무 것도 입력하지 않고 [**다음**] 버튼을 누릅니다. 만약 시리얼 번호가 있다면 시리얼 번호를 입력하여도 무방합니다.

그리고 설치 대상 디렉토리 선택도 기본값 그대로 두고 [**다음**] 버튼을 누릅니다.

[그림 1-5]와 같은 구성요소 설치 창이 뜨면 [**NI 디바이스 드라이버**] 부분만 [**설치 안함**]으로 선택합니다. 이 디바이스 드라이버는 LabVIEW를 이용하여 다른 내쇼날인스트루먼트(NI) 장비를 연동하기 위한 것이므로 이후의 사용을 위해 [**설치**]로 선택하여도 무방합니다. 디바이스 드라이버는 내쇼날인스트루먼트 홈페이지에서 디바이스 드라이버(device driver)를 검색하시면 최신 버전을 다운로드 받을 수 있습니다.

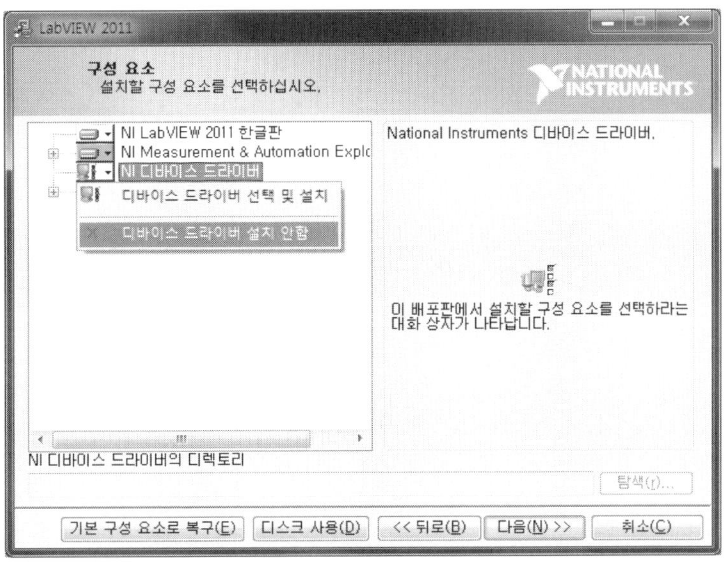

[그림 1-5] LabVIEW 2011 설치 구성요소 선택창

이후에 라이선스 협약에 [**동의**]를 한 후 계속해서 [**다음**]을 누르면 설치가 시작됩니다. 설치가 완료되면 바탕화면에 Measurement & Automation이라는 실행 아이콘이 만들어지고 프로그램 폴더 안의 National Instruments → LabVIEW 2011 폴더에 LabVIEW 프로그램 실행 파일이 생성됩니다. 참고로 바탕화면에 생성되는 Measurement & Automation이라는 소프트웨어는 사용자의 컴퓨터에 설치된 내쇼날인스트루먼트 하드웨어나 소프트웨어에 대한 정보를 제공하는 기능을 가지고 있습니다.

CHAPTER

02

LabVIEW 시작하기

CHAPTER 02 LabVIEW 시작하기

2.1 프로그래밍(Programming)이란?

프로그램(또는 소프트웨어)이란 컴퓨터가 사용자의 명령에 따라서 정해진 동작 내지는 연산을 하도록 만들어 놓은 모든 것을 의미합니다. 그리고 사용자가 컴퓨터에 정해진 명령을 내리고 컴퓨터는 그에 대한 연산을 하며 연산이 끝나면 그 결과를 사용자에게 알려주는 일련의 과정들을 정의하는 것을 프로그래밍(Programming) 또는 컴퓨터에게 짧은 명령(Code)을 준다는 의미의 코딩(Coding)입니다. 이때 사용자의 명령을 입력(Input)이라 부르고, 컴퓨터가 되돌려주는 결과를 출력(Output)이라 부릅니다.

이런 과정들이 정확하게 작동하기 위해서는 사용자의 코드를 컴퓨터라는 기계에게 전달할 수 있는 언어가 필요합니다. 이 언어에 해당하는 것들이 C나 Java, LabVIEW 등의 프로그램 언어(Programming Languages)들입니다. 하지만 이 언어들은 사용자들만의 규칙에 따라 만들어진 언어이므로 컴퓨터라는 기계가 알아들을 수 있는 언어로의 변환이 필요합니다. 이 역할을 하는 부분을 컴파일러(Compiler)라고 부릅니다.

[그림 2-1] 컴파일러의 역할

2.1.1 비트(bit)와 바이트(byte)

기계어는 컴퓨터가 알아들을 수 있는 0과 1로만 이루어진 언어라고 정의할 수 있습니다. 여기에서 0과 1이란 의미는 우리가 숫자로 사용하는 0과 1의 의미와는 조금 다릅니다. 우리가 문서편집 프로그램에서 0과 1을 사용해서 어떤 명령을 만들어 놓으면 컴퓨터가 알아들을 수 있을까요? 사실 1과 0이라는 표현보다는 오히려 "있다"와 "없다"라고 하는 것이 더 정확한 표현이라고 할 수 있습니다. 컴퓨터의 기억 장치나 연산 장치는 반도체를 사용하는데, 반도체에서 0과 1을 구분하는 방법은 그 반도체 안에 전자가 있다(1) 그리고 없다(0)로 판별하기 때문입니다.

이렇게 0 또는 1을 표현할 수 있는 최소한의 단위를 비트(bit)라고 합니다. 즉 1개의 비트는 0이 될 수도 있고 1이 될 수도 있으므로 2가지의 경우의 수를 표현할 수 있습니다.

1bit = 0, 1	2^1 = 2가지 경우의 수
2bits = 00, 01, 10, 11	$2 \times 2 = 2^2$ = 4가지 경우의 수
3bits = 000, 001, 010, 011, 100, 101, 110, 111	$2 \times 2 \times 2 = 2^3$ = 8가지 경우의 수
⋮	

이렇게 비트가 8개가 모이면 이를 하나의 바이트(1byte = 8bits)라고 표현을 합니다. 그리고 이 바이트란 단위는 컴퓨터에서 사용하는 데이터의 최소 단위가 됩니다. 그렇다면 1기가바이트(GB)는 몇 메가바이트(MB)일까요?

일반적으로 우리는 1G(기가) = 1000M(메가)라고 알고 있습니다. 그러나 컴퓨터에서는 이 공식이 성립하지 않습니다. 이 질문에 대한 대답을 하려면 **1비트 = 2가지 경우의 수 표현**이라는 말을 조금 음미해봐야 합니다.

하나의 기호로 두 가지 경우를 나타낼 수 있는 수를 바이너리(Binary) 내지는 2진수라고 합니다. 이 바이너리 형태를 사용하면 어떤 경우의 수를 표현하기 위해서 필요한 그 이상의 공간이 필요할 수 있습니다. 예를 들어 3이라는 숫자를 표현하고 싶으면 2개의 비트를 사용해야 하는데, 2개의 비트를 사용하면 4까지 표현을 할 수 있습니다. 다시 말해서 3이라는 숫자를 나타내기 위해 4까지 표현할 수 있는 공간을 써야 한다는 뜻입니다. 이와 마찬가지로 1000이라는 숫자를 표현하고 싶으면 몇 개의 비트를 사용해야 할까요? 그렇습니다! 2^{10} = 1024, 10비트입니다.

이 내용은 8개의 비트를 근간으로 하는 바이트에도 그대로 적용이 됩니다. 즉 1GB = 1024 MB가 되는 것입니다. 그래서 하드디스크의 용량 같은 것을 보면 설명에는 500GB로 써 있더라도 실제로 탐색기에서 살펴보면 0.5TB가 아니라 0.49TB로 표시되는 것입니다.

Decimal			Binary
Value	SI		Value
1000	k	kilo	1024
1000^2	M	mega	1024^2
1000^3	G	giga	1024^3
1000^4	T	tera	1024^4
1000^5	P	peta	1024^5
1000^6	E	exa	1024^6
1000^7	Z	zetta	1024^7
1000^8	Y	yotta	1024^8

[그림 2-2] 10진수와 2진수의 단위

2.1.2 데이터 형식(Data Format)

앞에서 바이트(= 8비트)가 데이터를 표현하는 최소의 단위라고 언급을 하였습니다. 그러므로 하나의 바이트는 2^8 = 256가지의 데이터 표현이 가능합니다. 자연수의 경우라면 0~255까지 표현할 수 있습니다(0도 하나의 숫자 표현이므로 255까지 256개의 숫자가 들어있습니다). 이 숫자들은 우리가 익히 알고 있는 00000000 ~ 11111111까지의 2진수를 이용해서 표현할 수 있습니다. 즉 8개의 비트를 우리가 일반적으로 읽듯이 그대로 읽어 들이면 됩니다. 그렇다면 부호(−)가 있는 숫자의 표현은 어떻게 해야 할까요?

일반적으로 음의 이 부호를 나타내기 위해서 8개의 비트 중에서 제일 왼쪽에 있는 비트를 부호로 사용을 합니다. 그리고 나머지 자리의 비트들은 각 비트의 값을 0은 1로 1은 0으로 뒤집어 줍니다. 이런 형태의 음수 표현을 2의 보수(2's Compliment)라고 합니다.

0	1 1 1 1 1 1 1	= 127
0	1 1 1 1 1 1 0	= 126
0	0 0 0 0 0 1 0	= 2
0	0 0 0 0 0 0 1	= 1
0	0 0 0 0 0 0 0	= 0
1	1 1 1 1 1 1 1	= −1
1	1 1 1 1 1 1 0	= −2
1	0 0 0 0 0 0 1	= −127
1	0 0 0 0 0 0 0	= −128

[그림 2-3] 2의 보수를 사용한 숫자 표현

여기에서 중요한 문제가 생깁니다. 똑같은 11111111이라는 2진수가 있을 때, 과연 이 숫자를 255라고 읽어야 할까요 아니면 −1이라고 읽어야 할까요? 이 문제를 해결하기 위해서 프로그래밍을 할 때에는 입력의 형태에 대해서 미리 컴퓨터에게 알려줘야 합니다. 이 과정을 입력/출력의 선언이라고 부릅니다. 이 선언을 통해서 컴퓨터에게 입력 또는 출력이 몇 개의 바이트를 사용하며 부호가 있는지 없는지 또는 그 형태가 숫자인지 문자인지 등을 미리 알려줄 수 있습니다.

```
int x;              32비트 정수
unsigned int y;     32비트 부호 없는 정수
float z;            32비트 부동소수점 소수
```

[그림 2-4] 선언의 예

2.1.3 변수(Variable)

변수란 한자로 변할 변(變), 숫자 수(數) 영어로는 Variable이라고 합니다. 쉽게 말해서 "그 값이 변하는 숫자"입니다. 그 값은 미리 정해져 있지 않고 필요에 의해서 값을 변화시킬 수도 있는 것이라고 할 수 있습니다. 반대의 개념은 상수(常數, Constant: 일정한 값을 가지는 수)입니다.

앞서 얘기한 프로그래밍의 목적은 사용자가 컴퓨터라는 기계에 명령을 내리고 자신이 원하는 결과를 만들어 내는 것이라고 할 수 있습니다. 하지만 그 명령은 항상 동일한 것이 아니고 상황에 따라서 변화하기 마련입니다. 예를 들어서 게임에서 사용자의 마우스 입력이나 버튼 입력은 항상 동일하지 않고 각각의 상황에 따라서 다르게 반응해야 합니다. 즉 사용자의 명령은 변하는 입력, 변수라고 할 수 있습니다. 마찬가지로 상황에 따라서 그 결과도 달라야 하므로 출력 또한 하나의 변수라고 할 수 있습니다.

이런 변수의 종류에는 크게

- **숫자형:** Numeric
- **문자형:** Character or String
- **불리언형:** Boolean

이 있고, 이런 변수들의 집합 중 동일한 형태의 집합이냐 여러 형태의 혼합이냐에 따라서

- **배열:** Array
- **클러스터:** Cluster

형태의 변수가 존재합니다. 예를 들어 같은 숫자형의 변수가 여러 개 있다면 배열이 되고, 숫자형과 문자형이 섞여서 하나의 변수를 구성하고 있다고 하면 클러스터가 되는 식입니다. 이렇게 서로 다른 변수들의 형태와 사용에 대해서는 이후에 조금 더 자세하게 설명하도록 하겠습니다.

2.2 LabVIEW 시작하기

LabVIEW의 설치를 완료한 후 실행을 하면 [그림 2-5]와 같은 [시작하기] 창이 나타납니다.

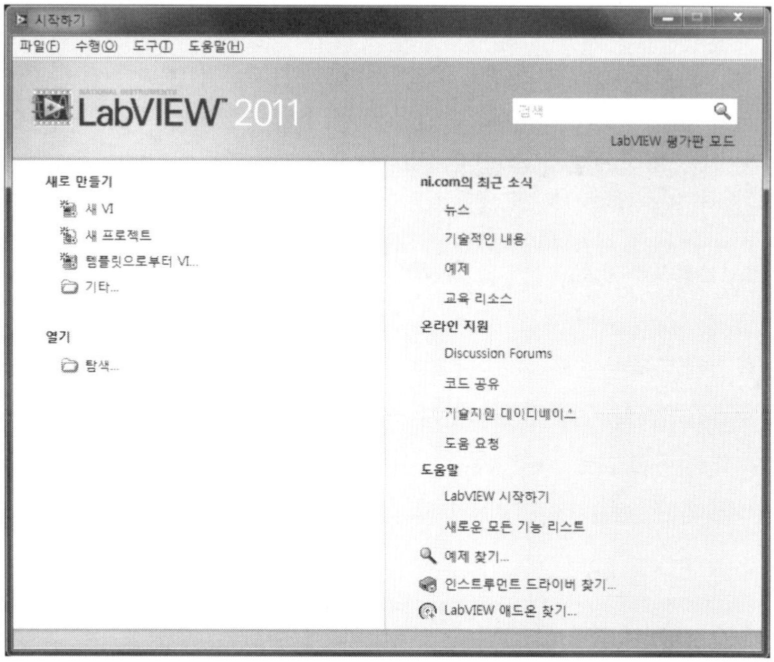

[그림 2-5] LabVIEW 시작하기 창

[시작하기] 창의 왼쪽에는 새로 만들기와 열기 메뉴가 있습니다. 새로 만들기에는 새로운 LabVIEW 프로그램 파일을 생성하는 [새 VI]라는 메뉴와, LabVIEW 프로그램 파일들을 통합해서 실행파일(EXE)이나 설치파일(Installation) 등으로 만들어주기 위해 논리적으로 LabVIEW 프로그램 파일들을 묶어주는 [새 프로젝트]라는 메뉴가 있습니다. 그리고 마지막으로 기존에 만들어져 있는 어떤 패턴을 불러와서 수정을 할 수 있는 [템플릿으로부터 VI...]라는 메뉴가 있습니다. 열기 메뉴는 이전에 실행했던 LabVIEW 프로그램 파일들이나 프로젝트 파일들이 리스트되는 부분입니다.

오른쪽의 항목들은 내쇼날인스트루먼트 기술지원 데이터베이스에 접속해서 궁금한 내용에 대해서 검색하거나 LabVIEW 2011의 도움말을 탐색할 수 있는 항목들이 나열되어 있습니다. 단 이 메뉴들 대부분은 내쇼날인스트루먼트의 홈페이지(www.ni.com)에 접속해서 필요한 정보를 검색하므로 정보를 얻기 위해서는 인터넷 연결이 필요합니다.

2.3 LabVIEW의 구성요소

2.3.1 프런트패널(Front Panel)과 블록다이어그램(Block Diagram)

모든 프로그램 언어는 프로그램의 기능을 정의하는 코드(Code) 부분과 그 코드와 관련된 입력과 출력을 표시해주는 사용자 인터페이스(User Interface, UI) 부분을 가지고 있습니다.

LabVIEW도 이와 마찬가지로 기능을 정의해 주는(코딩) 부분인 [블록다이어그램]과 사용자 인터페이스에 해당하는 [프런트패널]이 있습니다. 이 두 개의 창은 항상 같이 따라다니는 하나의 묶음입니다.

시작하기 화면에서 [새 VI]를 선택하거나 단축키(Ctrl + N, 새 VI)를 누르면 [그림 2-6]과 같이 프런트패널 창과 블록다이어그램 창이 동시에 열립니다. 그리고 각각의 창에는 [컨트롤]과 [함수]라고 하는 하위 창들이 같이 따라다니는데, 각각의 창에는 사용자 인터페이스를 구성하기 위한 아이템과 코딩을 하기 위한 아이템들이 들어 있습니다.

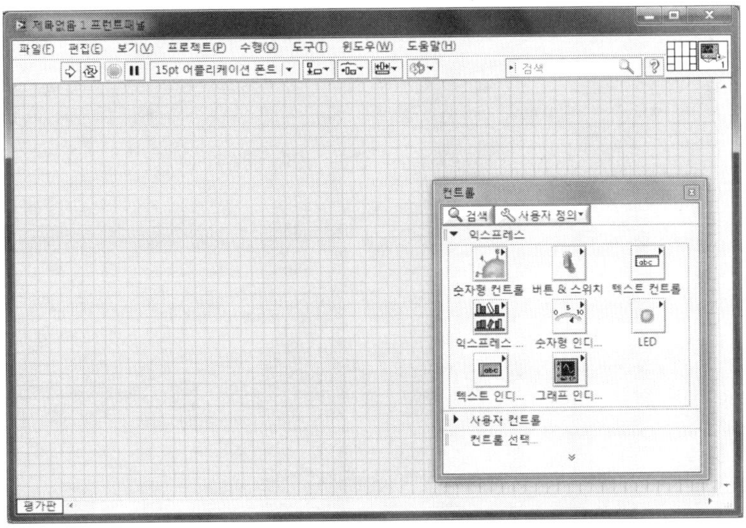

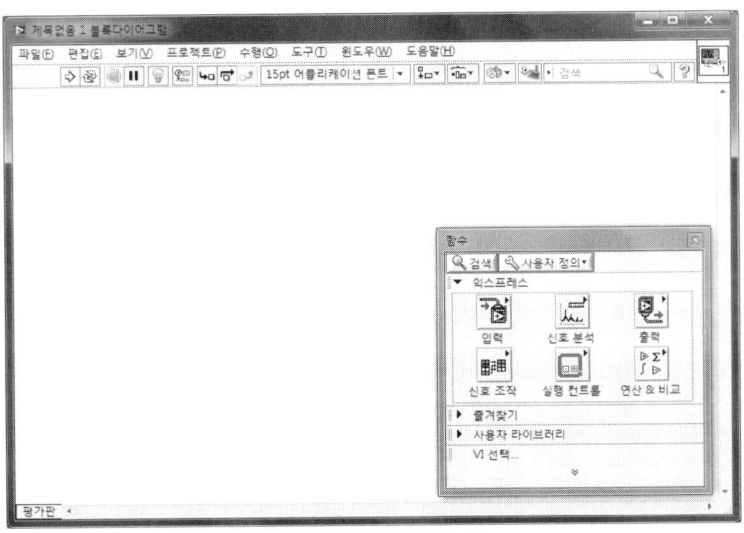

[그림 2-6] 프런트패널 창과 블록다이어그램 창

두 개의 창 중에서 [블록다이어그램] 창은 실수로 닫기를 하더라도 [프런트패널]의 시작메뉴에서 [윈도우] → [블록다이어그램 보이기]를 선택하거나 단축키(Ctrl + E)를 사용하여 다시 불러올 수 있습니다. 또한 이 메뉴(Ctrl + E)는 [프런트패널] 창과 [블록다이어그램] 창이 서로 겹쳐 있을 때 두 창을 교대로 제일 위로 가져오는 용도로도 사용합니다. 만약 VI라고 하는 LabVIEW 코딩 창을 완전히 종료하려면 [프런트패널] 창의 닫기를 선택하거나 시작메뉴의 [파일] → [종료]를 선택해야 합니다.

설정 통일하기

LabVIEW 프로그래밍에 앞서 프로그래밍의 편의를 위해서 LabVIEW 환경을 동일하게 설정할 필요가 있습니다. 먼저 [컨트롤] 창에서 [사용자 정의] → [팔레트 보기 변경...] 메뉴를 선택하고, 팔레트 보기 변경 창이 뜨면 [모두 선택]을 클릭하고 [확인]을 누릅니다. 이 과정이 끝나면 [컨트롤] 창의 오른쪽 위에 있는 닫기 버튼을 눌러서 창을 닫아 줍니다.

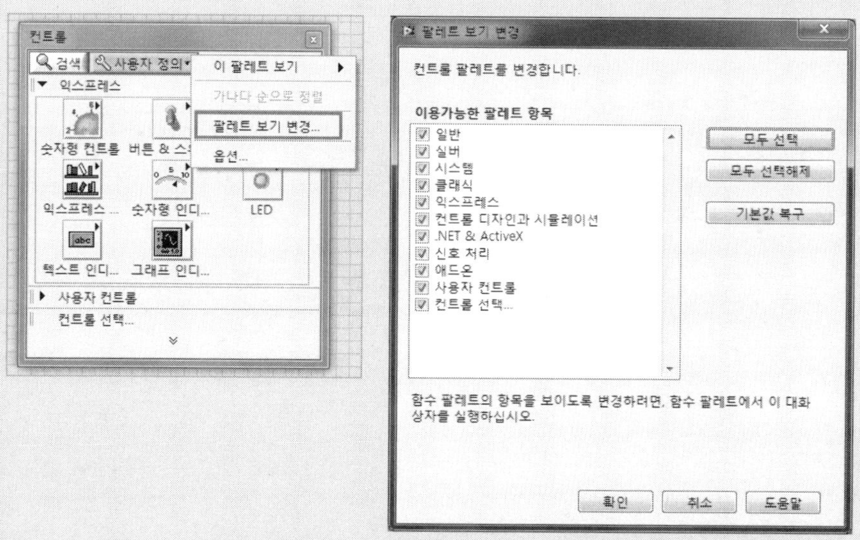

[그림 2-7] 컨트롤 팔레트 보기 변경

마찬가지로 [함수] 창에서도 [사용자 정의] → [팔레트 보기 변경...] 항목을 선택해서 팔레트 보기 변경 창이 뜨면 [모두 선택]을 클릭하고 [확인]을 눌러 줍니다. 그리고 이 설정이 완료되면 [함수] 창 오른쪽 위의 창 닫기를 이용해서 [함수] 창을 닫습니다.

마지막으로 프런트패널이나 블록다이어그램 창에 있는 실행 메뉴에서 [도구] → [옵션] 항목을 선택합니다. 옵션 창이 뜨면 아래의 그림과 같이 [블록다이어그램]을 선택하고 가장 위에 있는 [프런트패널 터미널을 아이콘으로 놓기] 항목을 체크 해제하고 [확인]을 눌러줍니다.

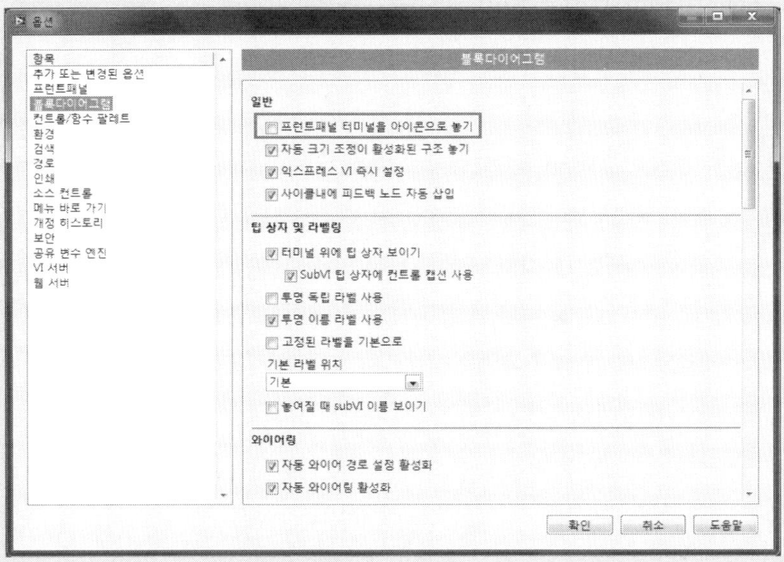

[그림 2-8] 옵션 창

LabVIEW는 아이콘으로 코딩을 하기 때문에 블록다이어그램에 보이는 아이콘의 크기가 너무 크면 한정된 공간에 많은 정보를 기록할 수 없습니다. 또한 캐드 종류의 프로그램처럼 확대나 축소가 불가능해서, 항상 공간을 염두에 두면서 코딩을 해야 합니다. 다음 옵션은 블록다이어그램에서 입/출력 터미널이 차지하는 공간은 줄여주는 역할을 합니다. 간혹 블록다이어그램에서 터미널의 모양이 책의 내용과 다르다면 [프런트패널 터미널을 아이콘으로 놓기] 옵션을 해제했는지 확인해 주세요.

[그림 2-9] 프런트패널 터미널을 아이콘으로 보기 옵션의 적용

2.3.2 컨트롤(Control)과 인디케이터(Indicator)

설정 통일이 완료되면 두 개의 빈 창만 남아있게 됩니다. 앞 절에서 블록다이어그램 창은 코딩을 하는 공간이라고 했습니다. 그런데 블록다이어그램 창은 명령을 입력할 수 있는 공간도 없고 키보드를 눌러도 전혀 반응을 하지 않습니다.

LabVIEW는 문서 작업을 하듯이 한 줄씩 명령을 입력하는 다른 텍스트 기반 언어와는 달리 그래픽 기반으로 코딩을 합니다. 그래서 우리가 윈도우를 사용하듯이 마우스 클릭 및 끌기와 놓기(drag & drop)로 대부분의 코딩을 해결합니다.

두 개의 창은 서로 연결되어 있으므로 두 창을 동시에 보기 위해서 제목 표시줄의 [윈도우] → [좌우로 정렬 또는 윈도우] → [위와 아래로 정렬]을 선택하거나 **단축키(Ctrl + T, 보이기 변경)**를 선택하면 편하게 사용할 수 있습니다.

혹시나 실수로 프런트패널 창 닫기를 누르셨다면 다시 [새 VI] 메뉴를 이용해서 새로운 VI 공간을 생성해 주세요. 그리고 블록다이어그램 창을 닫으셨다면 실행 메뉴의 [윈도우] → [블록다이어그램 보이기] 메뉴를 클릭하거나 **단축키(Ctrl + E)**를 눌러주면 이전의 블록다이어그램 창을 다시 볼 수 있습니다.

그러면 사용자 인터페이스 부분인 프런트패널 창부터 탐색해 보겠습니다. 프런트패널 창의 빈 공간에 마우스 오른쪽 버튼을 클릭하면 [컨트롤]이라는 이름의 창이 생깁니다. 이렇게 여러 종류의 아이콘을 포함하고 있는 창을 LabVIEW에서는 [팔레트]라고 부릅니다. [컨트롤] 팔레트에는 사용자 인터페이스를 구성할 수 있는 여러 가지 모양의 아이콘들이 포함되어 있습니다. [컨트롤] 팔레트를 없애려면 LabVIEW 프런트패널의 빈 공간에 마우스 왼쪽 버튼을 클릭하고, 다시 불러오려면 빈 공간에 마우스 오른쪽 버튼을 클릭하면 됩니다.

[컨트롤] 팔레트는 데이터의 종류에 따라서 숫자형, 불리언, 문자열 등의 아이콘을 포함하고 있습니다. 이 아이콘들을 LabVIEW에 추가하는 방법은 윈도우 실행 방법과 유사합니다.

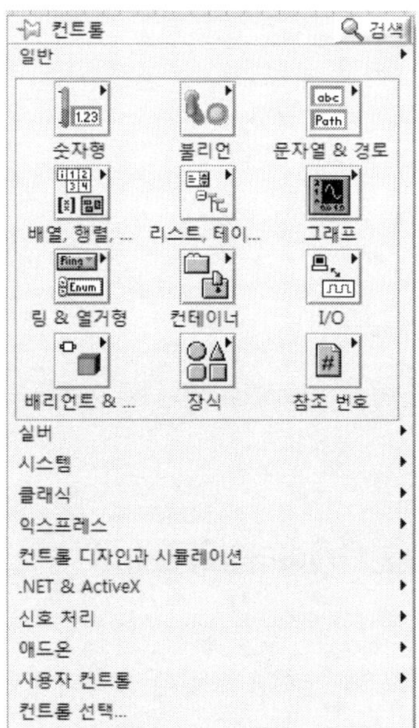

[그림 2-10] 컨트롤 팔레트

먼저 [숫자형] 팔레트부터 차례대로 살펴보겠습니다. [숫자형] 팔레트에서 아이콘을 불러오려면

1. [컨트롤] 팔레트 → [숫자형] 팔레트로 마우스 이동
2. 마우스 왼쪽 버튼을 클릭하여 [숫자형] 팔레트 안에 있는 아이콘 중 하나를 선택
3. 마우스를 이동하여 프런트패널에 놓기(마우스 왼쪽 버튼 클릭)

을 하면 됩니다. 그러면 먼저 [숫자형 컨트롤]과 [숫자형 인디케이터]를 프런트패널에 놓아 보겠습니다.

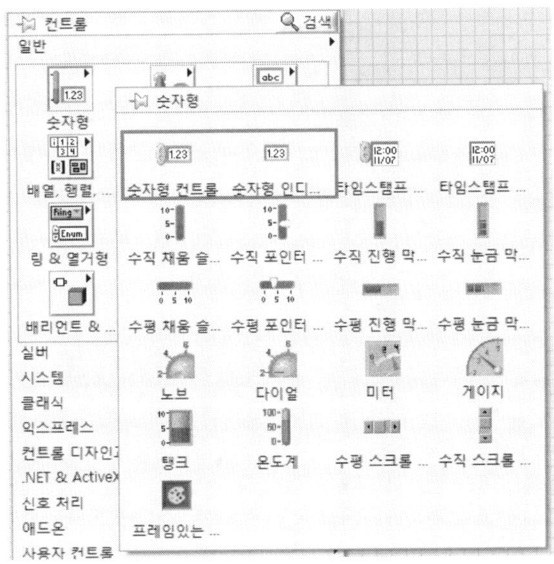

[그림 2-11] 숫자형 컨트롤과 숫자형 인디케이터

[숫자형 컨트롤]과 [숫자형 인디케이터]를 차례대로 프런트패널에 놓으면 [그림 2-12]와 같이 프런트패널과 블록다이어그램에 "숫자형"과 "숫자형 2"라는 이름을 가진 아이콘들이 동시에 생성이 됩니다. 이런 아이콘들을 LabVIEW에서는 **터미널(Terminal)**이라고 부릅니다. 이 중에서 [컨트롤]은 컴퓨터에 명령을 주는 **입력**에 해당하고 [인디케이터]는 **출력**에 해당합니다.

프런트패널과 블록다이어그램에 있는 같은 이름의 [컨트롤]과 [인디케이터]는 서로 연결되어 있습니다. 프런트패널은 사용자가 보는 프로그램의 화면에 해당하고 블록다이어그램은 그 프로그램의 소스 코드(Source Code)에 해당한다는 사실을 상기해보면 당연한 결과입니다. 즉 사용자는 프런트패널에 있는 "숫자형" 터미널을 통해서 값을 입력하고 블록다이어그램에서는 그 "숫자형" 터미널의 값을 읽어와서 실제 연산을 하는 형태입니다. 서로 묶여 있는 터미널들을 확인하기 위해서는 프런트패널이나 블록다이어그램의 터미널 위에 마우스를

위치시키고 더블 클릭을 하면 서로 연관된 터미널들이 하이라이트되므로 쉽게 그 관계를 확인할 수 있습니다.

프런트패널이나 터미널의 위치를 옮기고 싶으면, 블록다이어그램에서 해당 터미널을 마우스 왼쪽 버튼으로 클릭한 후 끌기(drag)와 놓기(drop)를 통해 위치를 자유롭게 변경할 수 있습니다. 또한 터미널의 위치를 미세하게 움직이고 싶은 경우는 마우스 왼쪽 버튼을 클릭하여 터미널을 지정한 후 **방향키(←, ↑, →, ↓)**를 이용하거나 **시프트(shift) + 방향키(←, ↑, →, ↓)**를 이용해서 조절하면 더욱 정확하게 터미널들의 간격을 맞출 수 있습니다.

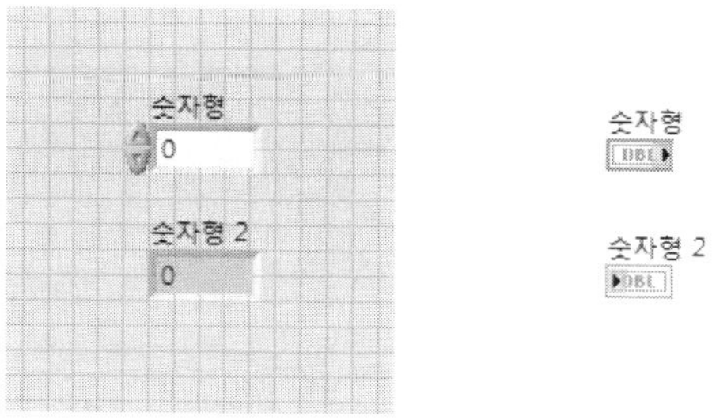

[그림 2-12] 숫자형 컨트롤과 인디케이터

[실습 2-1] [숫자형] 팔레트에서 컨트롤과 인디케이터를 생성한 방법과 동일하게 [불리언]과 [문자열] 팔레트에 대해서도 컨트롤과 인디케이터를 만들어 보세요.

1. 컨트롤 팔레트를 불러와서 마우스를 [불리언] 팔레트로 이동시킨 다음 [누름 버튼]과 [원형 LED] 아이콘을 각각 프런트패널 위에 놓습니다.

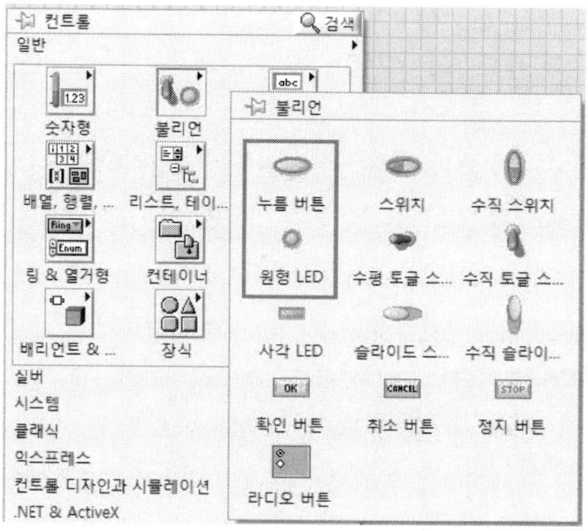

[그림 2-13] 불리언 팔레트

2. 같은 방법으로 [문자열 & 경로] 팔레트에서 [문자열 컨트롤]과 [문자열 인디케이터]를 프런트패널에 놓습니다.

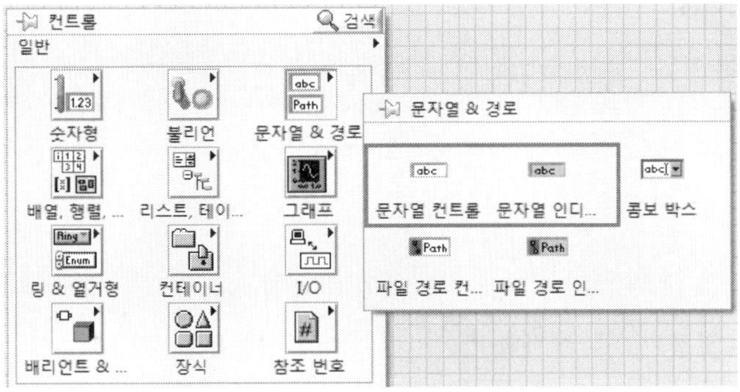

[그림 2-14] 문자열 & 경로 팔레트

3. 터미널들의 위치를 조절하여 [그림 2-15]와 같이 배치합니다.

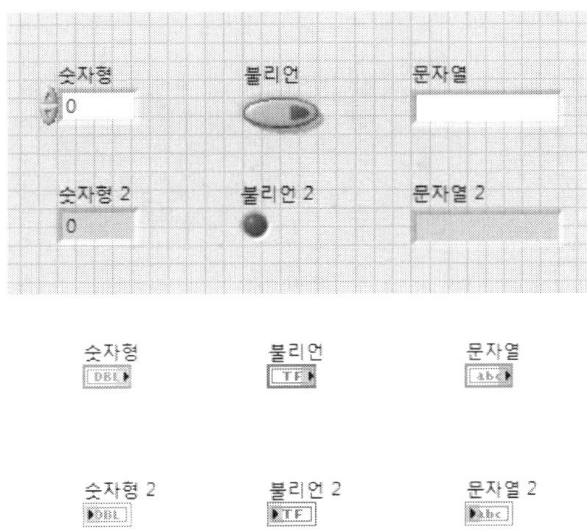

[그림 2-15] 숫자형/불리언/문자열 컨트롤과 인디케이터

2.4 LabVIEW의 데이터의 전달

앞서 실습한 내용을 살펴보면, LabVIEW는 데이터의 형태에 따라서 블록다이어그램의 터미널이 다른 색깔을 가지고 있음을 알 수 있습니다. 이는 같은 모양을 가지고 있는 터미널들의 데이터 형태를 쉽게 한눈에 파악하기 위함입니다.

이 외에도 블록다이어그램 터미널들의 모양을 자세히 살펴보면 컨트롤과 인디케이터는 모양이 서로 다른 부분이 있다는 것을 알 수 있습니다. 컨트롤은 조금 더 두꺼운 테두리에 화살표가 오른쪽으로 향해 있고, 인디케이터는 얇은 테두리에 화살표가 왼쪽으로부터 들어오는 형태입니다.

이 화살표는 입력에서부터 출력으로의 데이터 흐름을 나타냅니다. 즉 컨트롤은 데이터를 주는 역할을 하고 인디케이터는 데이터를 받는 역할을 합니다. 하나의 컨트롤에서 다른 인디케이터로 데이터를 전달하기 위해 LabVIEW에서는 **와이어(wire)**라는 도구를 사용합니다. 와이어는 실제 데이터의 전달을 나타내므로 블록다이어그램에서만 사용됩니다. 와이어를 만들기 위해서는

1. 블록다이어그램에 있는 컨트롤 터미널의 화살표에 마우스 커서를 가져가면 마우스 커서의 모양이 실타래처럼 변합니다.
2. 이때 마우스 왼쪽 버튼을 클릭하면 점선 모양의 와이어가 생성됩니다.
3. 이 와이어를 인디케이터 터미널에 있는 화살표에 가져다 놓고 마우스 왼쪽 클릭을 합니다.

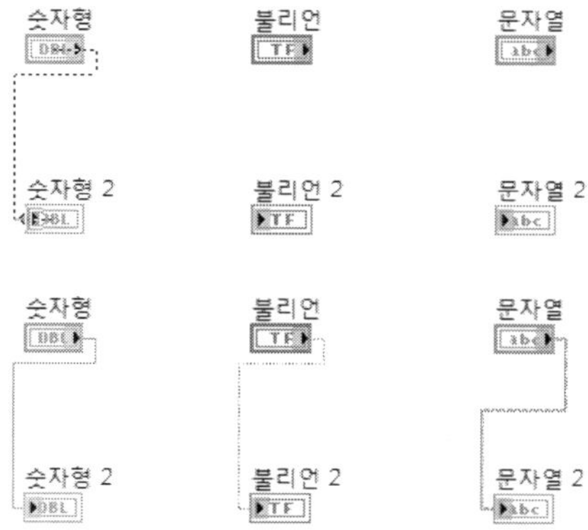

[그림 2-16] 와이어링 전과 후

와이어는 같은 형태의 데이터 타입끼리만 연결할 수 있습니다. 만약 서로 다른 형태의 데이터 타입을 연결하면 [그림 2-17]과 같이 점선 형태의 와이어가 생성되는데, 이를 깨진 와이어(Broken Wire)라고 부릅니다. 깨진 와이어를 제거하기 위해서는 와이어가 깨진 부분을 클릭해서 Delete 키를 누르거나 **단축키(Ctrl + B, 깨진 와이어 제거)**를 누르면 깨진 와이어를 제거할 수 있습니다. 단 단축키(Ctrl + B)를 사용하면 블록다이어그램에 있는 모든 깨진 와이어가 제거되므로 유의해서 사용해야 합니다.

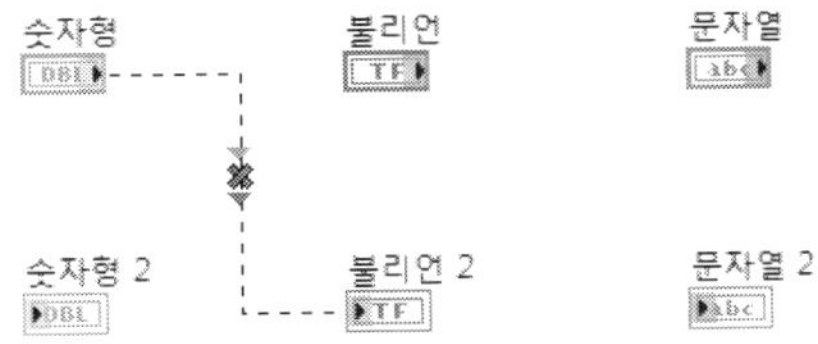

[그림 2-17] 잘못된 와이어링

또한 컨트롤이나 인디케이터끼리 와이어링을 하는 경우에도 깨진 와이어가 생성됩니다. 이는 한 쪽에서 데이터를 전달하면 다른 한 쪽은 그 데이터를 받아야 하는데, 같은 형태의 아이콘을 연결하면 서로 데이터를 주고 받을 수 없기 때문입니다.

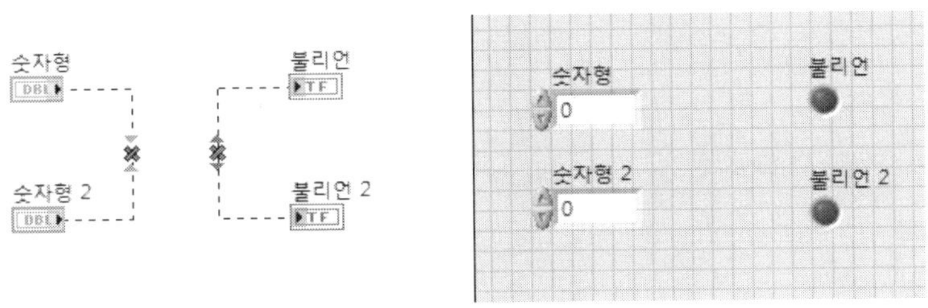

[그림 2-18] 잘못된 와이어링 2

2.5 LabVIEW의 실행

지금까지 LabVIEW를 이용하여 입력(컨트롤)과 출력(인디케이터)를 만들고, 그 입력과 출력 사이에 데이터를 전달(와이어링)하는 간단한 LabVIEW 프로그램을 만들었습니다. 그렇다면 다음은 이 프로그램을 실행하여 예상된 결과가 나오는지를 살펴보아야 합니다.

LabVIEW 프로그램을 실행하기 위해

1. "숫자형", "불리언", "문자열" 컨트롤의 값을 변경합니다.
   변경하는 방법은 "숫자형"의 경우 0이 표시된 공간에 마우스 왼쪽 버튼을 클릭하고 적절한 숫자값을 입력합니다. "불리언"은 버튼 모양 위에 마우스 커서를 올리면 커서의 모양이 손가락 모양으로 변합니다. 이때 마우스 왼쪽 버튼을 클릭하면 그 값을 변경할 수 있습니다. "문자열"의 경우 "숫자형"과 동일하게 빈 공란에 마우스 왼쪽 버튼을 클릭하면 값을 변경할 수 있는 상태가 됩니다.
2. 프런트패널 또는 블록다이어그램의 실행 메뉴에 있는 [흰색 화살표 버튼, 실행]을 눌러주거나 **단축키(Ctrl + R, 실행)**을 눌러 줍니다.

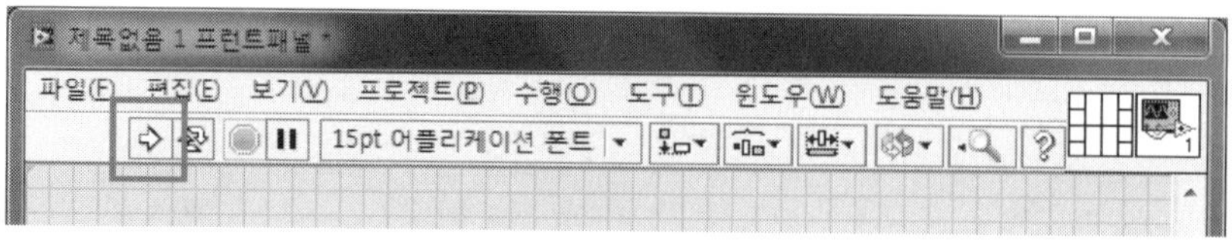

[그림 2-19] 실행 버튼

[그림 2-19]에서 [실행] 버튼 옆에 있는 버튼은 [연속 실행] 버튼입니다. 이 버튼은 프로그램을 1회가 아니라 사용자가 정지 신호를 줄 때까지 실행 시키는 메뉴입니다. 정지를 위해서는 [연속 실행] 버튼을 다시 누르거나 그 옆에 있는 [강제 종료] 버튼을 눌러야 합니다.

실행이 완료되면 컨트롤에 입력한 값이 그대로 인디케이터에 전달되었음을 확인할 수 있습니다.

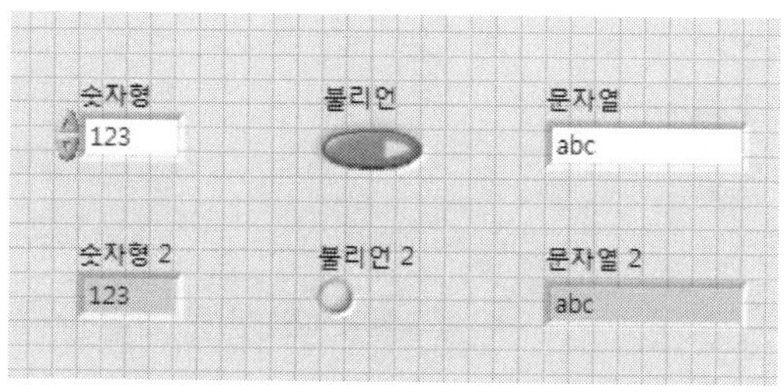

[그림 2-20] 실행 후 결과

만약 코드 내에 잘못된 와이어링이나 다른 에러가 있는 경우 실행 버튼의 화살표는 깨진 모양으로 나타납니다. [그림 2-21]과 같이 컨트롤과 컨트롤을 연결한 경우 깨진 화살표 모양이 표시되고, 이때 [실행] 버튼을 누르거나 **단축키(Ctrl + R)**을 누르면 [에러 리스트]창이 팝업됩니다.

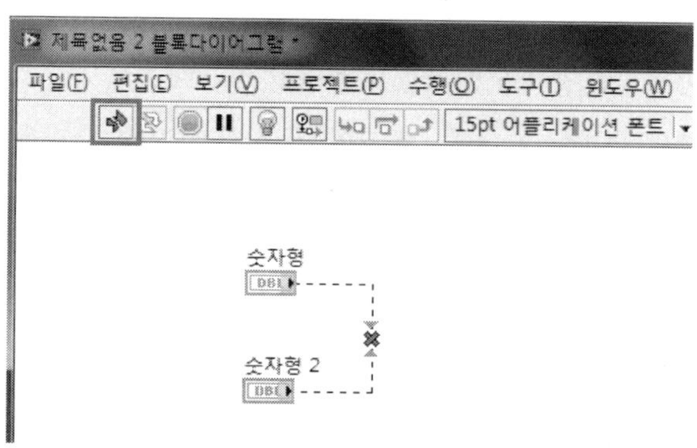

[그림 2-21] 깨진 실행 버튼

에러 리스트 창에는 [에러가 있는 아이템], [에러와 경고] 그리고 [세부사항]에 대한 항목이 표시됩니다. [에러가 있는 아이템] 항목은 여러 VI 파일이 열려 있을 때 블록다이어그램 내에 에러가 발생한 파일의 이름(예제의 경우 "제목없음 2")을 나열하는 부분입니다. [에러와 경고] 항목은 "제목없음 2.vi"에 있는 에러 또는 경고의 총 개수와 간단히 에러가 발생한 이유를 알려주는 부분입니다. 또한 이 항목에 있는 리스트 중 하나를 더블 클릭하면 그 에러가 발생한 부분이 어디인지 사용자에게 알려주는 기능을 포함하고 있습니다. 마지막으로 [세부사항]은 에러가 발생한 이유에 대해서 자세하게 설명하는 부분입니다.

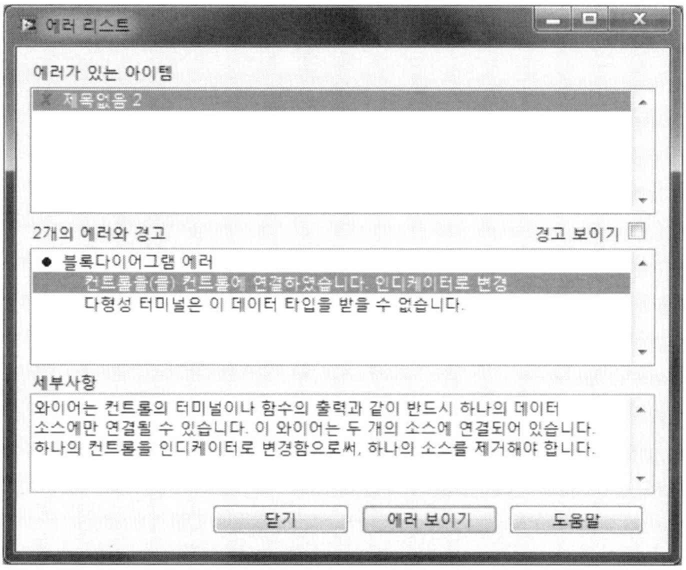

[그림 2-22] 에러 리스트 창

이런 일련의 기능은 다른 텍스트 기반 언어의 컴파일(Compile) 과정과 유사합니다. 보통 컴파일을 하게 되면 사용자가 만든 코드 내부에 문법적 오류나 잘못 사용된 함수 형태 등을 자동으로 사용자에게 알려주고 그 에러가 발생한 부분 또한 리포팅해줍니다. 하지만 대부분의 경우는 사용자가 코드를 완성하고 실행하기 전에 컴파일을 수행하므로 코드가 완성되기 전까지는 사용자가 만든 구문의 오류를 파악할 수 없다는 단점이 있습니다. 반면에 LabVIEW의 경우는 사용자가 코드를 따로 컴파일을 할 필요가 없고 컴파일 또한 실시간으로 자동수행되므로 잘못된 코딩을 했을 경우 바로바로 그 에러를 파악할 수 있다는 장점이 있습니다.

하지만 한가지 유의해야 할 부분은 컴파일을 통해서 코드의 에러를 모두 제거하더라도 사용자가 만든 코드가 항상 사용자가 의도한 결과를 나타내지는 않는다는 것입니다. 그 코드 자체에는 아무런 에러가 없더라도 사용자의 실수로 잘못된 연산을 한다든지 잘못된 함수를 사용한다면 당연히 올바르지 않은 결과가 나올 수 밖에 없습니다.

2.6 입출력 아이콘의 크기와 이름 변경하기

LabVIEW는 편집에 있어서 파워포인트와 같은 윈도우 프로그램과 많은 공통점을 가지고 있습니다. 예를 들어서 어떤 객체의 크기를 조절하거나 복사하기 같은 단축키, 그리고 끌기와 놓기(Drag & Drop)를 지원하는 점 등이 그러합니다. 유사하게 LabVIEW에서 컨트롤이나 인디케이터의 크기를 바꾸려면 먼저 프런트패널 아이콘의 테두리 위에 마우스 커서를 올립니다. 그러면 [그림 2-23]과 같이 객체의 테두리에 점들이 생성되고, 그 점 위에 마우스를 올리면 마우스 커서가 화살표 모양으로 변하면서 객체의 크기를 늘이거나 줄일 수 있습니다. 단 객체의 크기 조절은 프런트패널에서만 적용이 가능합니다.

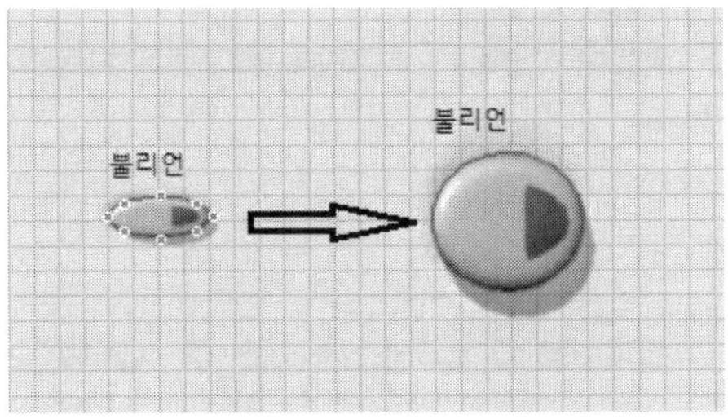

[그림 2-23] 크기 변경

컨트롤이나 인디케이터를 복사하려면 마우스 끌기 또는 클릭으로 프런트패널 또는 블록다이어그램의 터미널을 선택한 후 복사하기 **단축키(Ctrl + C)**와 붙여넣기 **단축키(Ctrl + V)**를 사용합니다. 또한 터미널을 선택 후 Ctrl 버튼을 누른 상태에서 마우스 끌기(**Ctrl + Drag**)를 이용하면 더욱 간편하게 터미널의 복사가 가능합니다. 이 기능은 프런트패널과 블록다이어그램 양쪽 모두에서 사용이 가능합니다.

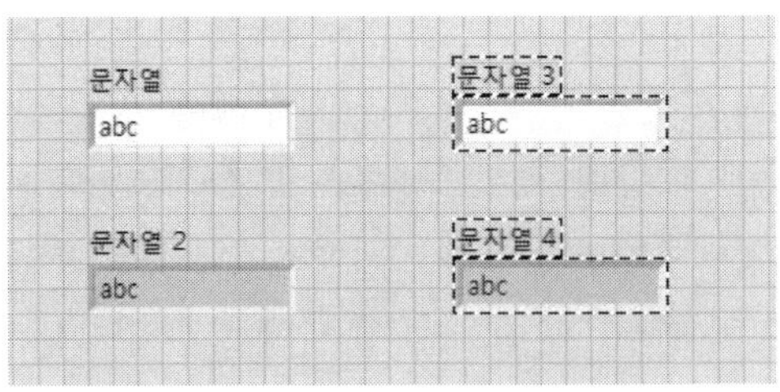

[그림 2-24] 터미널의 복사

LabVIEW에서는 터미널의 이름을 라벨(Label)이라고 부릅니다. 이 라벨을 변경하려면 프런트패널이나 블록다이어그램의 터미널 이름 위에 마우스 커서를 올리고 더블 클릭을 하면 편집 모드로 들어갈 수 있습니다. 편집이 완료되면 빈 공간에 마우스를 클릭해 줍니다.

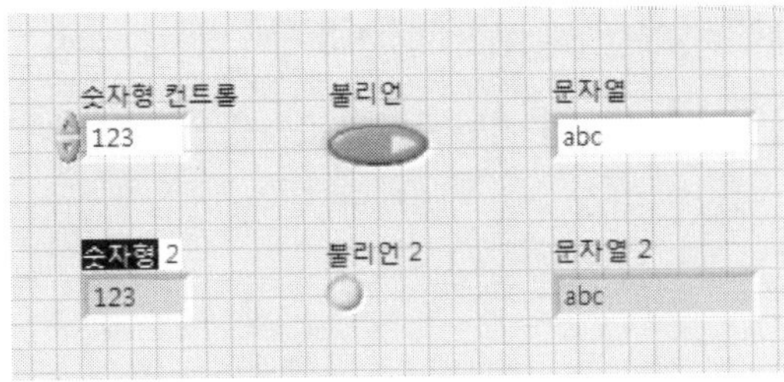

[그림 2-25] 라벨의 편집

[실습 2-2] 앞서 만든 프로그램에서 컨트롤과 인디케이터의 이름을 각각 "숫자형 컨트롤", "숫자형 인디케이터", "불리언 컨트롤", "불리언 인디케이터", "문자열 컨트롤", "문자열 인디케이터"로 변경하세요. 그리고 숫자형 컨트롤과 인디케이터의 크기를 문자열 컨트롤과 비슷한 크기로 만들어 보세요.

1. 각각의 컨트롤과 인디케이터에 대해서 라벨에 마우스 커서를 위치한 다음 더블 클릭을 해서 그 이름을 각각 "숫자형 컨트롤", "숫자형 인디케이터", "불리언 컨트롤", "불리언 인디케이터", "문자열 컨트롤", "문자열 인디케이터"로 변경합니다.

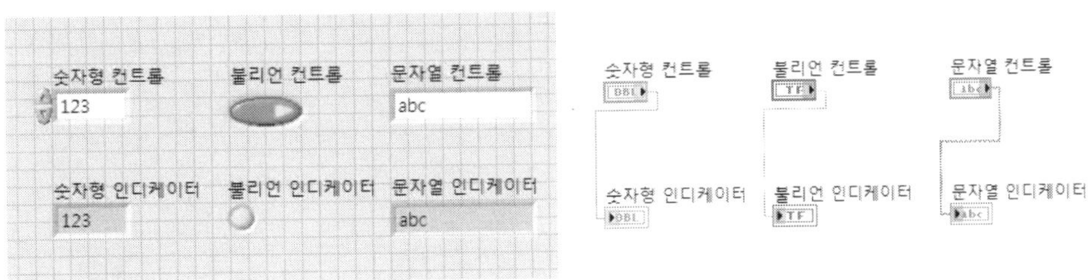

[그림 2-26] 라벨 변경 예제

2. 숫자형 컨트롤과 인디케이터의 테두리에 마우스 커서를 위치하고 양쪽 모서리에 크기 변환점이 생기면 마우스로 크기를 늘여줍니다.

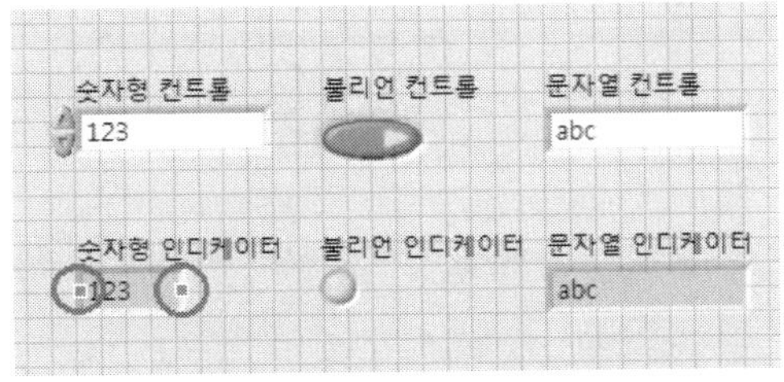

[그림 2-27] 크기 변경 예제

2.7 VI(Virtual Instrument) 저장하기

모든 편집이 완료되었으면 이번에는 프로그램을 저장해야 할 차례입니다. LabVIEW로 만든 프로그램은 VI라는 확장자를 가집니다. VI는 버추얼 인스트루먼트(Virtual Instrument), 가상의 장비라는 의미를 가지고 있습니다.

새로운 VI를 저장하는 방법은 여타 프로그램들과 거의 동일합니다. 실행 메뉴에서 [파일] → [저장]을 선택하거나 **단축키(Ctrl + S, 저장하기)**를 이용하는 방법이 있습니다. 저장하기 메뉴를 선택하면 [그림 2-28]과 같이 경로를 선택하라는 창이 팝업됩니다. 이 창의 파일 이름 부분에 원하는 파일명을 입력하고 [확인]을 누르면 저장이 완료됩니다.

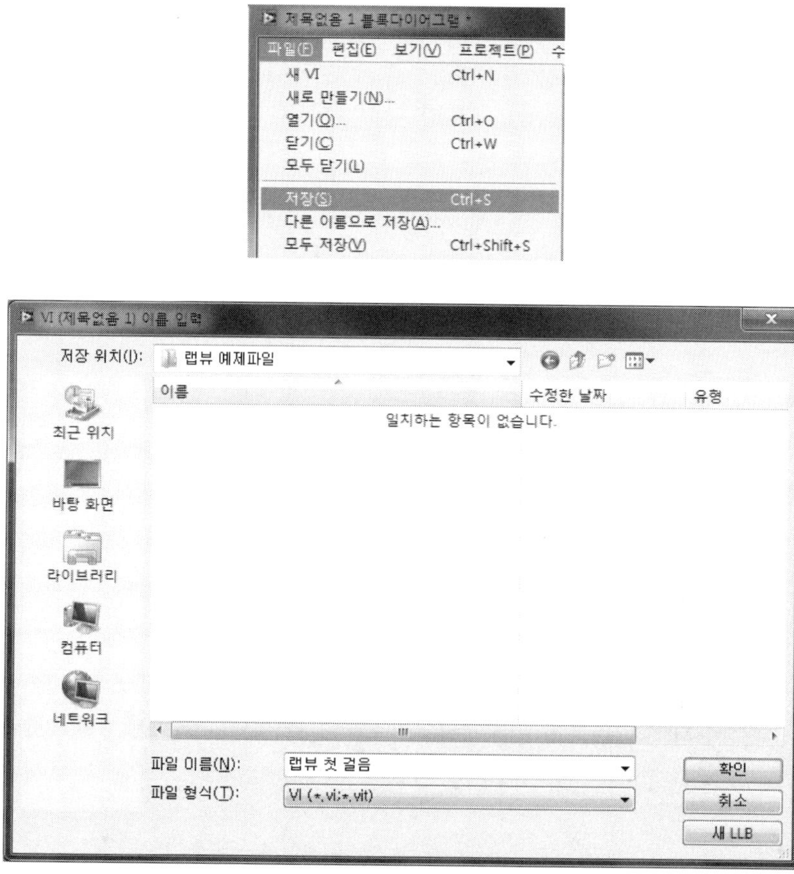

[그림 2-28] VI 저장하기

[다른 이름으로 저장]을 선택한 경우는 [복사]와 [이름 바꾸기]의 두 가지 옵션 중 한 가지를 선택할 수 있습니다. [복사] 메뉴는 기존에 저장된 VI는 그대로 두고 또 하나의 복사본을 만들어 주는 메뉴입니다. 다시 말해서 [복사] 메뉴를 선택하면 최종적으로 2개의 VI가 남게 됩

니다. 첫 번째는 다른 이름으로 저장하기의 대상이 되는 원본 파일이고 두 번째는 원본 파일과 같은 내용을 가지고 있지만 이름이 다른 복사본입니다.

[복사] 메뉴에는 3가지 옵션이 있습니다.

[복사본 열기]는 복사본을 만든 후 원본 VI 창은 닫고 복사본 VI 창만 화면에 표시하는 옵션입니다.

[원본 열기]는 위의 경우와 반대로, 복사본을 만들지만 복사본 VI 창은 닫고 이름을 바꾸는 대상인 원본 VI 창은 그대로 열어두는 옵션입니다.

[모두 열기]는 복사본을 만들고 복사본 VI 창과 원본 VI 창을 모두 열어두는 옵션입니다. 이 옵션을 이용하면 결과적으로는 원본과 복사본, 2개의 VI 창이 화면에 표시됩니다.

[이름 바꾸기] 메뉴는 말 그대로 원본 VI의 이름을 바꿀 때 사용하는 옵션입니다. 복사본은 생성되지 않습니다.

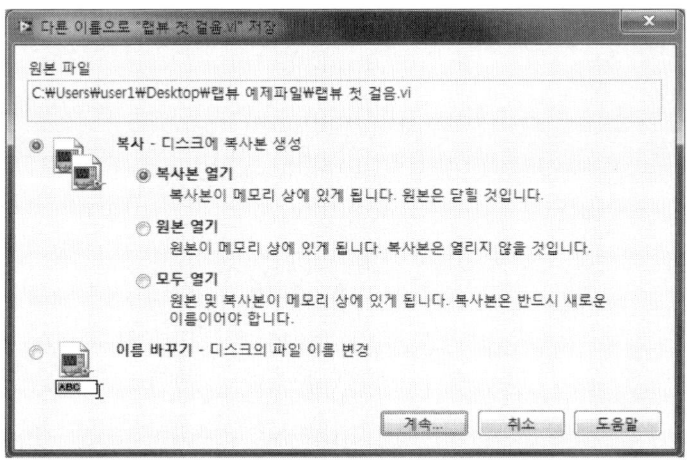

[그림 2-29] 다른 이름으로 저장 옵션

2.8 LabVIEW의 데이터 형식(Data Format)

LabVIEW에도 여타 프로그래밍 언어와 마찬가지로 숫자형(Numeric), 불리언(Boolean), 문자열(String) 타입과 같은 종류의 데이터 집합인 배열(Array), 여러 종류의 데이터 집합인 클러스터(Cluster)가 있습니다.

LabVIEW에서 변수를 선언한다는 것은 컨트롤 또는 인디케이터를 만들어주는 것과 동일한 의미를 가지고 있습니다. 그러므로 텍스트 기반 언어와는 달리 아무런 선언의 과정없이 간단하게 팔레트에서 아이콘을 끌어옴으로써 변수의 형식을 결정할 수 있습니다.

2.8.1 숫자형(Numeric)

일반적으로 컴퓨터에서 사용하는 숫자형 변수는 그 형(type)에 따라 부호 없는 정수(unsigned integer), 정수(integer), 소수점수(decimal point number)로 나눌 수 있습니다. 그리고 그 크기(size)가 몇 비트냐에 따라서 표현할 수 있는 범위가 결정됩니다.

숫자형 변수의 크기는 일반적으로 8비트(=1바이트), 16비트, 32비트, 64비트, 128비트를 사용합니다. 더 큰 공간을 사용하는 것도 가능하겠지만 64비트의 경우만 하더라도 $2^{64} = 2 \times 10^{19}$에 해당하는 엄청나게 큰 숫자까지 표현할 수 있기 때문에 보통은 64비트 이상의 크기를 가지는 변수를 사용하지 않습니다.

컴퓨터 비트 연산에서는 정수의 부호를 표시하기 위해서 가장 큰 비트를 부호로 간주하고 나머지 자리의 비트들의 값을 뒤집어 주는 2의 보수(2's Complement)라는 방법을 썼습니다. 그렇다면 똑같이 1과 0만을 표현할 수 있는 비트들을 이용해서 어떻게 소수점 형태의 숫자를 표현할 수 있을까요? 이 경우는 소수점 숫자가 있을 때 그 숫자를 소수점 윗자리와 소수점 아랫자리로 나누는 방법을 사용합니다. 예를 들어 8비트라는 공간이 있을 때 소수점 윗자리를 나타내기 위해서 5비트를 사용하고 소수점 아랫자리를 표현하기 위해서 나머지 3비트를 할애하는 형태입니다.

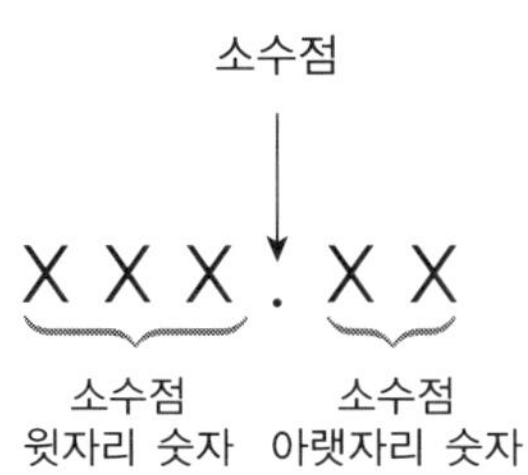

[그림 2-30] 소수점수의 표현

하지만 이렇게 소수점 숫자를 표현할 때 소수점 윗자리 공간과 소수점 아랫자리 공간을 각각 분리해서 사용한다면 어떤 임의의 변수값을 표현하기 위해서는 제한된 공간을 어떻게 분배해야하는가라는 문제가 남습니다. 변수의 값은 언제든지 변할 수 있는 상황에서 소수점 윗자리와 아랫자리의 개수를 고정해놓고 사용하는 방법은 아주 비효율적입니다. 사용자가 변수를 생성할 때마다 매번 변수의 값 변화 범위를 예측해서 소수점의 자리를 정해주어야 한다는 것도 보통 일이 아닐겁니다. 이러한 문제점을 해결하기 위해서 컴퓨터에서는 자동으로 소수점의 위치를 정해주는 부동소수점수(floating point number)라는 것을 사용합니다. 이 형태의 숫자형 변수는 전체 자릿수만 고정이 되어있고, 상황에 따라서 소수점 윗자리와 소수점 아랫자리의 정밀도를 자동으로 분배합니다. 예를 들어서 5자리의 정밀도를 가지는 부동소수점 형태의 숫자형 변수가 있다면 그 숫자는 0.0001부터 99999까지 그 숫자의 소수점 윗자리와 아랫자리의 합이 5자리 이내라면 어떤 숫자라도 표현이 가능합니다.

1.2345 12.345 123.45 1234.5 12345

[그림 2-31] 5자리 숫자 표현의 예

반대로 소수점의 위치가 고정되어 있는 형태는 고정소수점수(fixed point number)라고 합니다. 이 형태의 변수는 소수점의 위치, 즉 소수점 윗자리와 아랫자리의 정밀도가 항상 고정되어 있습니다. 효율성의 측면에서 본다면 굳이 쓸 필요가 없을 것 같은 고정소수점형 변수는 FPGA(Field Programmable Gate Array) 또는 DSP(Digital Signal Processor) 등의 하드웨어적인 연산에 주로 이용됩니다. 이런 종류의 칩(chip)들을 사용해서 연산을 할 때에는 그 칩의 핀(pin)에 미리 그 역할을 모두 정해주어야 합니다. 그리고 그 역할이 한번 정해지면 다시 그 칩을 리셋하기 전에는 변경할 수 없습니다. 그렇기 때문에 만약 그 칩의 핀 하나하나가 각각 소수점 형태의 숫자를 표현하기 위해 사용된다고 한다면 항상 소수점 윗자리 핀과 아랫자리 핀을 고정해놓고 사용해야만 합니다.

LabVIEW에서 숫자형 변수를 만드는 방법은 앞 절에서 배운 [숫자형 컨트롤] 또는 [숫자형 인디케이터]를 만드는 방법과 동일합니다.

1. [컨트롤] 팔레트 → [숫자형] 팔레트로 마우스 이동
2. 마우스 왼쪽 버튼 클릭으로 [숫자형 컨트롤] 또는 [숫자형 인디케이터] 선택
3. 마우스를 이동하여 프런트패널에 놓기(마우스 왼쪽 버튼 클릭)

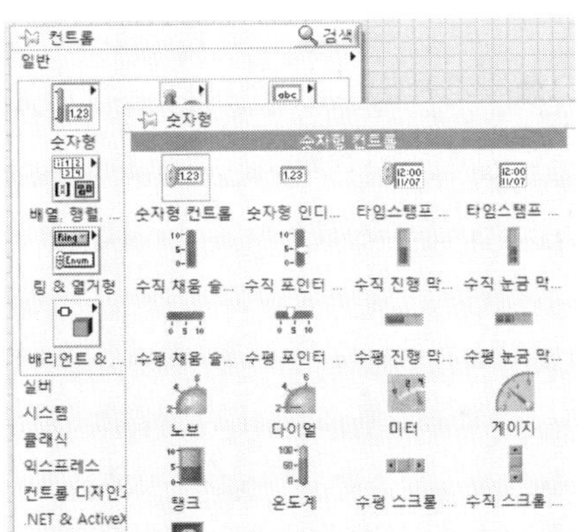

[그림 2-32] 숫자형 컨트롤

숫자형 컨트롤을 프런트패널에 놓으면 블록다이어그램에 숫자형이란 이름을 가진 주황색의 터미널이 생성됩니다. 이 주황색 터미널을 자세히 살펴보면 테두리 안에는 DBL이라는 영문 글자가 보입니다. DBL은 "배정도 부동소수점수(DouBLe precision floating point number)"의 약자이며 64비트 부동소수점 숫자형 변수를 의미합니다.

형태는 LabVIEW의 숫자형 컨트롤 및 인디케이터의 기본형(type)이며 기본값(default value)은 0(zero)입니다. 이 형태의 숫자형 변수를 읽을 때 흔히 더블(Double) 또는 배정도라고 읽습니다.

숫자형 컨트롤 왼쪽 앞에 있는 화살표는 [증가/감소] 버튼이라고 하며 마우스 커서를 화살표 위에 올리고 클릭하면 컨트롤에 보이는 숫자값이 1씩 증가 또는 감소하는 기능을 가지고 있습니다.

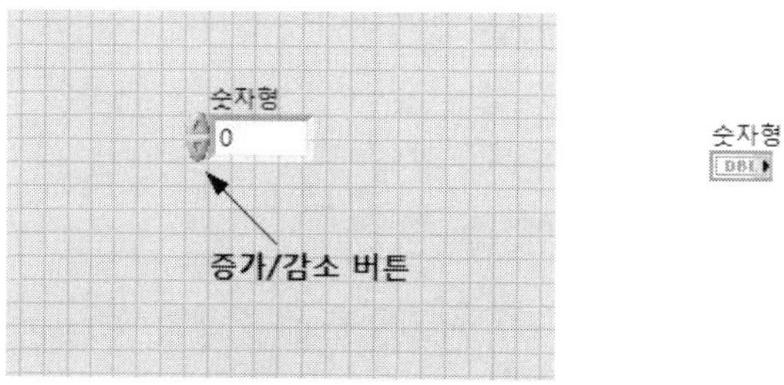

[그림 2-33] 배정도 부동소수점 숫자형 컨트롤

LabVIEW에서 숫자형 변수의 형(type)을 정수나 부호 없는 정수 등 다른 형태로 변경하려면 [바로가기 메뉴]를 이용해야 합니다. 예를 들어서 16비트 정수 형태로 숫자형 컨트롤의 형을 변경하려면

1. 블록다이어그램 숫자형 컨트롤 위에 마우스 커서를 올리고, 마우스 오른쪽 버튼을 클릭해서 [바로가기 메뉴]를 불러옵니다.
2. [형] → [I16(워드)]를 선택합니다.

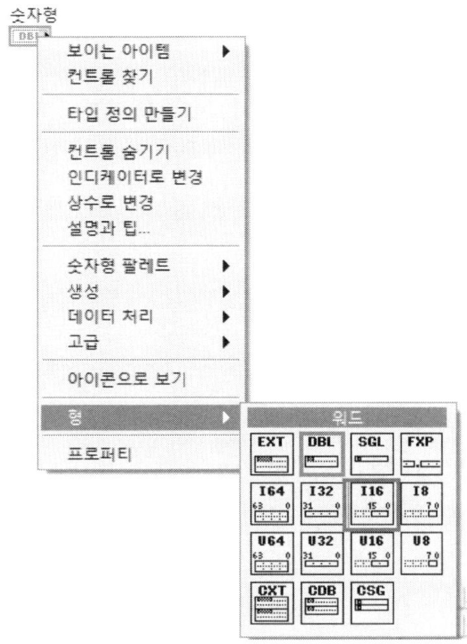

[그림 2-34] 숫자형의 형태(type) 변경

프런트패널에서도 같은 방법으로 숫자형 컨트롤의 형을 변경할 수 있습니다. 앞에서 언급한 순서에 따라서 숫자형 컨트롤의 형을 16비트 정수 형태로 바꾸면 블록다이어그램에서 숫자형 컨트롤의 색깔이 파란색으로 변하고 터미널의 테두리 안에 I16이라는 숫자가 표시됩니다.

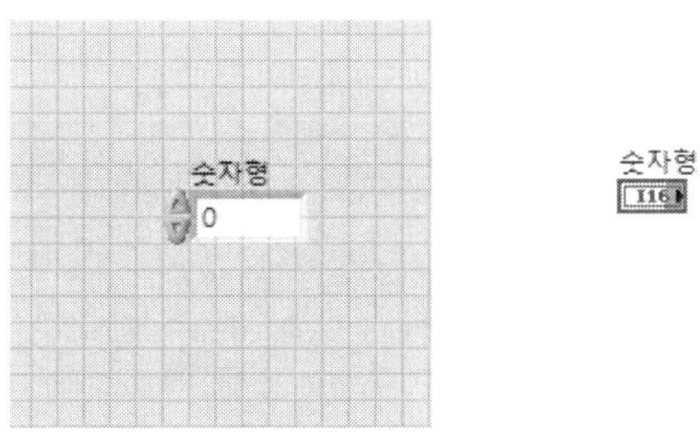

[그림 2-35] 16비트 정수형 컨트롤로 변경 후

LabVIEW에서 블록다이어그램 터미널의 색깔과 그 터미널에 표시된 문자는 상당히 중요한 의미를 가집니다. 그 중에서 색깔은 소수점 형태의 숫자, 정수, 불리언, 문자열 등 변수의 형태(Type)을 나타내는 도구이고 문자는 그 변수가 가지는 데이터 공간의 크기나 특성 등을 의미합니다. 예를 들어서 위의 경우 I16 는 16비트의 크기를 가지는 정수(Integer)를 의미합니다.

다시 앞으로 돌아가서 [형]의 선택 창을 살펴보면 총 15가지의 형태를 선택할 수 있게 되어 있습니다. 왼쪽 위에서부터 차례대로 그 형을 나열해 보면 다음과 같습니다. 이 중에서 일반적으로 자주 사용하는 형태는 DBL, SGL, I8~I32, U8~U32입니다.

- EXT(EXTended precision floating point number): 확장형 부동소수점형 변수
- DBL(DouBLe precision floating point number): 64비트 배정도 부동소수점형 변수
- SGL(SinGLe precision floating point number): 32비트 단정도 부동소수점형 변수
- FXP(FiXed Point number): 고정 소수점형 변수
- I64 / I32 / I16 / I8(Integer): 64/32/16/8비트 정수형 변수
- U64 / U32 / U16 / U8(Unsigned integer): 64/32/16/8비트 부호 없는 정수형 변수
- CXT(Complex EXT): 확장형 복소수형 변수
- CDB(Complex DBL): 64비트 배정도 복소수형 변수
- CSG(Complex SGL): 32비트 단정도 복소수형 변수

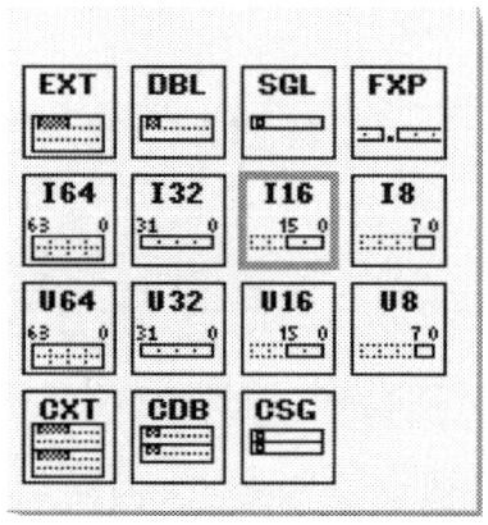

[그림 2-36] 숫자형 변수의 형(Type)

복소수 형태의 표현

LabVIEW에서 복소수를 나타내는 방법은 2개의 변수를 하나의 변수로 묶는 것과 유사합니다. 즉 2개의 변수 중 하나는 실수 부분으로 간주하고 나머지 하나는 허수 부분으로 간주해서 따로따로 연산을 합니다.

[실습 2-3] 숫자형 컨트롤과 인디케이터를 각각 하나씩 생성한 후, 그 형을 8비트 정수(컨트롤)와 8비트 부호 없는 정수(인디케이터)로 변환하세요. 그리고 각각의 라벨을 "8비트 정수"와 "8비트 부호 없는 정수"로 변경하세요.

1. 프런트패널에 [숫자형 컨트롤]과 [숫자형 인디케이터]를 놓습니다.
2. 숫자형 컨트롤과 인디케이터의 터미널에서 마우스 오른쪽 버튼 클릭 → [바로가기 메뉴] → [형] → [U8], [I8] 각각 선택합니다.
3. 각각의 라벨을 더블 클릭하여 "8비트 부호 없는 정수"와 "8비트 정수"로 수정합니다.

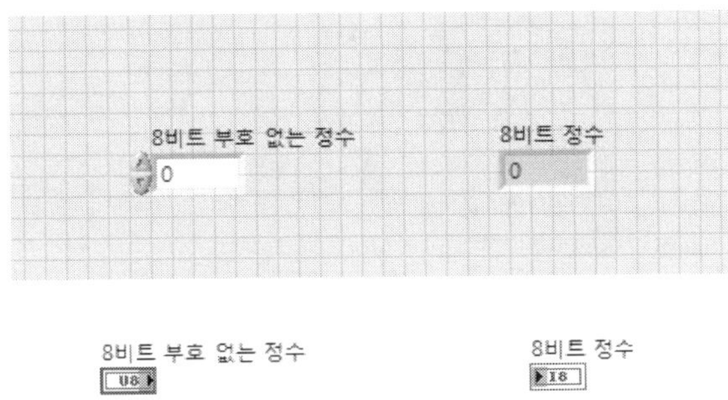

[그림 2-37] 숫자형 컨트롤 및 터미널의 형(Type) 변환

2.8.2 불리언(Boolean)

불리언은 우리가 익히 알고 있는 참(True) 또는 거짓(False) 두 가지 값 중에서 한가지 값을 가지는 형태의 변수입니다. 또한 1 또는 0의 값을 가지는 변수라고 표현할 수도 있습니다. 이 변수의 형태는 일부 텍스트 기반 언어(C/C++ 등)에서는 지원하지 않는 변수 형태입니다.

불리언 형태의 변수는 0 또는 1의 값을 가지는 변수이기 때문에 이 변수의 데이터 크기는 1비트(bit)라고 생각하기 쉽습니다. 하지만 컴퓨터 메모리는 항상 8비트, 즉 1바이트(byte) 단위로만 사용이 가능하므로 불리언 변수 또한 8비트의 크기를 가지는 변수라는 점에 유의해야 합니다.

먼저 불리언 컨트롤을 하나 만들어 보겠습니다.

1. [컨트롤] 팔레트 → [불리언] 팔레트로 마우스 이동
2. 마우스 왼쪽 버튼 클릭으로 [누름 버튼] 선택
3. 마우스를 이동하여 프런트패널에 놓기(마우스 왼쪽 버튼 클릭)

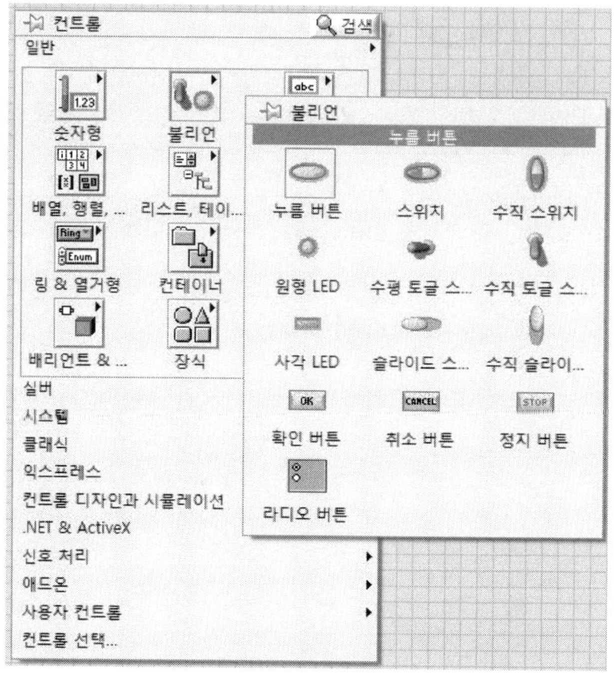

[그림 2-38] 불리언 컨트롤

불리언 컨트롤을 프런트패널에 놓으면 "불리언"이라는 이름을 가진 버튼 모양이 생기고 블록다이어그램에는 이와 대응해서 초록색 터미널이 생성됩니다.

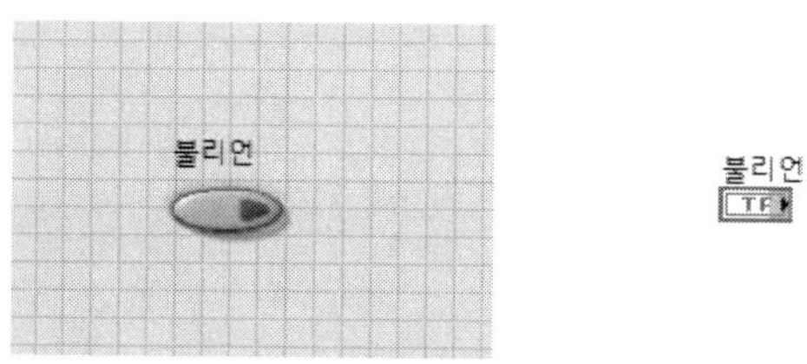

[그림 2-39] 누름 버튼

이 버튼 모양의 아이콘 위에 마우스 커서를 위치시키면 마우스 커서의 모양이 손가락 모양으로 변합니다. 이때 마우스 왼쪽 버튼을 클릭하면 버튼의 모양과 색깔이 밝은 녹색으로 전환됩니다. [그림 2-40]에서 왼쪽 버튼 처럼 누름 상태에 밝은 녹색이면 참(True, ON)값을 나타내고 오른쪽과 같이 어두운 녹색에 버튼이 올라와 있으면 거짓(False, OFF)값을 나타냅니다.

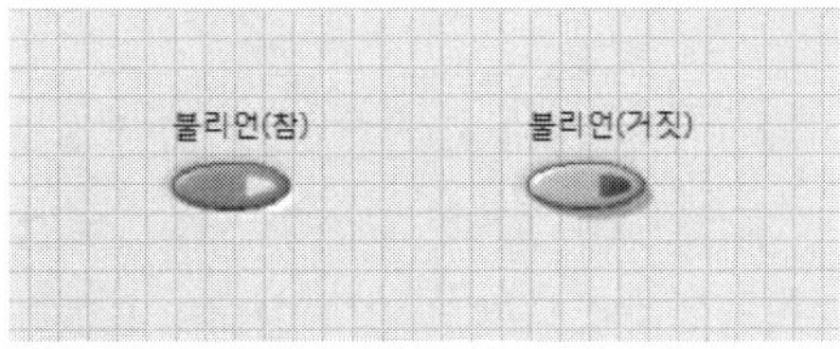

[그림 2-40] 누름 버튼 참값과 거짓값 모양

불리언 팔레트의 경우 숫자형 팔레트와는 다르게 "XX 컨트롤"이나 "XX 인디케이터"라고 명기된 아이콘을 찾을 수 없습니다. 불리언 팔레트는 아이콘 각각이 컨트롤이나 인디케이터 둘 중 하나의 형태로 기본 설정되어 있습니다. 만약 누름 버튼을 컨트롤이 아니라 인디케이터로 사용하고 싶다면 어떻게 해야할까요?

이 부분 또한 [바로가기 메뉴]를 통해서 해결할 수 있습니다. 블록다이어그램이나 프런트패널의 터미널에 마우스 커서를 올리고 오른쪽 버튼을 클릭하면 [바로가기 메뉴]를 불러올 수 있습니다. 이 중에서 [인디케이터로 변경]을 선택하면 누름 버튼 컨트롤이 누름 버튼 인디케이터로 변경됩니다.

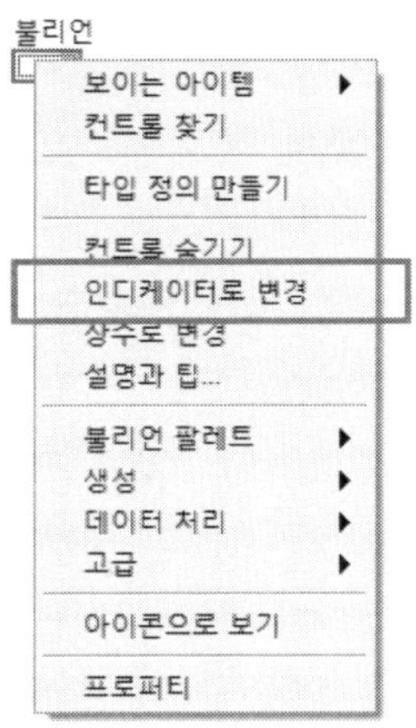

[그림 2-41] 컨트롤을 인디케이터로 변경

동일한 방법으로 숫자형 컨트롤을 숫자형 인디케이터로 변경하거나 반대로 인디케이터를 컨트롤로 변경하는 것 또한 가능합니다.

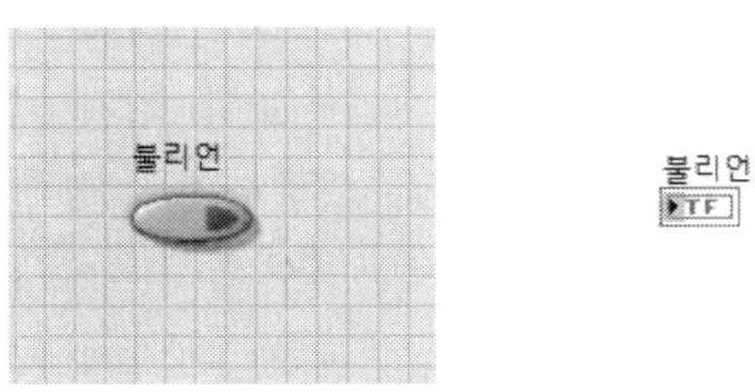

[그림 2-42] 누름 버튼 컨트롤을 인디케이터로 변경 후

2.8.3 문자열(String)

문자열 변수는 컴퓨터에서 영문이나 한글 등을 입/출력으로 사용할 수 있게 해주는 유용한 변수 형태입니다. 앞 절에서 살펴본 숫자형이나 불리언의 경우는 0 또는 1의 조합으로 표현할 수 있는 변수이므로 컴퓨터에서 변수의 값을 표현하는 데에는 무리가 없습니다. 다만 선언이란 것을 통해서 그 변수의 데이터 형식만 지정해주면 되었습니다. 하지만 문자의 경우는 어떻게 0과 1의 조합으로 표현해야 할까요?

일반적으로 사용되는 방식은 ASCII(American Standard Code for Information Interchange, 아스키)라는 방식입니다. 일견 어려운 말처럼 보이지만 ASCII라는 약어를 풀어서 해석해보면 그 의미를 정확하게 알 수 있습니다. Information Interchange, 즉 (컴퓨터 간에) 정보를 교환하기 위한 규격(Standard)입니다. 이 아스키라는 규격은 하나의 표로 간단하게 요약할 수 있습니다.

이 표는 컴퓨터에서 최소 저장 단위인 8개의 비트 또는 1개의 바이트(byte)와 문자나 기호의 대응관계를 나타냅니다. 예를 들면 아스키(ASCII)라는 약속을 따르는 컴퓨터는 0100 0001이라는 비트의 조합은 문자 "A"라고 표시한다고 약속을 하는 것이지요.

2진수	10진수	16진수	문자
0100 0001	65	41	A
0100 0010	66	42	B
0100 0011	67	43	C
0100 0100	68	44	D
0100 0101	69	45	E

[그림 2-43] ASCII 문자표

이 아스키 형태의 문자열은 하나의 기호나 문자당 1바이트의 크기를 가지고 있습니다. 다시 말해서 Hello World!라는 아스키 문자열이 있다면 이 문자열의 길이는 12바이트라는 것이지요. 언뜻 보기에는 11바이트라고 생각되지만 중간에 스페이스가 있고 이 스페이스도 하나의 기호로 간주하므로 전체 길이는 12바이트가 됩니다.

통상적으로 프로그래머들끼리 아스키 문자열 형태의 명령어를 주고받을 때에는 주로 16진수 값으로 지칭을 합니다 그 이유는 컴퓨터간의 통신에서는 일반적으로 사용하는 문자 이외에 여러 가지 기호들도 많이 사용을 하는데, 그 기호들의 이름이 복잡하거나 서로 지칭하는 의미가 다를 수 있기 때문에 숫자형태로 주고 받는 것이 더욱 명확하기 때문입니다. 하나의 문자는 2자리의 16진수 숫자에 대응합니다. 그 이유는 $16 = 2^4$이므로 $16 \times 16 = 2^8$이기 때문입니다. 다시 말해서 2자리의 16진수 숫자는 정확하게 8비트로 떨어지는 것이지요.

한글은 위의 아스키 코드에 포함되지 않습니다. 한글의 경우 하나의 문자당 16비트, 즉 2바이트의 크기를 가지고 있습니다. 한글은 자음과 모음의 조합에 따라서 많은 문자의 조합이 나올 수 있으므로 하나의 바이트로는 표현이 불가능합니다. 그래서 16개의 비트 조합을 하나의 문자로 하는 별도의 표를 사용합니다. 이 표에 해당하는 것들이 한글 완성형 코드표, 한글 조합형 코드표, 유니 코드 등입니다. 이 중에서 유니 코드(Uni-Code)는 세계 각국의 다른 문자들을 통일된 형태의 16비트 조합으로 표현할 수 있도록 제안된 국제적인 코드 규약의 이름입니다.

LabVIEW 또한 아스키 문자열을 변수 형태로 사용합니다.

1. 컨트롤 팔레트 → [문자열 & 경로] 팔레트로 마우스 이동
2. 마우스 왼쪽 버튼 클릭으로 [문자열 컨트롤] 선택
3. 마우스를 이동하여 프런트패널에 놓기(마우스 왼쪽 버튼 클릭)

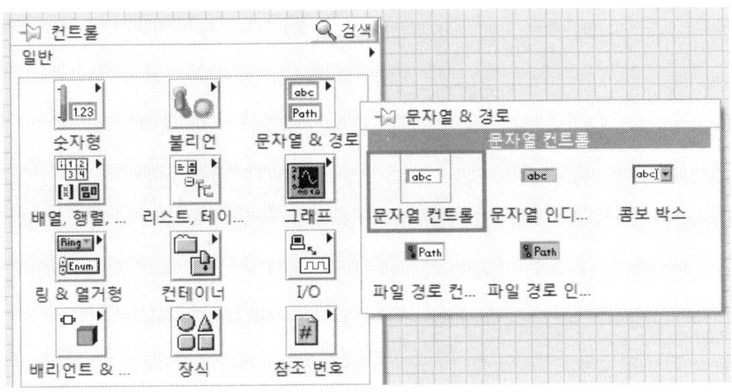

[그림 2-44] 문자열 컨트롤

LabVIEW의 문자열은 아스키 규격을 따르는 변수이며 터미널의 색깔은 분홍색, 그 기본값(default value)는 아무 값이 없는 빈 문자열입니다. LabVIEW에서 빈 문자열은 아스키 코드에서 '아무것도 없다'라는 의미를 가진 문자 Null(널) 문자와는 다릅니다. 널 문자의 경우 0000 0000이라는 8비트 값을 가지고 있지만 LabVIEW의 빈 문자열은 정말로 아무런 값도 가지고 있지 않습니다.

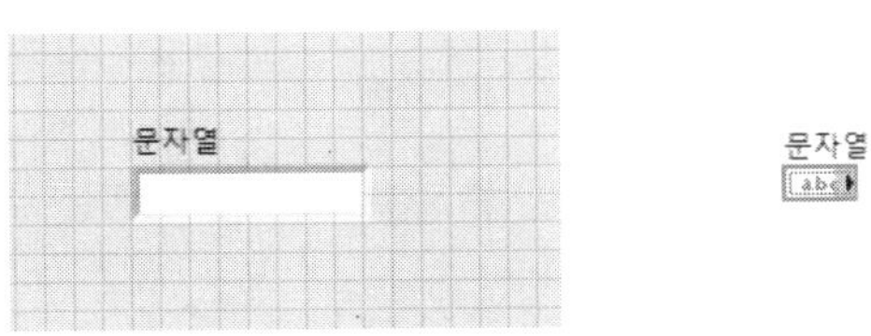

[그림 2-45] 문자열 컨트롤

LabVIEW에서 어떤 문자에 대응하는 16진수 값을 확인하고 싶다면 바로가기 메뉴의 [16진수 디스플레이] 옵션을 이용해서 확인할 수 있습니다. 예를 들어서 'abc' 라는 문자열의 아스키 코드 값을 알고 싶다면 문자열 컨트롤의 빈 공간을 클릭한 후 abc라는 값을 입력하고 [바로가기 메뉴]의 [16진수 디스플레이]를 선택하면 그에 대응하는 16진수 값이 61 62 63이라는 것을 확인할 수 있습니다.

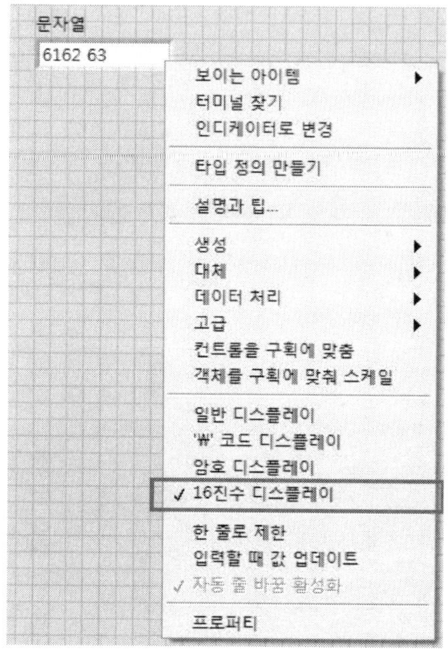

[그림 2-46] 문자열 디스플레이 형식 변경

뿐만 아니라 HTML 태그 등에서 주로 사용하는 ['₩' 코드 디스플레이] 및 보안을 위해 문자를 **** 으로 치환해서 보여주는 [암호 디스플레이] 형태로도 문자열의 표시가 가능합니다.

2.8.4 열거형(Enumeration)

LabVIEW에는 열거형이라는 조금 특별한 변수가 있습니다. 이 열거형은 사용자에게는 문자열 변수처럼 보이지만 실제로는 숫자인 변수 형식입니다. 열거형 컨트롤은

1. [컨트롤] 팔레트 → [링 & 열거형] 팔레트로 마우스 이동
2. 마우스 왼쪽 버튼 클릭으로 [열거형] 선택
3. 마우스를 이동하여 프런트패널에 놓기(마우스 왼쪽 버튼 클릭)

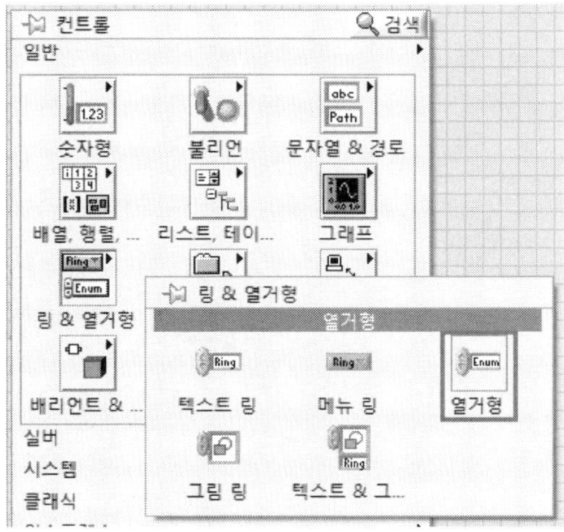

[그림 2-47] 열거형 컨트롤

으로 프런트패널에 추가할 수 있습니다. 열거형 컨트롤은 얼핏 보기에는 숫자형 컨트롤과 그 생김새가 비슷합니다. 하지만 숫자형과는 달리 공란에 0이라는 숫자도 없고 블록다이어그램 터미널의 모양도 다릅니다.

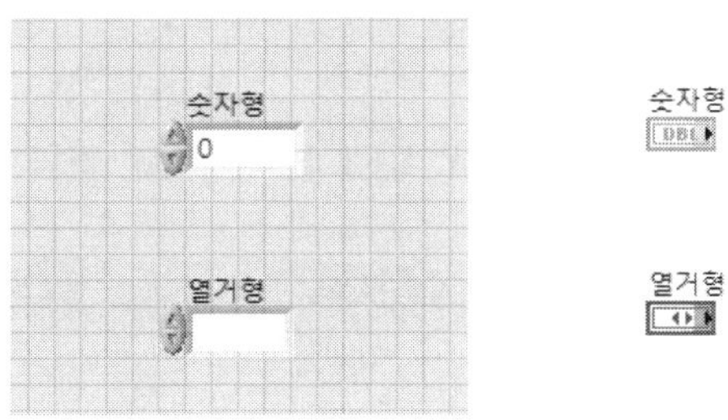

[그림 2-48] 열거형 컨트롤과 숫자형 컨트롤

열거형 컨트롤은 웹페이지에서 아이템을 간편하게 선택할 때 많이 사용하는 선택상자와 유사한 기능을 가지고 있습니다. 열거형 컨트롤이 어떻게 동작하는지 알아보기 위해서

1. [열거형] 컨트롤 위에 마우스 커서를 위치시키고 마우스 오른쪽 버튼 클릭으로 [바로가기 메뉴]를 불러 옵니다.
2. [빠른 실행 메뉴] → [아이템 편집]을 선택합니다.

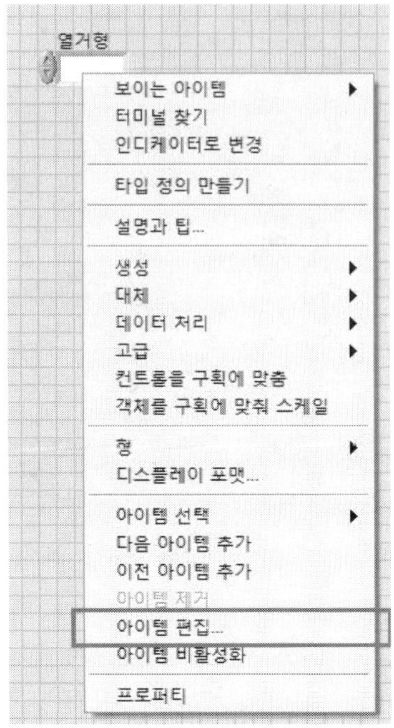

[그림 2-49] 열거형 컨트롤 바로가기 메뉴

3. 아이템 편집 창이 뜨면 [삽입]을 누른 후 커서가 편집모드로 바뀌면 'ABCD'를 입력하고 커서를 아래쪽으로 옮겨 'EFGH', 'IJKL'을 계속해서 입력합니다.

[그림 2-50] 열거형 아이템 편집 창

4. 아이템 수정이 완료되면 [확인] 버튼을 눌러 줍니다.

위의 과정이 완료되면 프런트패널의 열거형 컨트롤에 공란이 아닌 ABCD라는 글자가 표시됩니다. 마우스 커서 옮겨 열거형 컨트롤의 글자 위에 위치시키면 마우스 커서가 손가락 모양으로 변합니다. 이때 마우스 왼쪽 버튼을 클릭하면 가운데 그림과 같이 이전에 입력했던 아이템들의 리스트가 나타납니다. 그 중에서 EFGH를 선택하면 오른쪽과 같이 선택한 값이 열거형 컨트롤에 표시됩니다.

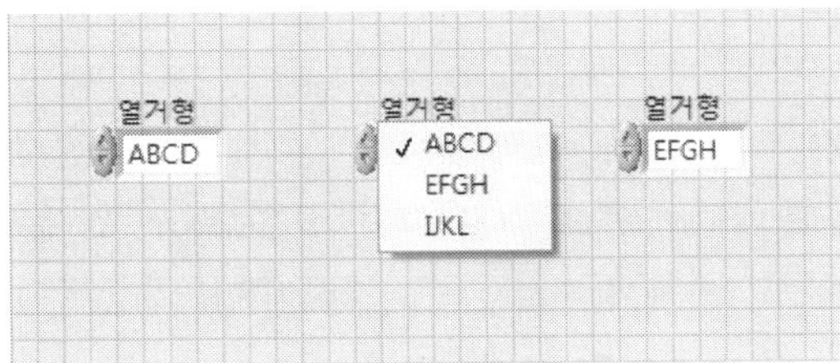

[그림 2-51] 열거형 컨트롤의 아이템 선택

처음 열거형에 대해서 설명을 할 때 열거형이라는 변수는 문자의 껍데기를 쓰고 있는 숫자형 변수라고 말했었습니다. 아이템 편집 창을 보면 [아이템]이라는 항목 옆에 [디지털 디스플레이]라는 항목이 있었습니다. 이 디지털 디스플레이가 의미하는 바는 각각의 아이템이 대응하는 숫자입니다. 이 예제를 가지고 설명하자면 ABCD를 선택하면 0을 출력하고 EFGH를 선택하면 1을, IJKL을 선택하면 2를 출력한다는 의미입니다.

아이템	디지털 디스플레이
ABCD	0
EFGH	1
IJKL	2

[그림 2-52] 열거형 아이템 편집창

정말로 그런지 확인하기 위해서 [그림 2-53]과 같이 [열거형] 컨트롤과 [숫자형 인디케이터]를 놓고 블록다이어그램에서 와이어를 이용해 두 개의 터미널을 연결합니다. 연결이 완료되면 열거형 컨트롤의 값을 IJKL로 선택하고 실행 버튼(Ctrl + R)을 눌러 VI를 실행하세요. 그 값이 아이템 편집창의 [디지털 디스필레이] 값과 같은 2라는 결과가 나오는 것을 확인할 수 있습니다.

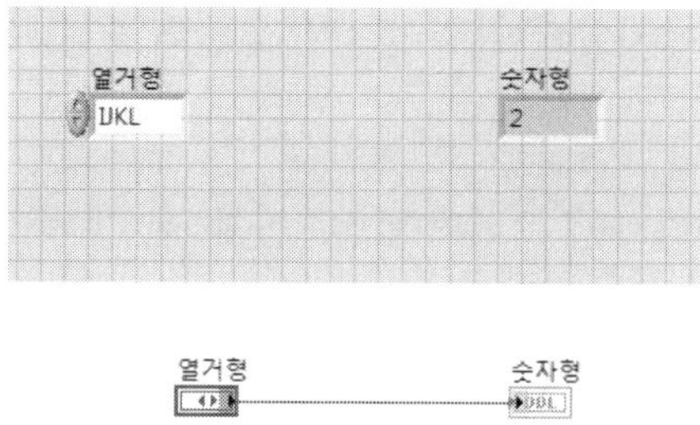

[그림 2-53] 열거형 아이템과 디지털 디스플레이 값

2.8.5 배열(Array)

앞에서 변수에 대해서 설명할 때 변수를 분류하는 방법에는 변수의 형태(format)에 따른 분류 이외에도 변수 자체가 집합으로 이루어져 있는지 단일 변수인지에 의한 분류가 있었습니다. LabVIEW에서 주로 사용되는 집합 형태의 변수로는 배열(array)과 클러스터(cluster)가 있습니다. 이 두 형태의 변수들 중 배열은 같은 형태의 변수들만을 그 원소로 가지는 집합입니다. 그리고 클러스터의 경우는 배열처럼 같은 형태의 변수들만을 그 원소로 가질 수도 있고 다른 형태의 변수들을 그 원소로 가질 수도 있습니다. 쉬운 예를 들자면 계란 한판은 같은 원소(계란)을 하나의 묶음으로 만들어 놓았기 때문에 배열에 해당합니다. 반면에 과자 종합 선물 세트 같은 경우 서로 다른 종류의 과자들을 하나의 묶음으로 만들어 놓았기 때문에 클러스터라고 할 수 있습니다.

배열을 만드는 방법은 이전에 숫자형, 불리언, 문자열, 열거형 변수를 만들 때와 달리 한 가지 과정이 추가로 필요합니다.

1. 프런트패널에서 마우스 오른쪽 클릭으로 [컨트롤] 팔레트를 불러옵니다.
2. [컨트롤] 팔레트 → [배열, 행렬, 클러스터] 팔레트 → [배열]을 선택하고 프런트패널에 놓아줍니다.

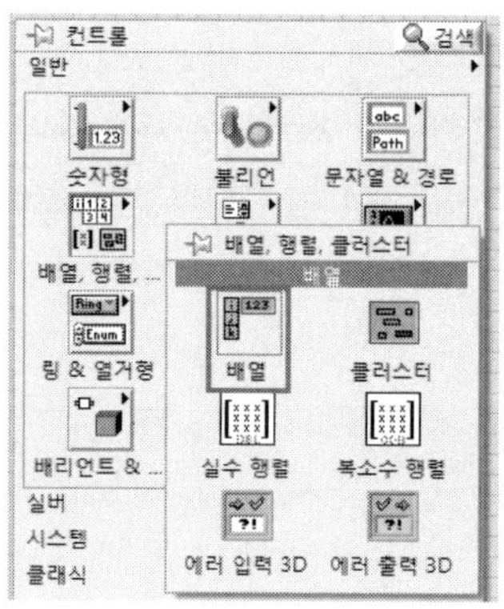

[그림 2-54] 배열, 행렬, 클러스터 팔레트

앞의 과정을 수행하고 나면 [그림 2-55]와 같이 블록다이어그램에 검은색 터미널이 하나 생깁니다. 이 검은색 터미널의 의미는 아직까지 배열의 형태, 즉 숫자형 배열인지 불리언 배열인지 문자열 배열인지 그 형태가 정해지지 않았다는 의미입니다.

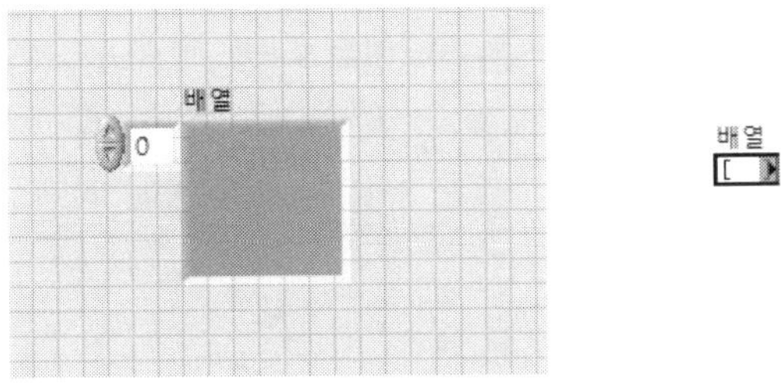

[그림 2-55] 배열 터미널

이 배열의 형태를 결정하기 위해서

3. 프런트패널에서 컨트롤 팔레트 → 숫자형 팔레트 → [숫자형 컨트롤]을 선택해서 배열의 회색 공간에 끌어다(drag) 놓습니다.

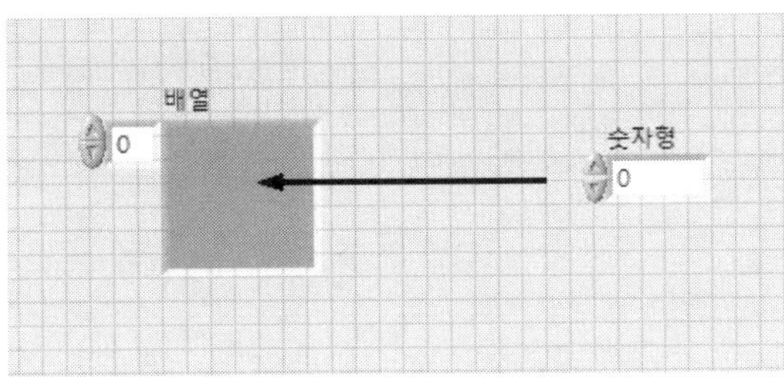

[그림 2-56] 배열의 형태 결정

위의 과정이 완료되면 프런트패널의 배열 아이콘 모양이 숫자형 컨트롤과 유사하게 변하고 블록다이어그램 터미널의 색깔이 주황색으로 변하면서 DBL이라는 글자가 터미널 안에 나타납니다.

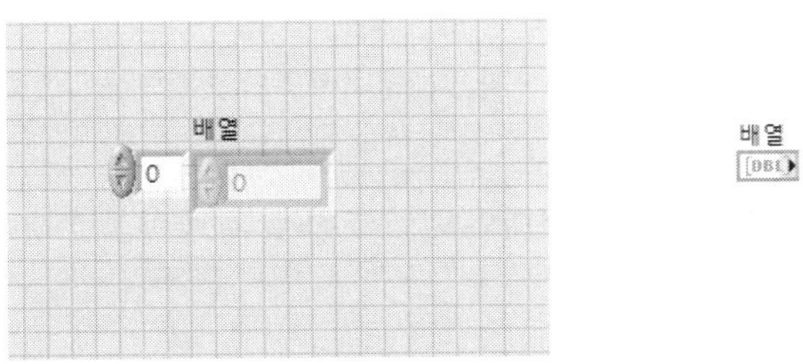

[그림 2-57] 숫자형 배열 컨트롤

이렇게 만들어진 배열은 [숫자형 배열 컨트롤]입니다. 다시 말해서 숫자형 변수를 그 원소들로 가지는 입력 변수(컨트롤)입니다. [숫자형 배열 인디케이터]를 만들려면 어떻게 해야 할까요? 그렇습니다. 위의 1, 2번과 동일한 과정을 반복하고 숫자형 컨트롤 대신에 [숫자형 인디케이터]를 배열의 회색 공간에 끌어다 놓아주면 됩니다. 그리고 또한 앞에서 배운 내용처럼 [바로가기 메뉴]의 [컨트롤을 인디케이터로 변경] 메뉴를 이용해서 배열 인디케이터를 만들어 줄 수도 있습니다.

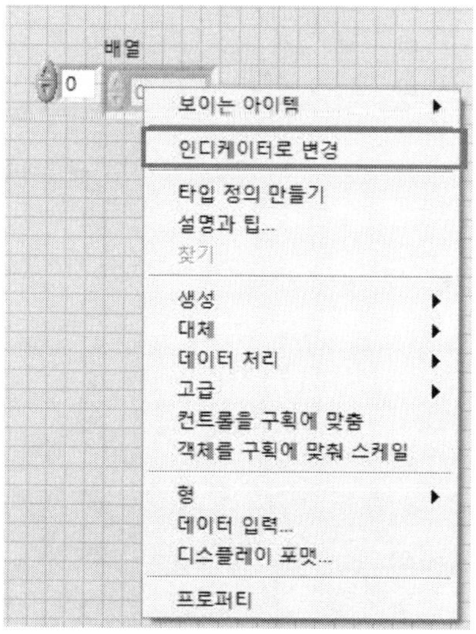

[그림 2-58] 배열 인디케이터 만들기

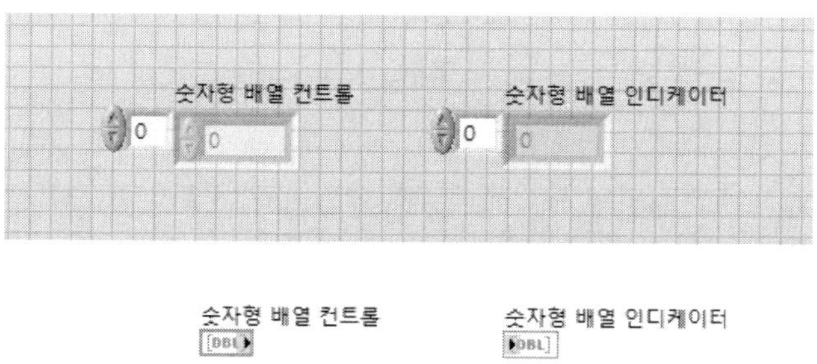

[그림 2-59] 숫자형 배열 컨트롤과 숫자형 배열 인디케이터

불리언 형태의 배열과 문자열 형태의 배열 또한 같은 방법으로 생성이 가능합니다.

[실습 2-4] 불리언 배열 컨트롤과 불리언 배열 인디케이터, 문자열 배열 컨트롤과 문자열 배열 인디케이터를 각각 만들어 보세요.

1. 프런트패널 컨트롤 팔레트 → 배열, 행렬, 클러스터 팔레트 → [배열]을 선택해 프런트 패널 위에 놓습니다.
2. 프런트패널 컨트롤 팔레트 → 불리언 팔레트 → [누름 버튼] 선택 후 비어있는 배열 터미널에 끌어다 놓습니다.
3. 위와 동일한 과정을 불리언 팔레트 → [원형 LED]와 문자열&경로 팔레트 → [문자열 컨트롤]과 [문자열 인디케이터]에 대해서 반복합니다.
4. 만들어진 각각의 배열에 대해서 라벨을 불리언 배열 컨트롤/인디케이터, 문자열 배열 컨트롤/인디케이터로 변경합니다.

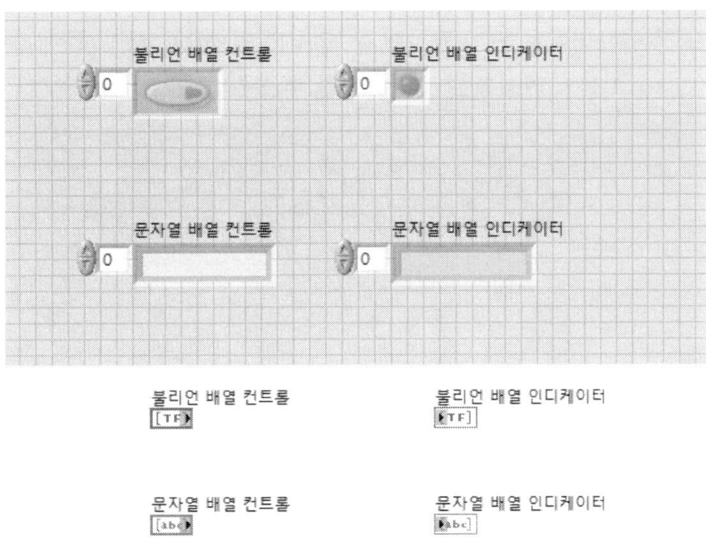

[그림 2-60] 불리언 및 문자열 배열 만들기

배열은 **원소**와 **차원(Dimension)**으로 구성됩니다. 원소는 배열이라는 집합 안에 속해있는 변수들을 지칭합니다. 그리고 차원은 배열의 구성이 선이냐 면이냐 입체냐 등을 지칭하는 것과 유사합니다. 먼저 배열의 원소에 대해서 조금 더 알아보도록 하겠습니다.

처음 숫자형 배열 컨트롤을 만들면 [그림 2-61]과 같이 왼쪽에 인덱스 디스플레이라는 부분과 오른쪽은 그 배열의 원소가 하나 보입니다. 이 배열의 원소는 하나가 보이므로 하나의 원소를 가지고 있는 배열일까요? 정답은 '아니다' 입니다. 정확히 말하면 배열의 원소의 개수는 정해져 있지 않습니다. 필요에 따라서 사용자가 직접 또는 프로그램적으로 그 원소의 개수를 변경할 수 있습니다.

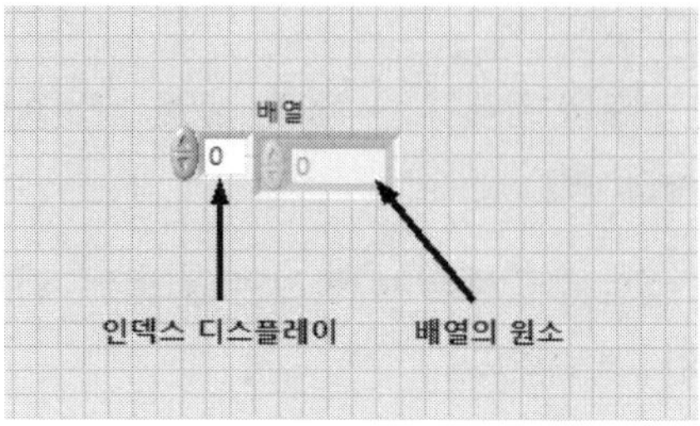

[그림 2-61] 배열의 구성

배열의 원소 개수를 직접적으로 늘려주기 위해서는 마우스 커서를 배열의 테두리 근처로 옮깁니다. 그러면 배열의 테두리에 6개의 점이 [그림 2-62]의 왼쪽 그림처럼 보입니다. 이때 그 점 위에 마우스를 올리고 마우스 끌기(Drag) 하면 프런트패널에 보이는 배열의 원소 개수가 늘어납니다. 마우스 커서 끌기를 할 때 상하 방향으로 끌기를 하느냐 좌우 방향으로 끌기를 하느냐에 따라서 배열의 모양은 달라질 수 있습니다.

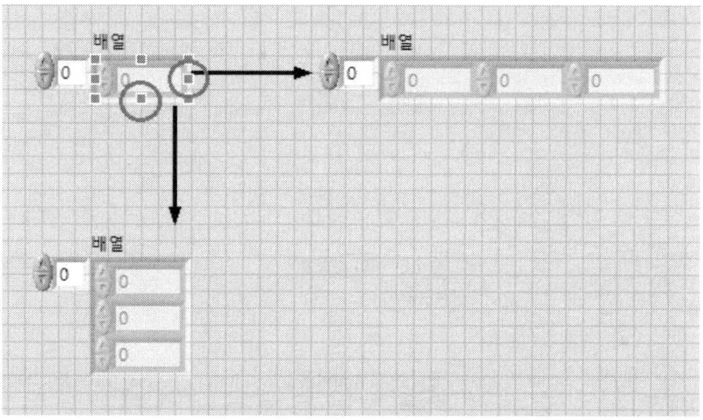

[그림 2-62] 배열의 크기 변경

만약 마우스 커서를 배열의 테두리가 아니라 배열 안에 있는 숫자형 컨트롤 위에 올리고 그 크기를 변화시키면 배열의 크기가 늘어나는 것이 아니라 배열 안에 있는 숫자형 컨트롤 자체의 크기를 변화시키는 결과가 나타납니다.

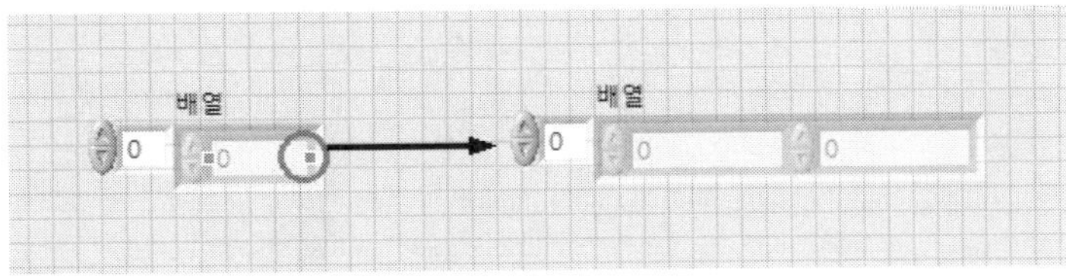

[그림 2-63] 배열 원소의 크기 변경

위의 그림을 얼핏 보면 배열의 원소 개수가 3개로 늘어난 것처럼 보입니다. 하지만 사실 배열의 원소의 개수는 0개, 빈 배열입니다. 단순히 눈에 보이는 배열의 크기가 늘어난 것일 뿐입니다. 배열의 원소를 입력하기 위해서는 배열 안에 있는 숫자형 컨트롤에 값을 직접 입력해 주어야 합니다. 그 값이 0일지라도 값을 넣어주기 전에는 배열의 원소는 0개 입니다. 첫 번째 배열 원소에 0을 입력하면 [그림 2-64]와 같이 값을 넣어준 부분은 선명한 색깔을 띄고 그렇지 않은 부분은 회색에 가까운 색으로 보입니다. 즉 선명한 색깔을 보이는 곳은 원소가 있는 부분이고 회색에 가까운 부분은 원소가 없는 부분입니다. 그러므로 현재 숫자형 배열 컨트롤의 원소 개수는 1개가 됩니다.

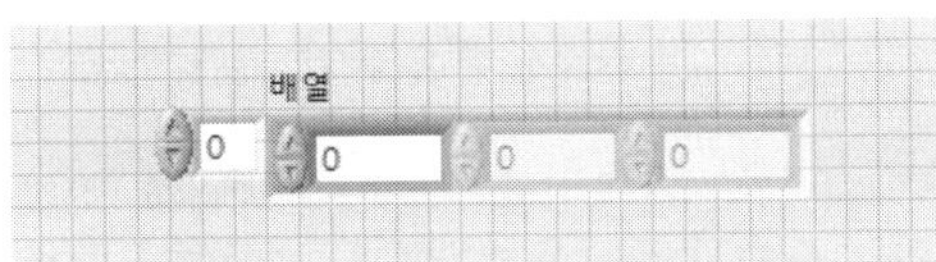

[그림 2-64] 배열 원소의 입력

배열의 원소 각각에는 숫자형 컨트롤처럼 별도의 이름이 없습니다. 대신에 **인덱스(index)**라는 것을 이용해서 배열 원소 각각에 이름을 자동으로 부여합니다. 이 인덱스라는 것은 0부터 시작하는 숫자를 사용하며 배열 안에 몇 번째 위치한 원소인지를 나타내는 배열 원소용 이름표입니다. 예를 들어서 그 원소가 [1, 2, 3]인 배열이 있다면 0번째 원소는 [1], 1번째 원소는 [2], 2번째 원소는 [3] 입니다. 여기서 항상 유의해야 할 부분은 인덱스는 0부터 시작한다는 것입니다. 실제로도 코딩을 할 때 이 부분을 간과해서 오류가 나는 경우가 많으므로 항상 유념해야 합니다.

배열의 왼쪽에 보이는 인덱스 디스플레이는 디스플레이 안에 있는 숫자에 해당하는 인덱스의 원소를 배열의 제일 왼쪽에 보이도록 하는 역할을 합니다. 위의 예를 들면 인덱스 디스플레이가 0이면 [1]을 제일 먼저 보이도록 하고, 인덱스 디스플레이가 1이라면 [2]를 제일 먼저 보이도록 하는 것입니다.

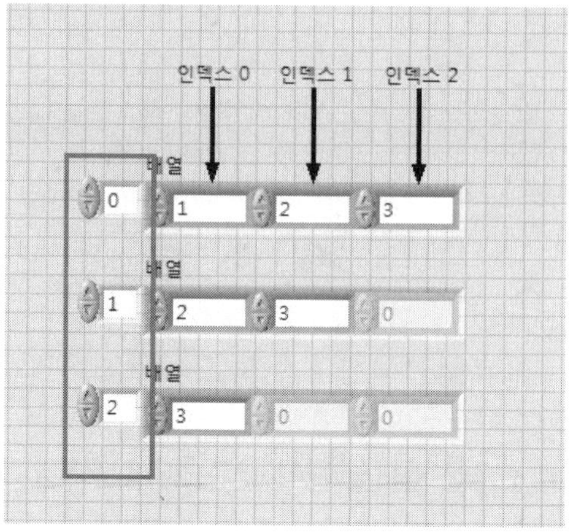

[그림 2-65] 인덱스 디스플레이

하지만 인덱스 디스플레이를 변화시킨다고 해서 배열의 원소 개수가 변하지는 않습니다. 단지 프런트패널에 보이는 원소가 인덱스 디스플레이에 표시된 순서의 원소로 바뀔 뿐입니다. 인덱스 디스플레이는 배열의 원소 개수가 너무 많아서 프런트패널에 한꺼번에 표시하기 어려운 경우 특정한 인덱스의 원소를 확인하기 위한 용도로 사용합니다.

이 외에도 인덱스 디스플레이는 배열의 차원을 변경할 때 사용할 수 있습니다. 차원(Dimension)이란 간단하게 말해서 좌표(coordinate) 내지는 축(axis)의 개수를 나타내는 용어입니다. 그래서 1차원은 선(하나의 축, 수직선), 2차원은 면(두 개의 축, xy 좌표), 3차원은 입체(세 개의 축, xyz 좌표)로 표현할 수 있습니다. 그리고 4차원부터는 그림으로 나타낼 수는 없고 수식으로만 표현이 가능합니다. 배열의 경우는 기본적으로 1차원(선)입니다. 이는 배열을 늘일 때 좌우 또는 상하 한 방향으로만 늘어나는 것을 보아도 쉽게 추론할 수 있습니다.

높은 차원 배열을 만들기 위해서는 인덱스 디스플레이의 테두리 위에 마우스 커서를 올리고 6개의 점이 나타나면 그 중에 하나를 배열을 늘일 때와 같은 방법으로 늘여주는 것입니다. 그렇게 해서 인덱스 디스플레이의 개수가 2개이면 2차원, 3개이면 3차원 등과 같이 차원을 늘릴 수 있습니다(또는 [바로가기 메뉴]의 [차원 추가]를 이용할 수도 있습니다).

2차원 이상의 배열을 만들고 나면 배열의 원소가 1차원 배열의 경우와는 달리 대각선 방향으로 확장이 가능해지고 2차원의 원소를 사용자에게 보여줄 수 있습니다. 3차원 이상의 경우는 평면에서 입체를 표시할 수 없으므로 그 모양은 변하지 않고 인덱스 디스플레이를 조절해서만 그 값을 확인할 수 있습니다.

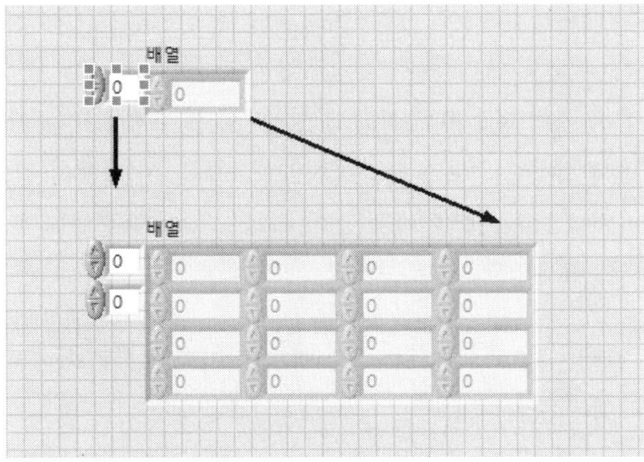

[그림 2-66] 2차원 배열 만들기

배열의 차원이 증가하면 블록다이어그램에서 와이어의 굵기 변화가 생깁니다. 차원이 올라가면 그에 비례해서 와이어의 굵기가 굵어지는 것이지요. [그림 2-67]을 보시면 그 변화를 쉽게 확인할 수 있습니다.

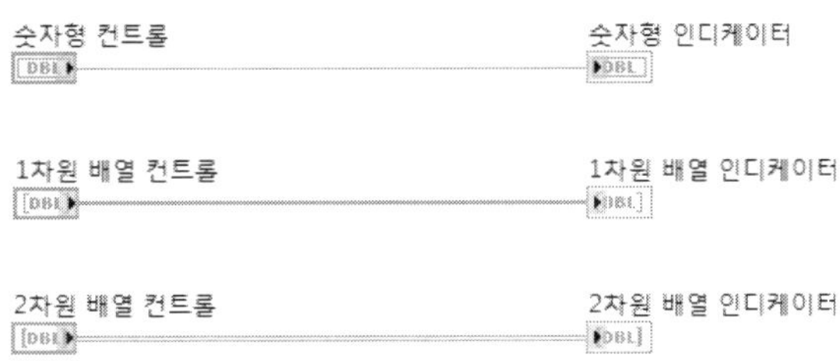

[그림 2-67] 와이어 굵기의 변화

2.8.6 클러스터(Cluster)

앞서 배운 배열을 단일민족 국가라고 한다면 클러스터는 다민족 국가라고 할 수 있습니다. 코딩을 하다 보면 편의를 위해서 여러 종류의 다른 형태 변수들을 하나로 묶어 써야 하는 경우가 종종 있습니다. 이런 경우 LabVIEW에서는 클러스터라는 변수의 형태를 사용합니다(여타의 프로그램 언어에서는 스트럭트(struct)나 레코드(record)라는 이름을 사용하기도 합니다).

클러스터를 만드는 방법은 배열을 만드는 방법과 유사합니다.

1. 프런트패널에서 마우스 오른쪽 버튼을 클릭하여 컨트롤 팔레트를 불러옵니다.

2. 컨트롤 팔레트 → 배열, 행렬, 클러스터 팔레트 → [클러스터]를 선택한 후 프런트패널 위에 놓습니다.
   그러면 배열의 경우와 마찬가지로 프런트패널에 회색 공간이 블록다이어그램에 검은색 터미널이 생성됩니다. 블록다이어그램 터미널의 색깔이 검은색인 이유는 배열의 경우와 마찬가지로 클러스터 안에 원소가 하나도 없기 때문입니다. 그러므로 클러스터란 껍데기 안에 원소를 넣어주는 과정이 필요합니다.

3. 이때 원하는 형태의 컨트롤 또는 인디케이터를 클러스터의 빈 공간에 끌어다 놓으면 클러스터가 완성됩니다.

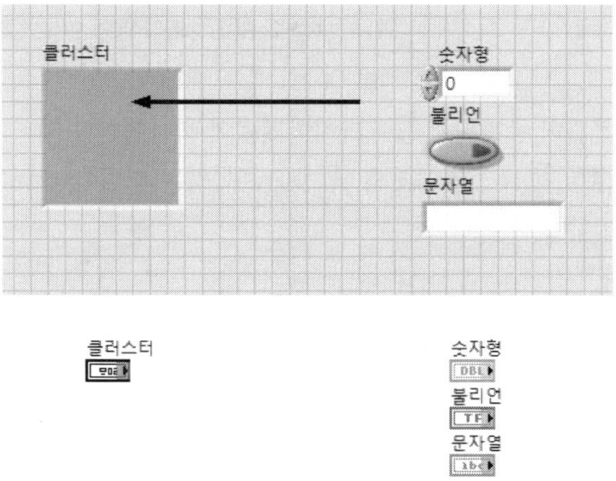

[그림 2-68] 클러스터 만들기

클러스터는 클러스터에 제일 처음으로 끌어다 놓는 변수가 컨트롤이냐 인디케이터냐에 따라서 클러스터 자체의 입/출력이 결정됩니다. 물론 한번 그 특성이 컨트롤 또는 인디케이터로 설정되었다 하더라도 [바로가기 메뉴]의 [인디케이터로 변경] 또는 [컨트롤로 변경] 메뉴를 이용해서 언제든지 특성 변경이 가능합니다.

클러스터를 만들다 보면 여러 개의 변수를 클러스터 공간에 모두 표시하기에 어려운 경우가 있습니다. 이런 경우 클러스터의 모양 자체를 크게 만들 수 있습니다. 클러스터를 크게 만드는 방법은 클러스터 테두리 위에 마우스 커서를 올리고 그 주변으로 6개의 점이 나타나면 그 점 위로 마우스 커서를 옮겨 끌기(drag) 하는 것입니다.

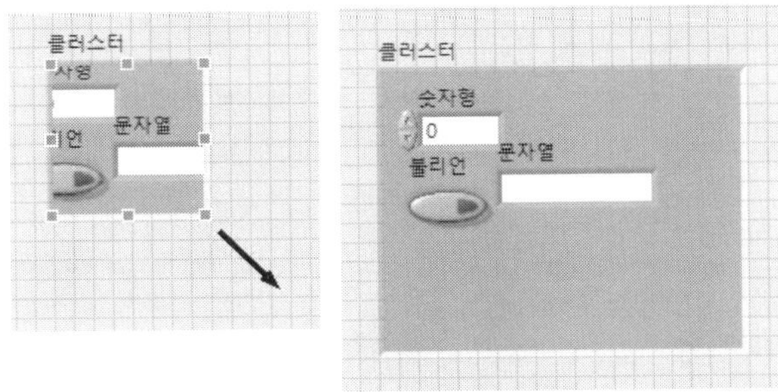

[그림 2-69] 클러스터의 크기 변경

이 밖에도 클러스터의 크기가 클러스터 안에 포함된 변수들의 크기에 맞도록 자동으로 크기 조절이 가능한 옵션이 있습니다. 클러스터의 가장자리에서 마우스 오른쪽 버튼을 클릭하여 [바로가기 메뉴]를 불러온 다음 [자동 크기 조정] 옵션 중 [맞도록 크기 조정]을 선택하면 클러스터 내부의 변수 크기에 따라서 자동으로 클러스터의 크기가 변경이 됩니다.

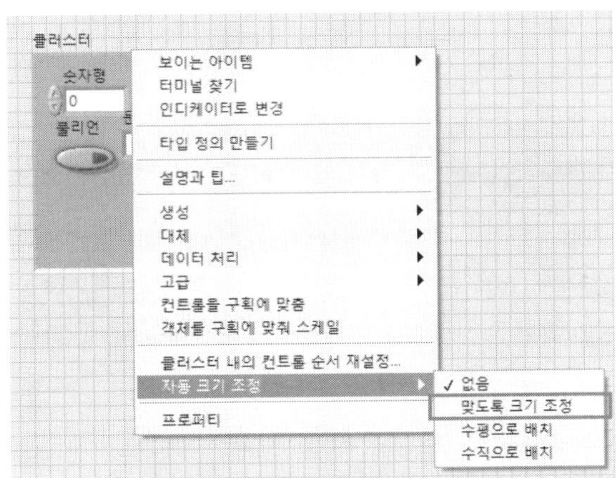

[그림 2-70] 클러스터의 크기 자동 조정

그런데 여기서 한 가지 의문이 생깁니다. 클러스터에는 배열처럼 여러 개의 변수가 들어있는데, 배열과 같은 인덱스라는 것이 필요하지 않을까요? 클러스터의 내부를 자세히 살펴보면 배열의 경우와는 달리 컨트롤들 각각이 "숫자형", "불리언", "문자열"과 같은 고유의 이름을 가지고 있기 때문에 별도로 인덱스라는 것이 필요하지 않아 보입니다. 하지만 클러스터의 경우에도 엄연히 **순서(sequence)**라는 것이 존재합니다. 다만 배열과 다른 점은 배열은 인덱스의 번호를 사용자가 임의로 바꿀 수 없는 반면에 클러스터의 경우는 임의로 변경이 가능하다는 점입니다.

기본적으로 클러스터 원소의 순서는 클러스터 안에 끌어다 놓는 변수의 순서이고 그 순서는 인덱스의 경우와 마찬가지로 0번부터 시작입니다. 앞의 예제에서 숫자형, 불리언, 문자열의 순서대로 그 원소를 추가했다면 0번은 숫자형, 1번은 불리언, 2번은 문자열이 되는 것이지요. 이 순서를 확인하거나 바꾸려면 클러스터의 테두리에서 마우스 오른쪽 버튼을 클릭하여 [바로가기 메뉴]를 불러온 다음 [클러스터 내의 컨트롤 순서 재설정...]이란 메뉴를 이용해야 합니다.

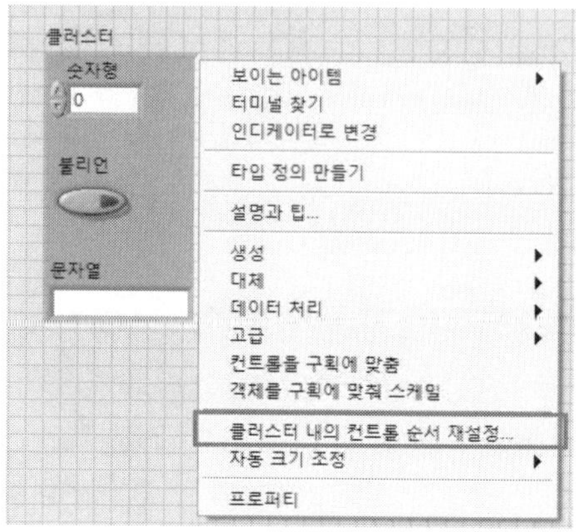

[그림 2-71] 클러스터 내의 컨트롤 순서 재설정

[클러스터 내의 컨트롤 순서 재설정...]을 선택하면 [그림 2-72]와 같이 클러스터 내의 터미널 각각에 대해서 검은색 바탕의 숫자와 흰색 바탕의 숫자가 나타납니다. 이 중에서 흰색 바탕의 숫자는 변경 전의 순서를 의미하고 검은색 바탕의 숫자는 변경 후의 순서를 의미합니다.

숫자형 컨트롤이 0번, 불리언 컨트롤이 1번, 문자열 컨트롤이 2번인 상태에서 마우스 커서를 아무 컨트롤 위에 올리면 커서의 모양이 손가락 모양으로 변합니다. 이 때 마우스 왼쪽 버튼을 클릭하면 그 컨트롤의 검은색 바탕에 있는 숫자의 값이 변경됨과 동시에 프런트패널의 오른쪽 위에 있는 검은색 바탕 숫자 또한 같이 증가됩니다. 같은 방식으로 1번, 2번을 새로 설정하고 모든 과정이 끝나면 프런트패널의 왼쪽 위에 있는 [체크 버튼]을 눌러 주면 변경된 순서가 저장됩니다. 만약 [X 버튼]을 누르면 변경이 취소됩니다.

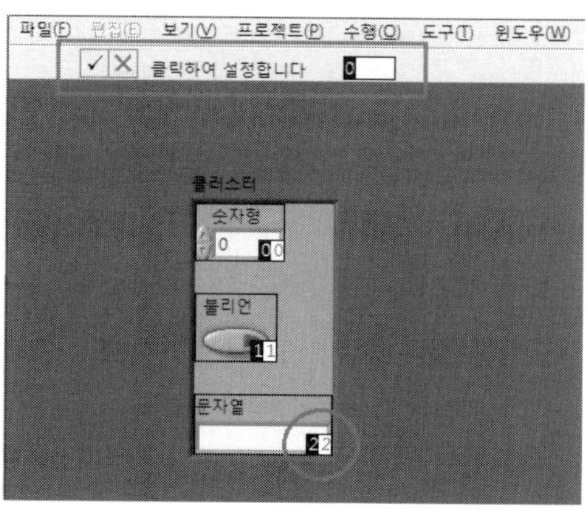

[그림 2-72] 클러스터 내의 컨트롤 순서 재설정

[실습 2-5] 클러스터 내에 숫자형 컨트롤, 불리언 누름버튼, 문자열 컨트롤을 순서대로 추가하고 클러스터의 크기를 적절히 조절하여 모든 컨트롤이 보이도록 설정하세요. 그리고 클러스터 원소의 순서를 문자열, 숫자형, 불리언 순서로 조정하세요.

1. 프런트패널에서 [컨트롤] 팔레트 → [배열, 행렬, 클러스터] 팔레트 → [클러스터]를 선택합니다.
2. 프런트패널의 클러스터 안에 [컨트롤] 팔레트 → [숫자형] 팔레트 → [숫자형 컨트롤]을 끌어 놓고 순서대로 [컨트롤] 팔레트 → [불리언] 팔레트 → [누름 버튼]과 [컨트롤] 팔레트 → [문자열] 팔레트 → [문자열 컨트롤]을 끌어다 놓습니다.
3. 클러스터 테두리에서 [바로가기 메뉴]를 불러온 후 [자동 크기 조정] → [맞도록 크기 조정]을 선택합니다.
4. 다시 한 번 [바로가기 메뉴]를 불러와 [클러스터 내의 컨트롤 순서 재설정...]을 선택한 후 문자열, 숫자형, 불리언 컨트롤의 순서대로 클릭합니다.
5. 순서 변경이 확인되었으면 왼쪽 위의 [체크 버튼]을 눌러 순서 변경을 완료합니다.

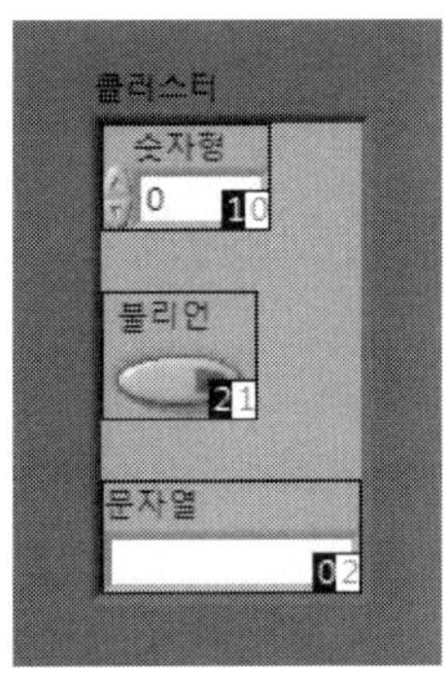

[그림 2-73] 클러스터 내의 컨트롤 순서 변경 완료

요 약

- 0과 1을 표현할 수 있는 데이터의 최소 단위를 비트(bit)라 하고, 비트의 8개 묶음을 바이트(byte)라 합니다. 바이트는 컴퓨터의 연산에서 사용되는 최소 데이터 단위입니다.
- LabVIEW 파일 확장자는 VI(Virtual Instrument)입니다.
- VI는 사용자의 인터페이스(UI)를 제공하는 프런트패널(Front Panel)과 소스 코드를 작성하는 공간인 블록다이어그램(Block Diagram)으로 구성되어 있습니다.
- LabVIEW에서 입력을 나타내는 부분을 컨트롤(Control), 출력을 나타내는 부분을 인디케이터(Indicator)라 합니다.
- 블록다이어그램에서 데이터는 와이어(Wire)를 통해 전달됩니다.
- 변수의 이름을 표시하는 부분은 라벨(Label)입니다.
- LabVIEW에서 제공하는 기본적인 데이터 형태는 숫자형, 불리언, 문자열 그리고 여러 원소들의 집합인 배열과 클러스터입니다.

퀴 즈

1. 블록다이어그램 창을 보이게 하거나 프런트패널 창과 블록다이어그램 창을 교대로 보여주는 단축키는 (　　　　)입니다.
2. 프런트패널에서 여러 가지 데이터 형태의 컨트롤과 인디케이터 아이콘을 포함하고 있는 공간을 (　　　　)(이)라고 합니다.
3. 깨진 와이어를 제거하는 단축키는 (　　　　)입니다.
4. 숫자형 변수의 형태에서 U16, I32 등의 숫자는 변수의 (　　　　)을/를 의미합니다.
5. 불리언형 변수는 (　　　　) 또는 (　　　　)의 값을 가집니다.
6. 문자열 변수는 국제 규격인 (　　　　) 코드를 사용합니다.
7. 배열은 (　　　　)와/과 (　　　　)(으)로 구성되어 있습니다.
8. (　　　　)은/는 한 가지 종류의 원소로 구성된 변수의 집합이고, (　　　　)은/는 여러 가지 종류의 원소를 가진 변수의 집합입니다.

CHAPTER

03

LabVIEW 함수 사용하기

CHAPTER 03 LabVIEW 함수 사용하기

이번 장에서는 사용자의 입력값에 대하여 연산을 통해 원하는 출력값을 도출하는 함수(function)에 대해서 살펴보도록 하겠습니다. LabVIEW의 함수는 프런트패널에서 변수의 형태에 따라서 숫자형, 불리언, 문자열 등의 팔레트로 구분해 놓았듯이 마찬가지로 함수의 기능에 따라서 함수들을 팔레트로 묶어 놓았습니다. 이런 함수들의 묶음에는 숫자형, 불리언, 문자열, 비교, 구조, 배열 함수 팔레트 등이 있습니다.

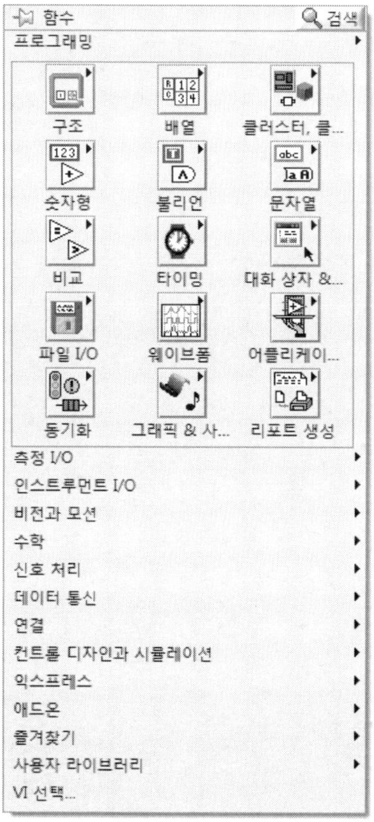

[그림 3-1] 함수 팔레트

LabVIEW는 그래픽 기반의 언어(graphic-based language)입니다. 앞 장에서 배웠던 변수를 만드는 방법들도 모두가 키보드를 건드리지 않고 마우스의 클릭만으로 가능했습니다. 코딩의 경우에도 마찬가지로 마우스만으로 거의 모든 컨트롤을 다 할 수 있습니다. 그렇기 때문에 확실히 키보드로 문자를 입력하는 경우보다 빠르게 코딩이 가능합니다. 하지만 내가 원하는 함수가 어느 팔레트에 있는지 확실히 알고 있지 않으면 이런 장점을 이용하지 못하는 것과 마찬가지이므로 이번 장을 통해서 어떤 함수가 어떤 팔레트 안에 있는지 익히는 것이 필요합니다.

3.1 숫자형 함수(Numeric Functions) 팔레트

[숫자형] 함수 팔레트 안에는 숫자형 변수값들의 사칙연산을 위한 함수들과 몫과 나머지를 구하는 함수 및 난수를 생성하는 함수 등의 기본적인 숫자 연산 함수들이 있습니다. [숫자형] 함수 팔레트는 블록다이어그램에서 마우스 오른쪽 버튼을 클릭하여 [함수] 팔레트를 불러오면 위쪽 두 번째 줄에서 찾을 수 있습니다.

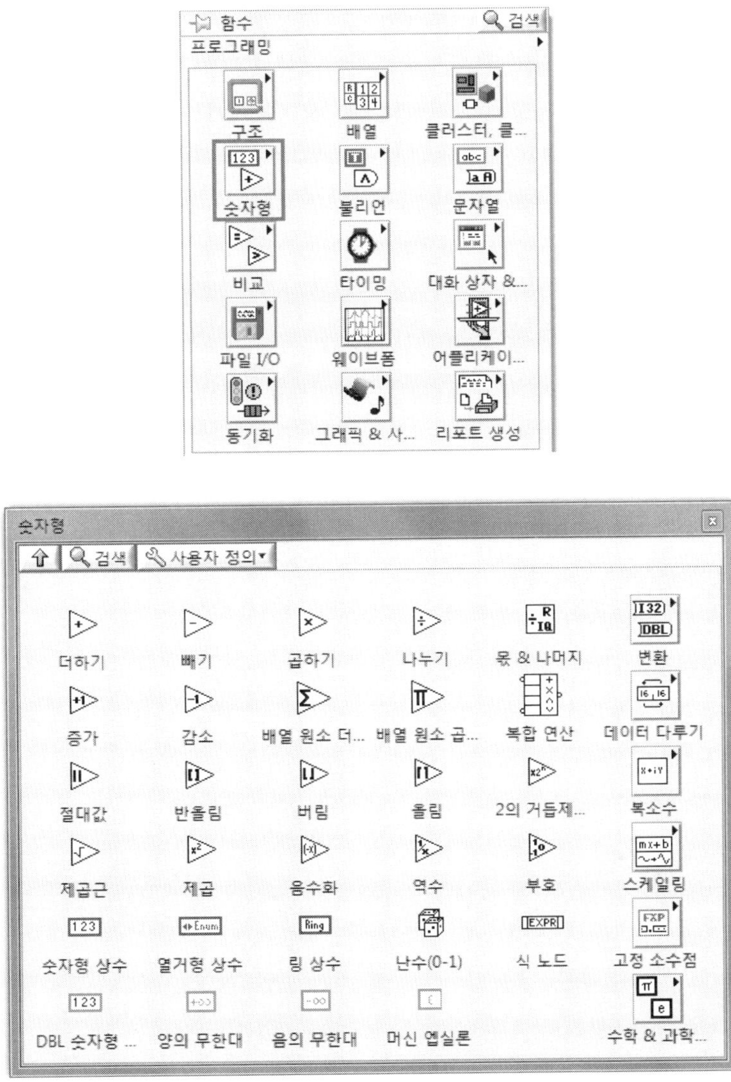

[그림 3-2] 숫자형 함수 팔레트

3.1.1 더하기 / 빼기 / 곱하기 / 나누기(Add / Subtract / Multiply / Divide)

[숫자형] 함수 팔레트의 첫 번째 줄에는 기본적인 사칙연산인 더하기, 빼기, 곱하기, 나누기 함수가 있습니다. 이 함수들 중에서 더하기 함수를 사용하기 위해서

1. 블록다이어그램에서 마우스 오른쪽 버튼을 클릭하여 [함수] 팔레트 → [숫자형] 함수 팔레트 → [더하기] 함수를 선택한 후 블록다이어그램 위에 놓습니다.
2. 프런트패널에서 [숫자형 컨트롤] 2개를 만들어 그 이름을 각각 'X'와 'Y'로 변경하고 [숫자형 인디케이터] 1개를 만들어 그 이름을 'X + Y'로 변경합니다.
3. 마우스 커서를 블록다이어그램에 있는 [더하기] 함수 위에 위치 시킵니다. 그러면 [그림 3-3]처럼 [더하기] 함수의 좌측과 우측으로 와이어를 연결한 수 있는 터미널이 나타나는 것을 확인할 수 있습니다. 이 중에서 함수의 왼쪽에 있는 터미널들은 함수의 입력, 오른쪽에 있는 터미널은 함수의 출력을 의미합니다.

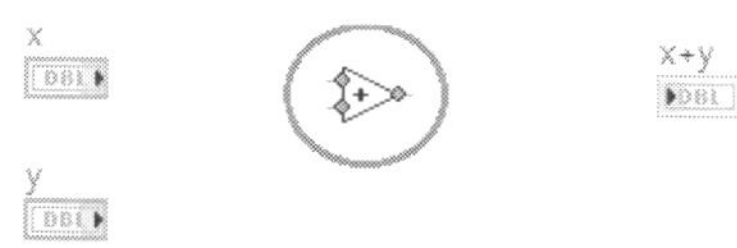

[그림 3-3] 더하기 함수

4. [더하기] 함수의 왼쪽 위의 입력 터미널을 'X' 컨트롤, 왼쪽 아래의 입력 터미널을 'Y' 컨트롤로 와이어(wire)를 이용해서 연결합니다. 또한 같은 방법으로 [더하기] 함수의 오른쪽 출력 터미널과 'X + Y' 인디케이터를 연결합니다.
   와이어를 연결하기 위해서는 터미널(컨트롤, 인디케이터, 함수의 입출력 등) 위에 마우스 커서를 위치시키고 마우스 커서의 모양이 실타래 모양으로 바뀌었을 때 마우스 왼쪽 버튼을 클릭한 다음, 마우스를 움직여 원하는 다른 터미널에 마우스 커서를 놓고 왼쪽 버튼을 클릭하면 됩니다.

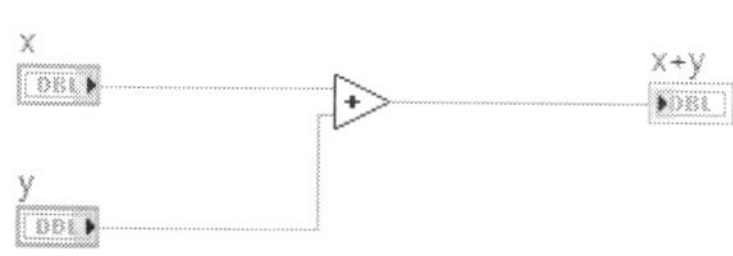

[그림 3-4] 더하기 함수의 연결

5. 프런트패널에서 'X', 'Y' 컨트롤의 공간을 클릭하여 숫자의 값을 변경한 후 왼쪽 위의 화살표 모양 [실행 버튼]을 누르거나 **단축키(Ctrl + R)**을 눌러 'X + Y' 인디케이터의 값이 두 컨트롤의 합과 일치하는지 확인합니다.

[그림 3-5] 더하기 함수의 실행

같은 방법으로 [빼기], [곱하기], [나누기] 함수들을 블록다이어그램에 추가해 보겠습니다.

1. 블록다이어그램 창에서 [함수] 팔레트 → [숫자형] 팔레트 → [빼기] 함수를 선택 후 블록다이어그램에 놓습니다.
2. 프런트패널에서 [숫자형 인디케이터]를 추가하고 그 라벨을 'X – Y'로 변경합니다.
3. 이전에 만들어 놓았던 'X', 'Y' 컨트롤을 [빼기] 함수의 왼쪽에 있는 입력 터미널들과 연결하고 [빼기] 함수의 오른쪽에 있는 출력 터미널은 'X – Y' 인디케이터와 연결합니다. 이때 와이어들은 각 터미널과 연결하지 않고 와이어의 중간에 가지를 뻗어서 연결합니다.

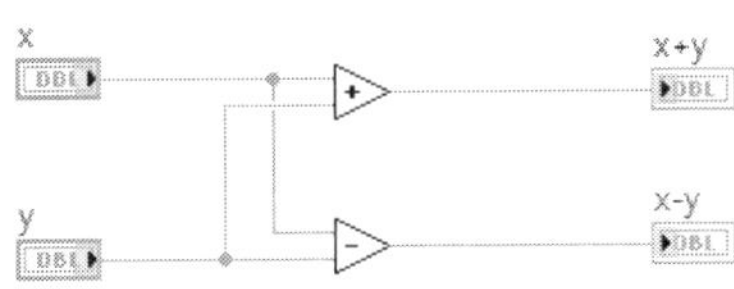

[그림 3-6] 빼기 함수의 추가

4. 같은 방법으로 블록다이어그램에서 [곱하기] 및 [나누기] 함수를 추가하고 프런트패널에서 'X*Y', 'X/Y' 인디케이터를 생성한 후 입력 터미널들은 'X', 'Y' 컨트롤과 출력 터미널들은 각각의 인디케이터들과 와이어로 연결합니다.

연결이 완료되면 블록다이어그램의 터미널들을 보기 좋도록 정렬합니다. 터미널들의 위치를 조정하는 방법은 앞에서 언급한 바와 마찬가지로 해당 터미널을 마우스 왼쪽 버튼을 클릭하여 지정 후 끌기와 놓기(drag and drop) 하거나 **방향키(←, ↑, →, ↓)** 또는 **시프트(shift) + 방향키(←, ↑, →, ↓)**를 이용하여 조절할 수 있습니다.

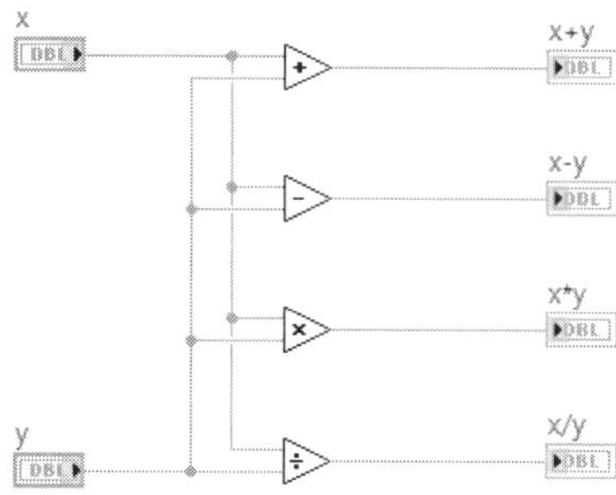

[그림 3-7] 사칙연산 함수의 사용

5. 프런트패널에서 컨트롤의 값을 변경한 후 VI를 실행하고 예상했던 결과값이 나왔는지 확인합니다.

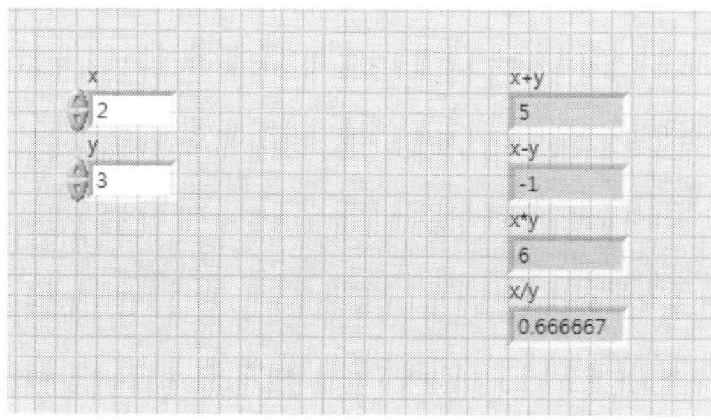

[그림 3-8] 사칙연산 함수의 실행

6. 완성된 VI를 실행 메뉴의 [파일] → [저장] 또는 단축키(Ctrl + S)를 사용하여 "사칙연산.vi"란 이름으로 저장합니다.

만약 연산의 결과가 예상했던 결과와 같지 않다면 [빼기] 함수나 [나누기] 함수에서 입력 터미널을 잘못 연결했을 가능성이 있습니다. [빼기] 함수와 [나누기] 함수의 경우 위쪽 입력(X) – 아래쪽 입력(Y) 또는 X / Y의 형태로 연산을 하기 때문에 위쪽 입력과 아래쪽 입력을 바꿔 연결한 경우 엉뚱한 결과를 양산할 수 있습니다. 이렇게 입력 터미널을 바꿔 연결하는 경우는 흔하게 일어나므로 이 부분에 대해서 주의할 필요가 있습니다.

도움말의 이용

함수 팔레트에는 함수의 각 기능별로 잘 분류가 되어있고 각 함수마다 이름이 부여되어 있으므로 그 기능을 추측하는 것이 그리 어렵지는 않습니다. 하지만 LabVIEW를 처음 배우는 경우라면 어떤 특정한 함수의 위치를 찾거나 그 함수를 어떻게 사용하는지에 대해서 도움 없이는 알기 힘든 것도 사실입니다.

이런 경우를 대비해서 LabVIEW는 함수의 검색 기능을 제공합니다. 이 기능을 이용하려면 블록다이어그램의 [함수] 팔레트를 불러온 후 오른쪽 위에 위치한 [검색] 버튼을 누르고, 그 후에 검색창이 뜨면 찾고 싶은 함수의 기능 또는 이름 등을 간단하게 입력합니다.

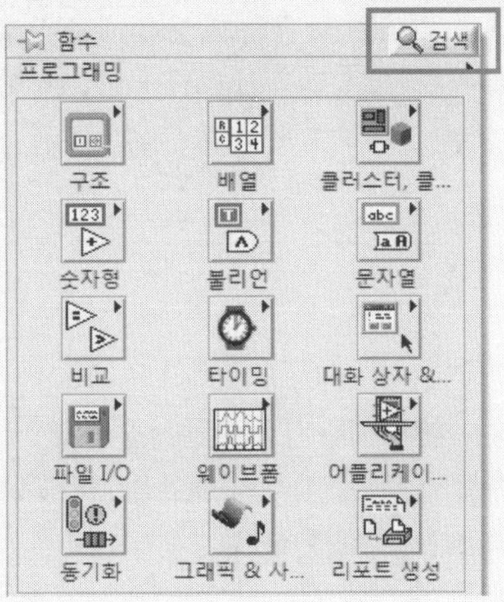

[그림 3-9] 함수의 검색

모든 프로그래밍 언어는 그 언어가 가지고 있는 기능을 설명하기 위한 도움말을 항상 제공합니다. LabVIEW도 마찬가지로 기본적인 도움말을 제공하는데, 좀 더 쉽고 빠른 함수 기능의 검색을 위해 [기본 도움말]이라는 창을 사용합니다.

[기본 도움말] 창은 함수의 기능에 대한 설명 뿐만 아니라 와이어의 데이터 타입, 각종 메뉴에 대한 설명 등을 제공합니다. 이 창은 실행 메뉴의 [도움말] → [기본 도움말 보이기] 또는 **단축키 (Ctrl + H)**를 사용해서 불러올 수 있습니다.

기본 도움말을 사용하기 위해서는 설명이 필요한 함수 또는 터미널 위에 마우스 커서를 올려놓기만 하면 됩니다. 이 창 안에는 함수의 이름과 함수의 입력들(왼쪽), 함수의 출력들(오른쪽), 함수에 대한 개략적인 설명 그리고 좀 더 상세한 설명이 필요할 경우 이용할 수 있는 [상세 도움말] 링크가 있습니다. 이 링크를 클릭하면 LabVIEW 전체 도움말 창이 열리면서 자동으로 해당하는 함수의 설명에 대한 페이지를 띄워줍니다.

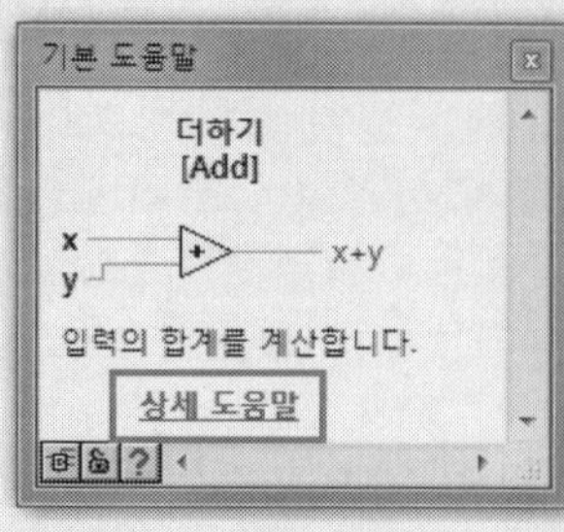

[그림 3-10] LabVIEW의 기본 도움말 창

다만 이 기본 도움말 창은 항상 그 자리를 차지하고 있기 때문에 코드의 부피가 클 때에는 기본 도움말 창을 닫고(오른쪽 위의 X 버튼 또는 단축키 Ctrl + H) 필요한 경우에만 불러와서 사용하는 것이 좋습니다.

배열의 사칙연산

이전의 사칙연산은 스칼라(scalar)값에 대해서 실행을 하였지만 같은 사칙연산 함수들을 별도의 수정이나 추가작업 없이 배열의 연산에도 이용할 수 있습니다. [그림 3-11]과 같이 숫자형 배열 컨트롤 두 개를 만들어 각각의 배열을 [더하기] 함수의 입력에 연결하고 그 출력은 숫자형 배열 인디케이터에 연결합니다.

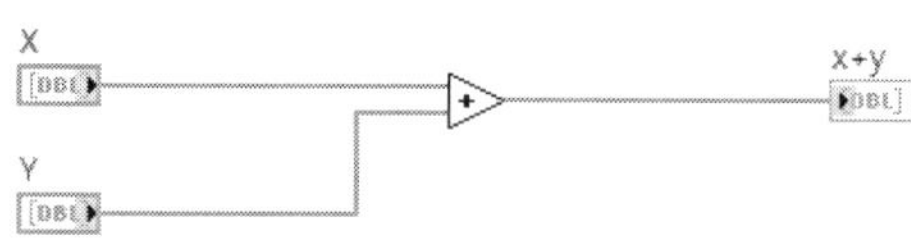

[그림 3-11] 배열의 더하기

배열의 더하기는 같은 인덱스끼리 더해지는 형태로 연산이 진행됩니다. 배열 X + Y의 0번 원소 = 배열 X의 0번 원소 + 배열 Y의 0번 원소, 배열 X + Y의 1번 원소 = 배열 X의 1번 원소 + 배열 Y의 1번 원소 ... 로 그 결과값이 표시되는 것이지요. 예를 들어 배열 X가 [1, 2]의 원소를 가지고 배열 Y가 [2, 3]의 원소를 가지고 있다고 하면 배열 X+Y의 값은 [3, 5]가 됩니다.

하지만 만약 [그림 3-12]의 경우와 같이 배열 X의 원소가 [1, 2]이고 배열 Y의 원소가 [3, 4, 5]로 배열 원소의 개수가 다른 경우는 그 결과가 어떻게 나올까요? 이런 경우 출력 배열의 크기는 항상 배열의 크기가 작은 입력과 같습니다. 그 이유는 배열 X의 2번째 인덱스 원소가 존재하지 않으므로 배열 Y의 2번째 원소인 [5]와 연산 자체가 불가능하기 때문입니다. 그러므로 X + Y의 결과는 [4, 6]이 됩니다.

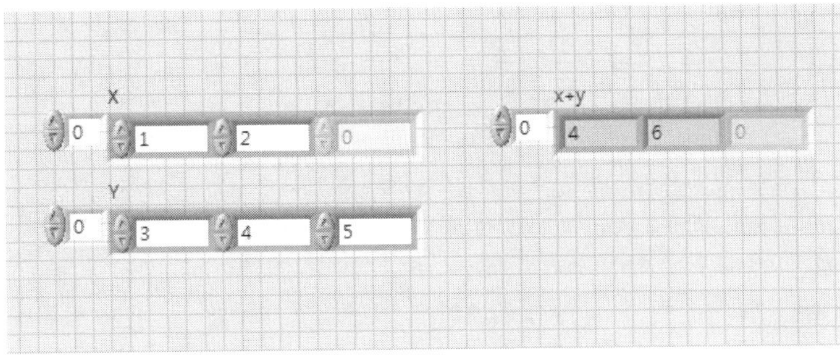

[그림 3-12] 크기가 다른 배열의 더하기

LabVIEW 코딩을 빠르게 하려면

LabVIEW 코딩을 빨리하기 위해서는 세 가지 팁이 있습니다. 그 중 첫 번째는 [바로가기 메뉴]를 얼마나 잘 이용하는가 입니다. [바로가기 메뉴]에는 여러 가지 고급 기능들을 간단하게 이용할 수 있는 옵션들이 많이 있습니다.

[바로가기 메뉴] 중에서 가장 많이 사용되는 기능은 함수의 입출력 터미널을 생성할 때 프런트패널에서 입출력 컨트롤과 인디케이터들을 일일이 불러오는 수고를 줄일 수 있는 [생성] 메뉴입니다. 이 메뉴를 이용하려면 함수의 컨트롤 또는 인디케이터를 생성하고 싶은 위치의 입력 또는 출력 터미널에 마우스 커서를 올리고 마우스 오른쪽 버튼을 클릭하여 [바로가기 메뉴]를 불러온 후 [생성] 메뉴 중에서 해당하는 항목을 선택해 주면 됩니다. [그림 3-13]과 같은 경우는 [인디케이터]가 되겠지요.

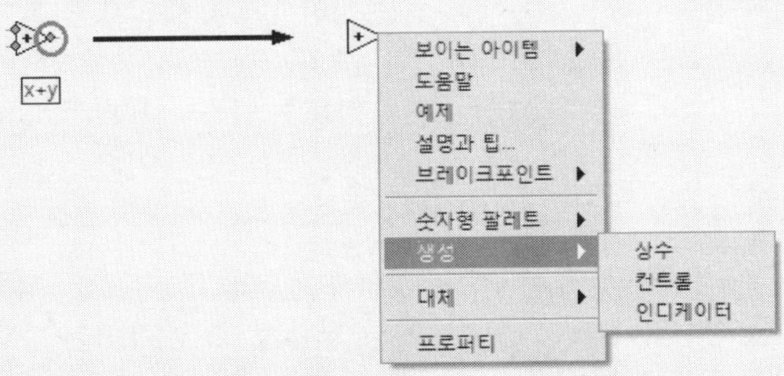

[그림 3-13] 빠른 컨트롤 및 인디케이터 생성

또한 블록다이어그램의 와이어를 정리해 주는 [와이어 정리] 기능도 많이 사용되는 메뉴 중의 하나입니다. [와이어 정리] 기능은 입출력 터미널과 함수의 입출력 사이에 와이어의 연결이 매끄럽지 않을 때 사용하면 간편하게 와이어를 정리할 수 있습니다. 물론 와이어를 깨끗이 정리하지 않는다고 그 코드에 에러가 생기지는 않습니다. 하지만 텍스트 기반 언어에서 줄을 맞춰서 코딩을

해야지 나중에 그 코드를 수정하거나 분석할 때 용이하듯이 LabVIEW에서는 와이어 정리를 잘 해두어야지 그 코드의 수정이나 분석을 쉽게할 수 있습니다.

이 메뉴를 불러오기 위해서는 마우스의 커서를 와이어 위에 올리고 [바로가기 메뉴]를 불러와야 합니다. 하지만 이 기능은 입출력 터미널이나 함수의 위치를 옮기지 않고 오직 와이어의 모양만 직선화시키는 것이므로 사용자가 원하는 모양이 나오지 않을 수도 있습니다. 이 경우는 직접 와이어를 선택한 후 방향키를 이용하거나 마우스 끌기로 원하는 모양을 만들어야 합니다.

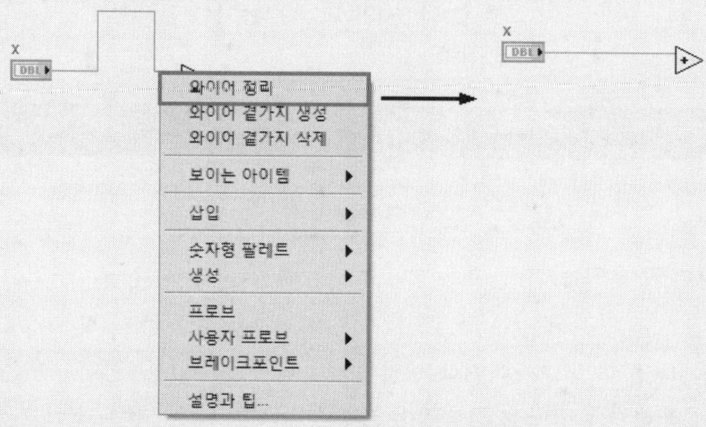

[그림 3-14] 와이어 정리

두 번째는 내가 필요한 함수가 어느 팔레트에 있는지 그 위치는 기억하는 것입니다. 보통 텍스트 기반 언어의 경우 자신이 원하는 함수의 문법을 기억하고 있지 않으면 그 함수의 사용이 어렵습니다. 마찬가지로 LabVIEW의 경우, 그 함수의 문법을 알 필요는 없지만 그 함수가 어디에 위치해 있는지 기억하고 있어야 빠르게 그 함수를 사용할 수 있습니다. 또한 각 함수의 대략적인 기능을 숙지하고 있어야 합니다. 함수의 기능을 알고 있지 않다면 자기가 원하는 기능을 가진 함수가 있는지를 찾기 위해 일일이 그 설명을 읽어봐야 하므로 많은 시간이 소요될 수 밖에 없습니다.

마지막 방법은 단축키를 적절하게 이용하는 것입니다. LabVIEW는 일반적으로 윈도우에서 통용되는 여러 단축키를 지원합니다. 그 중에서 가장 일반적으로 이용하는 단축키들은 **복사**(Ctrl + C), **붙여넣기**(Ctrl + V), **잘라내기**(Ctrl + X), **이전 동작 취소**(Ctrl + Z) 등입니다. 그리고 LabVIEW 실행과 관련된 유용한 단축키들로는 **실행**(Ctrl + R), **깨진 와이어 제거**(Ctrl + B), **프런트패널/블록다이어그램 보이기**(Ctrl + E), **기본 도움말 보이기**(Ctrl + H) 등이 있습니다. 좀 더 많은 단축키들과 자세한 설명이 필요하시면 부록에 있는 단축키에 관한 설명을 참고하세요.

3.1.2 몫 & 나머지(Quotient & Remainder)

[몫 & 나머지] 함수는 블록다이어그램의 [함수] 팔레트 → [숫자형] 팔레트 안에서 찾을 수 있습니다. 이 함수는 X와 Y라는 입력이 있을 때 X 에서 Y를 나눈(X / Y) 몫(quotient)을 오른쪽 아래의 IQ 출력으로 그 나머지(remainder)를 오른쪽 위의 R 출력으로 내보냅니다.

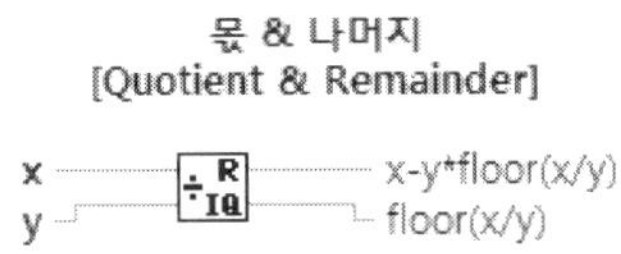

[그림 3-15] 몫 & 나머지 함수

이 함수는 이후에 배울 구조 함수와 함께 주로 사용됩니다. 구조 함수 중에서 루프 구조(for, while loop)의 경우 '루프 반복 횟수'라는 터미널에서 루프가 몇 번이나 실행되었는지 표시됩니다. 루프가 반복됨에 따라 이 터미널에서 0, 1, 2, 3, 4, 5, ... 값이 순차적으로 표시되는데 이 값과 [몫 & 나머지] 함수를 이용해서 0, 1, 2, 0, 1, 2, 0, 1, 2, ... 같이 2보다 작은 값이 순차적으로 반복되는 형태의 연산을 만들어 줄 수 있습니다.

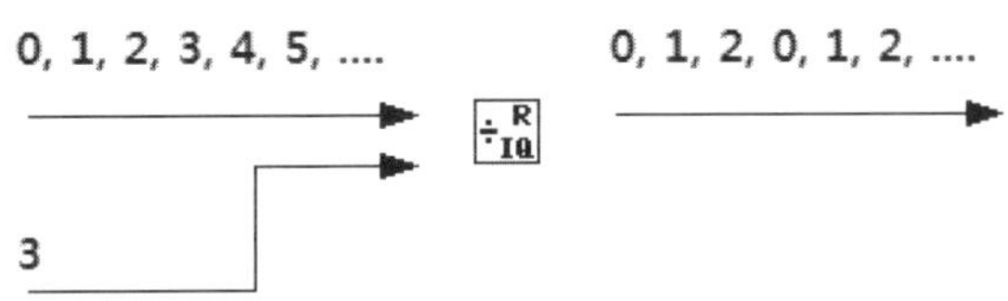

[그림 3-16] 몫 & 나머지 함수의 응용

3.1.3 배열 원소 더하기 / 배열 원소 곱하기(Add Array Elements / Multiply Array Elements)

[배열 원소 더하기] 함수와 [배열 원소 곱하기] 함수는 그 이름에서 알 수 있듯이 어떤 배열이 있을 때 그 배열이 가지고 있는 모든 원소를 더하거나 곱한 결과를 출력하는 함수입니다. 예를 들어서 [1, 2, 3, 4] 라는 배열이 있을 때 [배열 원소 더하기]의 출력은 1 + 2 + 3 + 4 = 10, [배열 원소 곱하기]의 출력은 1 × 2 × 3 × 4 = 24입니다.

이전에 살펴보았던 배열 간의 더하기나 곱하기는 두 개의 배열이 있을 때 서로 일치하는 인덱스의 원소에 대한 연산을 의미하므로 [배열 원소 더하기]와 [배열 원소 곱하기] 함수와는 완전히 다른 연산임을 유의하세요.

[그림 3-17] 배열 원소 더하기와 배열 원소 곱하기 함수

3.1.4 복합 연산(Compound Arithmetic)

[복합 연산]은 여러 개의 변수에 대해서 동시에 같은 연산을 할 때 코드의 크기를 줄이기 위해서 사용합니다. [그림 3-18]과 같은 연산이 필요할 때 [복합 연산] 함수를 사용하면 블록 다이어그램을 좀 더 간결하게 만들 수 있습니다.

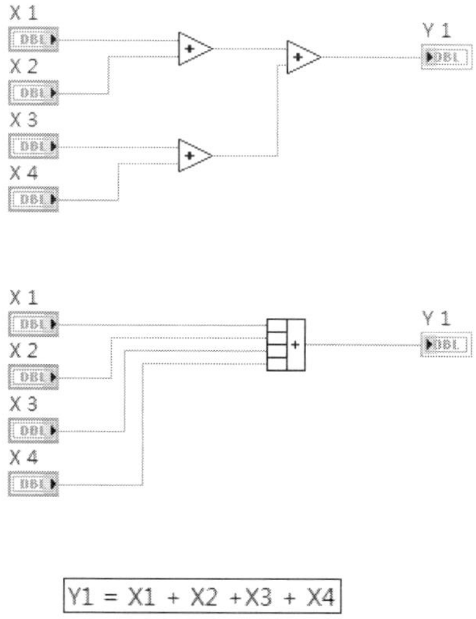

[그림 3-18] 복합 연산 함수의 사용

[복합 연산] 함수는 기본적으로 입력 터미널이 2개인 함수이지만 필요에 따라서 입력 터미널의 개수를 조절할 수 있습니다. 마우스 커서를 [복합 연산] 함수 위에 올리면 함수의 상하 부분에 크기 조절 점이 찍히는데, 이 점을 끌기(drag)하면 입력 터미널의 개수를 조절할 수 있습니다.

[그림 3-19] 복합 연산 함수의 입력 터미널 개수 조절

[복합 연산] 함수는 더하기뿐만 아니라 곱하기 및 불리언 연산자인 AND, OR, XOR 연산 또한 가능합니다. 함수 위에 마우스 커서를 위치시키고 [바로가기 메뉴]를 불러오면 [모드 변경] 옵션에서 [복합 연산] 함수의 연산 모드를 변경할 수 있습니다.

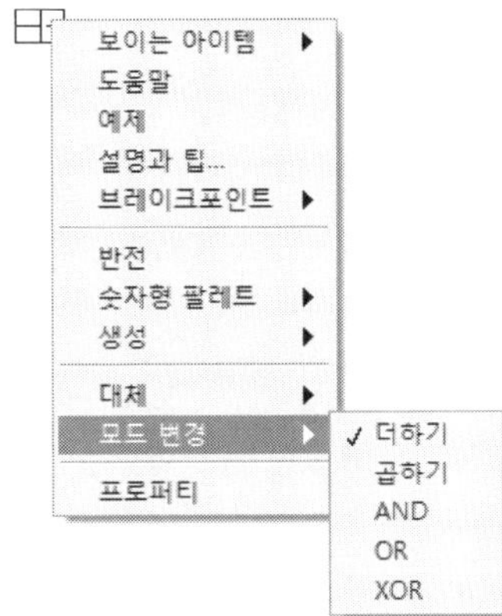

[그림 3-20] 복합 연산 함수의 모드 변경

3.1.5 난수(0-1)(Random Number(0-1))

[난수(0-1)] 함수는 0과 1사이에 있는 임의의 숫자를 출력하는 함수입니다. 이 함수는 별도의 입력을 받지 않고 출력만 있는 함수로서 여러 가지 시뮬레이션 용도로 그 활용 범위가 높은 함수입니다.

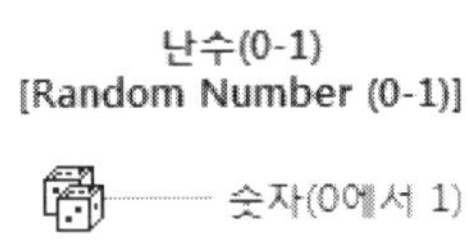

[그림 3-21] 난수(0-1) 함수

3.1.6 숫자형 상수(Constant)

상수는 항상 그 값이 일정한 수로서 변수와 반대되는 의미를 가집니다. LabVIEW에서 숫자형 상수를 만드는 방법은 크게 두 가지가 있습니다. 첫 번째는 [숫자형] 함수 팔레트 안에 있는 상수를 끌어다 쓰는 방법이고 두 번째는 컨트롤이나 인디케이터를 만든 다음 [바로가기 메뉴]를 이용해서 상수로 변환하는 방법입니다.

[숫자형] 함수 팔레트 안에는 I32 형태의 상수와 DBL 형태의 상수를 찾을 수 있습니다. 만약 다른 형의 숫자형 상수가 필요하다면 이전에 숫자형 컨트롤이나 숫자형 인디케이터에서 형(type)을 변경하는 방법과 같은 방법으로 [바로가기 메뉴]를 불러와 그 형태를 변환합니다.

그 밖에 파이(pi)나 자연 로그(ln)처럼 수학적으로 특수한 상수들은 [숫자형] 함수 팔레트 내에 [수학 & 과학 상수] 팔레트에서 찾을 수 있습니다.

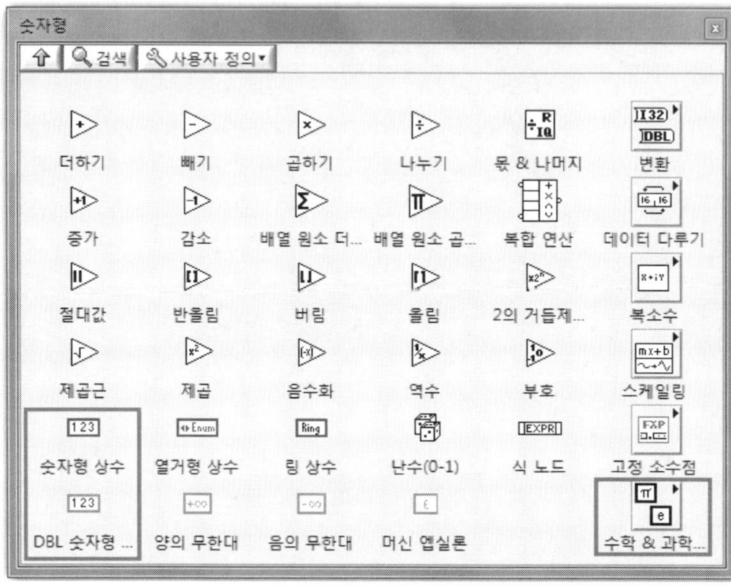

[그림 3-22] 숫자형 함수 팔레트 내의 상수 위치

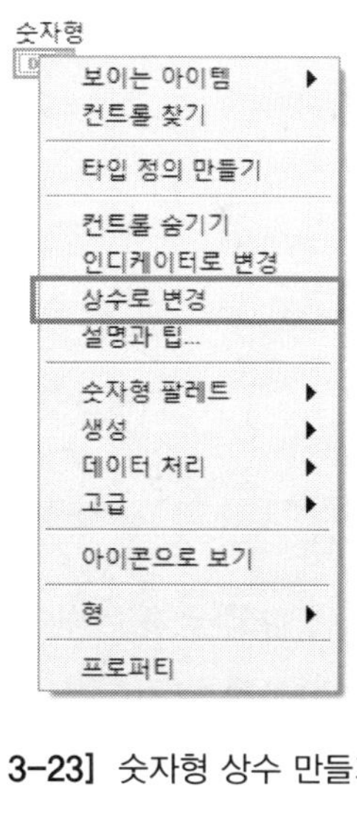

[그림 3-23] 숫자형 상수 만들기

[실습 3-1] 새 VI에 [숫자형] 함수 팔레트의 함수들을 이용하여 주사위 던지기 프로그램을 만드세요.

1. 메뉴 모음에서 [파일] → [새 VI]를 선택하거나 **단축키(Ctrl + N)**을 눌러 새 VI를 열어 줍니다.
2. 블록다이어그램에서 [함수] 팔레트를 불러온 후 [숫자형] 함수 팔레트 → [난수(0–1)] 함수를 블록다이어그램에 놓습니다.
3. 같은 방법으로 [곱하기] 함수를 불러오고 한 쪽 입력 터미널을 [난수(0–1)] 함수의 출력과 연결하고 다른 한 쪽의 입력 터미널에서 [DBL 숫자형 상수]를 연결하고 그 값을 6으로 변경합니다.
4. [숫자형] 함수 팔레트에서 [올림] 함수를 불러와 [곱하기] 함수의 출력과 연결해 줍니다.
5. 마지막으로 [올림] 함수의 출력에서 [바로가기 메뉴] → [생성] → [인디케이터]를 이용해 [숫자형 인디케이터]를 만들고 그 라벨을 "주사위 값"으로 변경해 줍니다.

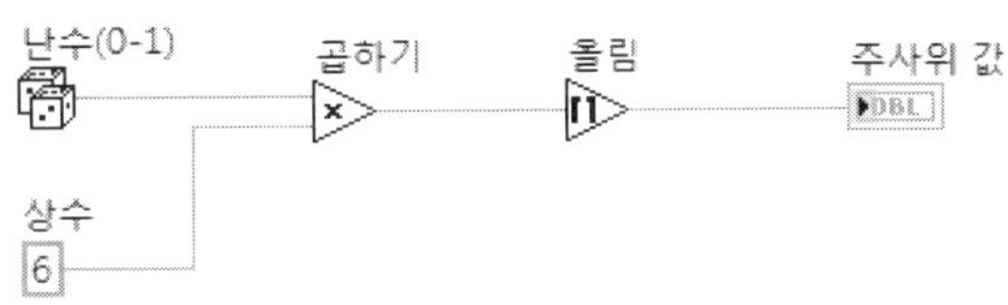

[그림 3-24] 주사위 던지기 예제

3.1.7 숫자형 데이터의 변환

앞 장에서 확인한 것과 같이 서로 다른 형태의 변수를 와이어로 연결하면 깨진 와이어가 생기고 에러가 발생합니다. 하지만 숫자형 변수들끼리는 그 변수의 크기나 형태가 다르더라도 와이어가 깨지는 현상이 발생하지 않습니다. 만약 서로 크기가 다르거나 형태가 다른 숫자형 컨트롤과 인디케이터를 연결한다면 어떤식으로 그 값들을 표시해야 할까요? 8비트 부호 없는 정수(U8)를 8비트 정수(I8)와 와이어로 연결한 경우를 예로 들어 보면 그 연관성을 쉽게 이해할 수 있습니다.

[그림 3-25] 서로 다른 형태의 숫자형 변수의 연결

앞서 기계어에 대하여 설명할 때 0 또는 1을 표현할 수 있는 최소한의 단위를 비트(bit)라고 하고, 비트가 8개가 모였을 때 데이터 표현의 최소 단위가 되는 바이트(1byte = 8bits)라고 하였습니다. 그리고 컴퓨터에서 사용되는 숫자(또는 문자)들은 이 비트 표현을 이용해서 저장됩니다. 8비트 부호 없는 정수(U8)는 2^8 = 256가지, 즉 0 ~ 255 범위의 숫자를 표현할 수 있습니다. 8비트 정수(I8)의 경우 마찬가지로 256가지의 표현이 가능하지만 음의 숫자도 표현할 수 있어야 하므로 −128 ~ 127 범위의 숫자를 나타낼 수 있습니다.

두 변수를 [그림 3-25]와 같이 연결하고 8비트 부호 없는 정수(U8) 컨트롤의 값을 0부터 127까지 변화시키면서 VI를 실행하면 동일한 값이 8비트 정수(I8) 인디케이터에 나타납니다. 하지만 컨트롤의 값을 8비트 정수(I8)가 표현할 수 있는 범위 밖의 숫자인 128로 입력한 후 VI를 실행하면 인디케이터에는 −128이라는 값이 나타납니다(그 이유는 무엇일까요?).

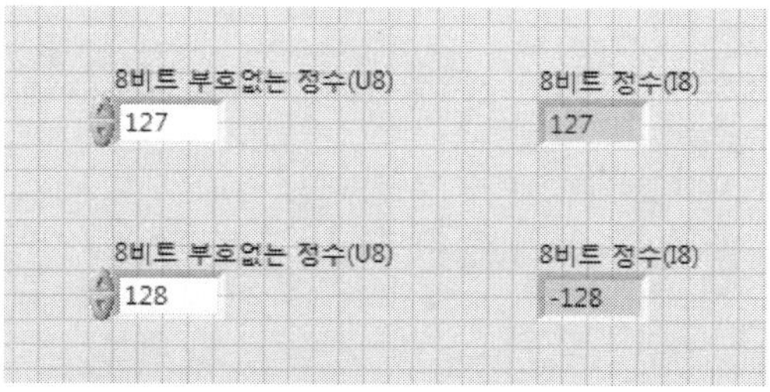

[그림 3-26] 표현 가능한 범위 밖의 숫자 표현

앞 장에서 변수의 선언과 관련하여 똑같은 비트의 표현이라고 하더라도 변수의 선언 형태에 따라서 그 값을 숫자로도 읽을 수 있고 문자로도 읽을 수 있었습니다. 컴퓨터에서는 모든 값은 결국 1과 0의 조합으로 표현할 수밖에 없기 때문에 선언을 통하여 그 1과 0의 조합을 읽어 들이는 방법을 정해주는 것이지요. 정수 형태로 1과 0의 조합을 읽을 때 사용하는 방법은 2의 보수(2's complement) 표현법입니다. 이 방법은 제일 왼쪽에 위치한 비트의 값을 부호로 인식하고 부호 비트의 값이 1일 때에는 나머지 값들에 보수(Complement, 값을 뒤집음)를 취한 후 1을 더해 읽습니다. 예를 들어 10000000이라는 8비트 조합이 있을 때 이 조합의 2의 보수값은 제일 왼쪽의 부호를 나타내는 비트가 1이므로 음수(−)이고 2의 보수를 취한 비트 조합은 01111111 = 127이므로 이 값에 1을 더하여 10000000 = −128이 됩니다.

위의 예제에서 127을 8자리의 2진수 형태로 표현하면 01111111입니다. 그리고 128은 10000000이지요. 그러므로 이 비트 표현들을 2의 보수 방식으로 읽으면 각각 127과 −128이라는 결과를 얻게 됩니다. 즉 서로 다른 형태의 숫자형 변수끼리 데이터를 주고받을 때에는 컨트롤에서 전달한 1과 0의 조합을 인디케이터에서 선언한 숫자형의 형태로 읽어 들이는 것입니다.

서로 다른 형태의 숫자형 변수끼리의 연결이 아닌 같은 형태이지만 그 크기가 다른 숫자형 변수끼리의 연결은 조금 더 간단합니다. 8비트 부호 없는 정수(U8)의 컨트롤과 16비트 부호 없는 정수(U16)의 인디케이터를 연결한 경우는 아무런 문제가 생기지 않습니다. 8비트 부호 없는 정수(U8)의 표현 범위는 0 ~ 255까지 이지만 16비트 부호 없는 정수(U16)는 8비트 정수(U8)가 표현할 수 있는 범위를 포함한 0 ~ 65535($2^{16}-1$)까지 표현할 수 있기 때문입니다. 하지만 반대의 경우는 심각한 문제를 일으킬 수 있습니다.

[그림 3-27] 크기가 다른 숫자형 변수의 연결

[그림 3-27]과 같이 VI를 만들고 값을 계속해서 증가하면서 실행하면 16비트 부호 없는 정수(U16)의 값이 0 ~ 255까지는 8비트 부호 없는 정수(U8)의 값이 일치하지만 256을 넘어서면 다시 0부터 그 값이 반복됩니다.

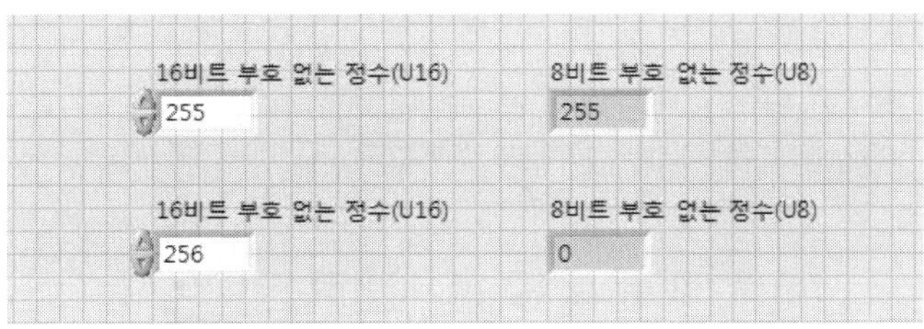

[그림 3-28] 표현 가능한 범위 밖의 숫자 표현

16비트 부호 없는 정수(U16)의 경우 16비트, 즉 2바이트에 해당하는 저장 공간을 가지고 있습니다. 반면에 8비트 부호 없는 정수(U8)는 1바이트에 해당하는 저장 공간 밖에 가지고 있지 않습니다. 그러므로 16비트의 값을 8비트로 표현하려면 1개의 바이트에 해당하는 값을 버려야 합니다.

2개의 바이트에 해당하는 저장 공간을 나누어서 생각해 보면 좀 더 큰 숫자를 표현할 수 있는 바이트(BYTE 2)와 작은 숫자를 표현할 수 있는 바이트(BYTE 1)가 있습니다. 이 중에서 크기가 작은 숫자로의 변환 시에 버리는 저장 공간은 더 큰 숫자를 표현할 수 있는 BYTE 2 부분입니다. 큰 집(U16)에서 작은 집(U8)으로 이사를 간다고 상상하면, 큰 집에서 쓰던 소파같이 부피가 큰 물건은 작은 집에 들어가지 않으므로 보통은 팔거나 버리게 되지요. 이와 같은 방법으로 생각하면 크기가 다른 숫자의 변환도 쉽게 받아들일 수 있습니다.

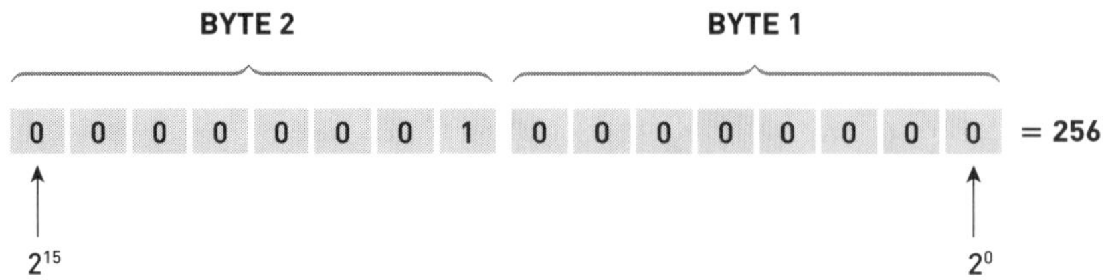

[그림 3-29] 16비트 부호 없는 정수(U16)에서 256의 비트 표현

마지막으로 숫자의 변환에 대해서 생각해 보아야 할 부분은 서로 다른 형태의 숫자형 변수의 연산입니다. [그림 3-30]처럼 배정도(DBL)와 32비트 정수(I32)의 더하기 연산을 하는 경우 [더하기] 함수의 출력 형태는 배정도(DBL)입니다. 그 이유는 앞서 살펴보았던 크기가 다른 형태의 숫자형 변환의 경우와 유사합니다. 배정도(DBL)의 경우 8바이트(64비트)의 공간을 가지는 변수이고 32비트 정수(I32)는 4바이트의 저장 공간을 가지고 있는 변수입니다. 두 변수의 연산을 할 때 더 작은 저장 공간을 가진 변수 형태로 통일해서 연산을 한다면 더 큰 저장 공간을 가진 변수는 저장 공간의 일부를 버려야 하므로 데이터의 손실이 일어나게 되겠지요. 그러므로 데이터의 손실을 막기 위해 서로 다른 형태의 변수의 연산을 할 때에는 항상 저장 공간이 큰 형태로 변환해서 연산을 합니다.

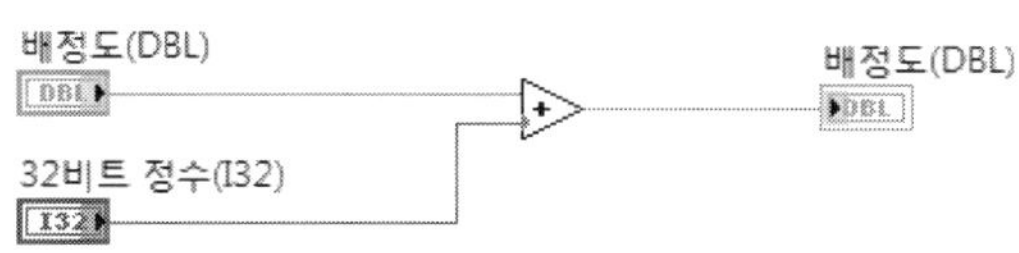

[그림 3-30] 형태가 서로 다른 변수의 연산

강제 변환점(Coerced Dot)

앞 절에서 설명한 내용들처럼 서로 다른 크기나 형태를 가진 숫자형 변수를 와이어로 연결하거나 연산을 하면 인디케이터의 터미널이나 함수의 입력 터미널에 조그맣게 빨간색 점이 찍힙니다. 이 점을 강제 변환점(Coerced Dot)이라고 부릅니다. 강제 변환점은 서로 다른 크기나 형태를 가진 숫자형 변수의 연산을 수행할 때 자동으로 생성되며, 앞 절에서 설명한 법칙에 따라 자동으로 변수의 형태나 크기를 변환해 주는 역할을 합니다.

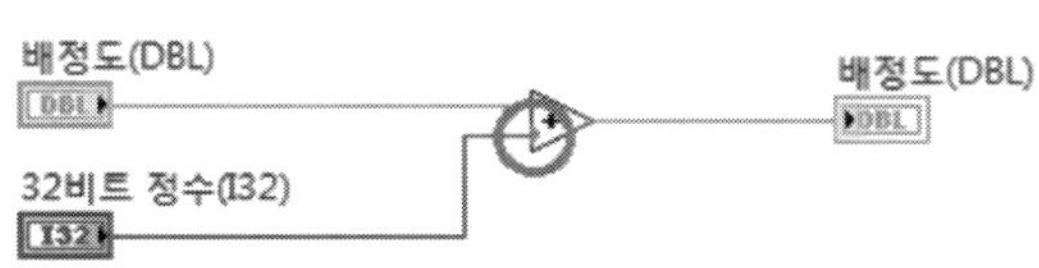

[그림 3-31] 강제 변환점

코딩을 할 때에는 되도록이면 강제 변환점이 생기지 않도록 변수의 형태를 적절히 조절해 주는 것이 좋습니다. 만약 어쩔 수 없이 서로 다른 형태의 숫자형 변수 연산을 해야한다면 필히 그 결과에 대한 예측을 해 보아야 합니다. 이 부분을 소홀히 하면 앞에서 언급한 것처럼 데이터를 잃어버리거나 잘못된 데이터 값을 읽을 수 있으므로 심각한 오류를 초래할 수 있습니다.

3.1.8 변환 함수 팔레트(Conversion)

[변환] 함수 팔레트에는 숫자형 변수의 형태를 특정 형태로 변환해주는 여러 함수들이 들어 있습니다. 이 함수들을 이용하면 강제 변환점을 제거할 수 있습니다. 하지만 그 결과는 강제 변환점에서 살펴 보았던 연산과 같은 결과를 나타냅니다. 즉 강제 변환점은 변환 함수들을 이용해서 제거할 수 있지만 변환 함수를 이용해서 서로 다른 형태의 숫자형 변수 연산을 하더라도 그 결과값은 강제 변환점에서 설명한 법칙을 따릅니다.

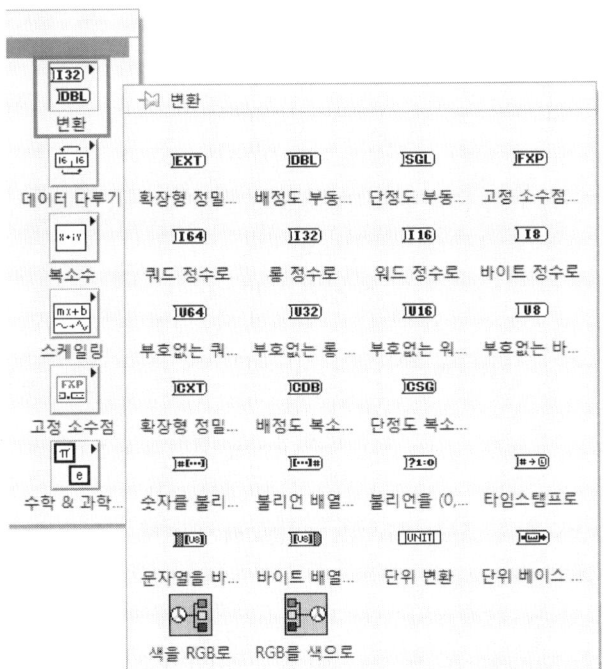

[그림 3-32] 변환 함수 팔레트

3.2 불리언(Boolean) 함수 팔레트

[불리언] 함수 팔레트에는 AND, OR, NOT 등의 불리언 연산 함수들과 [숫자형] 함수 팔레트에서 보았던 [복합 연산] 함수 및 불리언과 숫자 변환 함수들이 들어 있습니다.

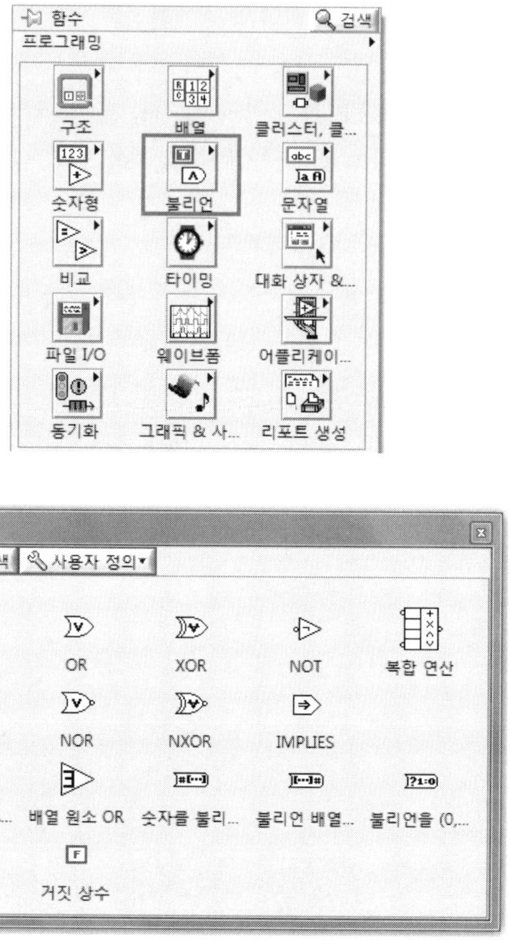

[그림 3-33] 불리언 함수 팔레트

3.2.1 숫자를 불리언 배열로 / 불리언 배열을 숫자로(Number to Boolean Array / Boolean Array to Number)

[숫자를 불리언 배열로] 함수를 이용하면 숫자형 변수의 값을 불리언 배열의 형태로 변환할 수 있습니다. 이 함수는 정수형이나 부호 없는 정수 형태의 변수를 그 입력으로 받고 입력 값의 비트 형태 표현을 그 출력으로 줍니다. 만약 배정도(DBL) 같은 소수점 형태의 숫자를 입력으로 주면 강제 변환점이 생성되고 그 숫자는 자동으로 반올림된 정수 형태의 값으로 인식합니다.

[그림 3-34] 숫자를 불리언 배열로 함수

이 함수의 입력에 8비트 부호 없는 정수(U8) 컨트롤을 연결하고 컨트롤의 값을 1이라고 주었다면 이 함수의 출력은 00000001에 해당하는 불리언 값의 배열을, 입력 값이 128이라면 10000000에 해당하는 불리언 값의 배열을 반환합니다. 다만 한가지 유의할 점은 [숫자를 불리언 배열로] 함수의 출력인 불리언 배열의 인덱스 0번 원소가 가장 작은 값, 즉 2^0의 위치를 나타내는 비트에 해당한다는 점입니다. 그래서 입력 값이 1(=2^0)이라면 그 출력은 [T, F, F, F, F, F, F]가 되고 입력이 128(=2^7)이라면 그 출력은 반대로 [F, F, F, F, F, F, F, T]가 됩니다.

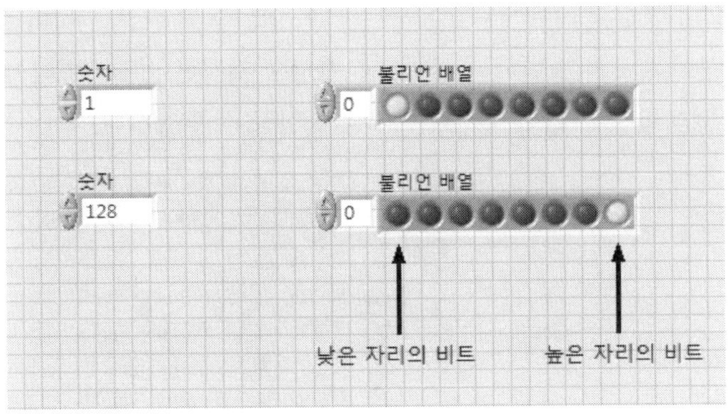

[그림 3-35] 8비트 부호 없는 정수의 불리언 배열 변환

[불리언 배열을 숫자로] 함수는 [숫자를 불리언 배열로] 함수와 반대되는 역할을 합니다. '불리언 배열' 입력은 [숫자를 불리언 배열로] 함수를 이용한 결과와 마찬가지로 인덱스 0번의 원소가 2^0의 위치를 의미합니다. 이 함수는 32비트 부호 없는 정수형 출력을 기본으로 합니다.

[그림 3-36] 불리언 배열을 숫자로 함수

3.2.2 불리언을 (0, 1)로 (Boolean To (0, 1))

[불리언을 (0, 1)로] 함수는 그 이름에서도 알 수 있듯이 불리언 형태의 입력 값이 참(True, T)이면 1의 값을 거짓(False, F)이면 0의 값을 반환하는 함수입니다. 이 함수의 입력은 앞의 함수와는 달리 불리언 배열을 그 입력으로 가지는 것이 아니라 불리언 변수 1개의 값임을 유의하세요.

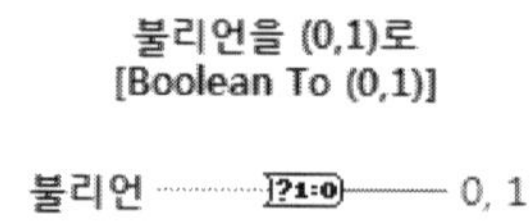

[그림 3-37] 불리언을 (0, 1)로 함수

3.3 문자열(String) 함수 팔레트

[문자열] 함수 팔레트에는 문자열 변수의 연산을 위한 함수들이 들어 있습니다. 이 함수들을 이용하여 사용자가 원하는 형태로 문자열을 적절히 편집하거나 숫자 값을 문자 형태로 또는 문자 형태의 숫자 값을 숫자형 변수로 변환할 수 있습니다.

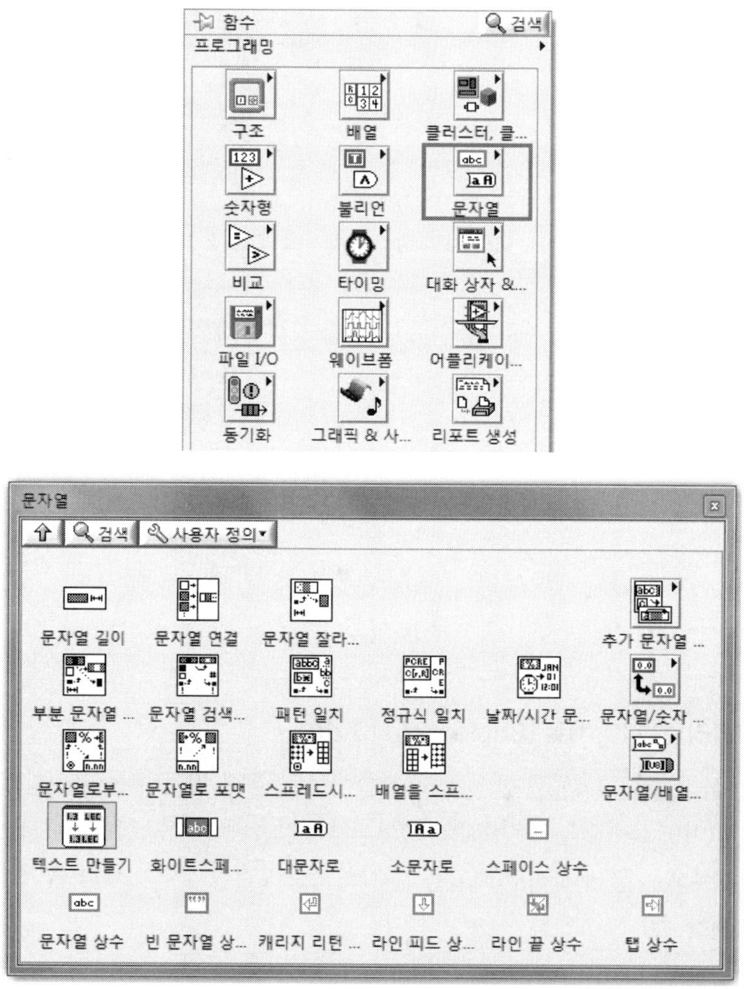

[그림 3-38] 문자열 함수 팔레트

3.3.1 문자열 길이(String Length)

[문자열 길이] 함수는 입력 문자열의 문자 개수를 반환하는 함수입니다. 아스키 코드에서는 여러 가지 기호나 스페이스(공란)도 하나의 문자로 취급하므로 이런 기호들도 문자열의 길이에 포함됩니다. 한글의 경우 1개의 바이트를 이용해 문자를 표시하는 아스키 코드와 달리 2개의 바이트를 이용해서 하나의 문자를 표현하므로 한 글자당 2의 길이를 가집니다.

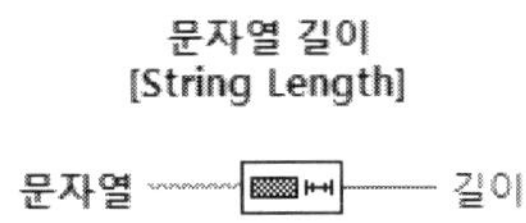

[그림 3-39] 문자열 길이 함수

[실습 3-2] 문자열 "Hello World!"의 길이를 구하세요.

1. 프런트패널에 [문자열 컨트롤]과 [숫자형 인디케이터]를 끌어다 놓습니다.
2. [숫자형 인디케이터]의 형을 32비트 정수(I32)로 바꾸고 라벨을 "길이"로 수정합니다.
3. [함수] 팔레트 → [문자열] 함수 팔레트 → [문자열 길이] 함수를 선택해 블록다이어그램에 놓습니다.
4. [문자열 길이] 함수의 입력 터미널에 [문자열 컨트롤]을 연결하고 출력 터미널에 [숫자형 인디케이터]를 연결합니다.

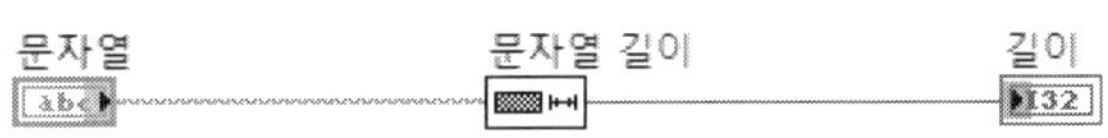

[그림 3-40] 문자열 길이 함수 예제

5. 프런트패널에서 문자열 컨트롤의 값을 "Hello World!"로 변경한 후 VI를 실행합니다.

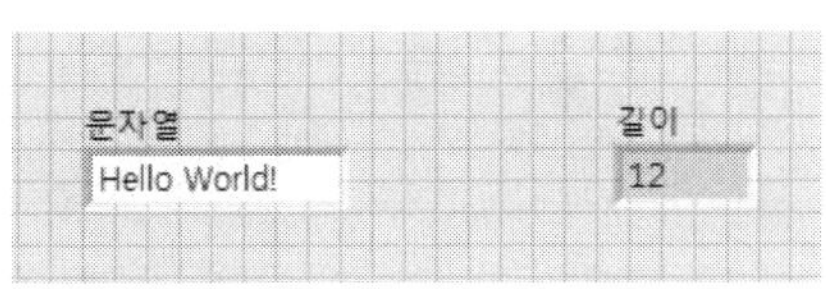

[그림 3-41] 문자열 길이 함수의 실행

3.3.2 문자열 연결(Concatenate Strings)

[문자열 연결] 함수는 입력된 문자열들의 값을 연결해서 그 출력으로 반환합니다. 이 함수의 입력은 문자열 또는 문자열 배열 형태를 받으며 출력은 문자열 값입니다.

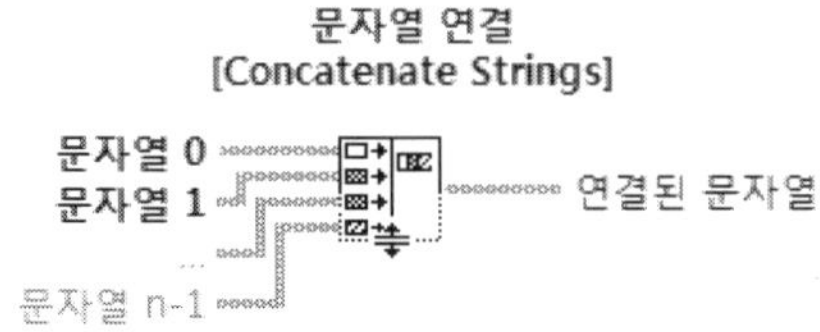

[그림 3-42] 문자열 연결 함수

입력이 문자열인 경우 이 함수는 단순히 여러 개의 입력을 연결해서 출력하는 역할을 합니다. 이 함수는 [복합 연산] 함수의 경우처럼 입력의 개수 조절이 가능합니다. 마우스 커서를 [문자열 연결] 함수 위에 올리면 함수 아이콘 아래위로 크기 조절점이 나타납니다. 이때 마우스 커서를 그 점 위에 올리고 끌기(drag) 해주면 함수의 입력 개수를 조절할 수 있습니다.

만약 문자열의 배열을 이 함수의 입력으로 연결한 경우는 배열 원소 각각을 모두 연결해 출력하는 기능을 합니다. 예를 들어서 문자열 배열의 값이 [Aa, Bb, Cc]인 경우 그 출력값은 AaBbCc가 됩니다.

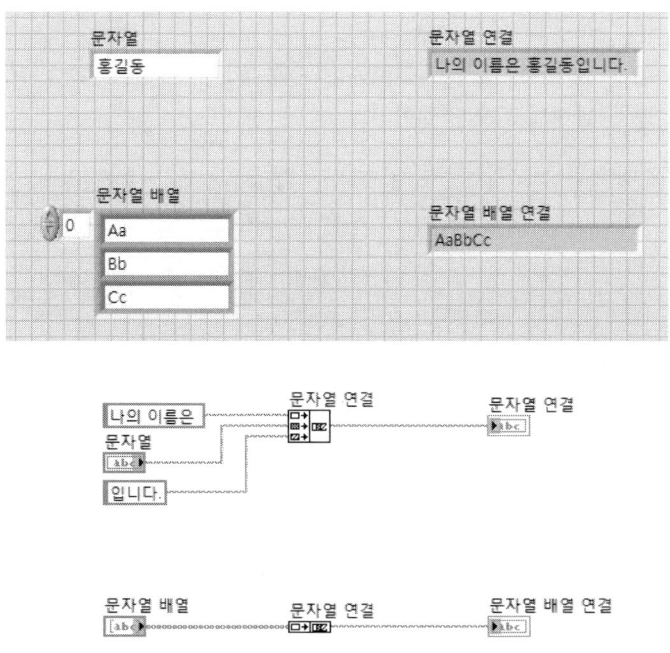

[그림 3-43] 문자열 연결 함수 예제

3.3.3 문자열 잘라내기(String Subset)

[문자열 잘라내기] 함수는 입력 문자열의 특정한 부분을 추출할 때 사용할 수 있습니다. 입력 문자열에서 특정한 부분을 잘라내기 위해서 '오프셋'과 '길이'라는 값을 지정해 주어야 하는데, '오프셋'이란 문자열의 시작 지점의 위치를 0이라고 할 때 얼마만큼 떨어진 부분에서 문자열 잘라내기를 시작할 것 인가를 나타내고, '길이'는 잘라내고 싶은 문자의 개수를 의미합니다.

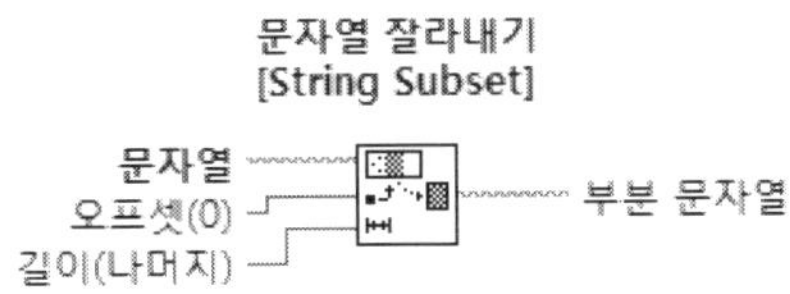

[그림 3-44] 문자열 잘라내기 함수

이 함수를 이용하여 "랩뷰(LabVIEW) 문자열 함수"라는 입력에 대해서 'LabVIEW'라는 부분만 잘라내는 경우를 생각해 봅시다. 한글의 경우 한 글자당 길이는 2이므로 기호를 포함한 '랩뷰('라는 문자열의 길이는 5 이고 'LabVIEW'는 7글자이므로 그 길이 또한 7에 해당합니다. 그러므로 문자열 잘라내기를 시작하는 지점(오프셋)은 5이고 잘라내야 할 문자열의 길이는 7입니다.

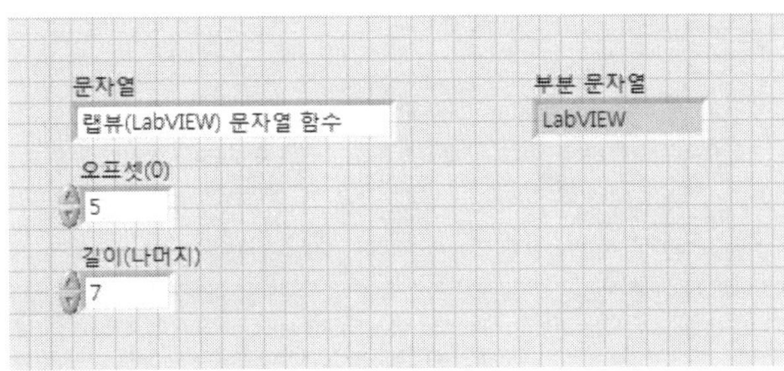

[그림 3-45] 문자열 잘라내기 함수의 이용

입력 터미널 설명에서 오프셋이나 길이의 괄호 안에 표시된 숫자 '0'이나 '나머지'는 이 입력 터미널에 값을 연결하지 않았을 때의 기본 입력값을 의미합니다. 즉 '오프셋'의 값을 연결하지 않으면 입력 문자열의 제일 앞부분부터 문자열 잘라내기를 시작하겠다는 의미입니다. '길이'의 경우도 마찬가지로 값을 별도로 연결하지 않으면 '오프셋'부터 시작하는 문자열의 전체 부분(나머지 부분)을 잘라내겠다는 뜻입니다.

3.3.4 문자열/숫자 변환 함수 팔레트

코딩을 하다 보면 사용자에게 문구와 함께 숫자 값을 표시해주기 위해서 종종 숫자의 값을 문자열로 또는 반대로 문자열에 표시된 숫자의 값을 숫자형 변수 형태로 바꿔야 하는 경우가 있습니다. 이런 경우 간편하게 사용할 수 있는 함수들이 [문자열/숫자 변환] 함수 팔레트 안에 포함되어 있습니다.

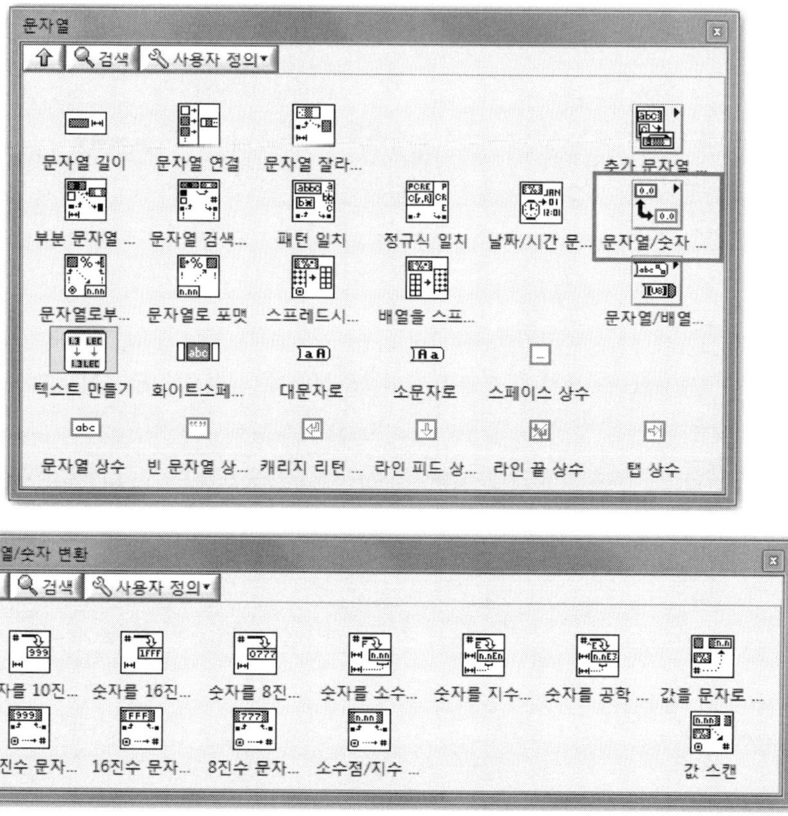

[그림 3-46] 문자열/숫자 변환 팔레트

이 함수들 중에서 가장 많이 사용되는 함수는 숫자형 변수의 값을 문자열로 변환하는 [숫자를 10진수 문자열로], [숫자를 소수점형 문자열로] 함수와 반대 기능의 [10진수 문자열을 숫자로], [소수점 / 지수 문자열을 숫자로] 함수입니다.

숫자를 10진수 문자열로(Number to Decimal String)

[숫자를 10진수 문자열로] 함수는 '숫자' 터미널 입력값을 10진수 형태의 문자열로 변환하는 역할을 합니다. 그리고 '폭'은 숫자 값을 문자열로 변환할 때 전체 문자열의 길이를 얼마로 할 것인지를 결정하는 터미널입니다.

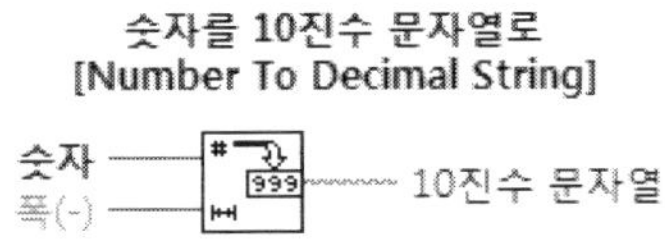

[그림 3-47] 숫자를 10진수 문자열로 함수

'폭'이란 입력 터미널의 기능을 말로 풀어서 설명하는 것은 약간 무리가 있으므로 함수를 직접 실행해 보는 것이 도움이 됩니다. 만약 '숫자'의 입력값이 123이고 '폭'의 입력값을 6이라고 한다면 10진수 문자열의 출력값은 "   123"이 됩니다. 즉 123이란 문자열의 값 앞에 3자리의 빈 자리(스페이스)를 추가해서 전체의 문자열 길이(폭)을 6자리로 맞춰 주는 것이지요. 만약 '폭'에 아무런 값도 연결해주지 않거나 '숫자'의 자릿수보다 작은 숫자를 입력하면 10진수 문자열 출력은 입력된 숫자 값과 동일하게 "123"을 반환합니다.

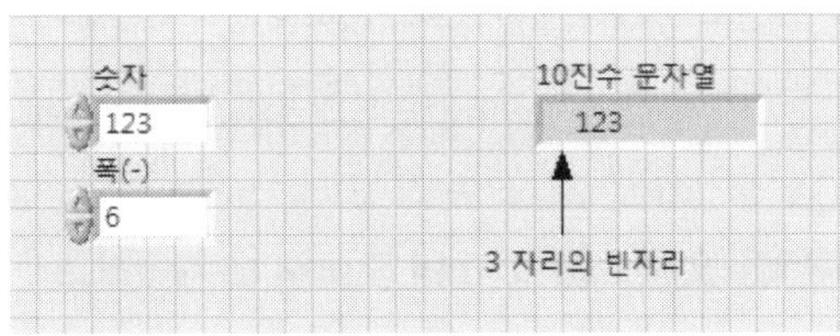

[그림 3-48] 숫자를 10진수 문자열로 함수의 사용

숫자를 소수점형 문자열로(Number to Fractional String)

[숫자를 소수점형 문자열로] 함수는 소수점 형태의 숫자 입력을 문자열 형태로 변환하는 함수 입니다. 이 함수는 숫자 입력 외에 '시스템 소수점 사용', '폭', 정밀도'의 입력 터미널을 가지고 있습니다. 이 중에서 '폭'은 [숫자를 10진수 문자열로] 함수에서의 쓰임과 동일합니다. '시스템 소수점 사용'은 소수점을 표현할 때 .(dot)이 아닌 다른 기호를 사용하는 시스템인 경우 그 시스템에 맞게 소수점 표현을 하기 위한 입력 터미널이며 기본값은 참(true)입니다. 대부분의 경우는 .(dot)을 소수점 표시를 위해 쓰므로 이 부분에 대해서는 크게 신경 쓸 필요가 없습니다. 마지막으로 '정밀도' 터미널은 소수점 아래 몇 자리까지 표현할 것인지를 정의하는 입력이고 그 기본값은 6입니다.

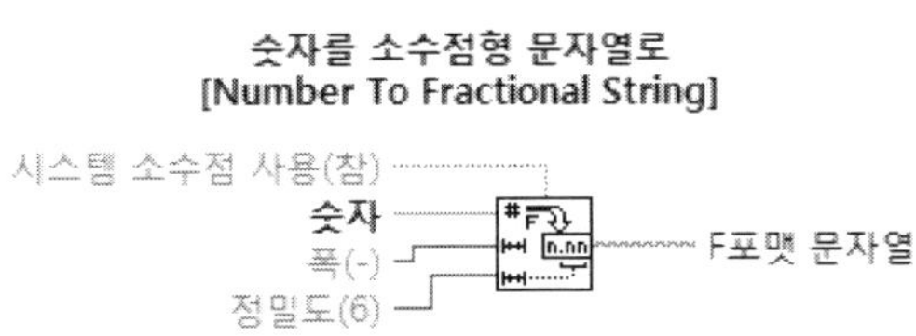

[그림 3-49] 숫자를 소수점형 문자열로 함수

예를 들어서 1.236이라는 숫자 입력에 대해서 그 정밀도를 6이라고 한다면 출력되는 'F포맷 문자열'의 값은 소수점 아래 자리가 총 6자리인 "1.236000"이 됩니다. 만약 정밀도의 값이 숫자 입력의 소수점 자릿수보다 작다면 반올림 된 값이 출력됩니다.

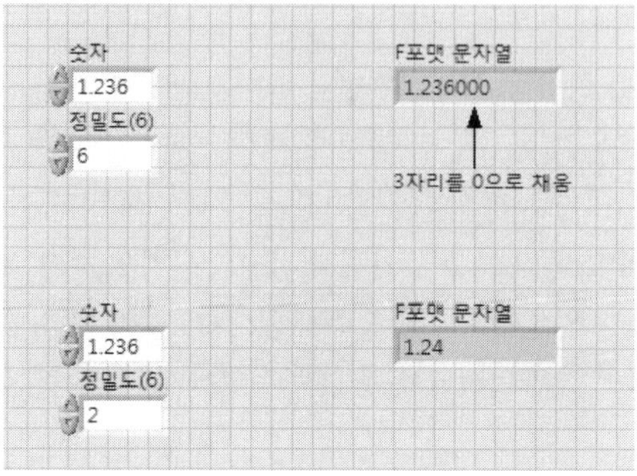

[그림 3-50] 숫자를 소수점형 문자열로 함수의 사용

▌10진수 문자열을 숫자로(Decimal String to Number)

[10진수 문자열을 숫자로] 함수는 [숫자를 10진수 문자열로] 함수의 역변환에 해당하는 기능을 가지고 있습니다. 즉 입력 문자열에 있는 숫자를 숫자형 변수의 값으로 변환합니다. 이 함수는 '문자열', '오프셋', '기본'을 입력으로 가지고 '숫자'와 '숫자 후의 오프셋'을 그 출력으로 합니다.

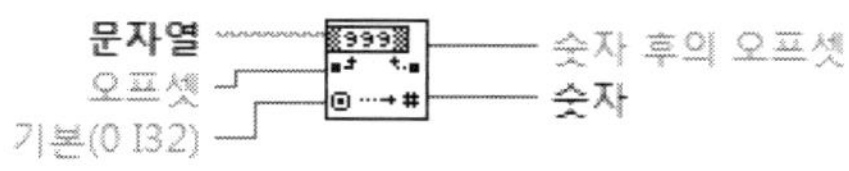

[그림 3-51] 10진수 문자열을 숫자로 함수

기본적으로 문자열은 문자, 숫자, 기호 등을 포함할 수 있습니다. 그러므로 문자와 숫자가 섞여 있는 문자열 입력의 경우 문자열을 숫자로 변환하기 위해, 문자열 내에서 숫자가 시작되는 위치를 지정해 주어야 합니다. 그 위치를 알려주는 터미널이 바로 '오프셋' 터미널입니다. 그리고 문자열을 숫자로 변환할 때 어떤 숫자의 형태(I8, U8, 등)로 변환 할 것인가를 결정하는 터미널이 '기본' 터미널입니다. 물론 기본 변환 형태는 괄호 안에 있는 32비트 정수(I32) 형태입니다. 출력의 경우 우리가 원하는 숫자 변환 값은 '숫자' 라는 터미널에서 얻을 수 있습니다. 그리고 '숫자 후의 오프셋'에서는 입력 문자열에서 숫자를 변환하고 난 이후의 오프셋(위치), 즉 "숫자까지의 오프셋 + 숫자의 길이 = 숫자 후의 오프셋"입니다. 예를 들어

서 "Your score is 100 points"라는 입력 문자열이 있을 때, 이 문자열에 포함된 숫자를 변환하기 위해서는 "Your score is "(스페이스 포함)의 길이는 14이므로 오프셋의 값은 14를 입력해야 합니다. 이때 숫자 후의 오프셋은 오프셋 값(14) + 숫자의 길이(3) 이므로 17을 반환합니다.

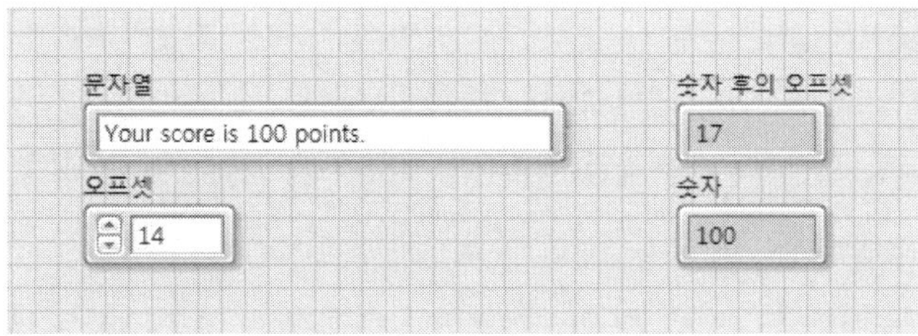

[그림 3-52] 10진수 문자열을 숫자로 함수의 이용

▌소수점/지수 문자열을 숫자로(Fract/Exp String To Number)

[소수점/지수 문자열을 숫자로] 함수도 [10진수 문자열을 숫자로] 함수와 같은 입출력을 가지고 있습니다. 이 함수는 "12.34"와 같은 소수점 형태의 입력뿐만 아니라 "1.2E + 3(=1.2 $\times 10^3$)" 같은 지수형 문자열 입력의 변환도 가능합니다.

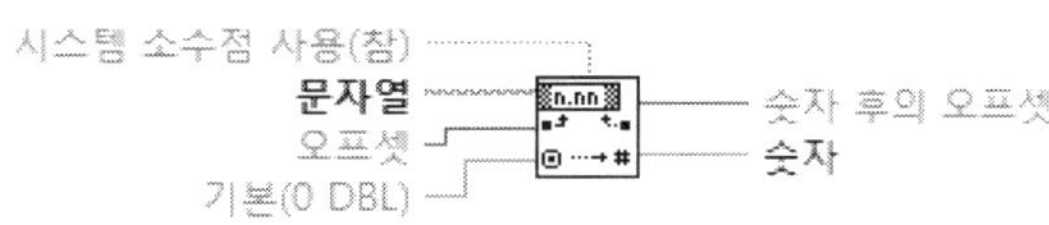

[그림 3-53] 소수점/지수 문자열을 숫자로 함수

▌문자열을 바이트 배열로 / 바이트 배열을 문자열로(String to Byte Array / Byte Array to String)

[문자열을 바이트 배열로] 함수와 [바이트 배열을 문자열로] 함수는 문자열 형태의 변수에 대해서 설명할 때 언급한 아스키(ASCII) 코드와 관련이 있습니다. 컴퓨터에서는 1과 0의 비트 조합으로만 어떤 값을 표현할 수 있기 때문에 문자를 표현하기 위해서는 숫자를 이용해서 문자를 표현하기 위한 특별한 규칙이 필요합니다. 그리고 그 규칙 중에서 가장 일반적으로 사용되는 것이 아스키 코드입니다. 아스키 코드는 영문자와 일반적인 기호 등을 일정한 8비트 숫자와 서로 대응시킨 코드입니다.

[문자열을 바이트 배열로] 함수를 이용하면 문자열 변수의 값을 아스키 코드의 배열 값으로 변환할 수 있습니다. 이 함수의 입력은 문자열이고 그 출력은 8비트 부호 없는 정수(U)의 배열입니다.

[그림 3-54] 문자열을 바이트 배열로 함수 및 바이트 배열을 문자열로 함수

문자열(string)은 여러 개의 단어가 모여서 하나의 문장이 되듯이 여러 개의 문자(character)가 모여 하나의 변수로 만들어진 형태입니다. 그리고 아스키 코드 값은 각 문자 하나마다 고유하게 존재하므로 '문자열' 입력의 아스키 코드 변환값은 배열 형태의 출력이 되어야만 합니다.

[바이트 배열을 문자열로] 함수는 8비트 부호 없는 정수(U8)의 배열의 값을 역으로 문자열로 변환하는 역할을 합니다. 이 두 함수는 주로 COM 포트를 이용하는 시리얼(serial) 통신에 광범위하게 이용됩니다. 그 이유는 시리얼 포트로 통신을 할 때에 문자나 숫자를 비트 형태로 변환해서 전송해야 하는데 그 변환 값을 아스키 코드를 사용해서 변환하기 때문입니다. 또한 이런 통신 용도로 아스키 코드를 사용할 때에는 일반적으로 16진수 표현을 사용합니다. 10진수 표현으로 문자나 기호를 표시하면 그 값에 따라서 세 자리 숫자가 될 수도 있고 두 자리 숫자가 될 수도 있지만 16진수 표현을 사용하면 8비트로 표현 가능한 모든 숫자가 정확히 2자리의 16진수 값으로 표현되기 때문입니다.

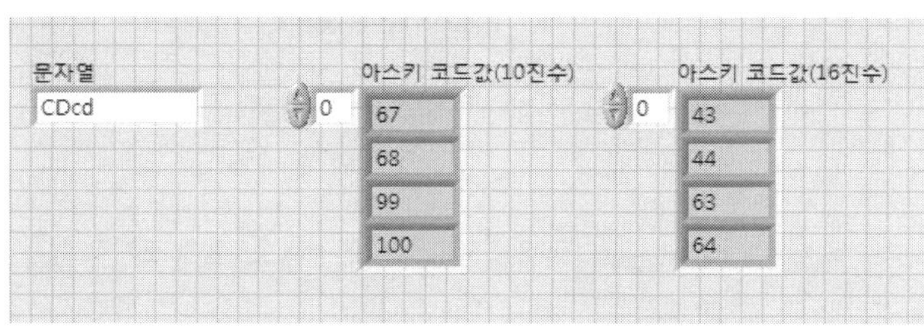

[그림 3-55] 문자열의 아스키 코드 변환

함수의 필수/권장/옵션 입력

함수의 기능에 대한 기본 도움말의 입력 터미널을 유심히 보면 함수의 입력 터미널 이름이 굵은 글씨체와 일반 글씨체, 그리고 회색 글씨체의 3가지로 분류되어 있는 것을 알 수 있습니다. 이 각각의 입력들을 필수 입력, 권장 입력, 옵션 입력이라고 합니다.

필수 입력이란 반드시 연결해야 하는 입력을 의미하며 굵은 글씨체로 표시됩니다. 만약 이 터미널에 입력을 연결하지 않으면 실행 화살표 버튼이 깨어지고 VI의 실행이 불가합니다. 권장 입력과 옵션 입력은 일반 글씨체와 회색 글씨체로 각각 표시되고 함수의 고급 기능이나 세세한 설정을 사용할 때 연결합니다. 이 입력들은 필수 입력과 달리 입력을 연결하지 않더라도 실행이 가능합니다.

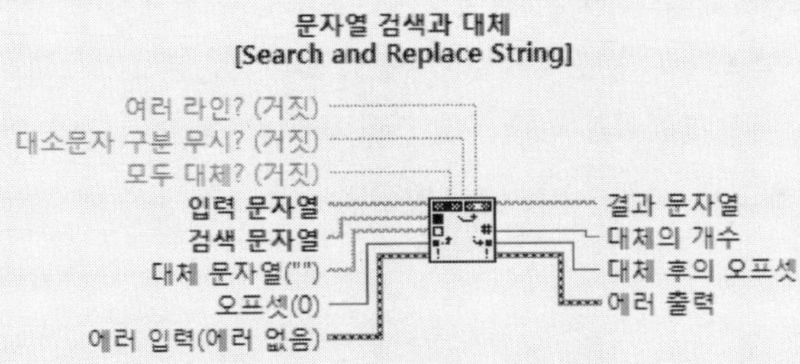

[그림 3-56] 필수/권장/옵션 입력의 예

3.4 비교(Comparison) 함수 팔레트

[비교] 함수 팔레트에는 흔히 사용하는 크다, 작다, 크거나 같다, 작거나 같다 종류의 크기 비교 함수들이 들어 있습니다. 그리고 비교의 대상이 0이 되는 경우가 많기 때문에 따로 0이라는 입력을 넣어주지 않아도 되게끔 0과 비교한 함수들이 포함되어 있습니다.

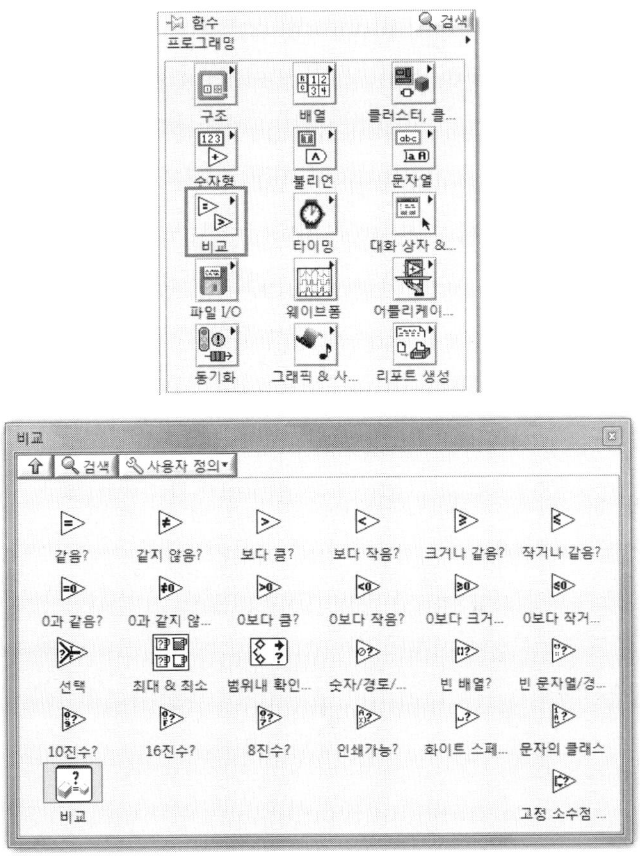

[그림 3-57] 비교 함수 팔레트

[비교] 함수들을 사용할 때 주의할 점은 두 개의 입력 중에서 위쪽 입력이 비교의 주체가 된다는 점입니다. 즉 X와 Y의 입력이 있을 때 비교의 기준은 X가 Y보다 크냐, 같으냐, 작으냐가 되는 것입니다. 이렇게 X와 Y 입력의 조건을 비교한 후 그 조건을 만족하면 참(true) 값을 조건을 만족하지 않으면 거짓(false)값을 반환합니다.

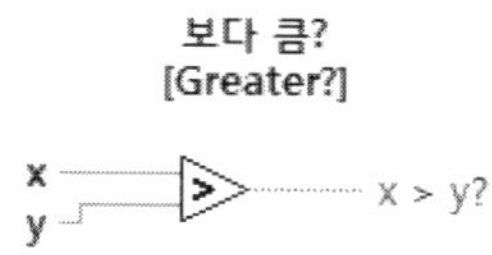

[그림 3-58] 비교 함수의 예

3.4.1 선택(Select)

[선택] 함수는 선택 입력(s)의 참, 거짓에 따라서 입력 값이 참이면 t 입력에 연결된 값을, 거짓이면 f에 연결된 값을 출력으로 반환하는 함수입니다. 이 함수는 IF 구문의 기능과 동일한 기능을 수행합니다.

같은 기능을 수행할 수 있는 LabVIEW 함수에는 [케이스 구조]라는 함수가 있습니다. [선택] 함수의 경우는 두 가지 경우의 수에 대해서만 사용을 할 수 있지만 [케이스 구조] 함수는 입력값에 따라서 더 많은 경우의 수 중 한가지를 선택하여 출력할 수 있는 함수입니다. 이는 다른 텍스트 기반 언어의 IF ~ ELSE에 해당한다고 할 수 있습니다.

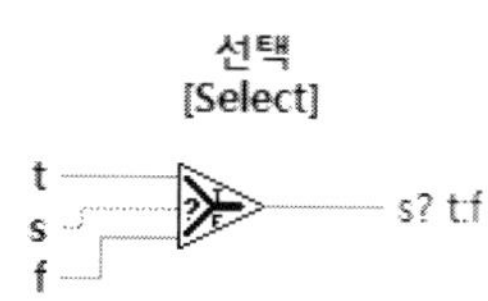

[그림 3-59] 선택 함수

[선택] 함수의 '선택자(s)' 입력은 무조건 불리언 입력만을 받습니다. 하지만 '참(t)', '거짓(f)' 입력은 숫자형, 불리언, 문자열 등 다양한 입력 형태를 가질 수 있습니다. [그림 3-60]와 같이 참, 거짓 입력을 각각 문자열 "True", "False"라고 하고 선택자의 값을 참 또는 거짓으로 설정한 후 VI를 실행하면 선택자의 입력에 따라서 "True" 또는 "False"의 결과값을 확인할 수 있습니다.

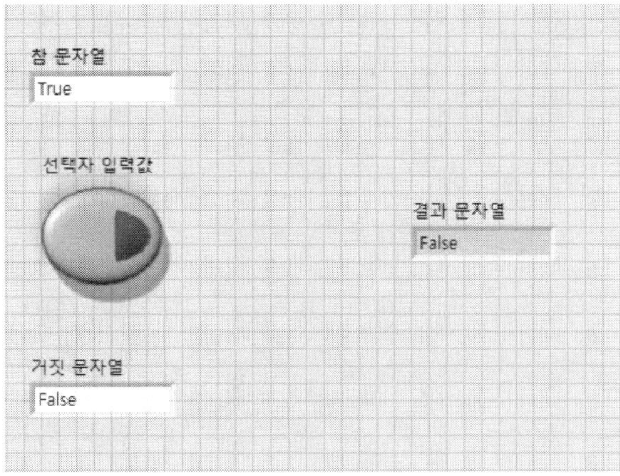

[그림 3-60] 선택 함수의 사용

3.4.2 범위내 확인과 강제변환(In Range and Coerce)

[범위내 확인과 강제변환] 함수는 'X' 라는 입력이 '상위 리미트'와 '하위 리미트' 사이의 값인지를 확인 해서 'X'의 값이 범위 내라면 '범위내?' 출력에 참(true) 값을 그렇지 않으면 거짓(false) 값을 반환하고 입력값을 '상위 리미트' 와 '하위 리미트' 의 범위 내에 속하도록 강제로 변환하여 '강제 변환(X)' 출력으로 반환합니다.

쉽게 말해서 이 함수는 [상위 리미트 ≤ X ≤ 하위 리미트] 관계를 확인하고 조건을 만족하면 참값을 그렇지 않으면 거짓을 반환함과 동시에 'X' 의 값을 '하위 리미트' 또는 '상위 리미트' 값으로 강제 변환하는 기능을 합니다. 만약 X의 값이 5, 상위 리미트의 값이 4, 하위 리미트의 값이 1이라면 [범위내 확인과 강제변환]의 범위내? 출력은 거짓이고 강제 변환(X)의 값은 4가 됩니다.

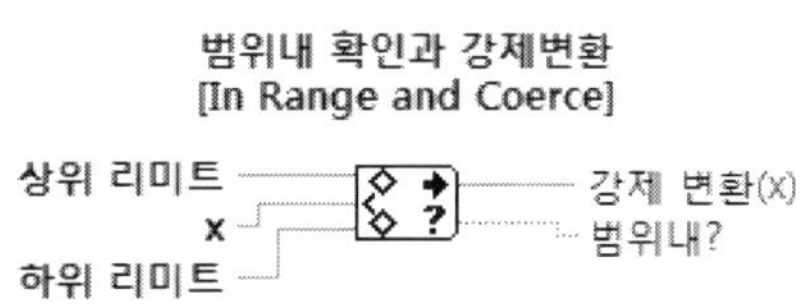

[그림 3-61] 범위내 확인과 강제변환 함수

이 함수는 하위 리미트보다 크거나 같다 또는 크다, 그리고 상위 리미트보다 작거나 같다 또는 작다 모두에 대해서 그 범위 관계를 설정할 수 있습니다. 이 관계를 설정하기 위해서는 함수의 [바로가기 메뉴]에서 [상위 리미트 포함] 및 [하위 리미트 포함] 옵션을 선택해서 "같다" 조건을 넣을 수도 뺄 수도 있습니다.

이 옵션을 설정하고 나면 함수의 모양에도 약간의 변화가 생깁니다. 만약 리미트가 포함되었다면 [범위내 확인과 강제변환] 함수의 입력 쪽에 보이는 마름모가 검은색으로 그렇지 않다면 테두리만 그려진 모양이 됩니다.

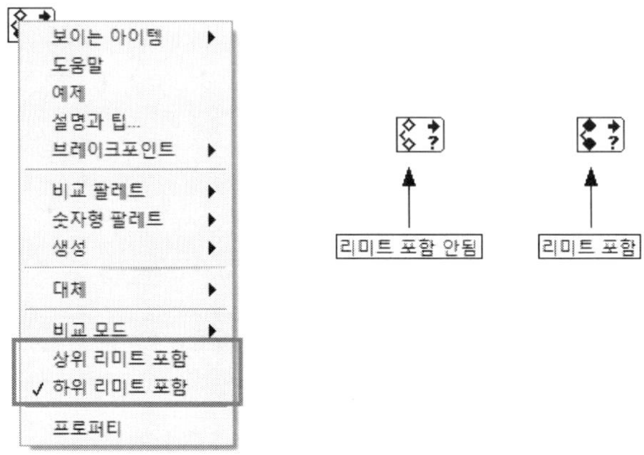

[그림 3-62]

뿐만 아니라 [범위내 확인과 강제변환] 함수는 배열을 그 입력으로 받을 수 있습니다. 배열을 입력으로 하는 경우는 서로 같은 인덱스의 원소를 각각 비교해서 그 결과를 배열값으로 출력합니다.

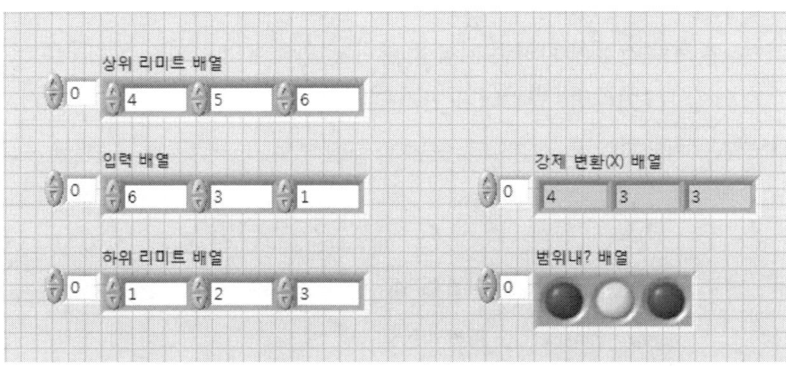

[그림 3-63] 배열 입력에 대한 범위내 확인과 강제변환

3.5 구조(Structure) 함수 팔레트

[구조] 함수 팔레트에는 흔히 알고 있는 루프(loop) 함수들과 if~else에 해당하는 [케이스 구조] 및 함수의 순차적 실행을 제어할 수 있는 시퀀스(sequence) 구조 등이 있습니다.

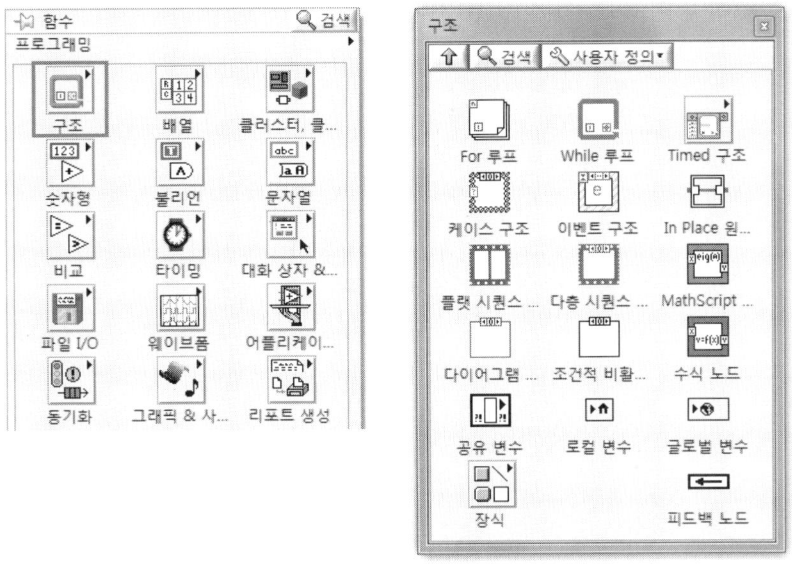

[그림 3-64] 구조 함수 팔레트

3.5.1 루프(Loop) 함수

루프(loop) 함수란 무엇일까요? 루프 함수란 똑 같은 행동(또는 코드)를 반복해서 수행할 수 있는 함수입니다. 이 루프 함수는 크게 [For 루프]와 [While 루프]로 나눌 수 있습니다. 두 함수는 기능적으로는 아무런 차이가 없습니다. 하지만 [For 루프]의 경우는 정해진 횟수만큼 루프 내의 코드를 반복하고 [While 루프]는 정해진 조건을 만족할 때까지 루프 내의 코드를 반복하기 때문에 상황에 따라서 두 함수 중 한 가지를 선택해서 사용하는 것이 좋습니다.

먼저 [For 루프]를 만들려면 블록다이어그램에서 [함수] 팔레트 → [구조] 함수 팔레트 → [For 루프] 함수를 선택한 후 블록다이어그램에서 끌기(drag)를 해서 원하는 크기만큼 함수의 크기를 결정해 줍니다. 만약 [For 루프]의 크기가 너무 작거나 너무 클 때에는 [For 루프]의 테두리에 마우스 커서를 올리면 루프 주변으로 크기 조절이 가능한 6개의 점이 생성되므로 그 점들을 끌기(drag)해서 그 크기를 조절합니다.

[For 루프]를 만들고 나면 하나의 입력 터미널과 하나의 출력 터미널을 확인할 수 있습니다. 그중에서 루프 왼쪽 위의 N 터미널은 '루프 카운트'라는 이름을 가지고 있고 이 터미널의 입력값에 따라서 [For 루프] 함수가 반복되는 횟수를 지정할 수 있습니다. 그리고 왼쪽 아래에 있는 i 모양의 터미널은 '루프 반복횟수(iteration)' 터미널로서 [For 루프]의 현재 실행 횟수를 나타내는 출력입니다. 이 출력값은 0부터 시작하므로 만약 7이라는 루프 반복횟수 출력을 나타낸다면 실제로 루프는 8번 실행된 것이라는 점에 주의해야 합니다.

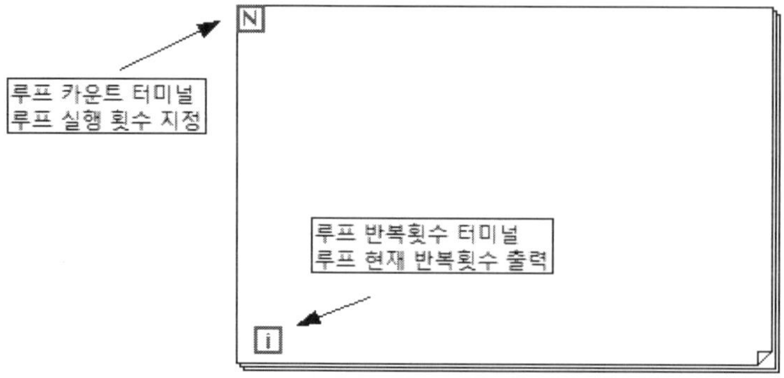

[그림 3-65] For 루프 구조

[실습 3-3] 난수의 값과 그 때의 루프 반복횟수를 10번 출력하는 VI를 만드세요. 단 확인의 편리성을 위해서 [타이밍] 함수 팔레트에 있는 [기다림(ms)] 함수의 입력에 1000이라는 값을 연결합니다. [기다림(ms)] 함수의 자세한 설명은 [타이밍] 함수의 설명에 있습니다.

1. 블록다이어그램에서 [함수] 팔레트 → [구조] 팔레트 → [For 루프]를 선택해 블록다이어그램에 적당한 크기로 놓습니다.
2. [For 루프]의 '루프 카운트' 입력에서 [바로가기 메뉴] → [생성] → [상수]를 선택하고 그 값을 10으로 수정합니다.
3. 블록다이어그램에서 [함수] 팔레트 → [숫자형] 팔레트 → [난수(0-1)] 함수를 선택한 후 [For 루프] 안에 놓습니다. [난수(0-1)] 함수의 출력에서 [바로가기 메뉴] → [생성] → [인디케이터]를 선택하고 라벨을 "난수"로 수정합니다.
4. [숫자형 인디케이터]를 하나 더 생성하고 형(type)을 32비트 정수(I32)로 만들어 주고 라벨을 "루프 반복횟수"로 수정합니다. 그리고 [For 루프]의 '루프 반복횟수' 출력과 연결합니다.
5. 블록다이어그램에서 [함수] 팔레트 → [타이밍] 팔레트 → [기다림(ms)] 함수를 선택해 루프 안에 놓고 새로운 [숫자형 상수] 값과 연결합니다. [숫자형 상수] 값은 1000으로 수정합니다.

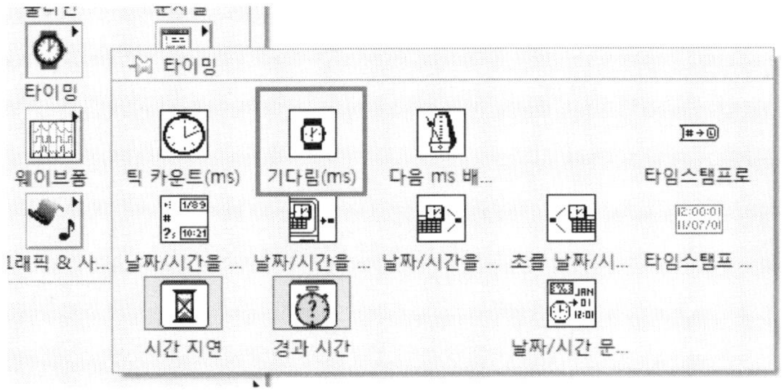

[그림 3-66] 기다림(ms) 함수

6. VI가 완성되면 실행 버튼을 눌러 "루프 반복횟수"와 "난수"의 값이 순차적으로 변하는 것을 확인합니다. VI의 실행 이 끝난 후 총 루프의 실행 횟수는 10번이므로 "루프 반복횟수"의 값이 9임을 확인합니다.

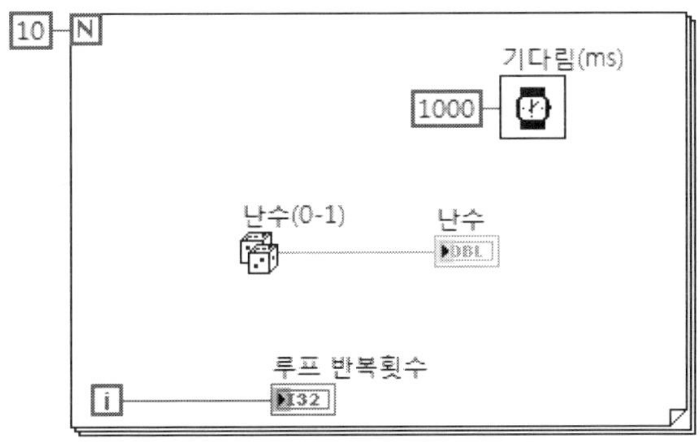

[그림 3-67] For 루프의 사용

[While 루프] 함수는 정해진 조건을 만족할 때까지 루프 내의 코드를 실행하는 기능을 하는 함수입니다. 이 함수는 [구조] 함수 팔레트 안에서 찾을 수 있으며 [For 루프]와 같은 방식으로 루프의 크기를 적절히 조절할 수 있습니다.

[While 루프]의 왼쪽 구석에 있는 '루프 반복횟수(iteration)' 터미널은 [For 루프]와 마찬가지로 루프의 현재 반복횟수를 출력해 주고, 이 값은 0부터 시작합니다. 그리고 오른쪽에는 [While 루프]의 반복 실행을 중지할 수 있는 '루프조건' 터미널이라고 불리는 불리언 입력이 있습니다. 즉 이 '루프조건'에 따라서 루프 내의 코드를 계속해서 실행할 것이냐 중지할 것이냐를 결정하게 됩니다.

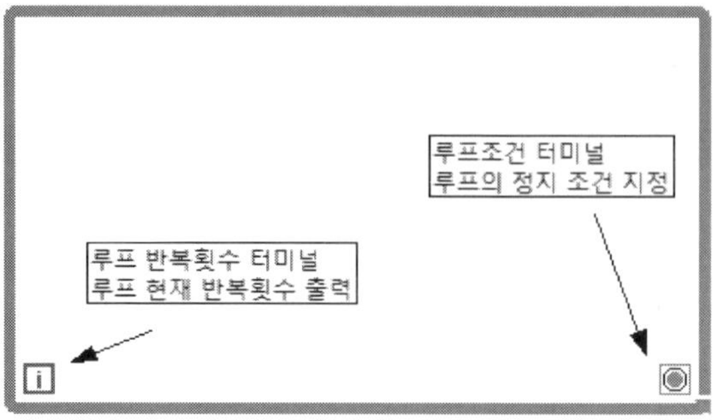

[그림 3-68] While 루프 함수

이 '루프조건'에는 두 가지 경우가 있습니다. 바로 '루프조건' 터미널의 불리언 입력이 참(true) 값인 경우 루프를 정지하는 "참인 경우 정지"와 불리언 입력이 거짓(false) 값일 때 루프를 정지하는 "참인 경우 계속" 조건이 그것입니다. 두 가지 케이스를 잘 생각해 보면 결국 조건 터미널의 입력에 반전(NOT) 연산을 해 준 것과 동일합니다. 루프의 정지 조건을 바꾸려면 '루프조건' 터미널에 마우스 커서를 올리고 [바로가기 메뉴] 불러와 정지 조건을 선택합니다. 만약 [참인 경우 계속]을 선택하면 [While 루프]의 '루프조건' 터미널의 모양이 [그림 3-69]와 같이 변경됩니다.

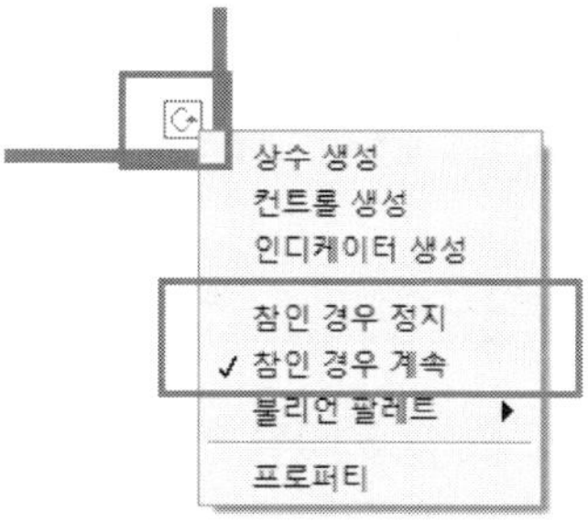

[그림 3-69] While 루프의 정지 조건

[실습 3-4] 사용자가 정지 신호를 줄 때까지 난수의 값과 그 때의 루프 반복횟수를 출력하는 VI를 만드세요. 단 확인의 편리성을 위해서 [타이밍] 함수 팔레트에 있는 [기다림(ms)] 함수의 입력에 1000이라는 값을 연결합니다. [기다림(ms)] 함수의 자세한 설명은 [타이밍] 함수의 설명에 있습니다.

1. 블록다이어그램에서 [함수] 팔레트 → [구조] 팔레트 → [While 루프]를 선택해 블록다이어그램에 적당한 크기로 놓습니다.

2. 프런트패널에서 [컨트롤] 팔레트 → [불리언] 팔레트 → [정지 버튼]을 놓고 그 버튼과 [While 루프]의 '루프 조건' 터미널을 연결합니다.

3. 블록다이어그램에서 [함수] 팔레트 → [숫자형] 팔레트 → [난수(0-1)] 함수를 선택한 후 [While 루프] 안에 놓습니다. [난수(0-1)] 함수의 출력을 [숫자형 인디케이터]와 연결하고 라벨을 "난수"로 수정합니다.

4. [숫자형 인디케이터]를 하나 더 생성하고 형(type)을 32비트 정수(I32)로 만들어 주고 라벨을 "루프 반복횟수"로 수정합니다. 그리고 [While 루프]의 '루프 반복횟수' 출력과 연결합니다.

5. 블록다이어그램에서 [함수] 팔레트 → [타이밍] 팔레트 → [기다림(ms)] 함수를 선택해 루프 안에 놓고 [숫자형 상수] 값과 연결합니다. [숫자형 상수] 값은 1000으로 수정합니다.

6. VI가 완성되면 실행 버튼을 누른 후 "정지 버튼"을 누를 때까지 "루프 반복횟수"와 "난수"의 값이 변하는 것을 확인합니다.

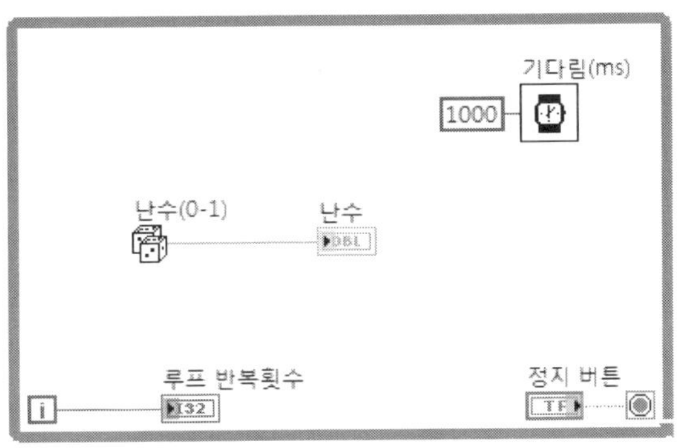

[그림 3-70] While 루프의 사용

For 루프와 While 루프의 차이점

두 루프는 루프 내의 코드를 반복해서 실행하는 공통적인 역할을 하지만 몇 가지 다른 특성을 가지고 있습니다.

❶ 최소 루프 반복 횟수

[For 루프]의 경우 루프의 반복횟수를 지정할 수 있는 '루프 카운트' 터미널에 0을 입력하고 VI를 실행하면 루프 내의 코드를 0번 실행(실행하지 않음)하는 것이 가능합니다. 이를 확인하려면 앞에서 만든 [For 루프] 예제에서 '루프 카운트'를 0으로 설정하고 실행하세요.

"루프 반복횟수"의 값이 0이라서 1번 실행된 것 아닌가라는 생각을 할 수 있지만 [난수(0-1)]의 출력 값이 변하지 않고 같은 값을 표시하므로 루프가 실행되지 않았다는 것을 확인할 수 있습니다.

반면에 [While 루프]는 '루프조건' 터미널에 불리언 상수 참(true) 값을 연결하고 실행을 하더라도 최소한 1번의 루프가 실행됩니다. 마찬가지로 이전에 만든 예제에서 '루프 조건' 에 불리언 참(true) 상수를 연결하고 VI를 실행하면 "루프 반복횟수"의 값은 0으로 나오지만 [난수(0-1)] 함수의 출력 값이 계속해서 변하는 것을 확인할 수 있습니다.

❷ 루프의 반복 횟수

앞서 설명한 것처럼, [For 루프]의 경우는 반복횟수가 미리 설정이 되어야 하므로 그 안에 있는 코드의 실행 횟수는 항상 반복횟수와 동일합니다. 그래서 VI를 몇 번을 실행시키든지 그 안에 있는 코드의 실행횟수는 항상 동일합니다. 하지만 [While 루프]의 경우는 애초에 반복횟수가 정해져 있지 않고 정지 조건에 따라 루프의 반복횟수가 결정되므로 루프가 몇 번이나 실행될지 미리 예측할 수 없습니다.

이런 특성으로 인해서 두 루프 함수는 같은 기능을 가지고 있지만 프로그램의 목적에 따라서 두 가지 중 하나를 선택해서 사용해야 합니다. [For 루프]의 경우는 루프의 반복횟수를 예측할 수 있는 '주사위 100번 굴려서 그 평균값 구하기' 라던지 '배열 원소 중 차례대로 10개의 값을 더하기' 같은 경우의 프로그래밍에 유리합니다. 반면에 [While 루프]는 어떤 상황에 따라서 코드의 실행 또는 정지가 가능하므로 '코드를 계속해서 실행시키다가 어떤 에러가 발생하면 실행 정지' 라던지 '프린터 용지함에 종이가 떨어지면 프린터 작동 중지' 같이 조건에 따라서 프로그램을 실행 또는 정지할 때 사용하는 것이 좋습니다.

오토 인덱싱(Auto Indexing) 기능

루프 함수들은 배열과 뗄래야 뗄 수 없는 관계를 가지고 있습니다. 일반적으로 프로그램을 만들 때 가장 많이 사용하는 조합이 루프 함수와 배열의 조합이기 때문이지요. 이 루프 함수와 배열의 조합을 조금 더 간편하고 효율적으로 사용할 수 있게 해 주는 기능이 바로 오토 인덱싱 기능입니다.

루프 함수의 경우 루프 내에 있는 코드가 실행될 때마다 어떤 결과 값을 내어주게 됩니다. 만약이 루프의 실행 결과값들 각각이 중요한 의미를 지니고 있다면, 그 모든 결과 값들을 저장해 두었다가 출력하는 기능이 필요합니다. 이런 경우 그 결과값들을 "루프 반복횟수가 0번째 일 때 나온 결과값", "루프 반복횟수가 1번째 일 때 나온 결과값" 등으로 저장을 해서 배열 원소로 정렬해주는 역할을 하는 기능이 오토 인덱싱입니다.

[그림 3-70]과 같이 [For 루프]의 '루프 카운트' 터미널에 100이라는 상수값을 연결하고, '루프 반복횟수' 의 출력값을 연결하면 자동으로 오토 인덱싱 기능이 활성화되었다는 의미의 사각형 표시가 나타납니다. 이 출력에서 [바로가기 메뉴]를 이용해 [생성] → [인디케이터]를 선택하면 자연스럽게 배열 인디케이터가 생성됩니다.

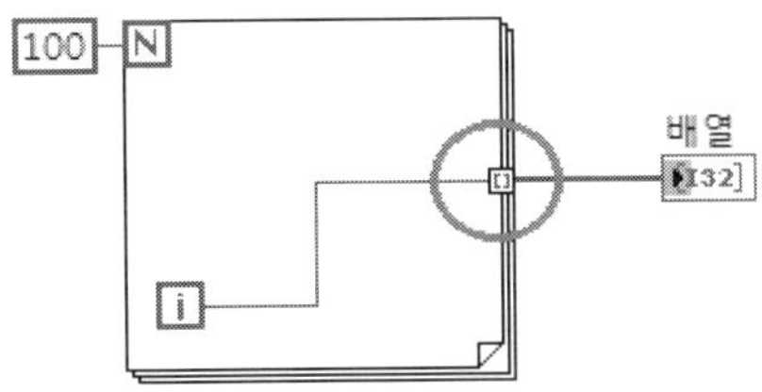

[그림 3-71] 오토 인덱싱 활성화

> **참고:** 루프 함수나 이후에 배울 다른 구조 함수들의 입력이나 출력은 터널(tunnel)이라는 용어를 사용합니다.

이 VI를 실행시키면 출력 배열은 어떤 값을 가질까요? 루프의 실행횟수는 100번이므로 루프가 실행될 때마다 '루프 반복횟수' 는 0~99의 값을 차례대로 출력하고 오토 인덱싱 기능에 의해서 그 값은 순서대로 차곡차곡 쌓입니다. 그 결과 "배열" 의 값은 인덱스 0번 에는 "0", 인덱스 1번 에는 "1", ... 인덱스 99번에는 "99" 의 값을 가지고 그 원소의 개수(배열의 크기)는 100인 배열이 됩니다.

오토 인덱싱 기능은 오토 인덱싱 터널 위에 마우스 커서를 올려놓고 [바로가기 메뉴] → [인덱싱 비활성화]를 선택하면 비활성화가 가능합니다. 오토 인덱싱 기능의 비활성화 여부는 터널의 모양으로 확인할 수 있습니다. 만약 오토 인덱싱 기능을 비활성화 한 후 같은 예제를 실행하면 그 결과 값은 '루프 반복횟수' 터미널의 최종 값인 99가 됩니다.

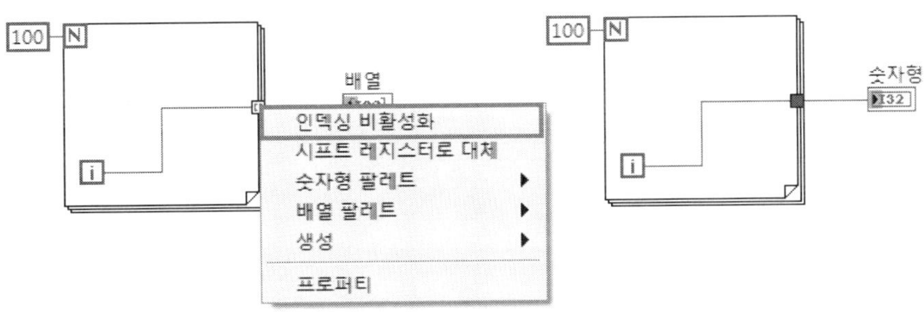

[그림 3-72] 오토 인덱싱 기능의 비활성화

오토 인덱싱 기능은 루프의 출력 뿐만 아니라 배열의 루프 입력에서도 유용하게 사용됩니다. 다음과 같이 배열 컨트롤을 [For 루프]와 연결하면 자연스럽게 오토 인덱싱 기능이 활성화됩니다. 배열의 입력에 의해서 오토 인덱싱이 활성화된 경우 배열 원소의 값이 차례대로(인덱스 순서대로) [For 루프]에 입력됩니다. 즉 첫 번째 루프 실행 때에는 인덱스 0의 원소가, 두 번째 루프 실행 때에는 인덱스 1의 원소가 For 루프의 입력 값이 되는 것이지요. 간단한 예를 들면 [3, 5, 2]라는 원소를 가지는 배열이 있다면 첫 번째 루프 실행에서는 3이라는 값을 루프 내로 전달하고 두 번째는 5, 세 번째는 2의 값을 차례로 전달하는 식입니다.

이때 한가지 눈에 띄는 점이 있습니다. '루프 카운트'의 경우 필수 입력 터미널로써 이 터미널에 입력을 연결하지 않으면 VI 실행이 불가능해야 정상입니다. 하지만 배열을 오토 인덱싱 기능을 활성화하여 연결한 경우는 자동으로 배열의 원소의 개수(배열의 크기)만큼 루프 반복횟수가 결정되므로 별도로 '루프 카운트'를 연결하지 않더라도 VI의 실행이 가능해집니다.

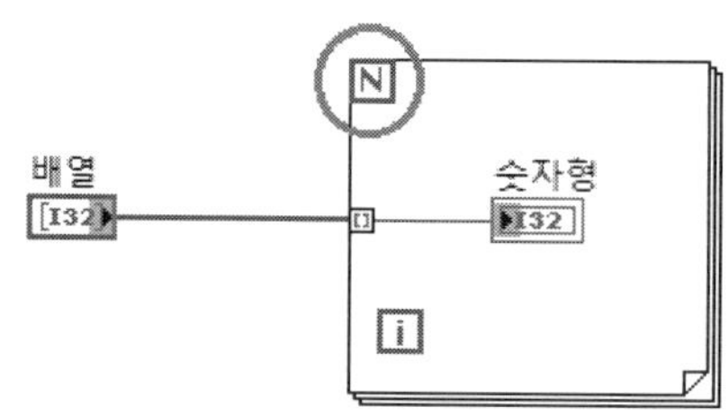

[그림 3-73] 배열 입력 오토 인덱싱

만약 [그림 3-74]와 같이 크기 3인 배열과 크기가 5인 배열을 오토 인덱싱 입력으로 사용하고, '루프 카운트'를 4로 연결한 경우 "반복횟수"의 값은 몇 회일까요? 정답은 3회입니다. 그 이유는 3회를 실행하고 나면 더 이상 "3원소 배열"에서 루프 내로 전달할 원소가 없기 때문입니다. 이와 유사한 경우 루프 반복횟수는 배열 원소의 개수와 루프 카운트 입력 중 항상 가장 작은 숫자에 초점이 맞춰집니다. 즉 제일 크기가 작은 배열 원소의 개수만큼 반복하거나 '루프 카운트' 값이 그 보다 작으면 '루프 카운트'의 값만큼 루프를 실행합니다.

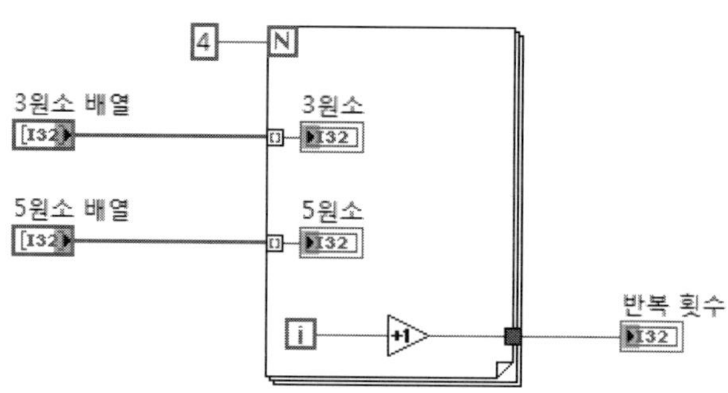

[그림 3-74] For 루프의 실행 횟수 판별

[While 루프]도 [For 루프]와 마찬가지로 [바로가기 메뉴]의 [오토 인덱싱 활성화]를 이용해서 오토 인덱싱 기능을 사용할 수 있습니다. 하지만 [While 루프]는 루프 실행횟수가 조건에 따라 바뀔 수 있으므로 출력 배열의 크기가 유동적입니다. 뿐만 아니라 배열 입력을 오토 인덱싱한 경우 배열의 원소를 모두 루프 내로 전달한 후라도 루프의 실행은 계속되어야 한다는 문제점이 있습니다. [그림 3-75]와 같이 [3, 5, 2]의 원소를 가지는 배열을 오토 인덱싱했을 때 [While 루프] 내로 전달되는 값은 순서대로 모든 원소를 전달한 후 더 이상 전달할 원소가 없으면 숫자형 변수 형태의 기본값에 해당하는 0의 값을 계속해서 전달합니다.

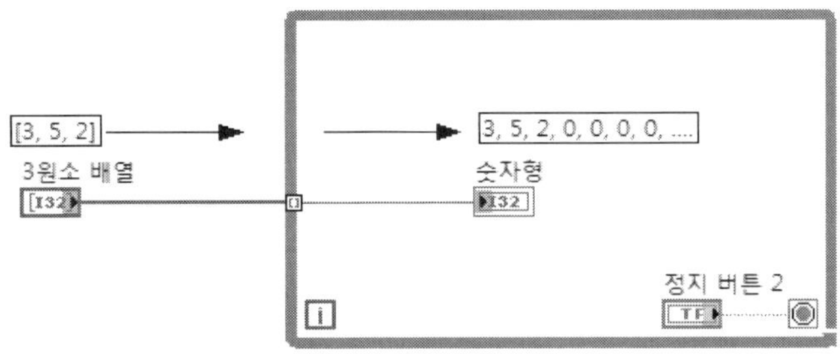

[그림 3-75] While 루프의 오토 인덱싱 입력

변수의 기본값

프로그래밍 언어에 관심이 있으신 분들이라면 아래처럼 변수의 선언을 가장 먼저 해주는 것을 기억하실 겁니다.

```
int x;

float y;
```

이렇게 선언을 함에 따라서 컴퓨터는 x 와 y라는 변수의 크기에 맞게 1byte, 2byte 등의 저장공간을 자동으로 분배해 줍니다. 이때 이 공간에 아무런 값도 저장하지 않는 것은 불가능하므로 변수의 형태에 따라서 특정한 값을 저장해 놓는데, 이 값에 해당하는 것이 변수의 기본값입니다. 참고로 LabVIEW에서 변수 기본값은 숫자형의 경우 0, 불리언의 경우 거짓, 문자열의 경우 빈 문자열입니다.

시프트 레지스터(Shift Register)

루프를 이용하다 보면 이전의 루프 실행(N−1번째)에서 연산한 값을 저장해 두었다가 그 값을 현재의 루프 실행(N번째)에서 꺼내서 이용해야 하는 경우가 있습니다. 이 저장 공간을 시프트 레지스터라고 합니다. 루프에서 시프트 레지스터를 만드는 방법은 루프의 테두리에 마우스 커서를 올린 다음 [바로가기 메뉴]를 불러온 후 [시프트 레지스터 추가]를 선택하면 됩니다.

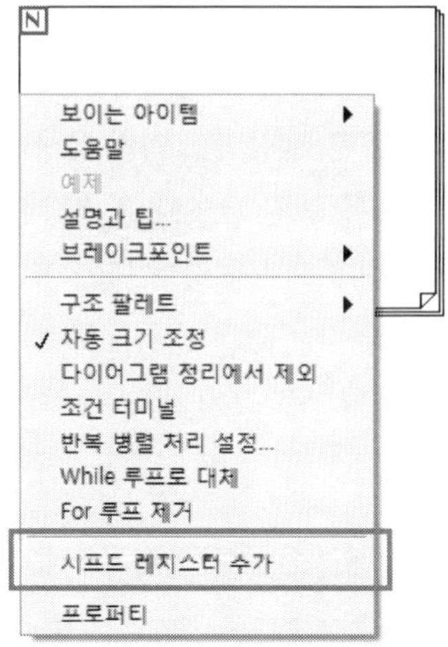

[그림 3-76] 시프트 레지스터 추가

[시프트 레지스터 추가]를 선택하면 그림과 같이 루프의 양 옆 모서리에 네모난 화살표 모양이 생성되는데, 이 중에서 왼쪽 화살표는 시프트 레지스터에 저장된 값을 읽어오는 터미널에 해당하고 오른쪽 화살표는 시프트 레지스터에 값을 쓰는 터미널에 해당합니다. 그리고 시프트 레지스터의 왼쪽 입력 터미널은 최초로 루프가 실행될 때의 값을 지정할 수 있는 초기값 입력을 의미하며, 오른쪽 출력 터미널은 루프의 실행이 완료된 후 마지막으로 저장된 값을 반환하는 출력 터미널에 해당합니다.

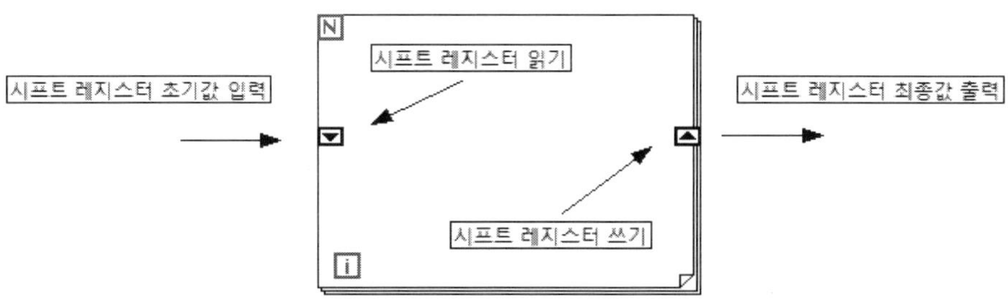

[그림 3-77] 시프트 레지스터 입출력 설명

[그림 3-78]과 같이 블록다이어그램을 구성하고 VI를 실행할 때 [더하기] 함수의 X 입력 터미널과 출력 터미널에 연결된 와이어를 따라서 전달되는 값은 다음과 같습니다.

1. 왼쪽 시프트 레지스터의 입력(초기값)이 0이므로 0을 X 입력으로 전달
2. 첫 번째 루프 실행에서 0 + 2 = 2 값을 시프트 레지스터에 저장
3. 두 번째 루프 실행에서 기존에 저장된 2의 값을 불러와 X 입력으로 전달 후 더하기 연산

4. 2 + 2 = 4 의 값을 시프트 레지스터에 저장
5. 세 번째 루프가 실행에서 이전에 저장된 4의 값을 불러와 2를 더한 후 그 결과값 6을 시프트 레지스터에 저장
6. 최종적으로 저장된 6의 값을 "최종값"으로 출력

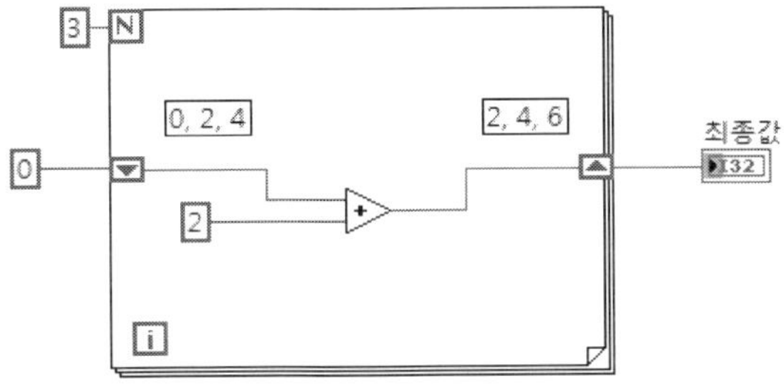

[그림 3-78] 시프트 레지스터 예제

다층 시프트 레지스터

현재의 루프 반복횟수를 N이라고 할 때, 시프트 레지스터는 N-1번째 루프에서의 연산 결과를 N번째 루프 실행에서 사용할 수 있도록 저장 공간을 제공해 줍니다. 하지만 때로는 N-1번째 뿐만 아니라 N-2, N-3, ... 번째 등의 루프 실행에서 연산된 결과가 필요할 수도 있습니다. 이런 경우 시프트 레지스터 위에 마우스 커서를 올리고 [바로가기 메뉴] → [원소 추가] 옵션을 선택하면 이전 데이터 값을 저장할 수 있는 공간을 늘릴 수 있습니다.

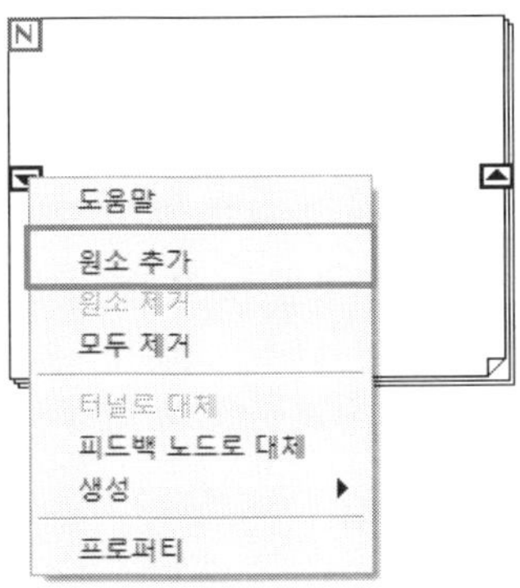

[그림 3-79] 시프트 레지스터 원소 추가

[원소 추가] 옵션을 선택하면 왼쪽의 화살표 아래 추가로 화살표 하나가 더 생성되고 이 터미널을 이용해서 N-2번째 루프 연산의 값을 사용할 수 있습니다. [그림 3-80]에서 편의상 왼쪽 위의 시프트 레지스터를 (N-1) 아래 쪽 시프트 레지스터를 (N-2)라고 하면, 시프트 레지스터의 값 변화는 다음과 같습니다.

1. 왼쪽 두 개의 시프트 레지스터 공간 0으로 초기화
2. 첫 번째 루프가 실행되면 왼쪽 시프트 레지스터 2개에서 0의 값을 전달하고 '루프 반복횟수' 터미널에서 +1을 하여 1의 값이 전달되므로 0 + 0 + 1 = 1의 값을 시프트 레지스터에 저장
3. 두 번째 반복에서 (N-1)은 기존에 저장된 1 값을 반환, (N-2)는 (N-1)이 가지고 있던 값 0을 반환하므로 [복합 연산]의 결과는 1 + 0 + 2 = 3
4. 세 번째 반복에서 (N-1)은 3을 반환, (N-2)는 (N-1)의 값을 물려 받아 1을 반환하므로 3 + 1 + 3 = 7을 시프트 레지스터에 저장
5. 마지막 반복에서 (N-1) 은 7을 반환, (N-2)는 3을 반환하므로 최종 결과값은 7 + 3 +4 = 14입니다.

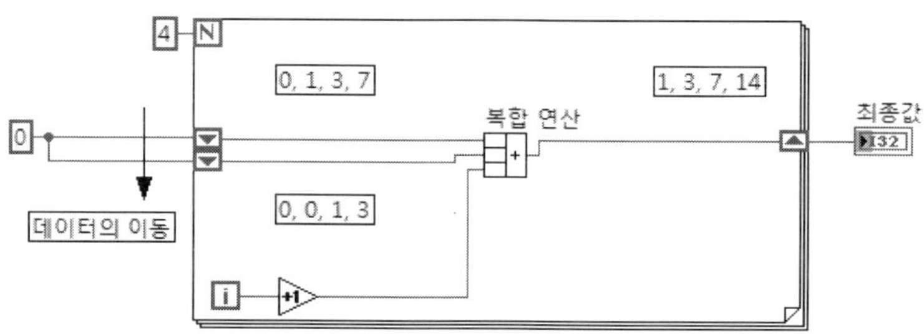

[그림 3-80] 다층 시프트 레지스터의 사용

시프트 레지스터의 초기화

만약 시프트 레지스터를 사용할 때 초기화 값을 연결하지 않으면 어떤 일이 발생할까요? 시프트 레지스터는 메모리와 같이 어떤 데이터를 저장할 수 있는 하나의 저장 공간입니다. 그리고 이 저장 공간은 VI를 완전히 닫기 전까지는 그 값이 지워지지 않고 계속해서 유지됩니다. [그림 3-81]과 같이 초기화를 한 경우와 초기화를 하지 않은 경우가 있을 때 두 루프를 반복해서 실행하면, 초기화를 한 경우는 그 "최종값"이 항상 일정한 값을 유지하는 반면에 초기화를 하지 않은 경우는 그 "최종값"이 계속해서 증가합니다.

처음 두 루프를 실행하면 시프트 레지스터를 초기화하지 않더라도 시프트 레지스터는 숫자형 변수의 기본값인 0을 반환하므로 같은 "최종값"을 출력합니다. 하지만 두 번째로 VI를 실행하면 초기화하지 않은 시프트 레지스터에 이전에 VI를 실행할 때 저장된 4의 값이 그대로 남아 있으므로 시프트 레지스터는 4를 반환하고 루프의 실행 결과값은 8이 됩니다.

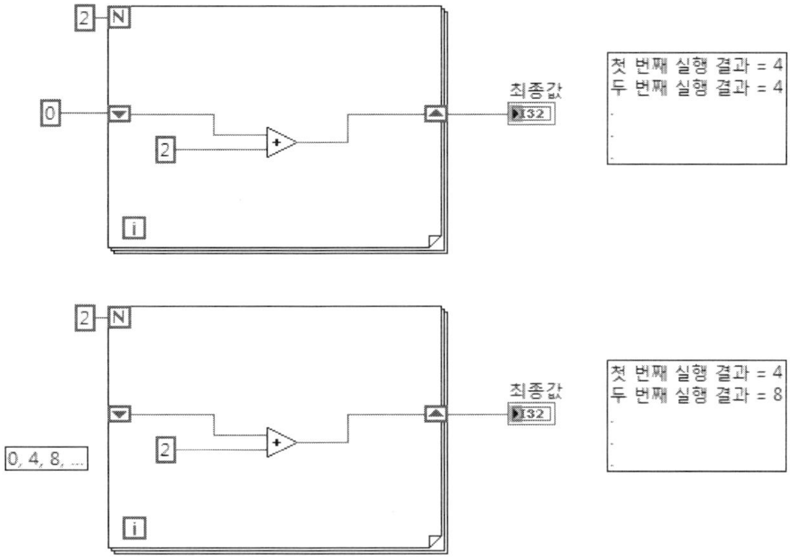

[그림 3-81] 시프트 레지스터의 초기화

일반적으로 시프트 레지스터는 항상 초기화가 필요합니다. 그렇지 않으면 코드가 실행될 때마다 계속해서 다른 결과를 반환하므로 프로그램에 오류를 일으킬 가능성이 있습니다.

[실습 3-5] [For 루프]와 하나의 시프트 레지스터를 이용해서 1부터 100까지의 값을 모두 더하는 프로그램을 만드세요.

1. 블록다이어그램에서 마우스 오른쪽 버튼을 클릭하여 [함수] 팔레트 → [구조] 함수 팔레트 → [For 루프] 함수를 선택하여 적당한 크기로 놓습니다.
2. [For 루프] 함수의 테두리에서 마우스 커서를 올리고 [바로가기 메뉴] → [시프트 레지스터 추가]를 선택합니다.
3. [For 루프]의 '루프 카운트'에 블록다이어그램 [함수] 팔레트 → [숫자형] 함수 팔레트 → [숫자형 상수]를 선택하여 와이어로 연결하고 그 값을 100으로 변경합니다.
   같은 방법으로 [숫자형 상수]를 불러와 시프트 레지스터의 초기값으로 연결합니다.
4. 블록다이어그램 [함수] 팔레트 → [숫자형] 함수 팔레트 → [증가] 함수를 선택해 그 입력을 [For 루프]의 '루프 반복횟수' 터미널과 연결하고, [함수] 팔레트 → [숫자형] 함수 팔레트 → [더하기] 함수를 불러와 한쪽 입력은 시프트 레지스터의 출력과 다른 한쪽은 [증가] 함수의 출력과 연결합니다.

5. 마지막으로 프런트패널에서 [컨트롤] 팔레트 → [숫자형] 팔레트 → [숫자형 인디케이터]를 놓고 라벨을 "100까지의 합"으로 수정한 다음 [바로가기 메뉴] → [형] → [I32]를 선택하여 [숫자형 인디케이터]의 형태를 32비트 정수로 바꿔줍니다.

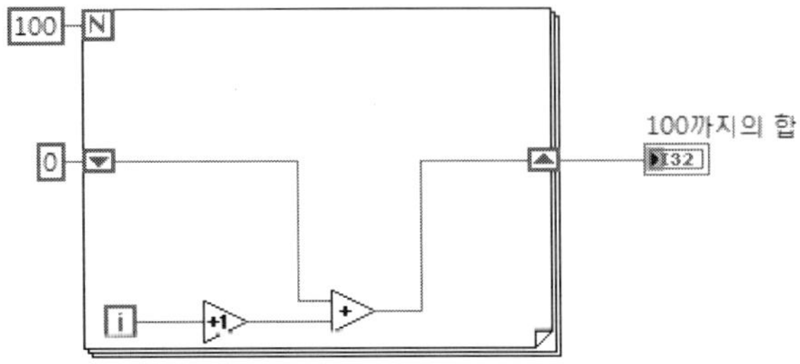

[그림 3-82] 1부터 100까지의 합

6. 완성된 VI를 실행하고 그 결과값이 5050임을 확인합니다.

[실습 3-6] [While 루프]와 1개의 시프트 레지스터를 이용하여 사용자가 정지할 때까지 발생한 난수 값의 평균을 구하세요.

1. 블록다이어그램에서 [함수] 팔레트 → [구조] 함수 팔레트 → [While 루프]를 선택해 적당한 크기로 놓습니다.
2. [While 루프]의 테두리에 마우스 커서를 올리고 [바로가기 메뉴] → [시프트 레지스터 추가]를 선택합니다.
3. 생성된 시프트 레지스터의 초기화를 위하여 [함수] 팔레트 → [숫자형] 함수 팔레트 → [DBL 숫자형 상수]를 선택해서 시프트 레지스터의 왼쪽 입력에 연결합니다.
4. [함수] 팔레트 → [숫자형] 함수 팔레트 → [더하기] 함수를 놓고 위쪽 입력은 같은 팔레트의 [난수(0-1)] 함수의 출력과 연결하고 아래쪽 입력은 왼쪽 시프트 레지스터의 출력과 연결합니다.
5. [함수] 팔레트 → [숫자형] 함수 팔레트 → [증가] 함수의 입력을 [While 루프]의 '루프 반복횟수' 터미널의 출력과 연결합니다.
6. [함수] 팔레트 → [숫자형] 함수 팔레트 → [나누기] 함수의 위쪽 입력에 [더하기] 함수의 출력을 연결하고 아래쪽 입력에 [증가] 함수의 출력을 연결합니다.

7. 프런트패널에서 [컨트롤] 팔레트 → [숫자형] 팔레트 → [숫자형 인디케이터]를 놓고 라벨을 "평균값"으로 변경한 다음 [나누기] 함수의 출력과 연결합니다.

8. 프런트패널 [컨트롤] 팔레트 → [불리언] 팔레트 → [정지 버튼]을 [While 루프]의 '루프 조건' 터미널의 입력과 연결합니다.

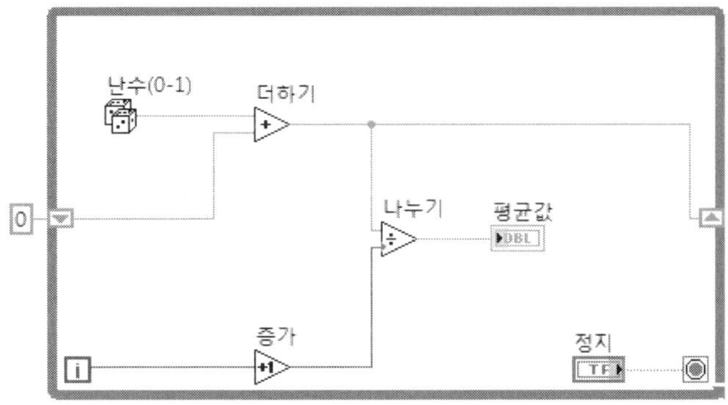

[그림 3-83] 난수 값의 평균 구하기

9. VI를 실행하고 난수의 평균값이 0.5에 수렴함을 확인합니다.

블록다이어그램의 코드를 풀이해 보면 다음과 같습니다.

1. 시프트 레지스터의 값을 0으로 초기화한다.
2. 시프트 레지스터에 저장된 값과 새로 발생한 난수값을 더해서 누적된 값을 계속해서 시프트 레지스터에 저장한다.
3. 동시에 누적된 난수 값을 난수가 생성된 횟수(루프 반복횟수 + 1)로 나누어 준다.
4. 사용자가 정지 신호를 줄 때까지 코드를 반복한다.

3.5.2 케이스 구조(Case Structure)

[케이스 구조]는 텍스트 기반 언어의 IF ~ ELSE 구문에 해당하는 역할을 하는 함수입니다. 이 함수는 사용자의 입력에 따라서 여러 가지 값 중에서 한 가지 값을 출력하고 싶을 때 사용할 수 있는 유용한 함수입니다.

[케이스 구조]는 다른 구조 함수들과 마찬가지로 블록다이어그램 [함수] 팔레트 → [구조] 함수 팔레트 → [케이스 구조]를 선택한 후 끌기(drag)를 이용해 적당한 크기로 만들어 줄 수 있습니다. [케이스 구조]는 조건(사용자의 입력)에 따라서 출력이 바뀌는 함수이므로 조건을 받을 수 있는 입력이 있어야 합니다. 이 조건 입력에 해당하는 부분이 '케이스 선택자' 라

는 입력입니다. 그리고 [케이스 구조]의 위쪽 부분에는 '선택자 라벨'이 있는데, 이 라벨은 현재의 조건을 표시해주는 부분입니다. [그림 3-84]를 예로 들면 선택자 라벨 "참"에 해당하는 케이스는 '케이스 선택자' 값이 참(true)일 때 실행되는 코드에 해당합니다. 그리고 이 '선택자 라벨' 옆에는 아래쪽 방향 화살표가 있는데 이 화살표를 클릭하면 그림과 같이 현재 [케이스 구조]에 있는 모든 케이스(경우)를 표시해주고 원하는 케이스를 클릭해서 다른 케이스로 이동할 수 있습니다. '선택자 라벨' 양 옆에 있는 화살표 또한 다른 케이스들로 이동할 때 사용합니다.

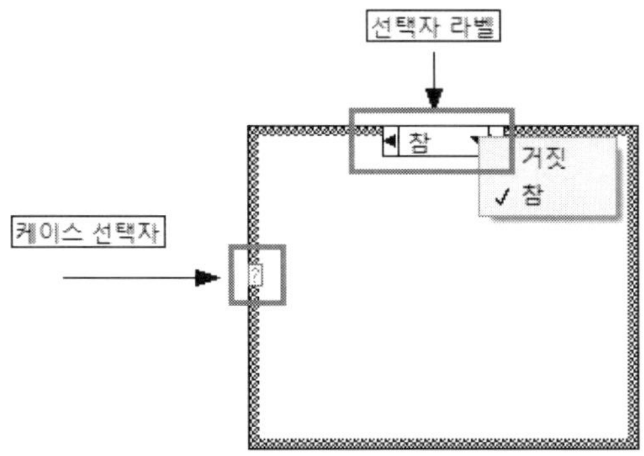

[그림 3-84] 케이스 구조

불리언 선택자 입력

실제 [케이스 구조]의 응용을 위해서 사용자의 불리언 입력에 따라서 참이면 두 값의 더하기 연산을, 거짓이면 두 값의 빼기 연산을 하는 코드를 만드는 경우를 예로 들어 설명해 보겠습니다. [그림 3-85]와 같이 불리언 [누름 버튼]을 [케이스 구조]의 '케이스 선택자'에 연결하고 케이스 바깥쪽에 [숫자형 컨트롤] 두 개를 생성합니다. 그리고 "참" 케이스에 [함수] 팔레트 → [숫자형] 함수 팔레트 → [더하기] 함수를 넣고 그 출력을 케이스 바깥에 있는 [숫자형 인디케이터]와 연결합니다.

이 부분까지 코딩을 하면 사용자의 불리언 선택이 참일 경우 더하기 연산을 실행하라는 코드를 완성한 상태입니다. 이때 [실행 버튼]의 상태를 확인하면 VI의 실행이 불가능한 상태를 나타내는 깨진 화살표 버튼을 나타냅니다. 그 이유는 불리언 입력이 참인 경우 [케이스 구조]의 출력은 [더하기] 함수의 출력으로 정의되어 있지만 불리언 입력이 거짓인 경우 [케이스 구조]의 출력은 정의되어 있지 않기 때문입니다.

[케이스 구조]의 출력 중에서 출력 터널의 내부가 비어있는 경우는 모든 케이스에 대해서 출력이 정의되지 않은 상태를 나타냅니다. [케이스 구조]에서는 모든 케이스에 대해서 그 출력 값이 정의되지 않으면 VI의 실행이 불가함을 유의하시기 바랍니다.

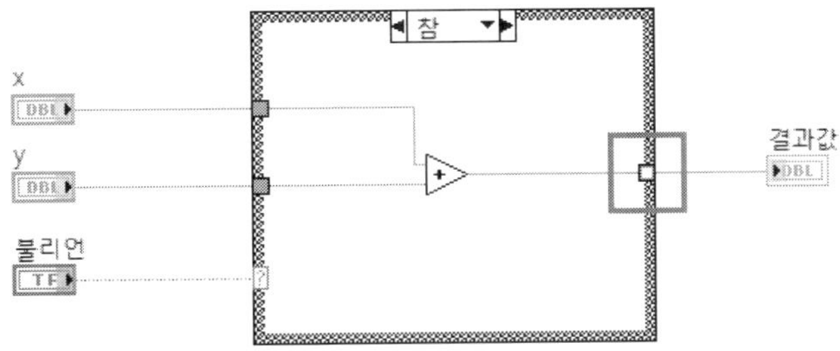

[그림 3-85] 불리언 선택자 케이스 구조

"거짓" 케이스 출력을 정의해 주기 위해서 '선택자 라벨' 옆의 화살표를 눌러 "거짓" 케이스로 이동한 다음 [함수] 팔레트 → [숫자형] 함수 팔레트 → [빼기] 함수를 케이스 안에 놓고 와이어로 입력과 출력을 차례대로 연결합니다.

연결을 완료하고 나면 모든 불리언 입력(참, 거짓)에 대해서 결과값 출력이 정의되었으므로 출력 터미널에 색깔이 채워지고 [실행 버튼]이 정상적으로 작동 가능함을 확인하세요.

이후에 임의의 값을 X와 Y에 넣고 불리언 선택자 값이 참인 경우와 거짓인 경우를 비교하면 참인 경우 두 값을 더한 값이, 거짓인 경우 두 값을 뺀 값이 결과값으로 출력되는 것을 확인할 수 있습니다.

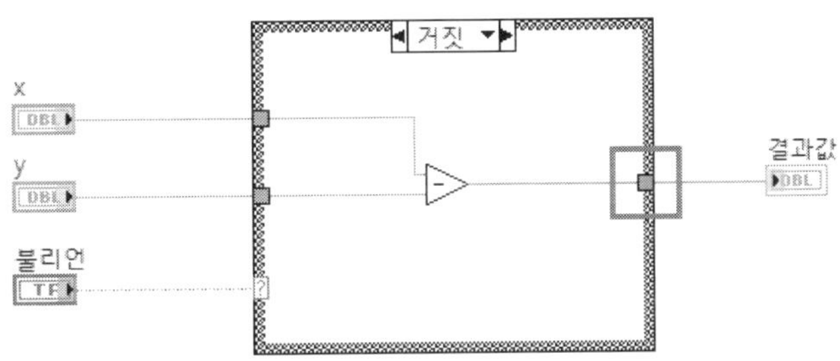

[그림 3-86] 불리언 선택자 케이스 구조

[케이스 구조]가 많은 케이스를 가지는 경우는 모든 케이스에 대해서 출력을 연결하는 것은 시간이 오래 걸리고 귀찮은 작업이 될 수도 있습니다. 이런 상황에서 유용하게 이용할 수 있는 옵션이 바로 [연결되지 않으면 기본값 사용] 옵션입니다. [케이스 구조]의 출력 터널 위에 마우스 커서를 올리고 [바로가기 메뉴]를 불러오면 [연결되지 않으면 기본값 사용] 옵션을 찾을 수 있습니다. 이 옵션을 선택하면 출력 터널의 모양이 변하고, 모든 케이스에 대해 출력을 정의해주지 않더라도 VI의 실행이 가능해집니다. 그리고 출력 터널을 연결하지 않은 케이스가 실행될 때에는 출력의 형태에 따라서 그 기본값인 0, 거짓, 빈 문자열 값이 자동으로 출력됩니다.

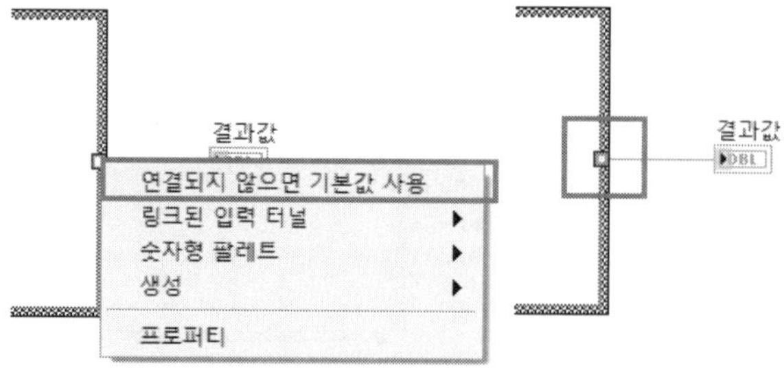

[그림 3-87] 연결되지 않으면 기본값 사용

숫자형 선택자 입력

숫자형 입력의 경우 [케이스 구조]는 정수 형태의 입력만을 받으므로 [숫자형 컨트롤]의 타입을 정수 형태로 바꿔줄 필요가 있습니다. 먼저 숫자형 컨트롤의 타입을 8비트 정수(I8)으로 변경하고 '케이스 선택자'에 연결하면 '선택자 라벨'이 자동으로 "0, 기본", "1" 두 가지 케이스로 변경됩니다.

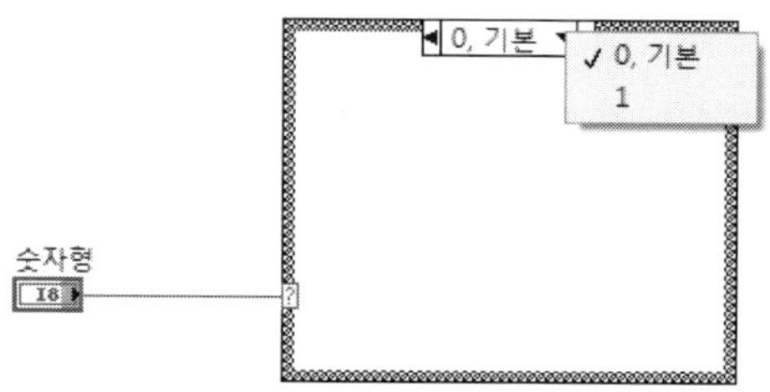

[그림 3-88] 숫자형 선택자 케이스 구조

즉 숫자형 값이 0이면 "0"에 해당하는 케이스를, 1이면 "1"에 해당하는 케이스를 실행한다는 의미입니다. 하지만 여기서 한가지 의문이 생깁니다. 불리언 입력의 경우는 어차피 참 또는 거짓의 두 가지 경우밖에 없었지만 8비트 정수의 값은 −128 ~ 127까지의 256가지 경우가 있습니다. 만약 숫자형의 값이 0과 1 이외의 −1, 3, 4 등의 값을 가질 때에는 어떤 케이스를 실행해야 할까요? 그 의문에 대한 해답을 주는 것이 "기본"이라는 선택자 라벨입니다. "기본" 선택자 라벨은 케이스가 정의되지 않은 값을 선택자 입력으로 받았을 때 실행하는 케이스라는 의미를 가지고 있습니다.

[그림 3-89]와 같이 숫자형 입력이 0이면 더하기를, 1이면 빼기 연산을 하는 코드를 작성하고 코드를 실행한 경우, 숫자형 입력이 1이면 두 값을 뺀 결과를 반환하고 숫자형 입력이 1이외의 값이면 X와 Y의 값을 더해주는 것을 확인할 수 있습니다.

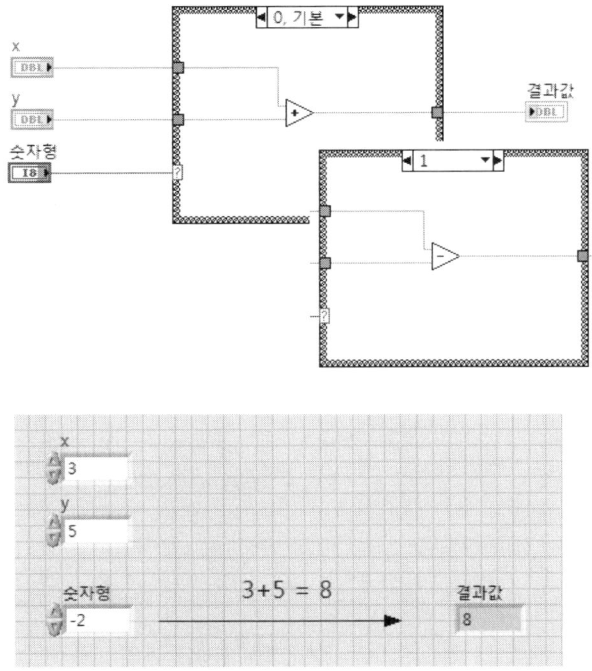

[그림 3-89] 숫자형 입력 케이스 구조

만약 "0" 케이스 대신에 "1" 케이스를 기본 케이스로 설정하고 싶다면 "1" 케이스를 선택한 상태에서 테두리에 마우스 커서를 올리고 [바로가기 메뉴] → [기본 케이스로 만들기] 옵션을 선택하면 "1" 케이스를 기본 케이스로 변경할 수 있습니다.

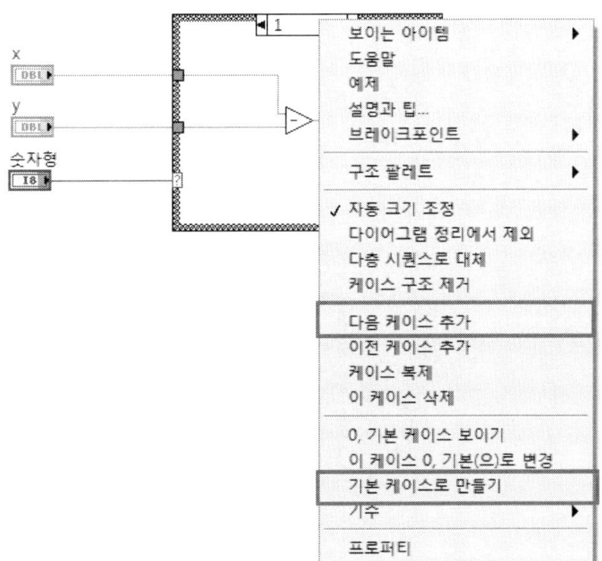

[그림 3-90] 케이스 구조 바로가기 메뉴

0과 1 이외의 입력에 대해서 케이스를 만들고 싶은 경우에는 [다음 케이스 추가]를 선택해서 새로운 케이스를 생성합니다. 앞서의 예제에 다음 케이스를 추가해 "2" 케이스가 생성되면 곱하기 연산을 하고 같은 방식으로 "3" 케이스를 생성해 나누기 연산을 추가합니다. 이 코드가 완성되면 0의 입력을 받으면 더하기를 2의 입력을 받으면 곱하기를 3의 입력을 받으면 나누기를 그 이외의 입력을 받으면 빼기를 수행하는 것을 확인할 수 있습니다.

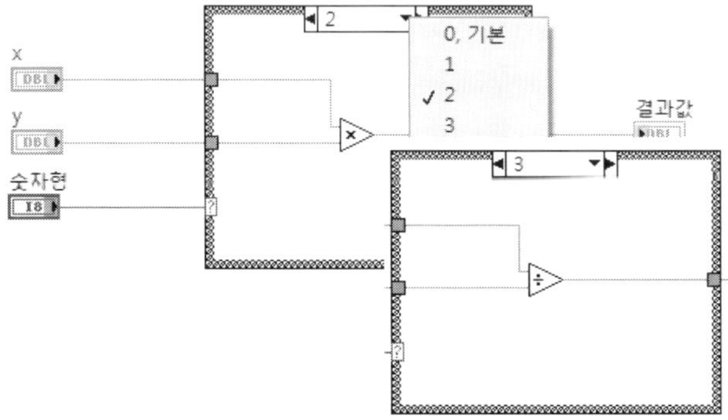

[그림 3-91] 케이스 추가

각 케이스의 '선택자 라벨'은 수정이 가능합니다. 기존에 만들어 놓은 케이스나 새로 만들어진 케이스의 선택값을 수정하기 위해서는 '선택자 라벨' 위의 텍스트에 마우스 커서를 올리고 마우스 왼쪽 버튼을 클릭하면 라벨 텍스트의 수정이 가능합니다. 예를 들어 100이라는 선택자 입력을 받았을 때 나누기를 수행하고 싶다면 '선택자 라벨' 값을 100으로 수정하면 간단하게 목적하는 바를 달성할 수 있습니다.

또한 여러 개의 입력에 대해서 하나의 케이스를 실행하고 싶을 때에는 '선택자 라벨'을 쉼표로 구분해서 사용할 수 있습니다. 예를 들어 10 과 12의 입력을 받았을 때 나누기를 실행하고 싶다면 '선택자 라벨'을 "10, 12"로 수정해야 합니다. 이 기능을 이용하면 많은 케이스를 생성하지 않고도 사용자가 원하는 케이스의 값을 설정할 수 있습니다.

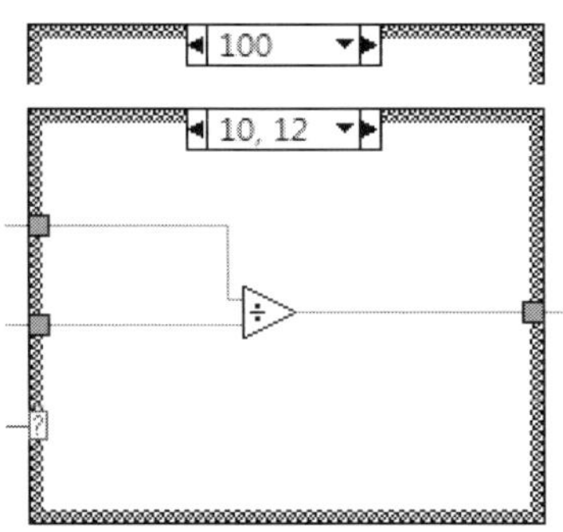

[그림 3-92] 선택자 라벨 수정

케이스의 전환

여러 개의 케이스가 있을 때 원하는 케이스를 찾기 위해서 조그만 화살표를 누르는 것은 조금 번거롭습니다. 이럴 때에는 케이스 구조 안에 마우스 커서를 위치시키고 **단축키(Ctrl + 마우스 휠 굴리기)**를 이용하면 쉽게 케이스를 바꿀 수 있습니다.

문자열 선택자 입력

문자열 형태를 '케이스 선택자'로 이용하는 경우는 숫자형의 경우와 유사합니다. 문자열 또한 숫자형과 마찬가지로 수많은 경우의 수를 가지고 있기 때문에 "기본" 케이스가 존재하고 케이스의 추가 및 선택자 라벨의 수정을 이용해 선택자 입력값에 따른 케이스 실행을 조정할 수 있습니다.

문자열 컨트롤을 [케이스 구조]의 '케이스 선택자'와 연결하면 '선택자 라벨'의 값이 "참"과 "거짓", 기본으로 변경됩니다. 얼핏 보기에는 불리언을 선택자 입력으로 연결한 경우와 같아 보이지만 자세히 보면 참과 거짓 문자 따옴표(" ")가 있는 것을 확인할 수 있습니다. 이때의 따옴표(" ")는 문자열을 의미합니다. 즉 문자열 컨트롤의 값이 "참"이라면 참에 해당하는 케이스를, "거짓" 또는 그 이외의 입력("중립", "사실" 등)이라면 거짓에 해당하는 케이스를 실행한다는 의미입니다.

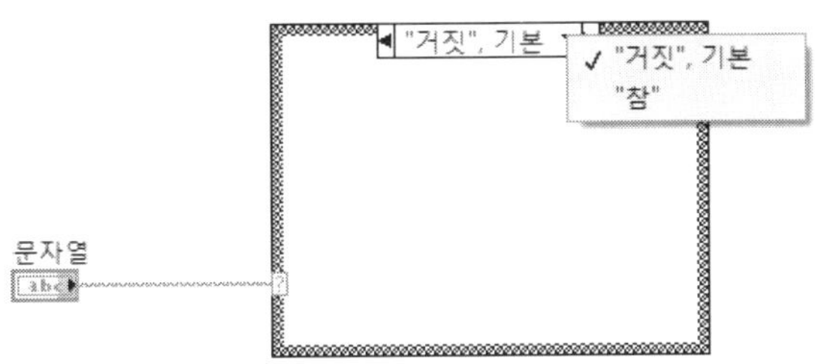

[그림 3-93] 문자열 입력 케이스 구조

[실습 3-7] 문자열 컨트롤의 값이 "더하기", "빼기", "곱하기", "나누기" 일 때 각각에 해당하는 사칙연산을 수행하는 VI를 만드세요. 단 "더하기" 케이스를 기본 케이스로 설정하세요.

1. 프런트패널에서 [문자열 컨트롤]을 놓습니다.
2. 블록다이어그램에서 [함수] 팔레트 → [구조] 함수 팔레트 → [케이스 구조]를 선택하여 적당한 크기로 놓고 [문자열 컨트롤]과 [케이스 구조]의 '케이스 선택자'를 서로 연결합니다.

3. [케이스 구조]의 '선택자 라벨' 옆에 있는 화살표를 이용해 "거짓", 기본 케이스로 이동한 후 '선택자 라벨' 위에 마우스 커서를 올리고 왼쪽 클릭해서 라벨 값을 "더하기", 기본으로 변경합니다.

   단 라벨 값을 변경할 때 선택 값은 항상 따옴표(" ") 안에 넣어야 함을 유의하세요. 따옴표를 사용하지 않으면 빨간색 글자로 표시되는데, 이는 '선택자 라벨'의 정의가 잘못되었음을 의미합니다.

4. "더하기", 기본 케이스 안에 [함수] 팔레트 → [숫자형] 함수 팔레트 → [더하기] 함수를 놓습니다.

5. 프런트패널에서 [숫자형 컨트롤] 두 개를 놓고 라벨을 각각 "X"와 "Y"로 변경합니다. 그리고 [숫자형 인디케이터]를 만들고 라벨을 "결과값"으로 변경합니다.

6. 숫자형 컨트롤과 인디케이터를 케이스 구조의 바깥으로 옮기고, X와 Y 컨트롤을 [더하기] 함수의 입력 터미널과 연결하고 [더하기] 함수의 출력과 결과값 인디케이터를 연결합니다.

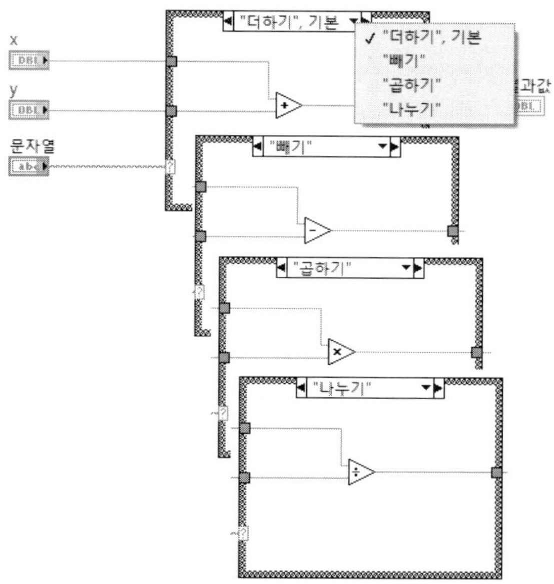

[그림 3-94] 문자열 입력을 이용한 케이스 구조 예제

7. [케이스 구조]의 화살표를 이용해 "참" 케이스로 이동한 다음 '케이스 라벨'을 "빼기"로 수정합니다.

8. [함수] 팔레트 → [숫자형] 팔레트 → [빼기] 함수를 "빼기" 케이스 안에 놓고 입력을 "X"와 "Y" 컨트롤으로 출력을 "결과값" 인디케이터로 연결합니다.

9. [케이스 구조]의 테두리에서 마우스 오른쪽 클릭으로 [바로가기 메뉴] → [다음 케이스 추가]를 선택하고 '케이스 라벨'을 "곱하기"로 수정합니다.
10. 이전의 단계와 동일하게 [곱하기] 함수를 케이스 안에 놓고 입출력을 연결합니다.
11. 위의 단계를 반복하여 "나누기" 케이스를 만들고 입출력을 연결합니다.

코드가 완성되면 문자열 컨트롤의 값을 더하기, 빼기, 곱하기, 나누기로 변경하고 VI를 실행하였을 때 적절한 값의 연산이 일어나는지 확인하세요. 그리고 빼기, 곱하기, 나누기를 제외한 다른 문자열을 입력하고 VI를 실행하면 항상 [더하기] 연산이 실행되는 것을 확인하세요.

열거형 선택자 입력

마지막으로 열거형 변수를 선택자 입력으로 연결하는 경우를 살펴보겠습니다. 다른 선택자 입력의 경우와는 달리 열거형 컨트롤을 선택자 입력으로 연결하면 먼저 열거형의 아이템을 편집해서 그 값을 수정해 주어야 합니다.

프런트패널에서 [열거형 컨트롤]을 끌어다 놓고 [바로가기 메뉴]에서 [아이템 편집]을 선택한 다음 각각의 아이템을 더하기, 빼기, 곱하기, 나누기 순으로 설정합니다. 그 후에 [케이스 구조]의 '케이스 선택자' 입력에 열거형을 연결하면 [그림 3-95]와 같이 자동으로 라벨 값이 열거형 아이템과 같은 "더하기", 기본 케이스와 "빼기" 케이스로 변경됩니다.

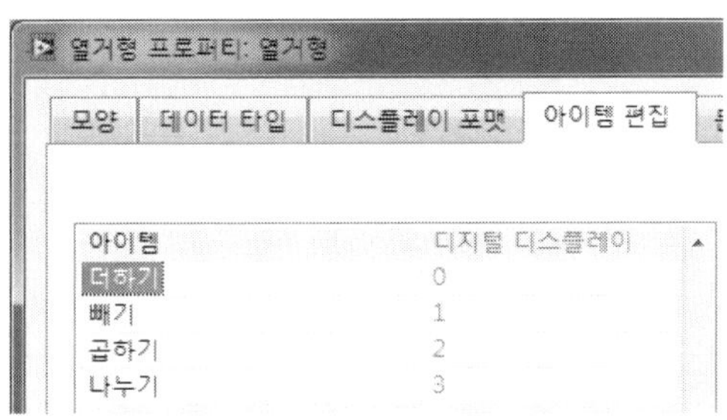

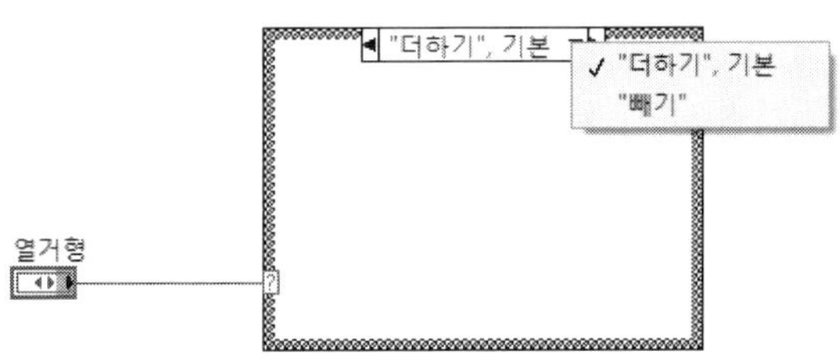

[그림 3-95] 열거형 입력 케이스 구조

이 경우 열거형 아이템을 빼기로 선택하면 "빼기" 케이스를, 그 이외의 아이템(더하기, 곱하기, 나누기)을 선택하면 "더하기", 기본 케이스를 실행하게 됩니다. 열거형 입력 케이스 구조의 경우 [바로가기 메뉴]의 [다음 케이스 추가]를 선택하면 별도로 라벨을 편집할 필요없이 자동으로 열거형 아이템과 동일한 "곱하기" 케이스와 "나누기" 케이스가 차례대로 생성됩니다. 다른 '케이스 선택자' 입력과 마찬가지로 각각의 케이스에 해당하는 사칙연산 함수를 놓고 입출력을 연결한 다음 VI를 실행하면 열거형에서 선택하는 아이템에 따라서 동일한 사칙연산이 일어나는 것을 확인할 수 있을 것입니다.

열거형 변수는 문자열의 껍데기를 쓴 숫자형 변수이므로 원칙적으로는 숫자형 입력을 가지는 [케이스 구조]와 동일하다고 볼 수 있습니다. 이 형태는 겉으로 보기에는 활용가치가 떨어질 것처럼 생각되지만 실제로는 사용자에게 아이템 선택의 편의성을 줄 뿐만 아니라 이후에 배울 상태 머신(state machine) 디자인에서 중추적인 역할을 합니다.

3.5.3 시퀀스 구조(Sequence Structure)

시퀀스 구조는 어떤 코드를 순차적으로 실행하고 싶을 때 유용하게 사용할 수 있는 구조입니다. 일반적으로 텍스트 기반 언어는 코드의 실행 순서가 위에서 아래로 차례대로 실행되므로 별도로 실행 순서를 신경 쓸 필요가 없습니다. 하지만 LabVIEW는 코드의 위치는 코드의 실행 순서와 아무런 상관이 없습니다. 코딩의 방향이 왼쪽에서부터 오른쪽으로 이어진다고 해서 왼쪽에 있는 코드가 먼저 실행된다는 보장이 없다는 것이지요.

대부분의 경우는 어떤 코드가 먼저 실행되고 나중에 실행되고는 크게 문제가 되지 않습니다. 하지만 때에 따라서 코드의 실행 순서 지정이 필요한 경우가 있을 수 있습니다. 이 때 시퀀스 구조를 사용하면 코드의 실행 순서를 사용자가 간단하게 지정할 수 있습니다.

시퀀스 구조에는 플랫 시퀀스(Flat Sequence)와 다층 시퀀스(Stacked Sequence) 두 가지 종류가 있습니다.

플랫 시퀀스(Flat Sequence)

[플랫 시퀀스] 구조는 블록다이어그램의 [함수] 팔레트 → [구조] 함수 팔레트 → [플랫 시퀀스]에서 찾을 수 있습니다. 이 함수를 선택한 후 적절한 크기로 끌기(drag)하면 [그림 3-96]과 같이 필름 모양이 나타납니다. 이 필름 모양은 하나의 프레임(frame)이라 부르고 코드를 이 프레임 안에 넣어서 코드 실행 순서를 결정합니다. 프레임을 추가하려면 [플랫 시퀀스] 구조의 테두리에서 [바로가기 메뉴] → [다음에 프레임 추가] 또는 [이전에 프레임 추가]를 선택해야 합니다.

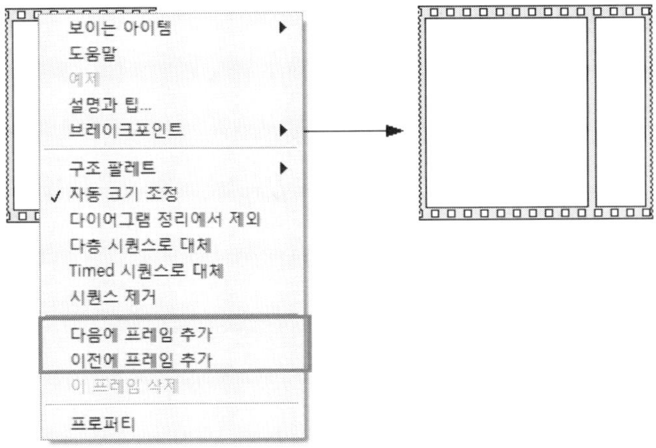

[그림 3-96] 플랫 시퀀스 구조

[플랫 시퀀스]의 동작을 알아보기 위해서 간단하게 블록다이어그램을 꾸며보겠습니다.

1. 블록다이어그램 [함수] 팔레트 → [구조] 함수 팔레트 → [플랫 시퀀스] 선택 후 적절한 크기로 끌기(drag)합니다.
2. [플랫 시퀀스]의 테두리에 마우스 커서를 올리고 [바로가기 메뉴] → [다음 프레임 추가]옵션을 선택하고 새로 만들어진 프레임의 크기를 적절히 조절합니다.
3. 첫 번째 프레임에 [더하기] 함수를 두 번째 프레임에 [빼기] 함수를 놓고 [숫자형 컨트롤] X와 Y를 입력으로 [숫자형 인디케이터] X + Y와 X − Y를 각 함수의 출력으로 연결합니다.
4. [함수] 팔레트 → [타이밍] 함수 팔레트 → [기다림(ms)] 함수를 선택하고 [숫자형 상수]를 연결한 후 그 값을 1000으로 수정합니다.
5. X와 Y의 값을 변경한 후 VI를 실행하고 X + Y의 값이 먼저 변한 다음 X − Y의 값이 변하는 것을 확인합니다.

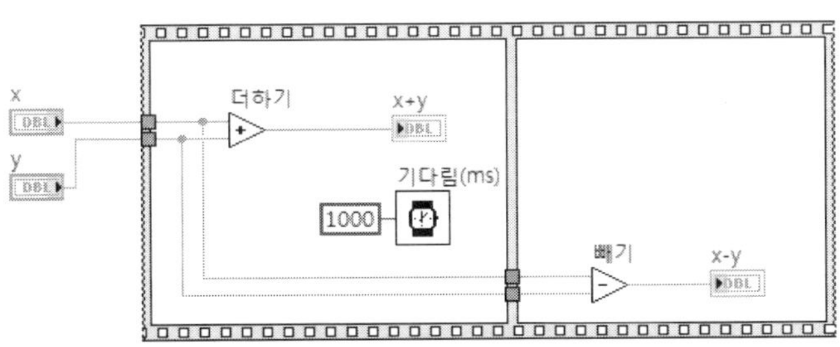

[그림 3-97] 플랫 시퀀스 구조 예제

다층 시퀀스(Stacked Sequence)

[다층 시퀀스] 구조는 [플랫 시퀀스] 구조의 프레임 여러 개를 겹쳐 놓은 것과 같은 모양을 가지고 있습니다. [다층 시퀀스]는 시퀀스 구조의 코드 부피가 클 때 사용하면 그 부피를 줄일 수 있습니다. 하지만 코드 전체를 한눈에 파악할 수 없으므로 코드의 분석이나 디버깅 측면에서는 [플랫 시퀀스]가 훨씬 유리합니다.

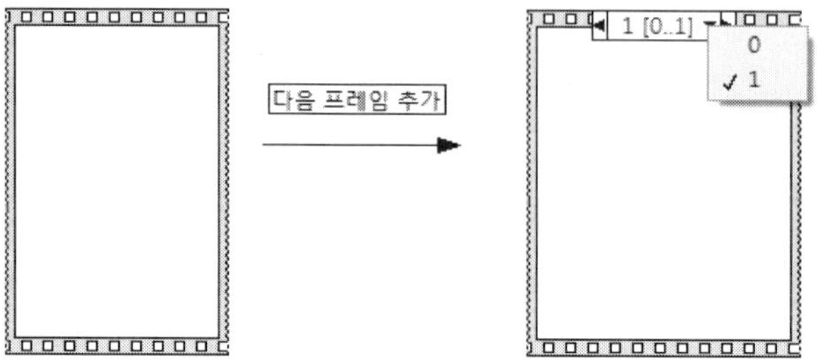

[그림 3-98] 다층 시퀀스 구조

두 구조는 기능적으로 동일하기 때문에 [바로가기 메뉴]를 이용해서 간단하게 모양을 서로 바꾸는 것이 가능합니다. 앞서 만든 [플랫 시퀀스]에서 예제에서 [바로가기 메뉴] → [다층 시퀀스로 대체] 옵션을 선택하면 [그림 3-99]와 같이 동일한 구성의 [다층 시퀀스]를 만들 수 있습니다.

이렇게 [다층 시퀀스]로 대체를 하고 나면 이전에는 볼 수 없었던 화살표 모양이 나타납니다. [다층 시퀀스]의 경우 여러 개의 프레임이 겹쳐 있기 때문에 프레임 간에 데이터를 교환할 수 있는 방법이 필요합니다. 이 역할을 하는 화살표 모양 터미널을 '시퀀스 로컬'이라고 하고 시퀀스 로컬은 [다층 시퀀스]의 한 프레임에서 다른 프레임으로 데이터를 전달한다는 의미를 가지고 있습니다. 시퀀스 로컬을 수동으로 생성하기 위해서는 [바로가기 메뉴]의 [시퀀스 로컬 추가] 옵션을 이용해야 합니다.

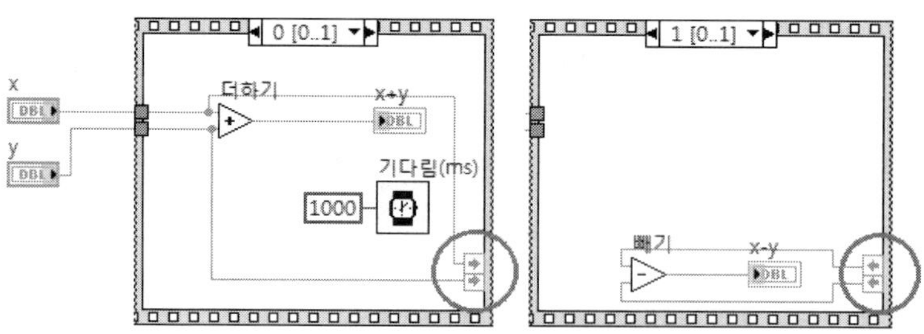

[그림 3-99] 다층 시퀀스 예제

3.6 타이밍(Timing) 함수 팔레트

타이밍 함수 팔레트는 코드의 실행 중에 일정한 시간 동안 실행을 멈출 수 있는 함수들과 현재의 시간을 알려주는 함수들을 포함하고 있습니다.

이 함수들의 최소 시간 구분 단위는 1밀리세컨드(millisecond, ms)입니다. 그 이유는 타이밍 관련 함수들은 윈도우(OS)의 시간을 참조해서 그 값을 반환하는데 윈도우(OS)가 분해해 낼 수 있는 최소 시간단위가 1ms이기 때문입니다. 그로 인해서 타이밍 함수들은 대부분 초(s) 단위의 입력을 받는 것이 아니라 ms 단위의 입력을 받습니다.

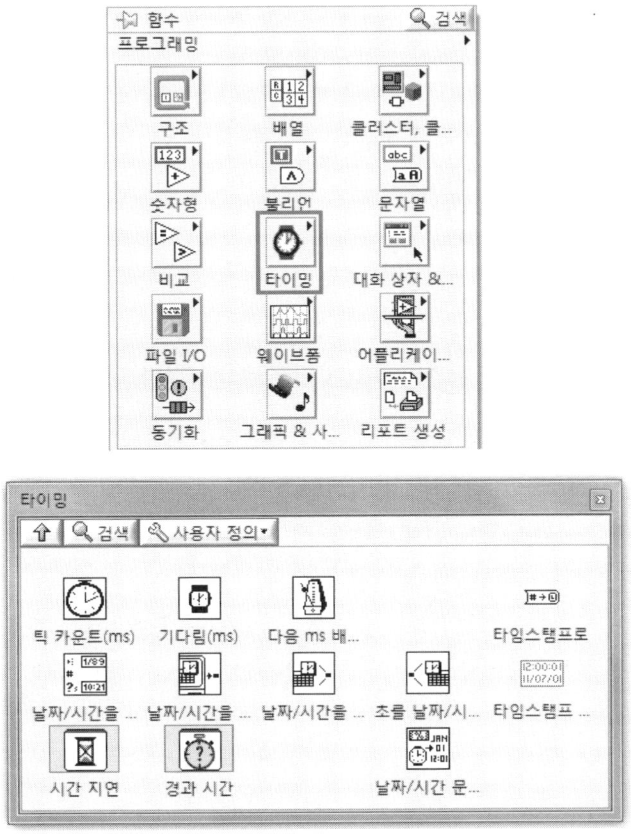

[그림 3-100] 타이밍 함수 팔레트

3.6.1 기다림(ms) 함수 / 다음 ms 배수까지 기다림 함수(Wait(ms) / Wait Until Next ms Multiple)

[기다림(ms)] 함수와 [다음 ms 배수까지 기다림] 함수는 코드의 실행을 일시 정지하고 정해진 밀리세컨드(ms) 시간만큼 기다리는 역할을 합니다. 두 함수는 독립적으로 사용되기 보다

는 일반적으로 루프 함수와 같이 사용합니다.

[그림 3-101] 기다림(ms) 함수 및 다음 ms 배수까지 기다림 함수

두 함수는 거의 유사한 기능을 하지만 약간의 차이점이 있습니다. 루프 안에 어떤 코드가 실행 중이고 그 때 [기다림(ms)] 함수와 [다음 ms 배수까지 기다림] 함수에 동일하게 20ms 입력을 연결했다고 가정하셨습니다.

만약 루프 내 코드의 실행에 5ms이 걸렸다고 한다면 [기다림(ms)] 함수의 경우는 코드 실행시간(5ms) + 기다림 시간(20ms) = 총 25ms의 시간이 루프 실행에 소요됩니다. 반면에 [다음 ms 배수까지 기다림] 함수를 사용한 경우는 코드 실행시간(5ms) + 20ms 배수로 맞추기 위한 기다림 시간(15ms) = 총 20ms의 시간이 루프 실행에 소요됩니다. 즉 [기다림(ms)] 함수는 코드의 실행에 걸리는 시간에 상관없이 루프 내 코드의 실행이 끝나면 정해진 시간만큼 쉬고 [다음 ms 배수까지 기다림] 함수는 코드의 실행에 걸린 시간과 정해진 시간을 더해서 총 소요시간을 입력 시간(20ms)에 맞추는 것입니다.

만약 루프 내 코드의 실행 시간이 기다림 함수들의 입력 시간인 20ms보다 큰 30ms이 걸렸다고 가정하면 두 함수의 차이는 더욱 극명해 집니다. [기다림(ms)] 함수의 경우는 코드의 실행시간과 관계 없이 20ms을 쉬어야 하므로 루프 실행 타이밍은 총 50ms가 됩니다. [다음 ms 배수까지 기다림] 함수의 경우 앞의 경우와는 달리 정해진 20ms의 루프 타이밍을 맞추는 것이 불가능하므로 20ms의 가장 가까운 배수인 40ms에 루프 타이밍을 맞춥니다. 그러므로 루프 실행 시간(40ms) = 코드 실행시간(30ms) + 20ms 배수로 맞추기 위한 기다림 시간(10ms)이 됩니다.

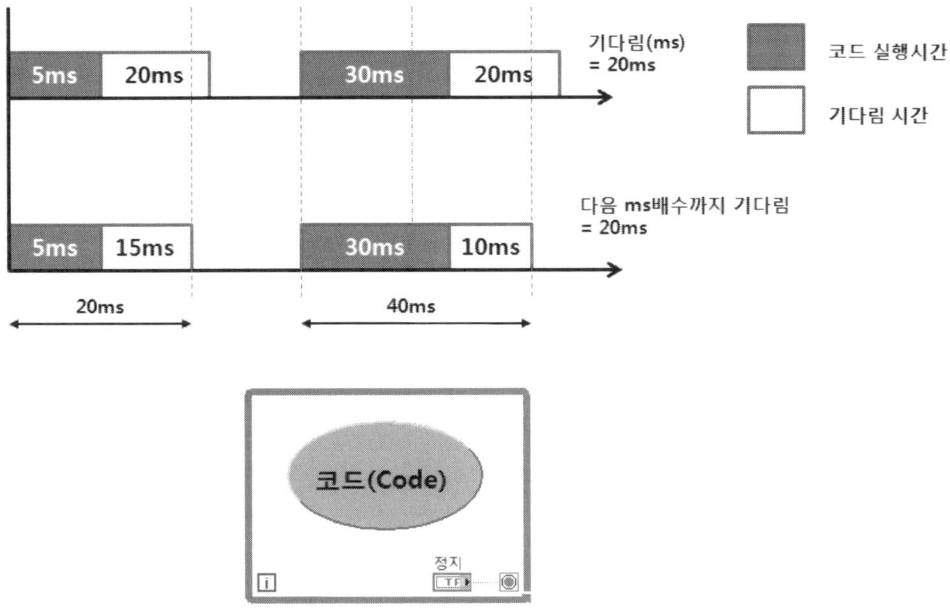

[그림 3-102] 기다림(ms) 함수와 다음 ms 배수까지 기다림 함수의 차이점

루프 함수와 기다림 함수들을 같이 사용하는 이유는 크게 두 가지가 있습니다. 첫 번째 이유는 컴퓨터 리소스(CPU)에 다른 연산을 할 수 있는 여유를 주기 위함입니다. LabVIEW는 코드를 실행할 때 가용한 모든 리소스를 끌어와서 코드의 연산을 하는 경향이 있습니다. 그러므로 [그림 3-103]과 같이 [While 루프]를 구성해서 VI를 실행하고 윈도우 작업관리자의 CPU 사용 항목을 확인하면 단지 난수 함수 하나만을 사용했을 뿐인데도 거의 100%에 가까운 CPU를 사용하게 됩니다(코어가 여러 개인 경우는 코어의 개수만큼 루프를 실행해야 [그림 3-103]의 현상을 확인할 수 있습니다).

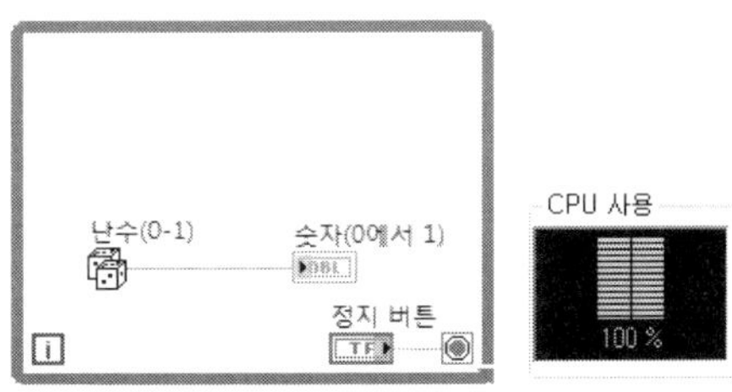

[그림 3-103] 기다림 함수를 사용하지 않는 루프

하지만 기다림 함수 입력의 최소 단위인 1ms만 여유를 두어도 CPU 사용 점유율이 확 떨어지는 것을 확인할 수 있습니다. 단순히 생각하면 무조건 코드를 빨리 실행하면 좋은 것이라고 생각할 수 있지만 시스템 전체를 고려했을 때에는 이 생각은 잘못된 생각이 됩니다. 만약 LabVIEW가 시스템에서 사용할 수 있는 모든 리소스를 쓰게 된다면 동시에 다른 작업이 해

야 할 경우 막대한 지장을 주기 때문입니다. 시스템에서 다른 프로그램을 실행시킨다거나 정확한 시간에 맞춰서 어떤 이벤트를 발생시켜야 하는 경우가 필요하다면, 이런 식의 프로그래밍은 전체 시스템에 독이 되는 것이지요. 그러므로 이런 경우를 대비해서 시스템 리소스를 한 가지 어플리케이션이 모두 점유하지 못하도록 방지해 줄 필요가 있습니다.

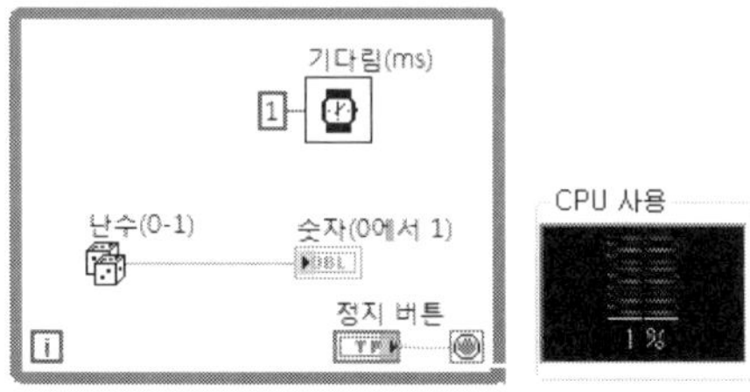

[그림 3-104] 기다림 함수를 사용한 루프

두 번째 이유는 루프 간의 동기화를 맞추기 위해서 입니다. [While 루프]가 하나가 아니라 두 개를 하나의 VI에서 사용하고 그 두 루프가 서로 교차로 실행되어야만 하는 경우 기다림 함수를 사용하면 간단하게 구현할 수 있습니다. 하지만 기다림 함수의 실행은 항상 명령한 ms 시간만큼 정확하게 실행되는 것이 아니라 몇 ms만큼의 오차가 생길 여지가 있습니다. LabVIEW 혼자서 시스템을 독점해서 사용하는 것이 아니라 여러 어플리케이션들이 나누어서 윈도우 리소스를 사용하므로 때에 따라서 100ms을 쉬라고 명령을 하더라도 리소스 분배 문제 때문에 101ms를 쉬는 경우가 나올 수 있습니다. 이런 문제 때문에 타이밍 함수를 이용해서 여러 루프를 동기화 하는 것은 거의 불가능하다고 보아야 합니다. 처음 어느 정도는 루프 간의 타이밍을 맞출 수 있겠지만 시간이 지나면 루프 간의 타이밍이 틀어질 수 있는 가능성이 높기 때문입니다.

3.6.2 틱 카운트(ms) (Tick Count(ms))

[틱 카운트(ms)] 함수는 윈도우(OS)가 실행된 후 현재까지 지난 시간을 ms값으로 반환하는 기능을 합니다. 예를 들면 윈도우 실행 후 30.012초가 지난 시점에서 [틱 카운트(ms)] 함수를 실행하면 ms 타이머의 값은 30012를 반환합니다.

틱 카운트(ms)
[Tick Count (ms)]

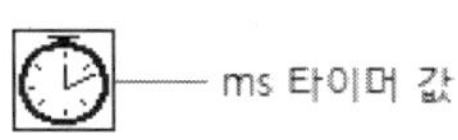

[그림 3-105] 딕 카운트(ms) 함수

이 함수 또한 독립적으로 사용하기 보다는 루프와 시프트 레지스터를 결합해 크기 코드의 실행시간 확인 및 경과 시간 확인 용도로 사용됩니다.

먼저 루프 내의 코드 실행 시간을 확인하려면 [그림 3-106]과 같은 형태 구성이 필요합니다. 코드를 간단하게 분석하면, [틱 카운트(ms)] 함수를 사용해 코드를 실행한 시점으로 시프트 레지스터를 초기화하고 루프 내에서 [틱 카운트(ms)] 함수를 다시 불러와 시프트 레지스터의 값과 빼줍니다. [틱 카운트(ms)] 함수는 아무런 입력을 받지 않기 때문에 루프가 실행될 때 제일 먼저 실행됩니다. 그로 인해서 루프가 첫 번째로 실행될 때 코드 실행시간은 0에 가까운 값이 나오게 되고 이 값은 아무런 의미가 없습니다. 하지만 두 번째 루프 실행부터는 [빼기] 함수의 아래쪽 입력은 이전 루프에서 "코드"가 실행되기 전의 타이머 값이고 위쪽 입력은 현재 루프에서 "코드"가 실행되기 전의 값이므로 두 값을 빼주면 "코드"가 실행되는데 소요된 시간을 알 수 있습니다.

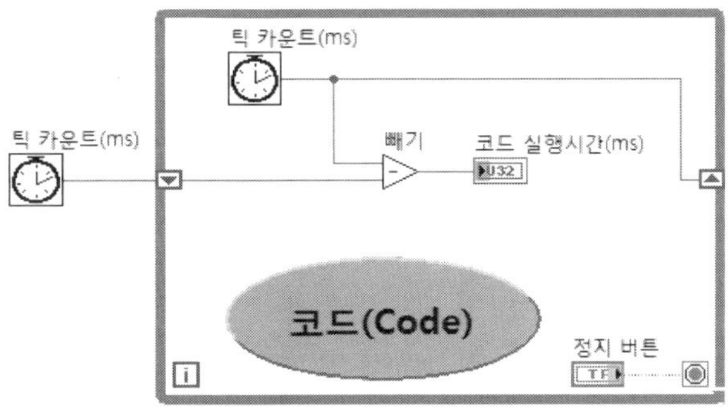

[그림 3-106] 루프 내 코드의 실행시간 확인

루프의 경과 시간을 알기 위한 응용방법 또한 루프 내 코드의 실행시간을 확인하기 위한 방법과 거의 유사합니다. [빼기] 함수의 입력이 서로 뒤바뀌었다는 것이 유일한 차이점이지요. 코드를 분석해보면 시프트 레지스터의 값은 루프가 실행되는 시점의 [틱 카운트(ms)] 함수의 타이머 값을 계속해서 유지하고 있습니다. 그리고 루프가 실행될 때마다 매번 [틱 카운트(ms)] 함수를 실행해서 현재의 타이머 값을 반환 받은 다음 그 값을 루프가 실행되는 시점의 타이머 값과 빼줍니다. 즉 루프가 실행된 후 경과시간이 계속해서 누적되는 것입니다.

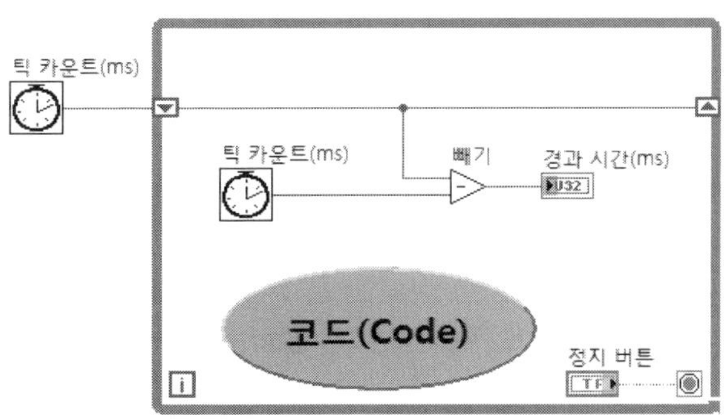

[그림 3-107] 루프의 실행 경과시간 확인

3.7 배열 함수 팔레트

프로그램을 만들다보면 간단한 값을 구하는 시뮬레이션의 경우가 아니라면 스칼라(scalar) 값을 사용해서 코딩을 하는 경우는 드물다고 할 수 있습니다. 대부분의 경우는 1차원 내지는 2차원 배열을 주로 사용하고 이 값들을 루프와 결합하여 하나의 온전한 어플리케이션을 만들게 됩니다. 그런 의미에서 배열 관련 함수들은 여타의 함수들에 비해서 그 사용 빈도가 높은 함수라고 할 수 있습니다.

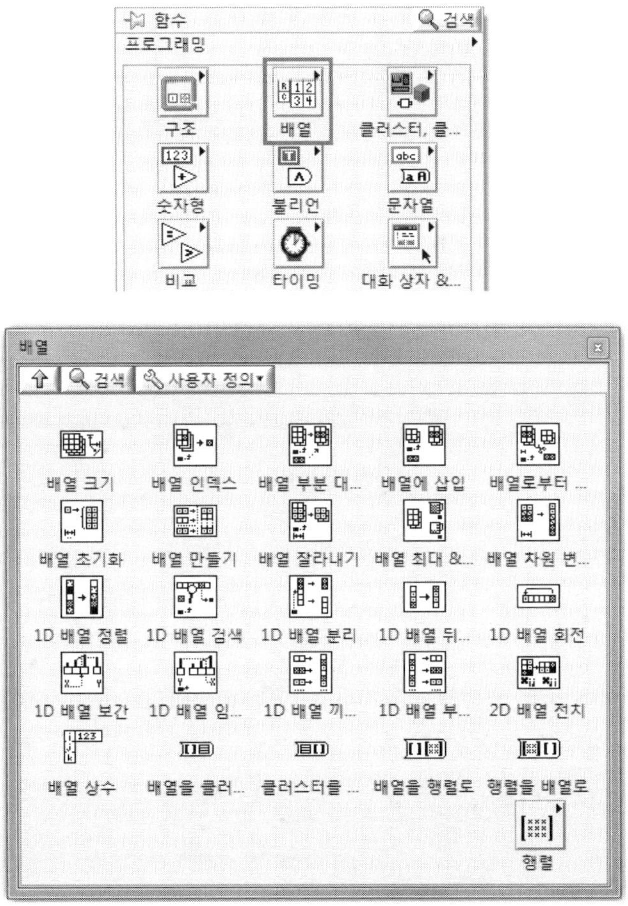

[그림 3-108] 배열 함수 팔레트

3.7.1 배열 크기(Array Size)

[배열 크기] 함수는 입력 배열의 원소 개수(크기)를 반환합니다. 이 값은 입력 배열이 1차원이라면 스칼라(scalar)값을 반환하고 입력 배열이 2차원 이상이라면 배열값을 반환합니다.

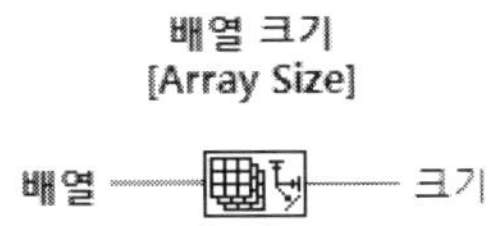

[그림 3-109] 배열 크기 함수

예를 들어 [그림 3-110]과 같이 [1, 2, 3]이라는 1차원 배열이 있을 때 그 배열의 크기는 원소의 개수와 같은 3이 됩니다. 반면에 [1, 2, 3 / 4, 5, 6]과 같이 2차원 배열의 크기는 [행의 개수, 열의 개수]와 같은 1차원 배열 [2, 3]을 반환합니다.

배열 함수를 사용할 때 항상 유의해야 할 점은 배열의 원소 인덱스는 0부터 시작된다는 점입니다. 뿐만 아니라 행과 열의 인덱스(순서) 또한 0부터 시작하므로 배열 함수를 사용할 때에는 이 부분에 대해서 잊지 말아야 합니다.

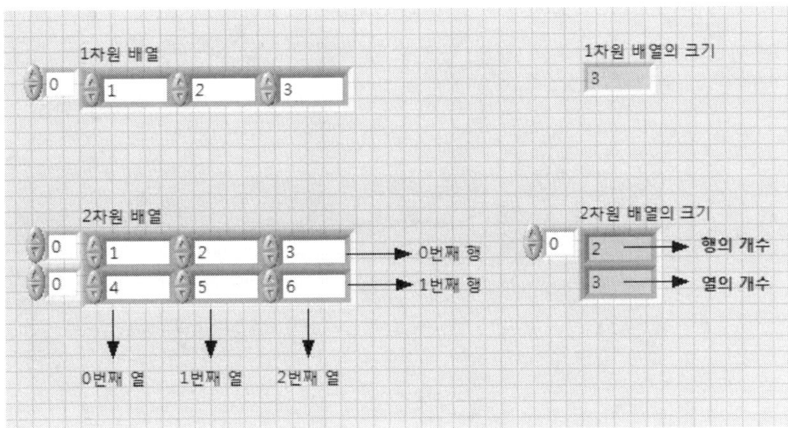

[그림 3-110] 배열 크기 함수 예제

3.7.2 배열 인덱스(Array Index)

[배열 인덱스] 함수는 임의의 '배열' 입력이 있을 때 사용자가 지정하는 '인덱스'의 원소(또는 행이나 열)을 반환하는 기능을 가지고 있습니다. 만약 '인덱스' 입력을 연결하지 않으면 기본값으로 0번째 원소를 반환합니다.

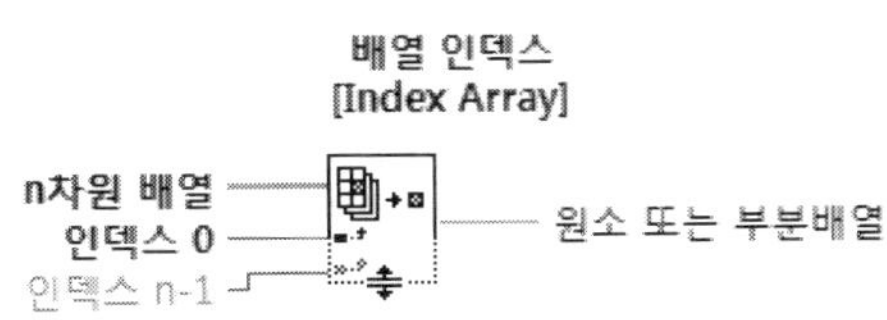

[그림 3-111] 배열 인덱스 함수

[그림 3-112]와 같이 [3, 5, 2, 8]이라는 배열이 있을 때 [배열 인덱스] 함수의 '인덱스' 터미널에 1이라는 값을 연결하면 [3, 5, 2, 8]의 1번째 원소인 5를 반환합니다(3은 0번째 원소입니다).

이 함수 위에 마우스 커서를 올리면 오른쪽 그림과 같이 아래위로 함수의 크기 조절점이 생기고 이 점에서 마우스 끌기(drag)를 하면 하나의 [배열 인덱스] 함수를 이용해서 여러 개의 원소를 가져올 수 있습니다. 이때 각각의 '인덱스' 터미널을 연결하지 않으면 자동적으로 제일 위쪽에 있는 터미널은 0번째 원소, 그 다음은 1번째 원소, 2번째 원소, ... 의 순서로 원소의 값을 반환합니다. 배열 함수의 크기 조절을 통해서 하나의 함수로 동시에 같은 기능을 여러 번 수행할 수 있는 특징은 다른 여타 배열 함수들에도 적용이 되므로 꼭 기억해두는 것이 좋습니다.

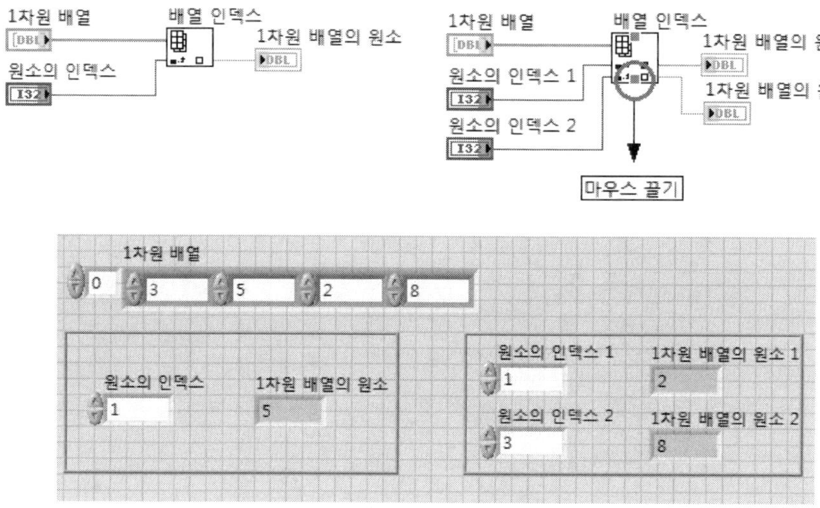

[그림 3-112] 배열 인덱스 함수의 사용

일반적으로 배열 관련 함수는 1차원 배열을 입력으로 받는 경우와 2차원 배열(또는 그 이상)을 입력으로 받는 경우의 함수 입력 터미널 개수와 항목이 달라집니다. [배열 인덱스] 함수를 예로 들면 1차원 배열을 입력하는 경우 인덱스를 입력할 수 있는 터미널의 개수는 하나입니다. 1차원 배열에는 배열 안에 있는 원소의 위치를 나타내는 인덱스가 하나밖에 없으므로 당연한 결과라고 할 수 있습니다. 하지만 2차원 배열의 경우 어떤 특정한 원소의 위치를 표시하려면 (행, 열)의 형태로 표시해야 합니다. 그러므로 배열 입력에 2차원 배열을 연결하는 경우는 2개의 '인덱스' 입력 터미널이 자동으로 생성됩니다. 이 '인덱스' 입력 터미널은 위에서부터 차례로 행의 인덱스, 열의 인덱스를 의미합니다. 만약 행과 열의 인덱스 모두를 연결하지 않고 둘 중에 하나만을 연결한 경우는 원소의 위치를 표시하는 것이 아니라 행 또는 열의 위치를 표시하므로 출력은 인덱스에 해당하는 부분배열이 됩니다.

이 특성들 또한 거의 모든 배열 함수들에 적용되는 부분이므로 꼭 이해한 후에 다음으로 넘어가는 것이 좋습니다.

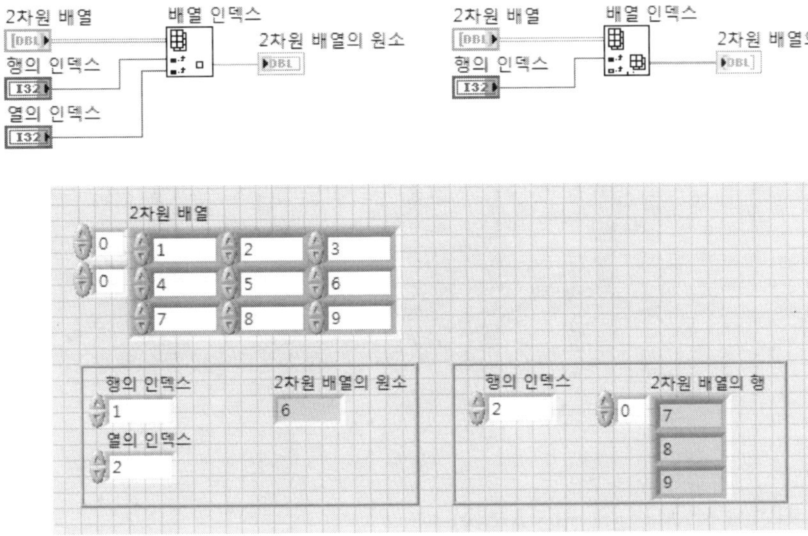

[그림 3-113] 배열 인덱스 함수의 2차원 입력

3.7.3 배열 부분 대체(Replace Array Subset)

[배열 부분 대체] 함수는 입력 배열의 '인덱스'의 원소 또는 '인덱스'로부터 시작하는 배열의 한 부분을 '새원소/부분배열'으로 대체하는 함수이며 '인덱스' 입력을 연결하지 않았을 때 기본값은 0입니다.

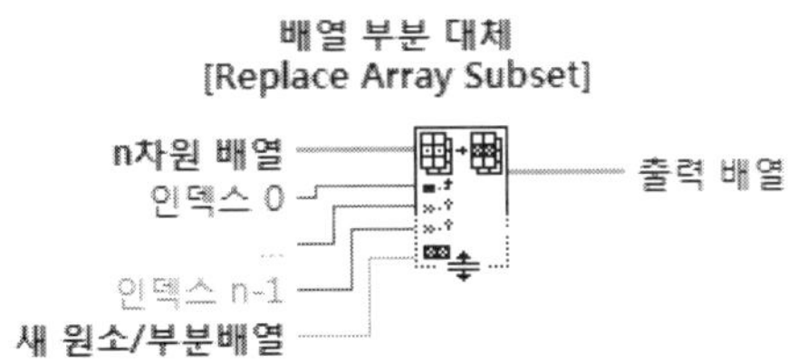

[그림 3-114] 배열 부분 대체 함수

이 함수의 '인덱스' 입력은 대체를 시작하는 위치를 의미합니다. 그리고 입력 배열의 대체는 '새원소/부분배열' 터미널에 스칼라 값을 입력하느냐 배열을 입력하느냐에 따라서 그 결과 값이 달라질 수 있습니다. [그림 3-115]에서 알 수 있듯이 스칼라 값을 연결하면 지정한 인덱스에 해당하는 원소를 대체하고 부분배열을 연결하면 지정한 인덱스에서 시작하고 길이는 부분배열에 해당하는 만큼 대체됩니다.

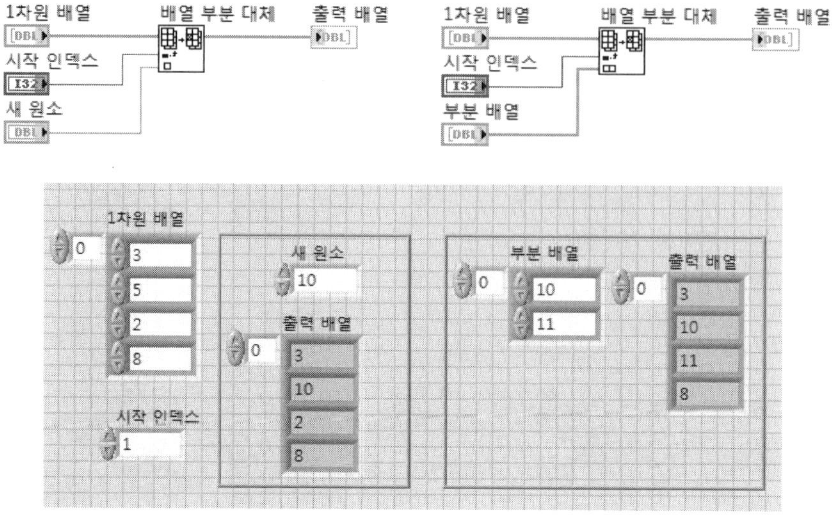

[그림 3-115] 배열 부분 대체 함수 예제

3.7.4 배열에 삽입(Insert Into Array)

[배열에 삽입] 함수는 '인덱스'에서 지정한 위치에 'n 또는 n-1차원 배열'에 연결한 스칼라 또는 배열을 삽입하는 함수이며, '인덱스' 터미널을 연결하지 않은 경우 0번째 위치에 'n 또는 n-1차원 배열'의 값을 삽입합니다.

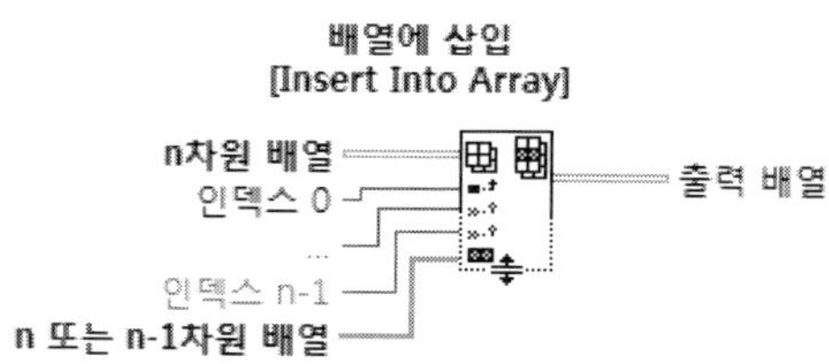

[그림 3-116] 배열에 삽입 함수

이 함수는 [배열 부분 대체] 함수와 사용 방법이 동일하며 그 결과도 유사합니다. 두 함수의 차이점은 [배열 부분 대체] 함수는 원래의 원소를 대체하기 때문에 그 배열의 크기는 그대로 유지되지만 [배열에 삽입] 함수는 새로운 원소를 원래의 배열에 추가하기 때문에 출력 배열의 크기는 원래 배열의 크기에 삽입한 원소의 개수를 더한 값이 된다는 것입니다.

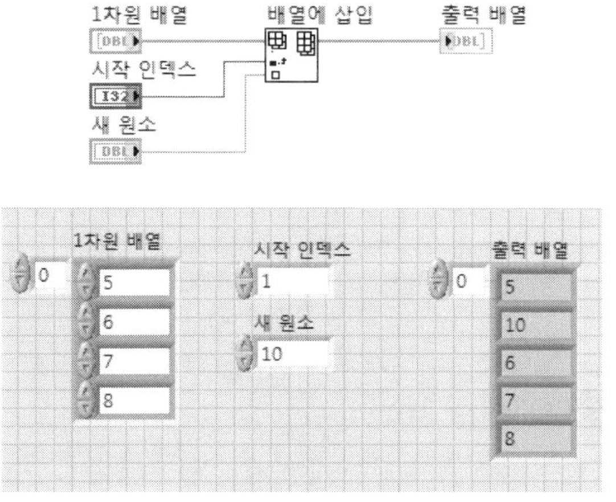

[그림 3-117] 배열에 삽입 함수 예제

3.7.5 배열로부터 삭제(Delete From Array)

[배열로부터 삭제] 함수는 입력 배열의 '인덱스' 지점부터 '길이' 만큼의 원소를 삭제하는 함수입니다. 이 함수를 사용할 때 주의할 점은 원소를 삭제할 때에는 '인덱스' 에서 지정한 원소를 포함해서 삭제한다는 것입니다. 이 함수의 '인덱스' 입력과 '길이' 입력을 연결하지 않은 경우 기본값은 각각 입력 배열의 마지막 원소와 길이 1입니다.

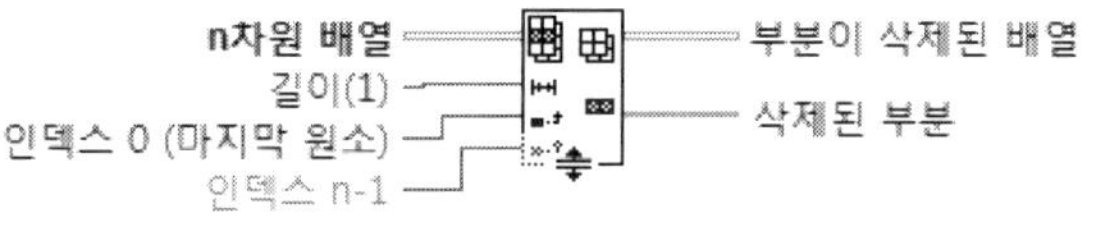

[그림 3-118] 배열로부터 삭제 함수

[배열로부터 삭제] 함수는 지정한 인덱스부터 길이만큼을 제외한 배열뿐만 아니라 삭제된 부분 또한 별도로 반환합니다. 이때 삭제된 부분은 이후에 살펴볼 [배열 잘라내기] 함수의 출력과 동일합니다.

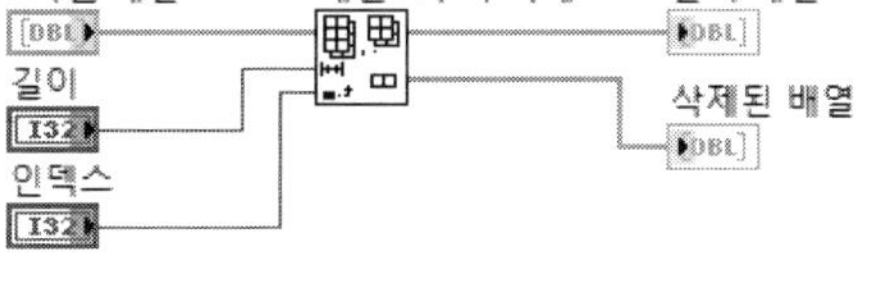

[그림 3-119-1] 배열로부터 삭제 예제

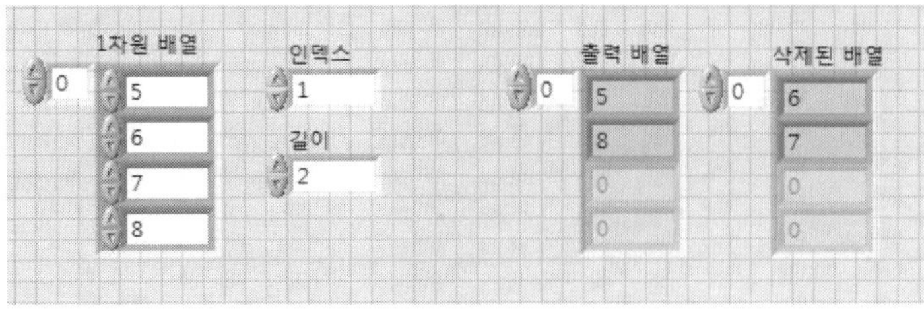

[그림 3-119-2] 배열로부터 삭제 예제

3.7.6 배열 초기화(Initialize Array)

[배열 초기화] 함수는 사용자가 지정하는 '원소'의 값과 '크기(차원의 크기)'를 가지는 배열을 생성할 때 사용할 수 있습니다. 이 함수를 사용하면 원소의 값이 1이고 그 크기가 100인 [1, 1, 1, ..., 1] 같은 배열을 쉽게 만들 수 있는 것이지요. [배열 초기화] 함수의 '차원 크기' 기본값은 0이며 이때 반환되는 배열은 아무런 원소를 가지고 있지 않은 빈 1차원 배열입니다.

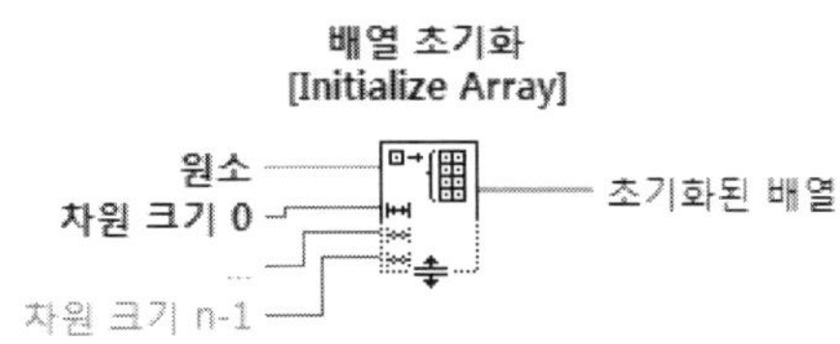

[그림 3-120] 배열 초기화 함수

[배열 초기화] 함수를 이용하면 1차원 배열뿐만 아니라 그 이상의 차원을 가진 배열도 쉽게 만들 수 있습니다. 2차원 이상의 배열을 만들어주기 위해서는 [배열 초기화] 함수 위에 마우스 커서를 올리고 크기 조절점이 생기면 마우스 끌기를 통해서 '차원 크기' 입력의 개수를 늘려줍니다. 이때 출력 배열의 차원은 '차원 크기' 입력의 개수와 동일합니다.

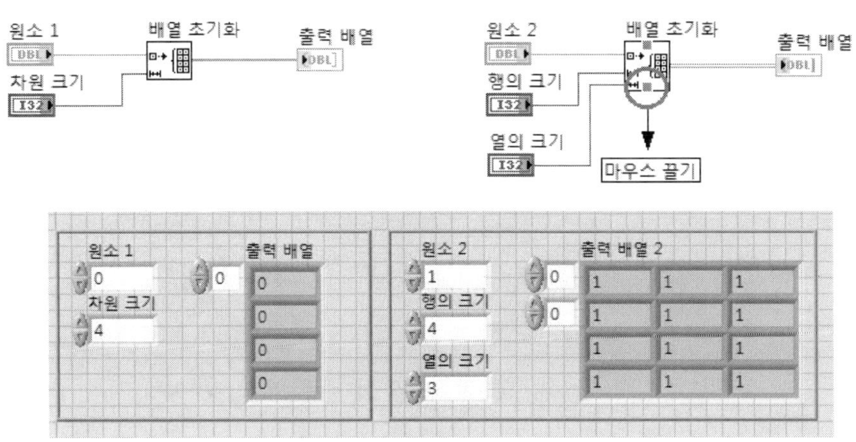

[그림 3-121] 배열 초기화 예제

3.7.7 배열 만들기(Build Array)

[배열 만들기] 함수는 크게 두 가지 용도로 사용할 수 있습니다. 첫 번째는 n차원 입력값을 n+1차원 배열로 변경할 때, 두 번째는 두 개 이상의 입력 배열(또는 원소)를 묶어서 하나의 배열로 만들 때입니다.

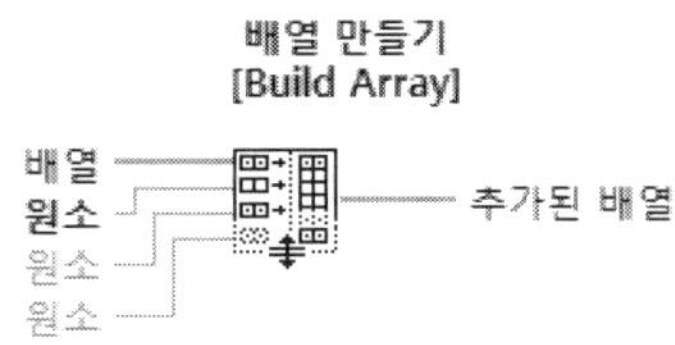

[그림 3-122] 배열 만들기 함수

[배열 만들기] 함수를 블록다이어그램에 놓으면 그림과 같이 하나의 입력 터미널을 가지고 있습니다. 이 상태에서 n차원 입력 값을 연결하면 그때의 출력은 항상 n+1차원 배열이 됩니다.

[그림 3-123] 배열 만들기 함수의 사용

두 개 이상의 입력을 하나로 묶어주기 위해서는 크기 조절점을 이용해서 입력의 개수를 조절해야 합니다. 입력의 개수의 조절이 끝나면 다음은 입력을 연결하는 방법을 결정해야 합니다. [배열 만들기] 함수는 기본적으로 n차원 입력 배열들을 하나로 묶어 n+1차원의 배열로 그 출력을 반환합니다. 하지만 때에 따라서는 n차원 입력 배열들의 원소를 하나로 연결해서 배열의 크기는 입력 원소들의 합이고 차원은 그대로 n차원인 배열이 필요한 경우도 있습니다. 이런 경우 [바로가기 메뉴]의 [입력 연결] 옵션을 설정하여 그 목적을 달성할 수 있습니다.

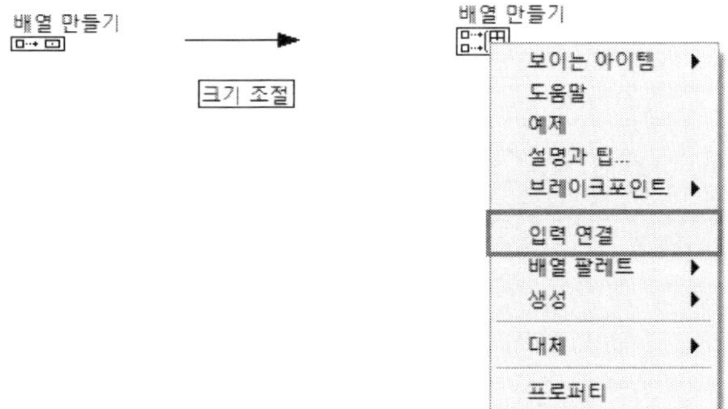

[그림 3-124] 배열 만들기 함수의 크기 조절 및 바로가기 메뉴

[그림 3-125]와 같이 [1, 1]을 원소로 가지는 배열과 [2, 2, 2]를 원소로 가지는 배열을 [배열 만들기] 함수를 통해 연결했을 때 [입력 연결] 옵션을 선택한 경우와 선택하지 않은 경우를 비교하면 그 차이를 쉽게 알 수 있습니다. [입력 연결]을 선택하지 않은 경우, 두 입력 배열을 각각의 행으로 인식하여 입력 배열보다 1개 차원이 높은 2차원 배열 [1, 1, 0 / 2, 2, 2]을 반환합니다. 반면에 [입력 연결] 옵션을 선택하면 두 배열의 원소를 연속으로 이어준 [1, 1, 2, 2, 2]의 배열을 반환합니다.

이 함수를 사용할 때 주의할 점 두 가지는 [입력 연결]을 하지 않은 경우 크기가 서로 다른 배열을 연결하면 크기가 가장 큰 배열에 맞게 열의 개수가 결정되고 모자라는 값은 기본값(0)으로 채워진다는 것과 [배열 만들기]의 입력 연결 순서에 따라서 출력 순서가 결정된다는 것입니다. 즉 항상 [배열 만들기] 함수의 위쪽에 입력에 연결한 원소들이 앞에 위치하고 아래쪽 입력에 위치한 원소들이 뒤에 위치합니다.

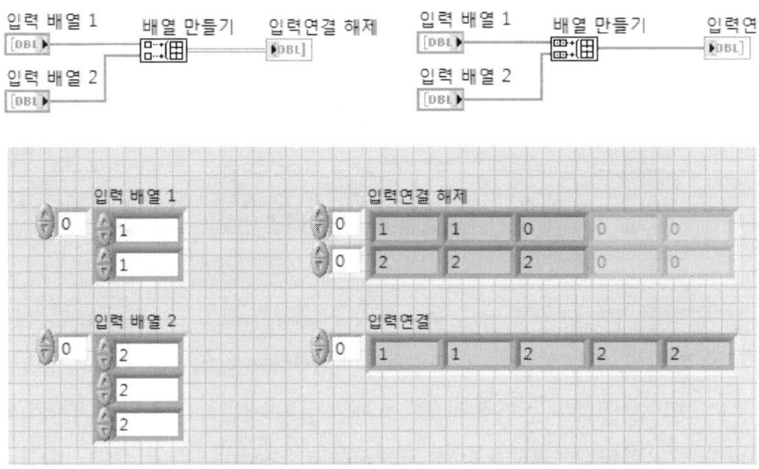

[그림 3-125] 배열 만들기 함수 예제

3.7.8 배열 잘라내기(Array Subset)

[배열 잘라내기] 함수는 입력 배열에서 필요한 부분만큼의 원소를 추출할 때 사용할 수 있으며, 입력 배열의 '인덱스'를 포함하는 지점부터 '길이'만큼의 부분배열을 반환합니다. [배열 잘라내기] 함수의 결과값은 앞서 살펴보았던 [배열로부터 삭제] 함수의 삭제된 부분 배열 출력과 동일합니다. 이 함수에 '인덱스'와 '길이' 입력을 연결하지 않았을 경우 기본값은 인덱스 0과 인덱스를 포함하는 나머지 전체 길이임을 유의하세요.

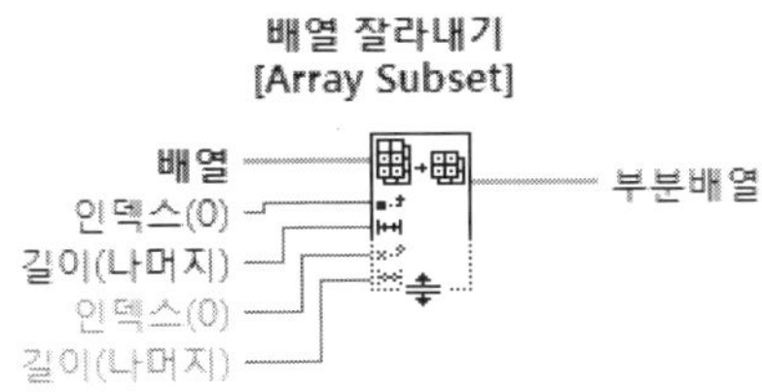

[그림 3-126] 배열 잘라내기 함수

[그림 3-127]은 [배열 잘라내기] 함수에서 '인덱스' 입력만을 주고 '길이' 입력은 연결하지 않았을 때의 예입니다.

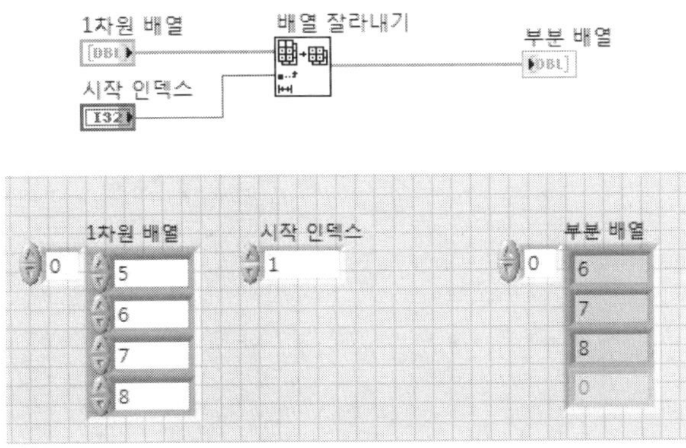

[그림 3-127] 배열 잘라내기 예제

3.7.9 1D 배열 검색(Search 1D Array)

[1D 배열 검색] 함수는 사용자가 입력 배열을 검색해서 사용자가 원하는 원소와 동일한 원소가 존재하는지 확인하고 그때의 원소의 인덱스를 반환합니다. 이 함수는 이름에서 알 수 있듯이 1차원(1D) 배열에 대해서만 사용할 수 있습니다.

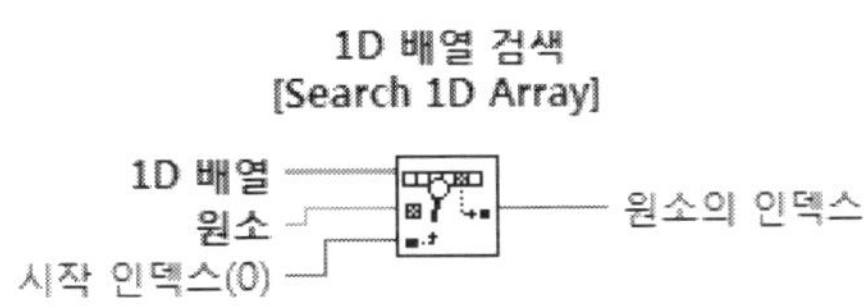

[그림 3-128] 1D 배열 검색 함수

이 함수는 '1차원 배열' 입력과 사용자 지정 '원소' 이외에 '시작 인덱스' 입력이 있는데, 이 입력은 검색을 시작할 인덱스 위치를 의미합니다. 예를 들어 크기가 100인 1차원 배열이 있을 때 20번째 원소까지는 사용자가 지정한 원소가 없다는 것을 이미 알고 있거나 20번째 이

후에 있는 원소들에 대해서만 검색을 하고 싶은 경우가 있다면 배열의 첫 원소부터 검색을 하는 것이 무의미할 수 있습니다. 이 경우 '시작 인덱스' 입력을 이용해서 배열 원소를 검색하는 것이 더욱 효율적입니다.

경우에 따라서 입력 배열 안에 사용자가 지정한 '원소'와 일치하는 값이 없을 수도 있습니다. 이때 반환되는 '원소의 인덱스' 값은 −1입니다. 인덱스(위치)의 최소값은 0이므로 −1이란 인덱스는 그 값이 존재하지 않는다는 의미를 가지고 있습니다.

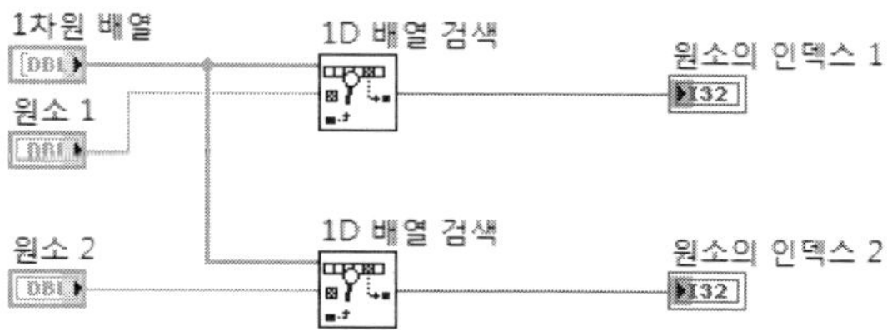

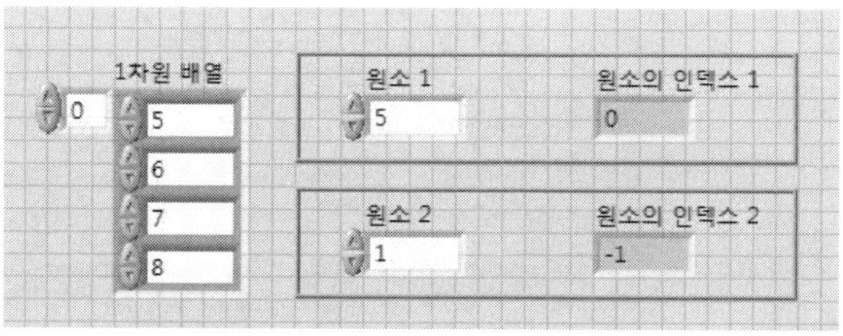

[그림 3-129] 1D 배열 검색 예제

[배열] 함수 팔레트에는 지금까지 살펴본 배열 함수들 이외에도 [배열 최대 & 최소] 함수, [1D 배열 정렬] 함수, [1D 배열 분리] 함수, [1D 배열 뒤집기] 함수 등 간단하게 사용할 수 있는 함수들이 남아 있습니다. 이 함수들은 [기본 도움말]을 확인하는 것으로도 쉽게 이해가 가능하므로 직접 실습해 보기 바랍니다.

또한 지금까지 배열 함수들을 설명할 때 숫자형 배열에 대해서만 적용했지만 이 함수들은 모든 형태의 배열(불리언 배열, 문자열 배열, 열거형 배열 등)에 대해서도 적용 가능하므로 이에 대해서 한 번씩 적용해 보는 것도 필요합니다.

[실습 3-8] [For 루프]와 배열 함수들을 적절히 조합해서 [1, 2, 3 / 4, 5, 6 / 7, 8, 9]의 원소를 가지는 2차원 배열을 만드세요.

1. 블록다이어그램에서 [함수] 팔레트 → [구조] 팔레트 → [For 루프]를 선택해 적절한 크기로 놓고 '루프 카운트' 터미널에 [함수] 팔레트 → [숫자형] 함수 팔레트 → [숫자형 상수]를 연결하고 그 값을 9로 변경합니다.
2. 만들어진 루프 안에 [함수] 팔레트 → [숫자형] 함수 팔레트 → [증가] 함수를 놓은 후 [For 루프]의 '루프 반복횟수' 터미널을 입력으로 연결합니다.
3. 루프 바깥에 [함수] 팔레트 → [배열] 함수 팔레트 → [배열 잘라내기] 함수 3개를 수직으로 배치한 후 '입력 배열' 터미널에 [증가] 함수의 출력을 각각 연결합니다. 이때 [For 루프]의 출력에서 오토 인덱싱 기능이 활성화되어 있는 것을 확인합니다.
4. [배열 잘라내기] 함수의 '인덱스' 입력에 각각 [숫자형 상수]를 연결하고 그 값을 위에서부터 아래로 0, 3, 6으로 변경합니다.
   그리고 모든 [배열 잘라내기] 함수의 '길이' 입력에 [숫자형 상수]를 연결하고 그 값을 3으로 변경합니다.
5. [함수] 팔레트 → [배열] 함수 팔레트 → [배열 만들기] 함수를 선택하고 크기 조절점을 통해 입력의 개수를 3개로 늘려줍니다. 그 후 [배열 잘라내기] 함수의 출력을 위에서부터 아래로 차례대로 연결합니다.
6. [배열 만들기] 함수의 출력에 마우스 커서를 올리고 [바로가기 메뉴] → [생성] → [인디케이터]를 선택하여 2차원 배열 인디케이터를 생성합니다.
7. VI를 실행하고 그 결과 [1, 2, 3 / 4, 5, 6 / 7, 8, 9]의 원소를 가지는 2차원 배열이 출력됨을 확인합니다.

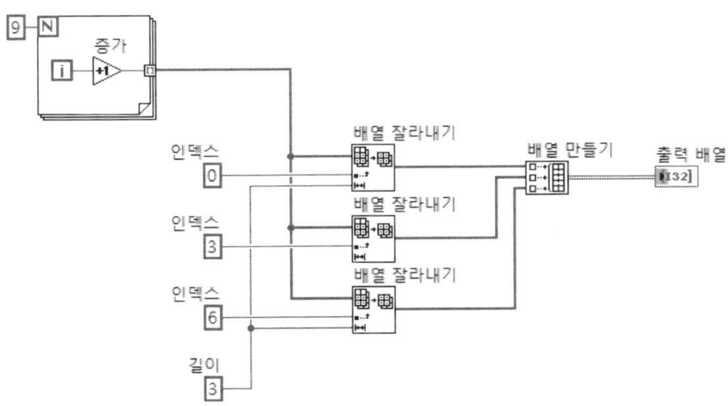

[그림 3-130] 1부터 9까지의 순차적인 원소를 가지는 2차원 배열 만들기

이 외에도 1부터 9까지의 순차적인 원소를 가지는 2차원 배열을 만드는 방법은 함수의 조합에 따라서 여러 가지 방법이 나올 수 있습니다. 자신이 생각한 방식으로 위의 문제를 풀어보세요. [그림 3-131]의 블록다이어그램은 1부터 9까지의 순차적인 원소를 가지는 2차원 배열을 만드는 또 다른 방법의 한 예입니다.

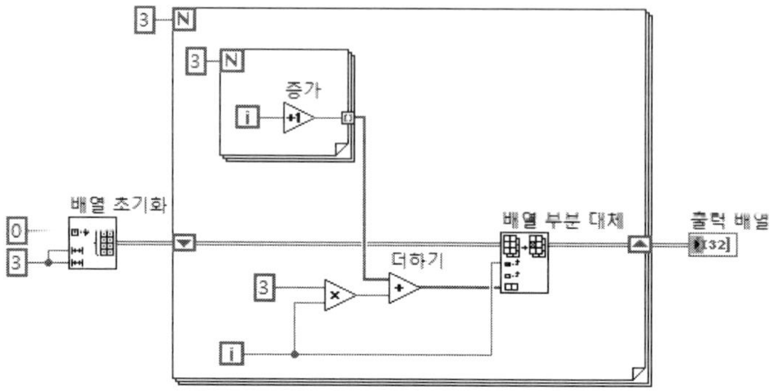

[그림 3-131] 1부터 9까지의 순차적인 원소를 가지는 2차원 배열 만들기

3.8 클러스터(Cluster) 함수 팔레트

클러스터는 여러 개의 서로 다른 형태의 변수들을 포함하고 있는 껍데기입니다. 즉 중요한 알맹이는 클러스터 내에 있는 원소들이지 클러스터라는 형태 자체가 아닙니다. 그로 인해서 [클러스터] 함수 팔레트에는 배열 함수들과는 달리 클러스터 자체에 대해서 조작을 가하는 함수가 없습니다. 대신에 클러스터 내에 있는 원소를 읽어 오거나 그 원소의 값을 변경할 수 있는 함수들을 포함하고 있습니다.

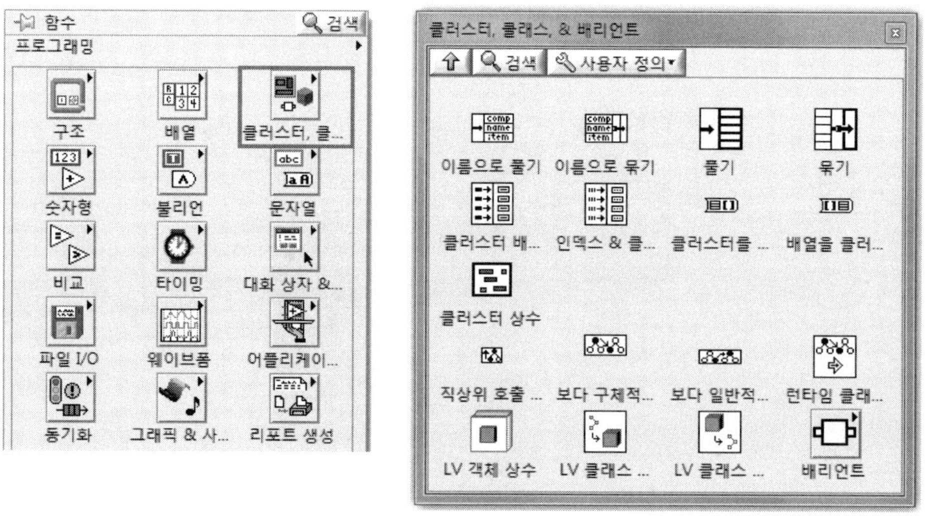

[그림 3-132] 클러스터 함수 팔레트

3.8.1 이름으로 풀기(Unbundle By Name) / 풀기(Unbundle)

[이름으로 풀기]와 [풀기] 함수는 클러스터 내의 원소 값을 읽어옵니다. 두 함수는 기능적으로 동일한 역할을 합니다. 단지 클러스터 내의 원소를 라벨(이름)에 따라서 선택적으로 읽어오느냐 순서에 따라서 모든 원소를 읽어오느냐 차이가 있을 뿐입니다.

[그림 3-133] 이름으로 풀기 함수와 풀기 함수

[그림 3-134]와 같이 [숫자형, 불리언, 문자열]이란 이름의 세 원소를 가진 클러스터가 있을 때 이 클러스터를 [이름으로 풀기] 함수와 [풀기] 함수에 각각 연결하면 그림과 같이 약간의 차이를 나타냅니다.

[이름으로 풀기] 함수의 입력에 클러스터를 연결하면 클러스터 내의 원소 라벨(이름)과 일치하는 출력이 블록다이어그램에 나타납니다. 이 함수 또한 다른 LabVIEW 함수와 마찬가지로 크기 조절점을 이용해서 출력의 개수를 조절할 수 있습니다. 뿐만 아니라 블록다이어그램에서 라벨(이름)이 나타나는 부분 위에서 마우스 왼쪽 버튼을 클릭하면 읽어올 원소의 이름을 변경하는 것도 가능합니다.

[풀기] 함수의 경우는 입력에 클러스터를 연결함과 동시에 그 클러스터 내에 있는 원소의 형태가 자동으로 표시됩니다. [그림 3-134]의 경우 배정도 숫자형과 불리언, 문자열 형태의 원소에 맞춰 DBL, TF, abc의 문자가 표시됨을 확인할 수 있습니다. 또한 [풀기] 함수의 출력 순서는 임의로 배치되는 것이 아니라 클러스터 내의 원소 순서에 따라서 자동으로 배치됩니다. [그림 3-134]의 경우 숫자형이 0번 불리언이 1번 문자열이 2번 순서에 해당하므로 [풀기] 함수의 출력 순서도 DBL, TF, abc가 됩니다.

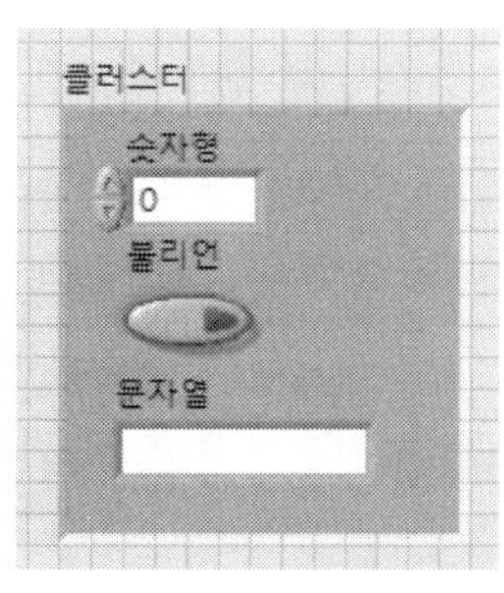

[그림 3-134-1] 이름으로 풀기 및 풀기 함수의 사용

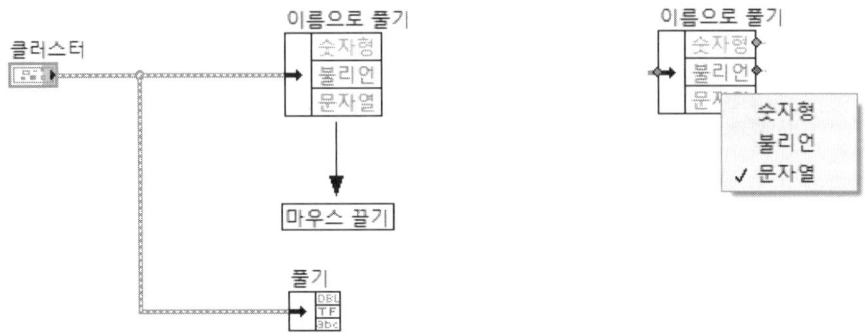

[그림 3-134-2] 이름으로 풀기 및 풀기 함수의 사용

3.8.2 이름으로 묶기(Bundle By Name) / 묶기(Bundle)

[이름으로 묶기] 함수와 [묶기] 함수는 클러스터 내의 원소값을 변경할 때 사용할 수 있으며 두 함수의 관계는 [이름으로 풀기] 함수와 [풀기] 함수의 관계와 유사합니다. 이 중에서 [이름으로 묶기] 함수는 '입력 클러스터' 터미널을 필수 입력 터미널로 가지며 '입력 클러스터' 터미널에 연결된 클러스터 내의 원소 값을 변경하기 위해 사용할 수 있습니다. 반면에 [묶기] 함수의 경우는 '클러스터' 입력 터미널은 권장 입력 터미널이며 필요에 따라서 클러스터 내의 원소 값 변경 내지는 여러 개의 원소 값들을 묶어 클러스터를 만들 때 사용할 수 있습니다.

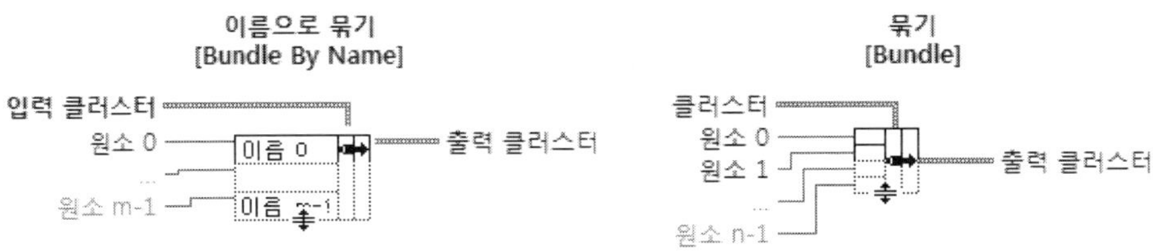

[그림 3-135] 이름으로 묶기 함수와 묶기 함수

[이름으로 묶기] 함수의 '입력 클러스터'에 클러스터를 연결하면 [이름으로 풀기] 함수와 마찬가지로 클러스터 내의 원소의 라벨(이름)과 일치하는 입력 터미널이 생성됩니다. 이 입력 터미널의 개수는 마우스 끌기로 조절이 가능하며 그 아이템의 선택 또한 가능합니다.

이렇게 입력의 개수와 아이템을 선택한 후 변경하고 싶은 값을 연결한 후 [이름으로 묶기] 함수의 출력 터미널에서 [바로가기 메뉴] → [생성] → [인디케이터]를 선택하면 '입력 클러스터' 와 같은 원소 구성과 라벨을 가진 출력 클러스터가 자동으로 생성됩니다. 그런 다음 VI를 실행하면 [그림 3-136]과 같이 '입력 클러스터'의 원소값들이 지정한 값으로 업데이트됨을 확인할 수 있습니다.

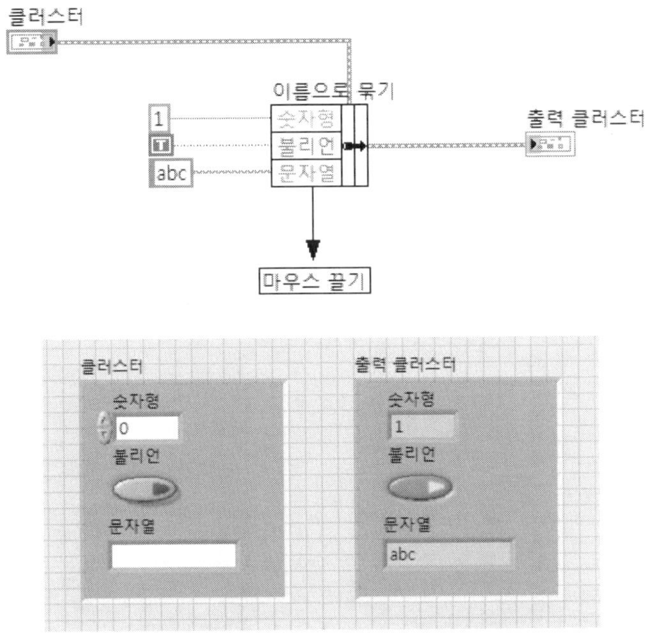

[그림 3-136] 이름으로 묶기 함수의 사용

[묶기] 함수의 '클러스터' 입력 터미널은 권장 입력 터미널이며 이 입력을 연결하느냐 마느냐에 따라서 [묶기] 함수의 용도가 달라질 수 있습니다.

첫 번째, '클러스터' 입력을 연결한 경우는 [이름으로 묶기] 함수와 마찬가지로 입력 클러스터의 원소값을 변경하기 위해 사용할 수 있습니다. 그리고 이때 [묶기] 함수의 입력 터미널 배치는 [풀기] 함수 때와 마찬가지로 입력 클러스터의 원소 형태와 순서에 따라서 자동으로 배치됩니다.

두 번째, '클러스터' 입력 터미널을 연결하지 않은 경우는 여러 개의 원소들을 묶어서 하나의 클러스터를 만들어주기 위한 용도로 사용됩니다. [그림 3-137]과 같이 마우스 끌기를 이용해 [묶기] 함수의 크기를 적절히 조절한 후 그 각각의 입력에 원하는 값을 입력합니다. 그 후에 [묶기] 함수의 출력 터미널에 마우스 커서를 올리고 [바로가기 메뉴] → [생성] → [인디케이터]를 선택하면 [묶기] 함수의 입력으로 연결한 원소들의 형태와 순서가 동일한 클러스터가 자동으로 생성됨을 확인할 수 있습니다.

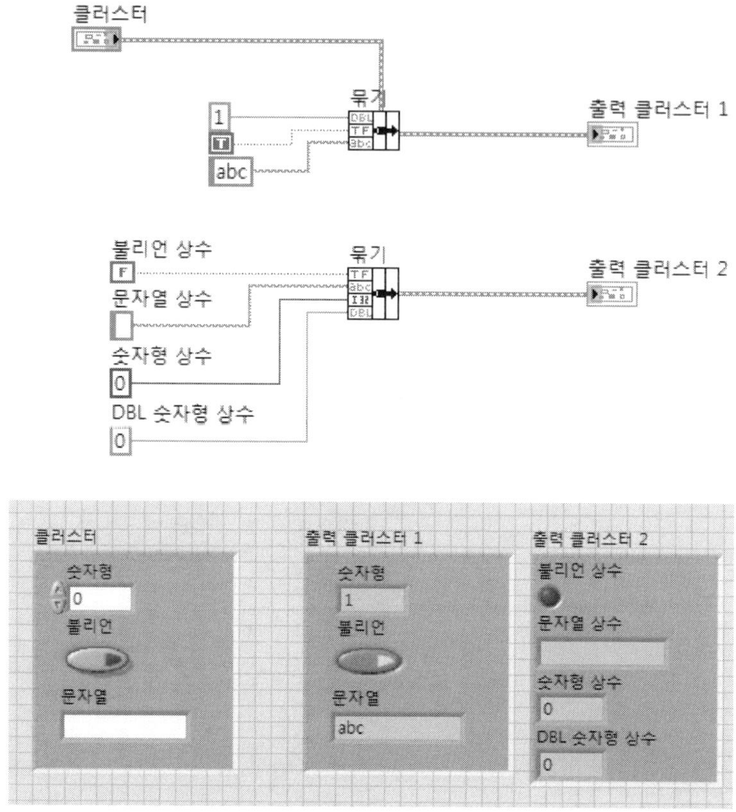

[그림 3-137] 묶기 함수의 사용

3.8.3 클러스터를 배열로(Cluster To Array)

[클러스터를 배열로] 함수는 이름 그대로 클러스터의 원소들을 묶어 하나의 배열로 만들어 주는 역할을 합니다. 그 이유는 배열 형태로 만들어야지만 [배열] 함수 팔레트에 있는 함수들을 이용해서 여러 가지 응용을 할 수 있기 때문입니다. 하지만 이 함수를 사용할 때에는 한 가지 제약이 있는데, 그것은 바로 동일한 종류의 원소를 가진 클러스터만 배열로 변환할 수 있다는 것입니다.

[그림 3-138] 클러스터를 배열로 함수

배열이란 한 가지 종류의 원소만을 가진 집합입니다. 그러므로 당연히 여러 종류의 원소를 가진 클러스터의 경우는 배열로 변환이 불가능합니다. [그림 3-139]를 참고하세요.

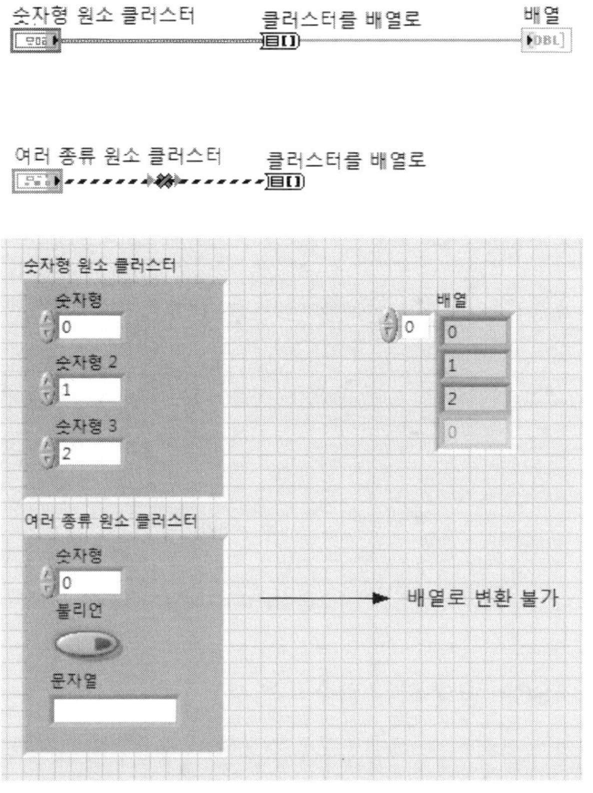

[그림 3-139] 클러스터를 배열로 함수의 사용

3.9 파일 I/O(File I/O) 함수 팔레트

I/O란 Input / Output의 약자로서 사용자와 컴퓨터 간의 정보 교환을 의미합니다. 이때 사용자가 컴퓨터로 데이터를 보내주는 형태를 입력, 그 반대를 출력이라 통칭합니다. 이 정의를 파일 I/O에 적용하면 어떤 데이터를 파일에 저장하는 형태(입력)와 파일에 있는 데이터를 읽어와서 사용자에게 보내주는 형태(출력)에 대한 함수라는 추측을 할 수 있습니다.

[파일 I/O] 함수 팔레트에는 크게 두 가지 종류의 파일 입출력 함수가 있습니다. 첫 번째는 아스키(ASCII) 형태 파일 입출력 함수이고, 두 번째는 바이너리(Binary, 2진) 형태의 파일 입출력 함수입니다.

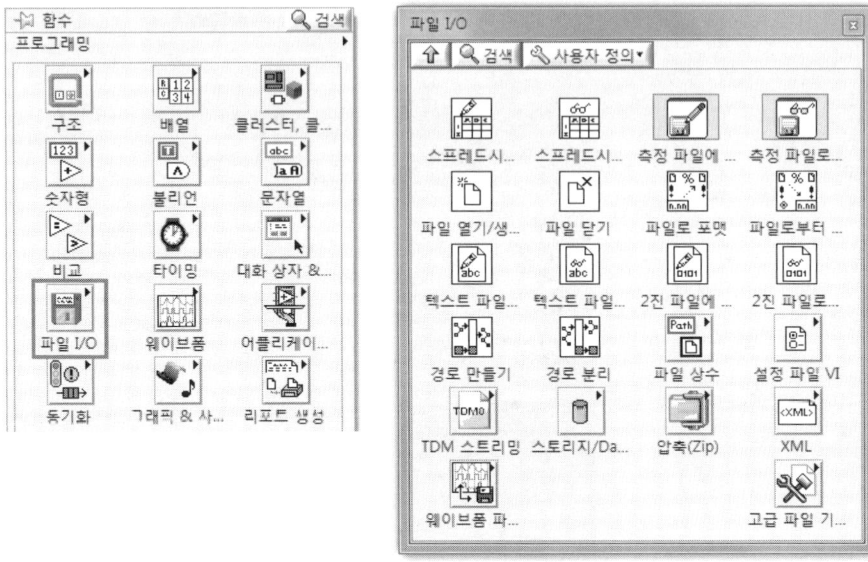

[그림 3-140] 파일 I/O 함수 팔레트

3.9.1 아스키(ASCII) 형태 파일 입출력 함수

아스키 형태 파일은 아스키 코드를 사용해서 데이터를 저장한 파일을 지칭하며 흔히 텍스트(Text) 파일이라고 표현하기도 합니다. 이런 형태의 파일은 보통 메모장 프로그램이나 엑셀 프로그램 등을 이용해서 읽을 수 있습니다. 보통 엑셀 파일은 메모장 프로그램에서 사용하는 텍스트 파일과는 다르다고 생각하기 쉬운데 사실 엑셀 파일 또한 특정한 수식이나 차트 등을 제외하면 아스키 코드 형태로 데이터를 저장하는 텍스트 파일과 동일합니다. 다만 엑셀에는 열과 행이 있기 때문에 탭(tab)을 이용해 각각의 셀에 들어가는 데이터를 분리해 준다는 점이 다를 뿐입니다.

LabVIEW에서 제공하는 아스키 형태 파일 입출력은 함수의 사용 방법에 따라서 상위 레벨 파일 I/O와 하위 레벨 파일 I/O로 분리됩니다.

상위 레벨 파일 I/O

일반적으로 파일 입출력 프로그램의 흐름은 [파일 열기] → [파일 읽기 또는 쓰기] → [파일 닫기]로 구분할 수 있습니다. 상위 레벨 파일 I/O는 이 세 가지 단계를 하나로 묶어 놓은 파일 입출력 함수를 의미합니다. 별도의 작업 없이 상위 레벨 파일 I/O 함수를 블록다이어그램에 놓기만 하면 텍스트 파일에 데이터를 쓰거나 텍스트 파일로부터 데이터를 읽어올 준비가 끝나는 것이지요.

이에 해당하는 함수가 [스프레드시트 파일에 쓰기] 함수와 [스프레드시트 파일로부터 읽기] 함수입니다.

❶ 스프레드시트 파일에 쓰기(Write To Spreadsheet File) / 스프레드시트 파일로부터 읽기(Read From Spreadsheet File)

스프레드시트(spreadsheet)란 엑셀 파일과 같이 행과 열이 탭(tab)으로 구분된 문서를 의미합니다. 즉 [스프레드시트 파일에 쓰기] 함수와 [스프레드시트 파일로부터 읽기] 함수를 사용하면 엑셀 파일에 데이터를 쓰거나 읽어올 수 있습니다. 또한 앞서 설명했듯이 스프레드시트 파일 또한 텍스트 파일의 한 형태이므로 두 함수를 사용해 텍스트 파일에 데이터를 쓰거나 읽어오는 것도 가능합니다.

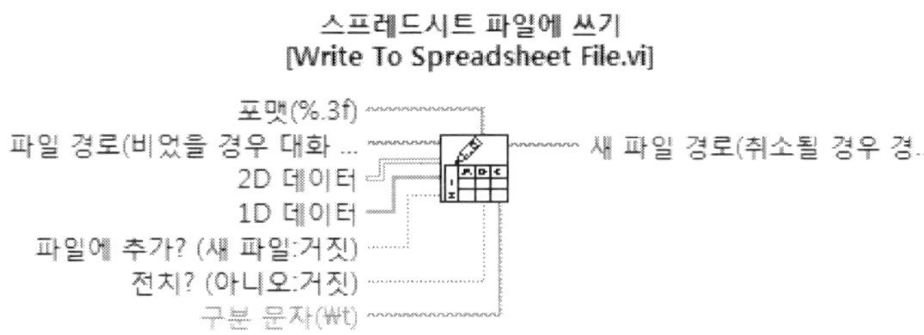

[그림 3-141] 스프레드시트 파일에 쓰기 함수

이 함수의 모든 입력 터미널이 권장 입력 터미널이므로 아무런 입력 연결을 하지 않더라도 바로 실행이 가능하지만 적절한 입력 터미널 사용을 통해서 좀 더 고급 기능을 사용할 수 있습니다.

먼저 제일 위쪽에 위치한 '포맷(%.3f)' 입력은 스프레드시트 파일에 숫자형 데이터를 쓸 때 그 데이터를 표시하는 방법에 대한 입력입니다. 예를 들면 Kilo, Mega 같은 SI 단위를 사용할 것인지 E+10과 같은 지수 형태를 사용할 것인지 소수점 형태를 사용할 것인지 등을 결정하고 표현하는 숫자의 소수점 아래위 자리의 자릿수를 결정할 수 있는 입력이지요. 이 중에서 괄호 안에 있는 기본값 %.3f는 소수점 아래 세 자리(.3)까지 표현하는 소수점(f) 형태의 숫자 표현을 의미합니다.

'파일 경로(비었을 경우 대화 상자)' 입력은 스프레드시트 파일을 저장할 위치를 연결하는 터미널입니다. 연결하지 않았을 경우는 기본값으로 파일 경로 대화 상자가 팝업이 되고 사용자가 직접 그 위치와 파일 이름을 지정할 수 있습니다.

[스프레드시트 파일에 쓰기] 함수는 1차원 또는 2차원 배열 데이터를 쓰기 입력으로 받습니다. 이 함수의 기본 도움말을 보면 '1D 데이터' 입력과 '2D 데이터' 입력 터미널의 형태가 배정도 소수점형(DBL) 배열처럼 표시되어 있지만 이 함수는 여타의 숫자형 배열뿐만 아니라 문자열 배열 입력 또한 가능합니다. [그림 3-142]와 같이 문자열 배열을 만들고 그 입력을 [스프레드시트 파일에 쓰기] 함수의 '1D 데이터' 입력에 연결한 후 VI를 실행하면 대화

상자가 팝업됩니다. 대화 상자에 적절한 경로를 지정한 후 "test.xls"란 파일 이름으로 데이터를 저장하면 지정한 경로에 "test.xls" 파일이 생성된 것을 확인할 수 있습니다. 이 파일을 열면(엑셀 프로그램이 설치되어 있어야 파일을 열 수 있으며, 만약 없다면 엑셀 뷰어 프로그램을 설치해도 무방합니다) 엑셀 프로그램으로 생성한 파일이 아니므로 파일의 형식이 지정된 형식과 다르다는 경고가 뜹니다. 경고를 무시하고 대화 상자에서 확인(Y)을 눌러서 파일을 열어보면 문자열 배열 입력과 동일한 데이터를 확인할 수 있습니다.

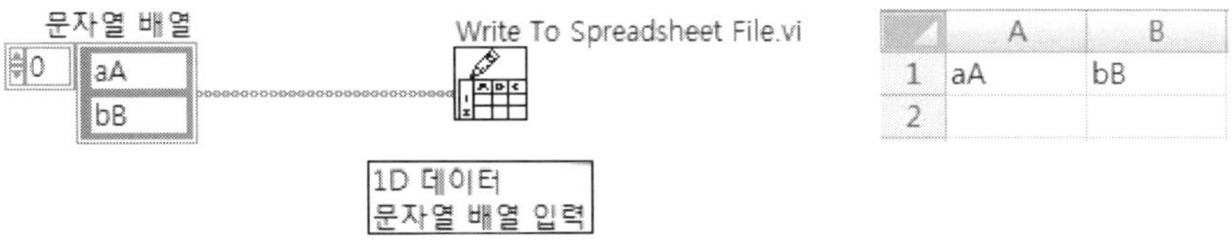

[그림 3-142] 문자열 배열의 스프레드시트 파일에 쓰기

그 다음에 있는 '파일에 추가?(새 파일: 거짓)' 터미널은 불리언 입력을 가지며 파일에 데이터를 추가할 때 기존에 존재하는 데이터를 삭제하고 새 데이터를 쓸 것인지 기존에 데이터를 유지하는 상태에서 새로운 데이터를 추가할 것인지를 결정할 수 있습니다.

[그림 3-143]과 같이 문자열 배열값을 변경하고 '파일에 추가?' 터미널에 불리언 참(true) 상수를 연결하세요. 그리고 VI를 실행 시켜 대화 상자가 뜨면 앞에서 저장했던 "test.xls" 파일을 지정해서 덮어쓰기를 선택한 후 "test.xls" 파일을 열어보면 새로운 데이터가 기존의 데이터에 추가된 것을 확인할 수가 있습니다. 만약 '파일에 추가?' 입력을 연결하지 않거나 불리언 상수 거짓(false)을 연결한 경우는 새로운 입력 데이터만 존재하게 됩니다.

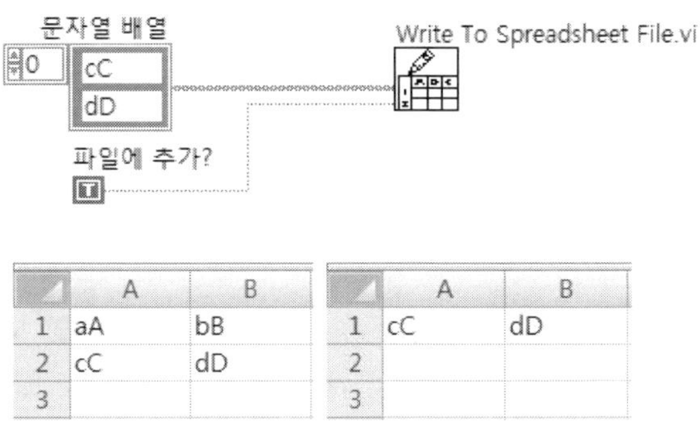

[그림 3-143] 파일에 추가를 참으로 한 경우와 그렇지 않은 경우

'전치? (아니오:거짓)' 입력은 입력 배열의 행과 열을 서로 바꾸어서(전치, transpose) 저장할 것인지를 결정할 수 있는 입력입니다. [그림 3-144]를 참고하면 그 변화를 쉽게 이해할 수 있을 것입니다.

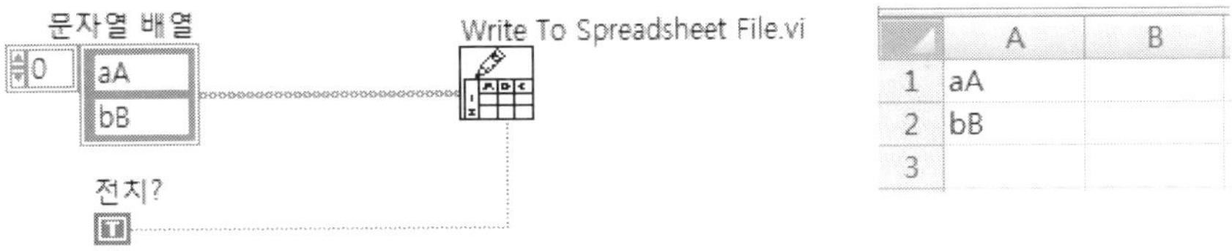

[그림 3-144] 전치를 참으로 한 경우

마지막으로 '구분 문자(\t)' 입력 터미널은 입력 배열의 원소 값들을 스프레드시트 파일에 쓸 때 원소와 원소 사이의 간격을 구분할 때 무엇을 쓸 것인가를 결정할 수 있는 입력입니다. 기본값은 탭(tab, \t)이며 때에 따라서 *.CSV(Comma Separated Values) 형식처럼 탭 대신에 콤마(comma)를 써야 하는 경우에 문자열 상수를 연결하고 그 값을 콤마(comma)로 변경시켜주면 CSV 파일 형식으로 저장이 가능합니다.

[스프레드시트 파일로부터 읽기] 함수는 기존에 존재하는 스프레드시트 파일이나 텍스트 형식 파일을 불러와서 사용자가 원하는 형태로 그 값을 반환할 수 있습니다.

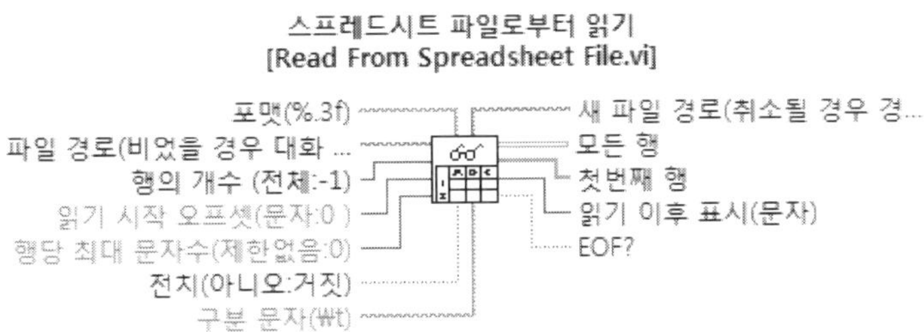

[그림 3-145] 스프레드시트 파일에 쓰기 함수와 스프레드시트 파일로부터 읽기 함수

쓰기 함수와는 달리 읽기 함수는 출력되는 데이터의 형식을 사용자가 직접 지정해야 합니다. [스프레드시트 파일로부터 읽기] 함수를 블록다이어그램에 놓으면 함수 아래에 조그만 선택 공간이 생기는데 이런 종류의 함수를 다형성 VI라고 합니다. 다형성 VI는 오른쪽과 같이 사용자가 어떤 옵션을 선택하느냐에 따라서 그 기능이 결정되는 VI를 말합니다.

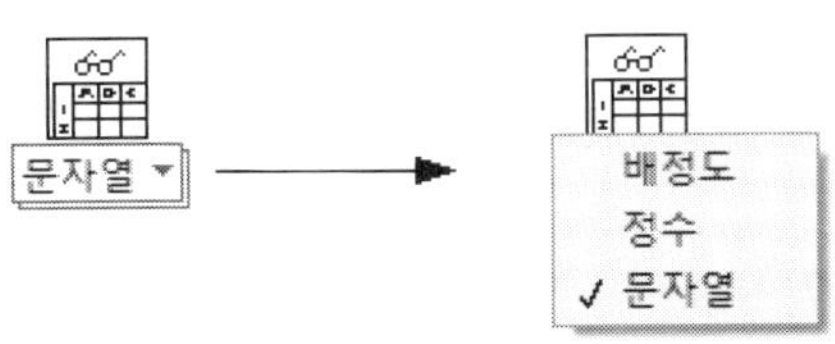

[그림 3-146] 스프레드시트 파일로부터 읽기 함수의 출력 선택

읽기 함수 또한 쓰기 함수가 가지고 있는 '포맷(%.3f)' 입력, '파일 경로(비었을 경우 대화 상자)' 입력, '전치(아니오: 거짓)' 입력, '구분 문자(\t)' 입력을 가지고 있습니다. 이 입력 터미널들은 쓰기 함수의 입력 터미널들과 동일한 기능을 가지고 있습니다.

'행의 개수(전체: −1)' 입력 터미널은 스프레드시트 파일의 데이터 중에서 읽어올 행의 개수를 결정하는 입력입니다. 만약 입력을 연결하지 않거나 −1로 값을 설정하면 스프레드시트 파일 내에 있는 모든 데이터를 읽어오게 됩니다.

'읽기 시작 오프셋(문자: 0)' 입력은 스프레드시트 파일이 헤더 정보와 데이터로 구분되어 있는 경우 헤더 정보를 제거하고 읽어올 때 사용할 수 있습니다. 아스키 파일의 경우 하나의 문자나 숫자당 1바이트의 공간이 필요하므로 이 오프셋의 단위도 바이트가 됩니다. 만약 [그림 3-147]과 같은 엑셀 파일이 있을 때 1행의 헤더를 제거하고 나머지 데이터를 읽어오고 싶다면 '읽기 시작 오프셋'의 값을 9로 설정해야 합니다. 그 이유는 각각의 문자 사이에 구분 문자 탭(\t)이 있고 행을 바꾸는 위치에 엔터키와 같은 역할을 하는 캐리지 리턴(\r)이라는 문자가 있기 때문입니다. 그러므로 문자(4) + 행과 열 구분 문자(5) = 총 9개의 문자를 삭제해야 합니다.

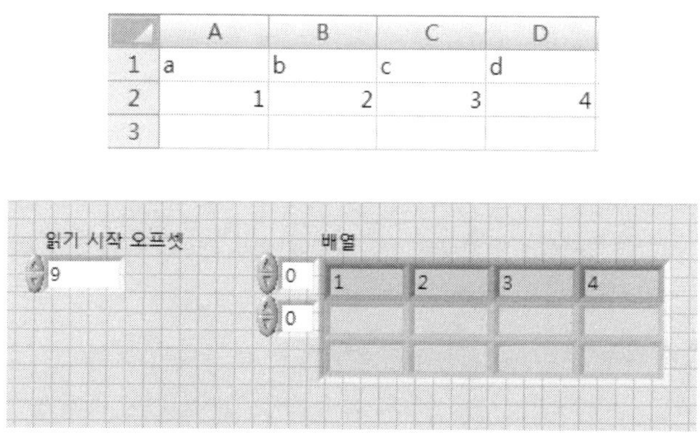

[그림 3-147] 읽기 시작 오프셋을 이용한 헤더 제거

'행당 최대 문자수(제한없음:0)' 입력은 그 이름에서 쉽게 추측할 수 있듯이 읽어올 데이터의 길이를 설정하는 부분입니다. 이 입력의 기본값은 제한 없음(0)입니다.

하위레벨 파일 I/O

상위레벨 파일 I/O가 하나의 함수로 파일의 열기, 쓰거나 읽기, 닫기의 모든 기능을 해결하는 함수라고 하면 하위레벨 파일 I/O는 파일 입출력 함수의 프로그래밍 흐름([파일 열기] → [파일 읽기 또는 쓰기] → [파일 닫기])에 따라 각각 함수가 세분화되어 있습니다.

하위레벨 파일 I/O 함수들 중 파일의 열기에 해당하는 함수는 [파일 열기/생성/대체], 쓰기 및 읽기에 해당하는 함수는 [텍스트 파일에 쓰기]와 [텍스트 파일로부터 읽기], 그리고 닫기에 해당하는 함수는 [파일 닫기] 함수입니다. 이 함수들을 이용하여 파일 입출력 프로그래밍 흐름을 구성해보면 [그림 3-148]과 같습니다([그림 3-148]에서 함수들을 연결한 와이어어들 중에서 위쪽 초록색 와이어(ⓐ)는 데이터를 쓰거나 읽어올 파일에 대한 정보를 전달하고 아래쪽 금색 와이어(ⓑ)는 에러 정보를 전달하는 역할을 합니다).

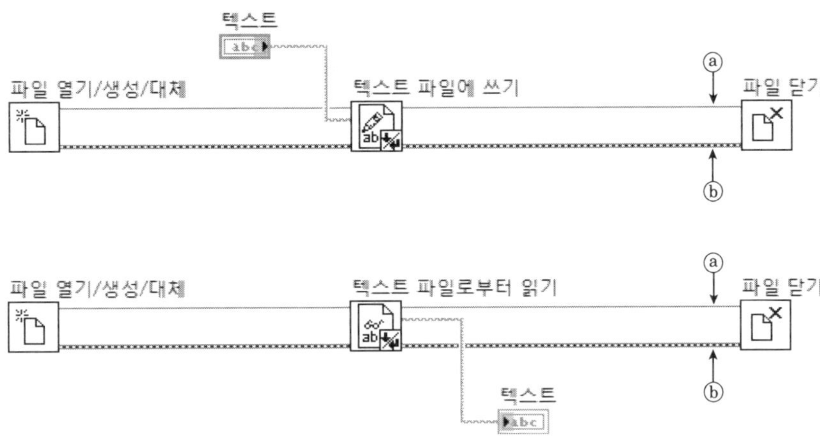

[그림 3-148] 하위레벨 파일 I/O 의 프로그래밍 흐름도

여기서 한 가지 의문이 드는 것은 상위레벨 파일 I/O를 사용하면 하나의 함수만 간단하게 가져와서 사용하면 되는데 굳이 여러 개의 함수를 사용해야 하는 하위레벨 파일 I/O가 필요하냐는 것입니다. 그 이유는 [그림 3-149]를 참고하면 쉽게 유추할 수 있습니다. 두 그림은 상위레벨 파일 I/O와 하위레벨 파일 I/O를 이용해 각각 임의의 난수 값을 연속적으로 같은 파일에 쓰고 있습니다. 두 프로세스는 겉으로는 동일해 보이지만 실상은 그렇지 않습니다. 상위레벨 파일 I/O를 사용한 경우 매번 새로운 값을 파일에 쓸 때 마다 [열기]-[쓰기]-[닫기]-[열기]-[쓰기]-[닫기]- [열기]- ... 를 반복합니다. 반면에 하위레벨 파일 I/O를 사용하면 [열기]-[쓰기]-[쓰기]- ... -[닫기]의 형태로 프로세스가 진행됩니다. 즉 연속적으로 파일에 쓰거나 읽는 경우 파일을 매번 열고 닫는 프로세스를 생략할 수 있는 하위레벨 파일 I/O가 성능면에서 월등히 우수합니다. 뿐만 아니라 하위레벨 파일 I/O의 다른 고급 함수들을 이용하면 파일의 특정한 위치에 값을 쓰거나 특정한 위치에 있는 값을 읽어오는 등의 좀더 세밀한 컨트롤이 가능하므로 고급 사용자의 경우 특별한 경우가 아니면 상위레벨 파일 I/O를 잘 사용하지 않습니다.

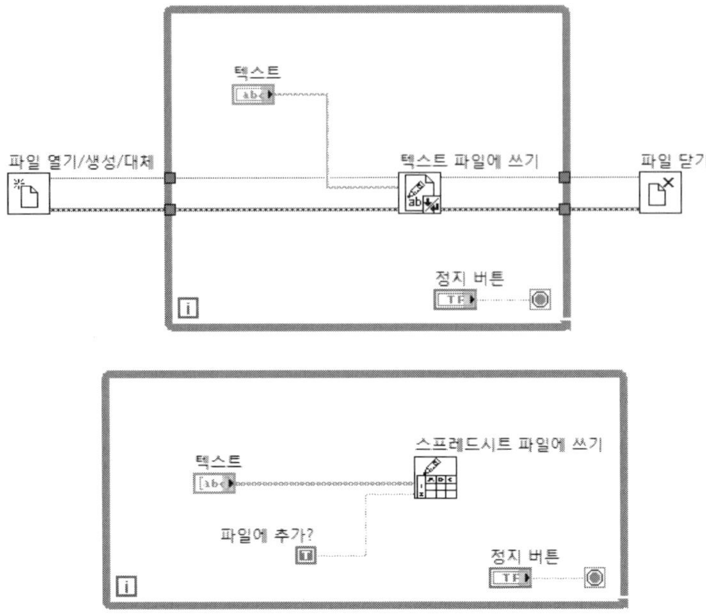

[그림 3-149] 하위레벨 파일 I/O와 상위레벨 파일 I/O의 비교

❶ 파일 열기/생성/대체(Open/Create/Replace File) 함수

[파일 열기/생성/대체] 함수는 데이터를 쓰거나 읽을 파일을 지정해주기 위한 함수입니다.

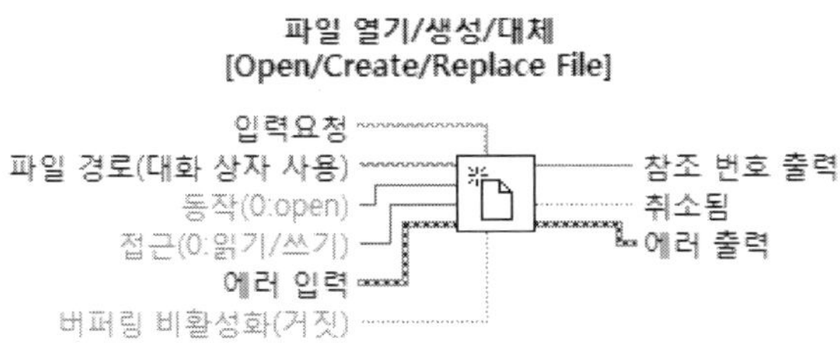

[그림 3-150] 파일 열기/생성/대체 함수

상위레벨 파일 I/O의 경우와 마찬가지로 이 함수에 '파일 경로(대화 상자 사용)' 입력을 연결하지 않으면 기본값으로 대화 상자가 팝업되고 사용자가 직접 쓰거나 읽을 파일을 지정할 수 있습니다. 또한 별도로 '입력요청' 입력을 이용해 대화 상자의 제목 표시줄에 메시지를 입력할 수도 있습니다.

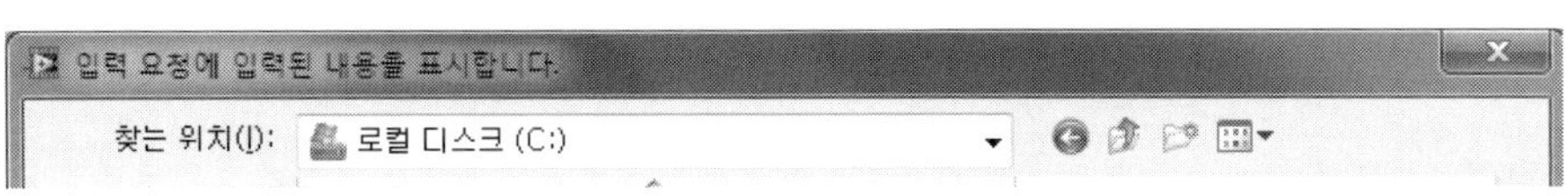

[그림 3-151] 입력 요청 터미널 변경 예

'동작(0:open)' 입력 터미널에서는 쓰거나 읽을 파일을 새로 생성할 것인지 기존의 파일에 덮어 쓸 것인지 등을 정의합니다. '동작'의 종류에는 파일 열기(open), 대체(replace), 생성(create), 열기 또는 생성(open or create), 대체 또는 생성(replace or create), 대체 또는 생성 시 확인하기(replace or create with confirmation)이 있습니다. 이 터미널은 옵션 입력 터미널이지만 거의 항상 동작을 지정해주는 것이 좋습니다. 이 입력을 연결하지 않았을 경우 동작의 기본값이 열기(open)이므로 새로운 파일에 데이터를 쓰거나 덮어 쓰는 등의 경우에 적절한 동작을 지정해주지 않으면 에러가 발생할 수 있습니다.

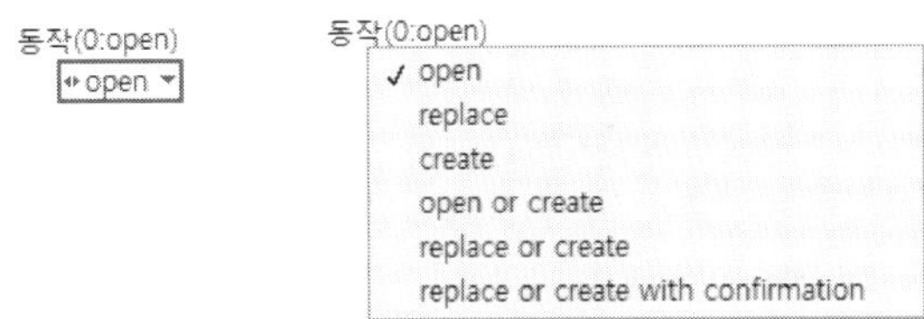

[그림 3-152] 동작의 종류

'접근(0:읽기/쓰기)' 입력은 파일에 접근할 때 사용자의 권한에 관한 속성을 정의합니다. 접근 방법에는 읽기/쓰기(read/write), 읽기(read-only) 그리고 쓰기(write-only)의 세 가지가 있습니다.

[파일 열기/생성/대체] 함수 뿐만 아니라 많은 고급 함수들은 '에러 입력' 터미널과 '에러 출력' 터미널을 가지고 있습니다. 이 입출력은 함수 실행 시 에러 발생 여부를 판단해서 그 결과를 다음 단에 있는 함수에 알려주기 위한 입출력으로 자세한 내용은 다음 장에서 확인이 가능합니다.

버퍼(buffer)란 무엇일까요? 컴퓨터 공학에서는 버퍼를 한 곳에서 다른 곳으로 데이터를 이동하기 전에 잠깐 동안 데이터를 저장해두는 메모리 공간으로 정의합니다. 버퍼란 것이 필요한 이유는 데이터를 처리하기 위한 CPU의 연산 속도와 메모리(RAM)의 처리 속도, 하드디스크(HDD)의 처리 속도가 서로 격차가 크기 때문입니다. CPU에서 처리한 데이터를 하드디스크에 쓰는 경우를 생각해보면 쉽게 그 이유를 유추할 수 있습니다. 알고 있다시피 CPU의 데이터 처리 속도는 하드디스크에 데이터를 쓰는 속도보다 월등히 빠릅니다. 이때 하드디스크의 쓰기 속도에 맞춰 데이터 연산 속도를 낮추는 것은 비효율적이므로 연산이 완료되는대로 좀 더 쓰기 속도가 빠른 메모리에 임시로 데이터를 저장해 둡니다. 그리고 임시 저장소에 있는 데이터를 차례대로 하드디스크로 옮겨 쓰면 이 시간 동안 CPU는 다른 작업을 처리할 수 있으므로 훨씬 효율적입니다. 이때의 임시 저장소를 흔히 버퍼라고 말합니다.

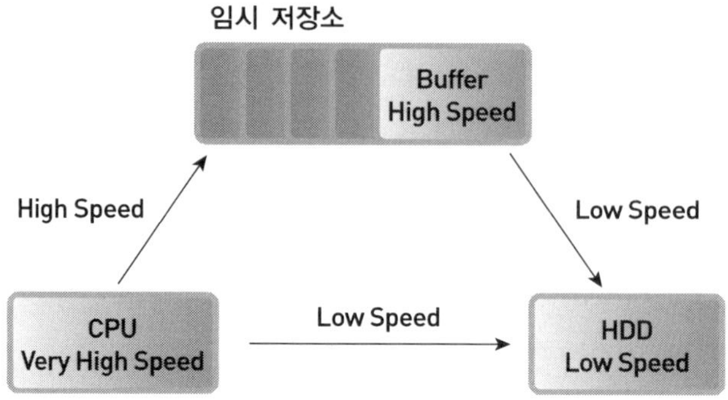

[그림 3-153] 버퍼의 이용

'버퍼링 비활성화(거짓)' 입력은 파일을 읽거나 쓸 때 버퍼를 사용할 것인지 말 것인지 여부를 결정합니다. 하지만 RAID와 같이 하드 디스크의 처리 속도가 충분히 빠른 경우를 제외하고는 기본적으로 버퍼를 사용하는 것이 더욱 효율적입니다.

[파일 열기/생성/대체] 함수의 출력에는 '참조 번호 출력'과 '취소됨' 불리언 출력이 있습니다. 참조 번호란 메모리에서 파일에 대한 정보가 있는 위치(address)를 나타내는 일종의 포인터(pointer) 개념의 값입니다. 이 값은 LabVIEW에서 자동으로 할당하므로 사용자가 전혀 신경 쓸 필요가 없으며 단순히 다음에 실행하고 싶은 파일 I/O 함수와 와이어로 연결해주기만 하면 됩니다.

'취소됨' 불리언 출력은 파일 경로를 입력하지 않고 대화 상자를 이용한 경우에만 유효한 출력입니다. 만약 사용자가 대화 상자에서 파일을 선택하지 않고 취소 버튼을 눌렀을 경우 이 터미널은 참(true)값을 반환합니다.

❷ 텍스트 파일에 쓰기(Write To Text File)

[텍스트 파일에 쓰기] 함수는 상위레벨 파일 I/O처럼 별도의 열기 및 닫기 함수를 사용하지 않고 단독으로 사용할 수도 있습니다. 하지만 [텍스트 파일에 쓰기] 함수만을 독립적으로 사용한다면 하위레벨 파일 I/O를 사용하는 의미가 없으므로 [텍스트 파일에 쓰기] 함수를 사용할 때에는 항상 파일 열기 함수와 닫기 함수를 같이 사용하는 것이 좋습니다.

파일 열기와 닫기 함수를 같이 사용하는 경우 '대화 상자 메시지' 입력은 아무런 기능을 하지 않습니다. 그리고 '파일' 입력은 [파일 열기/생성/대체] 함수의 참조 번호 출력과 연결하여 파일에 대한 정보를 넘겨 받는 역할을 합니다. 마지막으로 사용자는 '텍스트' 입력을 이용해서 파일에 쓸 데이터를 전달할 수 있습니다.

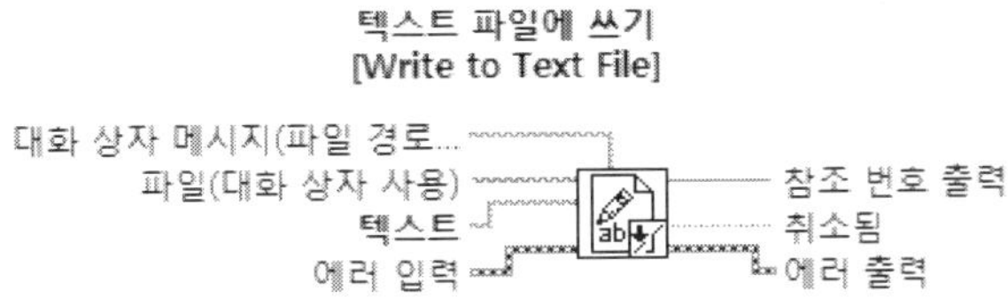

[그림 3-154] 텍스트 파일에 쓰기

❸ 텍스트 파일로부터 읽기(Read From Text File)

[텍스트 파일로부터 읽기] 함수 또한 [텍스트 파일에 쓰기] 함수와 마찬가지로 열기 및 닫기 함수를 사용하지 않고 독립적으로 사용이 가능합니다. 하지만 하위 레벨 파일 I/O의 장점을 살리기 위해 항상 열기 및 닫기 함수와 같이 사용하는 것이 좋습니다.

[텍스트 파일로부터 읽기] 함수의 '대화 상자 메시지' 입력과 '파일' 입력은 쓰기 함수와 동일한 입력으로써 열기 함수와 같이 사용 시 아무런 역할을 하지 않거나 열기 함수에서 파일 정보를 넘겨 받기 위해 사용합니다.

'카운트' 입력은 파일로부터 몇 개의 문자를 불러올지 지정해주는 터미널입니다. '카운트'는 바이트 단위 입력이며 값을 지정하지 않거나 음의 숫자를 연결하면 파일에 있는 전체 데이터를 읽어 옵니다.

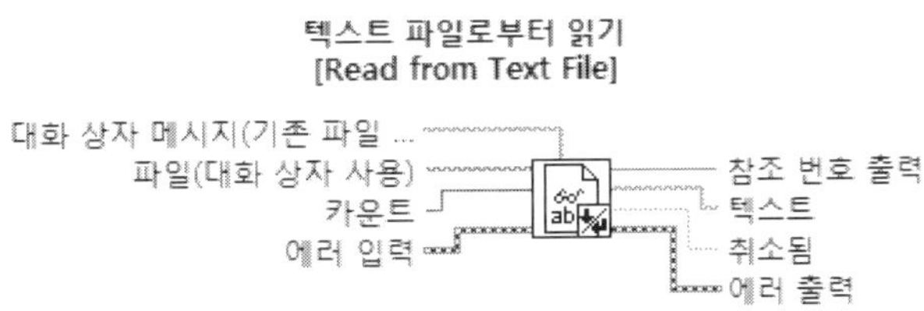

[그림 3-155] 텍스트 파일로부터 읽기 함수

❹ 파일 닫기(Close File)

만약 어떤 파일을 열어 놓은 상태에서 동일한 파일을 이동하거나 삭제하려는 경우 "해당 작업을 완료할 수 없다"라는 메시지를 보게 됩니다. 그 이유는 하나의 프로그램에서 먼저 해당 파일을 사용 중인 상태에서는 다른 프로그램에서 동시에 어떤 작업을 수행할 수 없기 때문입니다.

다시 말해서 여러 프로그램에서 동일한 파일을 공유해서 사용하는 경우 그 파일에 대해 사용이 끝났음을 알려주는 작업이 필요합니다. 하위레벨 파일 I/O 함수들 중에서 이 역할을 수행하는 함수가 바로 [파일 닫기] 함수입니다.

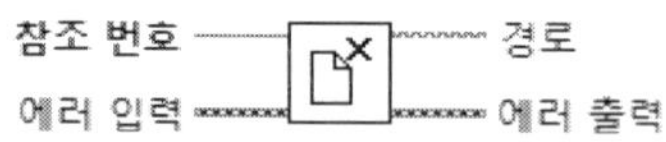

[그림 3-156] 파일 닫기 함수

[실습 3-9] 하위레벨 파일 I/O 함수와 [While 루프]를 사용해서 0부터 99까지의 값을 텍스트 파일에 쓰고 그 파일을 바탕화면에 1to99.txt란 이름으로 저장하세요.

1. 블록다이어그램에서 [함수] 팔레트 → [구조] 함수 팔레트 → [While 루프]를 선택하여 적당한 크기로 놓습니다.

2. [함수] 팔레트 → [파일 I/O] 함수 팔레트 → [파일 열기/생성/대체] 함수를 루프 왼쪽 바깥에 놓습니다.
   마우스 커서를 '동작' 입력 터미널에 올리고 [바로가기 메뉴] → [생성] → [상수] 옵션을 선택한 후 동작 열거형 상수의 값을 생성(create)으로 변경합니다.

3. 같은 [파일 I/O] 함수 팔레트 안에 있는 [텍스트 파일에 쓰기] 함수를 선택해 루프 안에 놓고 [파일 닫기] 함수는 루프의 오른쪽 바깥에 놓습니다.
   그리고 그림과 같이 [파일 열기/생성/대체] 함수의 출력과 [텍스트 파일에 쓰기], [파일 닫기] 함수를 일렬로 연결합니다.

4. [함수] 팔레트 → [문자열] 함수 팔레트 → [문자열/숫자 변환] 함수 팔레트 → [숫자를 10진수 문자열로] 함수를 선택해 루프 안에 놓고 '숫자' 입력을 [While 루프]의 '루프 반복횟수' 출력과 연결합니다.

5. [함수] 팔레트 → [문자열] 함수 팔레트 → [문자열 연결] 함수를 루프 내에 놓고 두 개의 입력 중 위쪽 입력을 [숫자를 10진수 문자열로] 함수의 '10진수 문자열' 출력과 연결합니다.
   그리고 [문자열] 함수 팔레트의 [캐리지 리턴 상수]를 선택해 출력을 [문자열 연결] 함수의 아래쪽 입력과 와이어로 연결합니다(캐리지 리턴 상수는 키보드의 엔터키를 치는 동작과 같습니다).
   마지막으로 [문자열 연결] 함수의 출력을 [텍스트 파일에 쓰기] 함수의 '텍스트' 입력과 연결합니다.

6. [함수] 팔레트 → [비교] 함수 팔레트 → [같음] 함수를 루프 내에 놓고 한 쪽 입력을 [While 루프]의 '루프 반복횟수' 출력과 연결하고 다른 한 쪽은 출력에 마우스 커서를

올리고 [바로가기 메뉴] → [생성] → [숫자형 상수]를 선택합니다.
0부터 99까지의 값을 파일에 쓰기 위해 100번의 루프가 실행되어야 하므로 상수의 값을 100으로 변경합니다.
그리고 [같음] 함수의 불리언 출력을 [While 루프]의 '루프 조건' 터미널과 연결합니다.

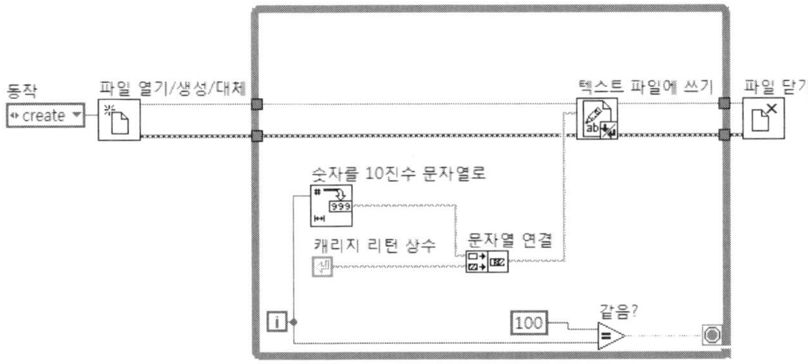

[그림 3-157] 텍스트 파일에 쓰기 예제

7. 코딩이 완성되면 VI를 실행시키고 대화 상자에 적절한 경로를 지정한 후 파일 이름을 "0to99.txt"로 지정하고 확인 버튼을 누릅니다.

8. 메모장 프로그램으로 저장된 파일을 열어 그림과 같이 0부터 99까지의 숫자가 행마다 하나씩 있음을 확인합니다.

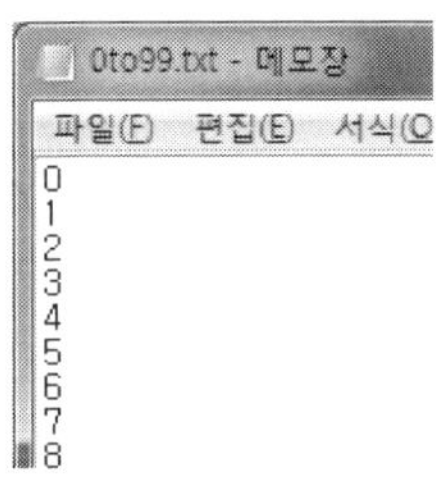

[그림 3-158] 텍스트 파일 쓰기 예제 결과

3.9.2 바이너리(2진, Binary) 형태 파일 입출력 함수

바이너리 형태 파일 입출력은 숫자나 문자를 아스키 코드로 변환하지 않고 있는 그대로의 비트 표현을 저장하거나 읽어오는 방식입니다. 이 방식을 이용하면 아스키 형태 파일 입출력에 비해서 더욱 빠르게 파일을 쓰거나 읽을 수 있고 파일의 전체 크기가 줄어들며 저장된 데이터의 보안성이 강화된다는 장점이 있습니다.

간단한 예로 숫자 128을 텍스트 파일과 바이너리 파일에 각각 쓰는 경우를 생각해 보겠습니다.

먼저 숫자 128을 텍스트 파일에 저장하기 위해서 수행해야 할 과정은

1. 숫자 128을 아스키 코드표에 따라 8비트 부호 없는 정수(U8)값으로 변환합니다.
   숫자 1은 아스키 코드 16진수 31에 대응하고 숫자 2는 아스키 코드 16진수 32, 숫자 8은 아스키 코드 16진수 38에 대응합니다.
2. 각각의 아스키 코드 값을 이용해서 문자(텍스트) 형태로 변환합니다.
3. 파일에 문자로 변환된 128 값을 써 줍니다.

와 같습니다. 그리고 이 때 파일의 크기는 문자 하나당 1바이트(8비트)의 공간이 필요하므로 총 3바이트가 됩니다.

반면에 숫자 128을 바이너리 형태로 저장한다면 별도의 변환 과정 없이 128의 2진수 표현인 10000000을 그대로 파일에 쓰게 됩니다. 그러므로 바이너리 형태로 숫자 128을 저장하는데 필요한 파일의 총 크기는 1바이트로 더욱 작은 저장 공간으로 동일한 데이터(128)의 저장이 가능할 뿐만 아니라 별도의 변환 작업을 생략하므로 더욱 빠르게 쓰기 프로세스가 가능합니다.

또한 바이너리 파일에 저장된 값을 읽어오는 경우를 가정해보면 텍스트 파일의 경우는 항상 정해진 코드표(아스키 코드, 유니 코드 등)을 사용하므로 누구든지 텍스트 파일에 저장된 값이 128이란 것을 알 수 있습니다. 하지만 바이너리 파일로 저장한 경우 10000000이란 비트값을 읽어올 수는 있지만 만든 사람이 아니라면 10000000의 정확한 표현을 정의할 수 없습니다. 만약 이 값을 8비트 부호 없는 정수 형태로 읽는다면 128이란 올바른 결과를 얻겠지만 8비트 정수 형태로 읽는다면 −128이란 잘못된 결과를 얻기 때문입니다. 이런 특징으로 인해서 바이너리 형태로 파일을 저장하게 되면 자연스럽게 저장하는 데이터에 대한 보안을 할 수 있습니다.

하지만 바이너리 형태로 데이터 저장 시 사용자가 항상 데이터의 저장 형태 및 순서에 관한 정보(매핑 테이블, mapping table)을 작성해야 하고 다른 사용자에게도 바이너리 파일을 읽을 수 있도록 그 정보를 제공해야 하므로 사용이 번거로운 단점이 있습니다.

	텍스트 파일	바이너리 파일
속도	늦음	빠름
용량	큼	작음
보안	없음	높음
사용	쉬움	어려움

[그림 3-159] 텍스트 파일과 바이너리 파일의 장단점 비교

2진 파일에 쓰기(Write to Binary File)

바이너리 형태의 파일 입출력은 하위레벨 파일 I/O만이 존재하며 동일한 파일 열기와 닫기 함수를 사용합니다. [2진 파일에 쓰기] 함수도 역시 상위레벨 파일 I/O처럼 독립적으로 사용이 가능하지만 항상 열기 및 닫기 함수와 같이 사용하는 것이 정석입니다.

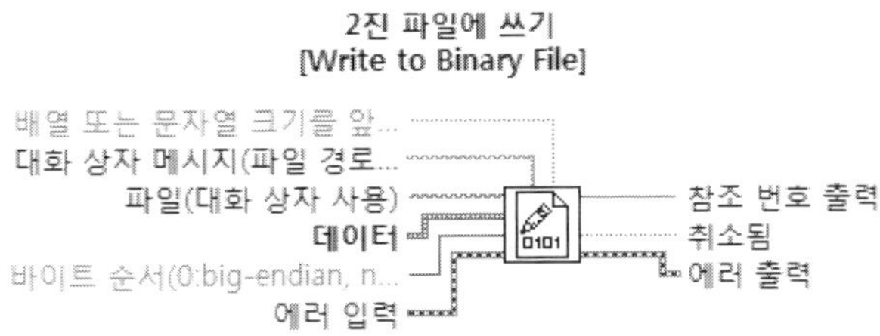

[그림 3-160] 2진 파일에 쓰기 함수

[2진 파일에 쓰기] 함수는 다른 쓰기 함수와는 달리 옵션 입력들이 꽤 중요한 역할을 합니다. 이 옵션을 잘못 지정하면 2진 파일을 읽을 때 전혀 엉뚱한 값을 읽어와 프로그램의 오류를 일으킬 수 있으므로 각각의 쓰임새와 의미에 대해서 알아둘 필요가 있습니다.

먼저 '배열 또는 문자열 크기를 앞에 추가?(참)' 입력 터미널은 2진 파일에 데이터를 쓸 때 자동으로 그 데이터의 크기에 대한 헤더(정보)를 추가할 것인지를 결정하는 입력입니다. 예를 들어서 [2진 파일에 쓰기] 함수의 '데이터' 입력에 원소의 개수가 3개인 배열 [0, 1, 2]을 연결하고 그 때 '배열 또는 문자열 크기를 앞에 추가?' 입력을 참으로 설정했다면 실제로 2진 파일에 기록되는 데이터는 배열의 크기와 배열의 원소인 [3, 0, 1, 2]의 값이 됩니다.

이 옵션은 데이터의 길이가 항상 일정하지 않고 상황에 따라 변하는 경우 유용하게 사용할 수 있습니다. [그림 3-161]과 같이 여러 가지의 정보가 하나의 2진 파일에 저장되고 그 정보들의 길이가 때에 따라 변할 수 있다면 파일 정보(매핑 테이블)를 만들기가 어렵습니다. 이 때 그 데이터의 길이를 각 데이터의 앞에 기록해준다면 사용자가 2진 파일을 읽을 때 그 데이터의 길이를 알 수 있으므로 아무런 문제가 되지 않습니다. 다만 길이 정보(헤더)를 추가함으로 인해서 데이터의 크기가 늘어나는 단점이 있습니다.

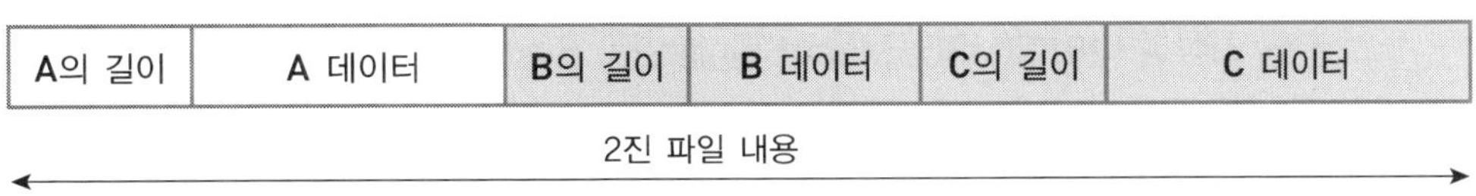

[그림 3-161] 2진 파일에 헤더를 추가한 예

'바이트 순서(0:big-endian, network order)' 는 데이터를 2진 파일에 쓸 때 데이터의 바이트들을 파일에 기록하는 순서에 대한 옵션입니다. 이 입력은 big-endian, network order / native, host order / little-endian의 세 가지 선택이 가능합니다.

이 옵션들을 이해하기 위해서는 먼저 비트와 바이트의 위치에 따른 명칭부터 살펴볼 필요가 있습니다.

❶ 최상위 비트(msb, Most Significant Bit) vs. 최하위 비트(lsb, Least Significant Bit)

최상위 비트와 최하위 비트의 영문명 직역을 하자면, 제일 중요한 비트와 제일 사소한 비트 정도가 됩니다. 앞 장에서 기계어에 대하여 설명할 때 0 또는 1을 표현할 수 있는 최소한의 단위를 비트(bit)라고 하고, 비트가 8개가 모였을 때 데이터 표현의 최소 단위가 되는 바이트(1byte = 8bits)라고 표현을 한다고 언급을 하였습니다. 그리고 컴퓨터에서 사용되는 모든 숫자(또는 문자)들은 이 비트 표현을 사용하고 있는데, 그 비트들 중에는 가장 비중이 높은 비트(msb)와 가장 비중이 낮은 비트(lsb)가 존재합니다.

그럼 간단하게 8비트 부호 없는 정수(U8)의 경우를 예로 들어 설명해 보겠습니다. 8비트 부호 없는 정수(U8) 형태의 변수는 28 = 256가지, 즉 0~255 범위의 숫자를 표현할 수 있습니다. 이 범위의 숫자 중에서 130이란 10진수 숫자를 2진수로 변환한다면 130 = 27 + 21이므로 10진수 130은 2진수 10000010이 됩니다. 그리고 이 2진수 표현은 8비트 부호 없는 정수(U8)의 130에 대한 비트 표현과 일치합니다. 이 8개의 비트들 중에서 그 값이 1에서 0으로 또는 0에서 1로 바뀔 때 가장 값의 변화가 큰 비트를 최상위 비트(msb, Most Significant Bit) 그리고 가장 값의 변화가 작은 비트를 최하위 비트(lsb, Least Significant Bit)라고 합니다.

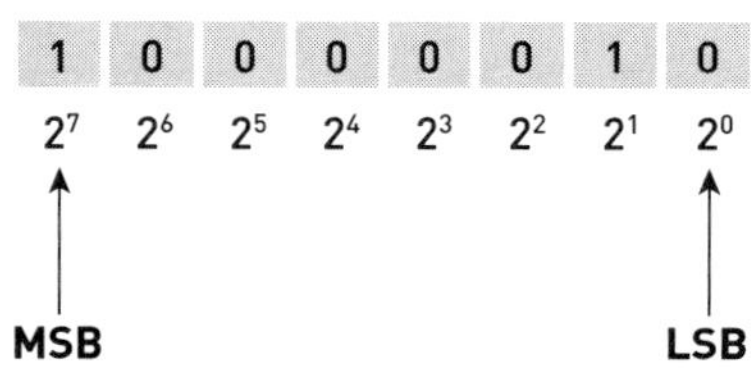

[그림 3-162] 최상위 비트와 최하위 비트

❷ 최상위 바이트(MSB, Most Significant Byte) vs. 최하위 바이트(LSB, Least Significant Byte)

8비트 부호 없는 정수(U8)처럼 1개의 바이트만 사용하는 경우는 의미가 없겠지만 여러 개의 바이트 저장공간을 사용하는 경우, 최상위 비트(msb)와 최하위 비트(lsb)의 구분처럼 바이트 단위에 대해서도 최상위 바이트(MSB)와 최하위 바이트(LSB)의 구분이 가능합니다.

[그림 3-163]과 같이 2개의 바이트를 저장공간으로 사용하는 16비트 부호 없는 정수(U16)의 경우 왼쪽 바이트가 오른쪽 바이트에 비해 큰 자릿수에 해당하는 비트들을 포함하고 있으므로 최상위 바이트(MSB)에 해당하고 오른쪽 바이트가 최하위 바이트(LSB)가 됩니다.

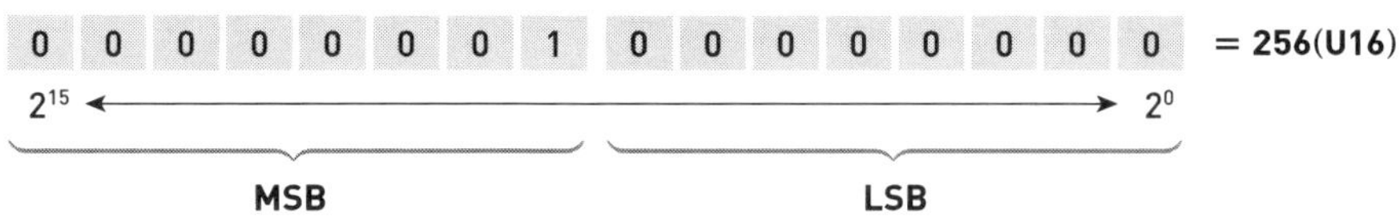

[그림 3-163] 최상위 바이트와 최하위 바이트

❸ 빅 엔디언(Big-Endian) vs. 리틀 엔디언(Little-Endian)

[그림 3-164]와 같이 메모리에 2개의 바이트 저장공간이 있다고 가정한다면 16비트 부호 없는 정수(U16)의 데이터를 저장하는 방법에는 두 가지 경우가 생깁니다. 첫 번째는 최상위 바이트(MSB)를 앞에 쓰고 최하위 바이트(LSB)를 뒤에 쓰는 방법이고, 두 번째는 첫 번째의 경우와 반대로 최하위 바이트(LSB)를 먼저 최상위 바이트(MSB)를 나중에 쓰는 방법입니다.

이 중에서 최상위 바이트(MSB)를 앞에 쓰는 방식을 빅 엔디언(Big-Endian) 방식이라 하고, 최하위 바이트(LSB)를 앞에 쓰는 방식을 리틀 엔디언(Little-Endian) 방식이라 합니다.

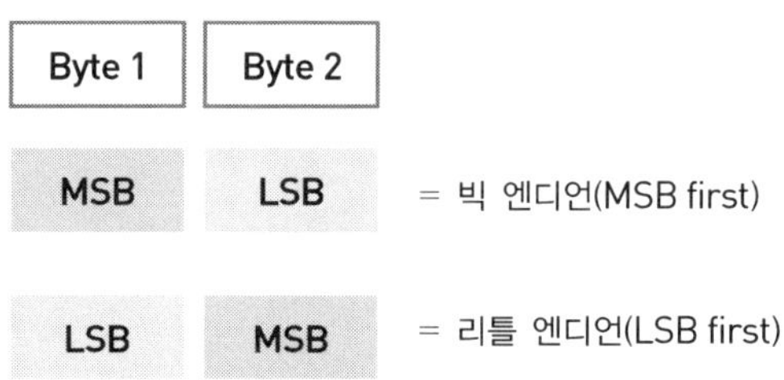

[그림 3-164] 빅 엔디안과 리틀 엔디안

두 방식 중에서 어느 쪽이 좋다 또는 나쁘다라는 것은 없습니다. 다만 여러 사람들이 각자 편한 방식으로 데이터를 저장하다 보니 두 가지의 방식이 공존하게 된 것뿐입니다. 이 데이터 저장 순서는 컴퓨터의 운영체제(OS)마다 다르기 때문에 어떤 데이터를 서로 다른 운영체제에서 공유하는 경우 각별한 주의를 기울여야 합니다(참고로 윈도우는 리틀 엔디언 방식을 사용합니다).

[그림 3-165]와 같이 0000001 0000000(= 256)이란 값을 저장할 때 그 값을 빅 엔디언 방식으로 저장하는 경우를 상상해 보세요. 만약 이 값을 빅 엔디언 방식으로 읽어온다면 아무런 문제가 되지 않겠지만 리틀 엔디언 방식으로 읽어온다면 0000001(LSB) 00000000(MSB)라고 인식하므로 그 값을 1이라고 생각할 수 있습니다.

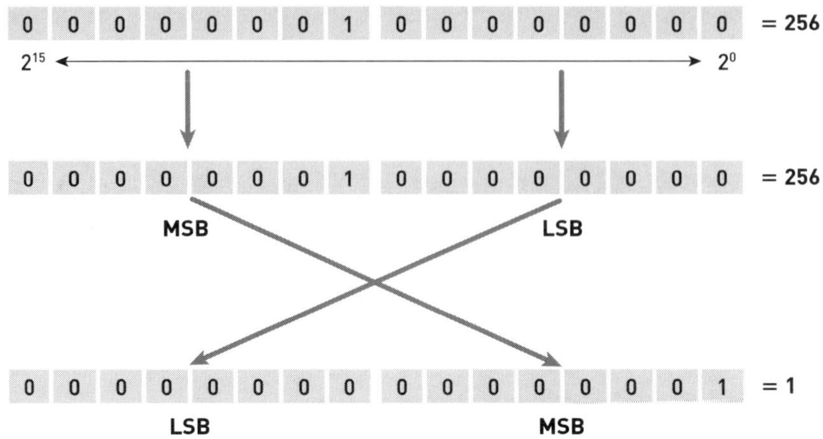

[그림 3-165] 빅 엔디언과 리틀 엔디언의 비호환성

다시 [2진 파일에 쓰기] 함수의 설명으로 돌아와서, 텍스트 파일처럼 일반적으로 알려진 파일 포맷의 경우 저장 방식이 규정되어 있으므로 바이트 순서에 대해서 따로 선택할 필요가 없지만 2진 파일처럼 사용자가 임의로 데이터를 조정할 수 있는 경우에는 반드시 '바이트 순서' 입력 터미널을 이용해 그 방식을 명시해줄 필요가 있습니다. 세 가지 옵션 중 big-endian, network order와 little-endian 옵션은 앞서 살펴본 빅 엔디언 방식과 리틀 엔디언 방식에 각각 해당하며, native, host order 옵션은 사용하고 있는 컴퓨터의 운영체제(OS)의 기본 저장방식을 따르는 옵션입니다.

2진 파일로부터 읽기(Read From Binary File)

[2진 파일로부터 읽기] 함수는 바이너리 형태의 파일을 읽어오는 역할을 하며 그 입력은 여타 읽기/쓰기 함수와 유사합니다.

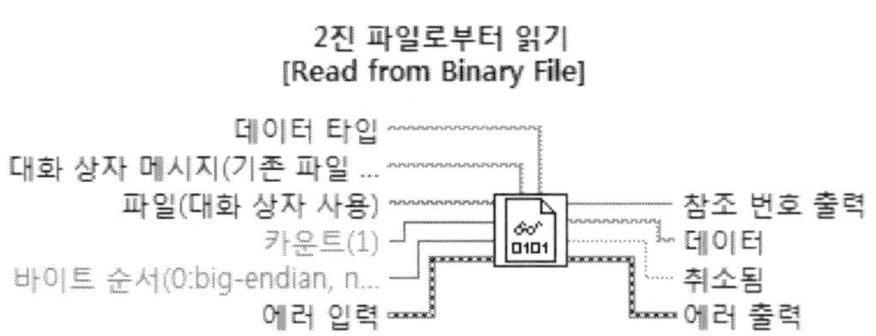

[그림 3-166] 2진 파일로부터 읽기 함수

이 함수의 입력 터미널 중에서 가장 중요한 부분은 바로 '데이터 타입' 입력입니다. 이 입력을 통해 사용자는 몇 개의 비트를 어떤 형식(숫자형, 불리언, 문자열)으로 읽을지 결정할 수

있습니다. 함수의 기본 설명에는 이 입력이 문자열로 되어있고 '데이터' 출력 터미널 또한 문자열로 되어있지만 사용자가 어떤 형태의 상수(또는 컨트롤)를 연결하느냐에 따라 그 출력의 형태가 변경될 수 있습니다.

'카운트(1)' 입력 터미널은 읽을 데이터의 개수를 결정하는 터미널입니다. [텍스트 파일로부터 읽기] 함수와는 달리 바이트 수가 아니라 원소의 개수임을 유의하세요. 이 터미널의 기본값은 1이며 −1의 값을 입력한 경우 해당 파일의 전체 데이터를 읽습니다.

[그림 3-167] 2진 파일로부터 읽기 함수의 사용

3.9.3 경로 지정하기

[파일 I/O] 함수 팔레트에 포함된 읽기 및 쓰기 함수들은 경로를 직접적으로 연결하지 않더라도 기본적으로 대화 상자를 팝업하므로 파일의 경로를 지정하는 데에는 아무런 문제가 없습니다. 하지만 VI를 여러 번 반복해서 실행시키면 매번 경로를 지정해줘야 하므로 사용에 번거로움이 있습니다.

대화 상자를 띄우지 않고 바로 경로 입력을 하기 위해서는 프런트패널에서 [컨트롤] 팔레트 → [문자열 & 경로] 팔레트 → [파일 경로 컨트롤]을 놓습니다. 그리고 나서 만들어진 [파일 경로 컨트롤] 옆의 폴더모양 버튼을 누르고 대화 상자가 뜨면 경로를 지정한 후 확인 버튼을 누르면 지정한 경로가 [파일 경로 컨트롤] 안에 지정되었음을 확인할 수 있습니다.

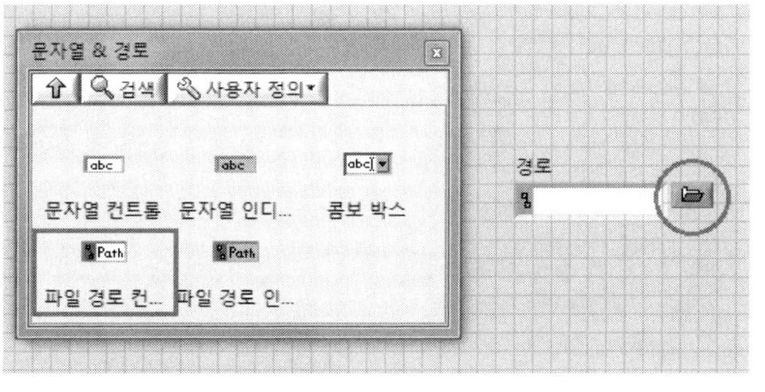

[그림 3-168] 파일 경로 컨트롤의 사용

절대 경로와 상대 경로

파일의 경로를 지정하는 방법에는 절대 경로와 상대 경로의 두 가지 방법이 있습니다. 절대 경로란 루트 디렉토리를 기준으로 한 파일의 위치이며 상대 경로란 사용자가 지정한 폴더로부터의 파일 위치입니다. 두 방법의 차이를 쉽게 이해하려면 길 안내의 경우를 생각하면 간단합니다. 우리는 흔히 상대방에게 어떤 장소의 위치를 설명할 때 그 장소의 주소를 가르쳐주거나 또는 유명한 건물(전철역 등)을 기준으로 방향이나 거리를 알려줍니다. 이 중에서 그 장소의 주소는 항상 변하지 않고 고정되어 있으므로 절대 경로에 해당하고 유명한 건물을 기준으로 하는 경우 어떤 건물을 기준으로 하느냐에 따라서 방향이나 거리가 달라질 수 있으므로 상대 경로에 해당합니다.

이 방식을 그대로 컴퓨터 파일 폴더에 적용한다면 아래의 그림에서 Apple의 절대 경로는 "C:\A 폴더\Apple"가 됩니다. 그리고 Banana를 기준으로 한 Apple의 상대 경로는 "상위 폴더로 이동(B 폴더) → 상위 폴더로 이동(C:\) → A 폴더로 이동 → Apple"의 형태가 됩니다.

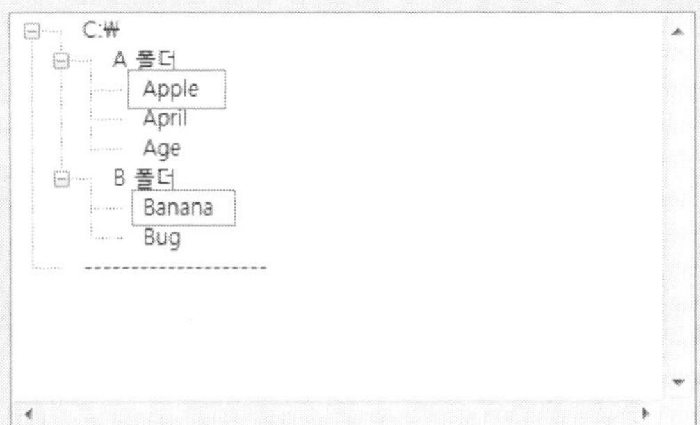

[그림 3-169] 절대 경로와 상대 경로

코딩을 할 때에는 절대 경로보다는 주로 상대 경로를 많이 사용합니다. 그 이유는 하나의 컴퓨터에서는 존재하는 경로가 다른 컴퓨터에서는 존재하지 않을 수도 있기 때문입니다. 여러 사람이 각자의 컴퓨터에서 사용할 수 있도록 프로그램을 배포하는 경우 프로그램에서 필요한 파일을 저장할 때 "D:\ABC\data.ini" 같이 절대 경로로 지정하도록 코딩을 했다면 사용자의 컴퓨터에 D 드라이브가 없을 수도 있으므로 에러를 발생할 여지가 있습니다. 하지만 "프로그램이 설치된 폴더의 상위 폴더"라는 식으로 상대 경로를 지정하면 경로에 관한 에러를 줄일 수 있습니다.

물론 경로를 상대 경로로 지정하더라도 상대 경로로 지정한 폴더의 이름이 바뀌거나 삭제되어 버리면 오류가 발생할 수 있습니다. LabVIEW에서도 다른 컴퓨터에서 작업한 VI를 자신의 컴퓨터로 가져와 열어주는 경우 때때로 필요한 모든 함수들이 설치되어 있음에도 불구하고 파일을 찾을 수 없다는 팝업이 뜹니다. 이 경우에는 직접 탐색 버튼을 눌러 그 파일의 위치를 절대 경로로 지정해준 후 VI를 저장하면 문제를 해결할 수 있습니다.

3.10 익스프레스(Express) 함수

익스프레스 함수는 고급 기능 함수를 초보자가 쉽게 사용할 수 있도록 대화 상자를 통해 함수의 입출력 설정이 가능한 함수입니다. 익스프레스 함수는 겉 바탕이 하늘색이며 이 함수를 블록다이어그램에 놓으면 각 함수의 기능에 따라서 여러 가지 설정을 할 수 있는 대화상자가 팝업됩니다.

[그림 3-170]은 [함수] 팔레트 → [파일 I/O] 함수 팔레트 → [측정 파일에 쓰기] 익스프레스 함수의 예입니다.

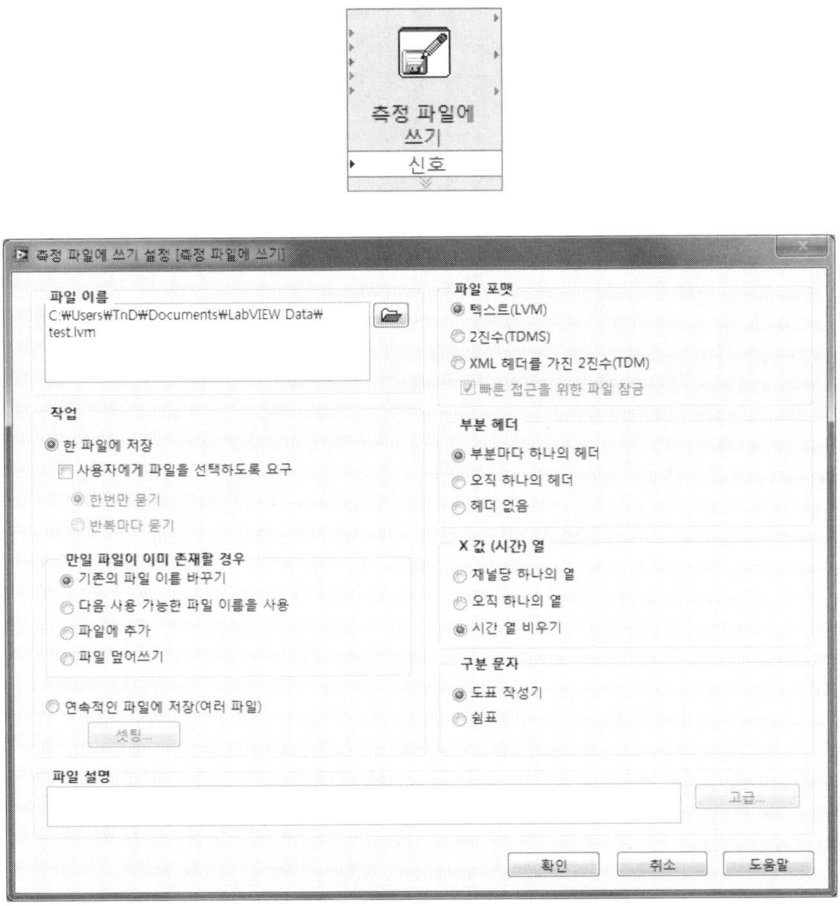

[그림 3-170] 측정 파일에 쓰기 익스프레스 함수

익스프레스 함수들은 [함수] 팔레트 → [익스프레스] 함수 팔레트에서 찾을 수 있으며 내쇼날인스트루먼트 하드웨어 설정을 위한 함수들과 그 신호를 분석하기 위한 함수들, 그리고 시뮬레이션 및 파일 읽기/쓰기 함수 등이 있습니다.

3.11 삼각 함수 및 지수 함수

시뮬레이션을 이용하여 어떤 값의 변화를 계산하는 경우 삼각 함수나 지수 함수 등을 자주 이용하게 됩니다. 이 함수들은 [숫자형] 함수 팔레트가 아니라 [함수] 팔레트 → [수학] 함수 팔레트 → [기본 & 특수 함수] 팔레트 → [삼각 함수] 팔레트 또는 [지수 함수] 팔레트에서 찾을 수 있습니다.

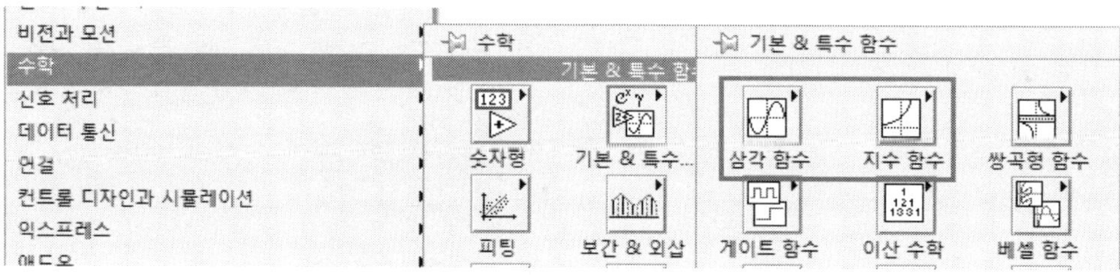

[그림 3-171] 삼각 함수 및 지수 함수 팔레트

요 약

- 숫자형 함수 팔레트는 사칙 연산을 비롯한 간단한 숫자들의 연산에 관련된 함수들을 포함하고 있습니다. 또한 대부분의 함수들은 숫자형 배열의 연산에도 사용할 수 있습니다.
- 함수의 사용에 대한 간단한 설명을 보기 위해서는 간편한 기본 도움말(Ctrl + H)을 이용합니다.
- 불리언 함수 팔레트는 AND, OR, NOT 등의 기본 불리언 연산 함수들과 불리언 배열을 숫자 값으로 변환하는 함수들을 포함하고 있습니다.
- 문자열 함수 팔레트는 입력 문자열의 편집과 문자열의 숫자 변환에 관련된 함수들을 포함하고 있습니다.
- 비교 함수 팔레트는 입력값들의 크기 비교와 범위 확인 함수들을 포함하고 있습니다.
- 구조 함수 팔레트는 For 루프, While 루프의 코드 반복 함수와 IF~ELSE 문에 해당하는 케이스 구조, 코드의 순차적인 실행을 위한 시퀀스 구조를 포함하고 있습니다.
- 타이밍 함수 팔레트는 사용자가 지정한 시간 동안 연산을 멈추는 함수와 현재의 시간을 반환하는 함수들을 포함하고 있습니다.
- 배열 함수 팔레트는 입력 배열의 편집에 관련된 함수들을 포함하고 있습니다.
- 클러스터 함수 팔레트는 클러스터 원소 읽기와 쓰기 함수들을 포함하고 있습니다.
- 파일 I/O 함수 팔레트는 파일 열기 - 읽기 또는 쓰기 - 파일 닫기에 관련된 함수들을 포함하고 있으며, 기능의 구성에 따라서 상위 레벨 파일 I/O와 하위 레벨 파일 I/O로 구분할 수 있습니다.

퀴 즈

1. LabVIEW 코딩을 효율적으로 하기 위해서는 (   )을/를 적절히 사용해 함수의 입출력 터미널을 연결해 주어야 합니다.
2. 숫자형 상수를 만드는 두 가지 방법은 숫자형 함수 팔레트의 숫자형 상수를 이용하는 방법과 바로가기 메뉴의 (   ) 옵션을 이용하는 방법이 있습니다.
3. 컴퓨터에서 음의 숫자를 표현하기 위해 일반적으로 사용되는 방법은 (   )입니다.
4. 함수의 입력 중에서 반드시 연결해야 하는 입력은 굵은 글씨체로 표시된 (   ) 입력, 함수의 올바른 사용을 위해 연결해주는 것이 좋은 입력은 일반 글씨체로 표시된 (   ) 입력, 고급 설정 사용을 위해 할당된 회색 글씨체 입력은 (   ) 입력입니다.
5. While 루프의 정지 조건은 (   )와/과 (   ) 두 가지가 있습니다.

6. (　　　) 기능은 루프 함수에서 배열 입출력을 효율적으로 사용할 수 있게 해줍니다. 이 기능을 이용하면 루프 함수의 입력으로 배열의 원소를 순차적으로 넘겨주거나 루프 함수의 출력들을 모아 하나의 배열로 구성할 수 있습니다.
7. LabVIEW의 변수 기본값은 숫자형은 (　　　), 불리언은 (　　　), 문자열은 (　　　)입니다.
8. 루프 함수에서 이전의 반복에서 연산한 결과를 현재의 반복에 사용할 수 있도록 제공하는 저장 공간을 (　　　)(이)라고 합니다.
9. 케이스 구조는 선택자 입력으로 (　　　), (　　　), (　　　), (　　　)을/를 받을 수 있습니다.
10. 틱 카운트(ms) 함수는 윈도우가 실행된 후 현재까지의 경과 시간을 표시합니다. 이 함수를 적절히 이용하면 어떤 코드의 (　　　) 또는 코드가 실행된 후 (　　　)을/를 확인할 수 있습니다.
11. 상위 레벨 파일 I/O 함수와 하위 레벨 파일 I/O 함수의 차이점과 장단점을 기술하세요.
12. 컴퓨터의 메모리에 최상위 바이트(MSB)를 먼저 기록하고 최하위 바이트(LSB)를 뒤에 기록하는 방식을 (　　　) 방식이라 하고 그 반대를 (　　　) 방식이라 합니다.

CHAPTER

04

디버깅 (Debugging)

CHAPTER 04 디버깅(Debugging)

4.1 디버깅의 정의

일반적으로 컴퓨터 용어에서 버그(Bug)란 자신이 원하지 않는 결과나 상황을 만들어주는, 실수에 의해서 만들어진 잘못된 코드라고 할 수 있습니다. 이 버그라는 것은 코드의 크기가 작을 때에는 쉽게 찾을 수 있어서 크게 문제가 되지는 않지만, 코드가 커지면 버그가 있다는 것을 알고 있어도 찾아서 수정할 수가 없는 지경에 이르기도 합니다. 이런 경우 계속해서 패치 형식으로 업데이트를 하거나 완전히 처음부터 다시 알고리즘을 디자인하기도 합니다.

그렇다면 버그가 발생하는 이유는 무엇일까요?

첫 번째는 가장 중요한 알고리즘 디자인(Algorithm Design)입니다. 처음부터 알고리즘을 제대로 만들지 않으면 많은 버그가 발생하고 때로는 처음부터 디자인을 다시 해야 하는 경우가 생기기도 합니다. 그런데 이 알고리즘이라는 것이 사람의 머리에서 나오다 보니 완벽하다고 보장할 수 없으므로 버그 자체를 완전히 예방한다는 것은 거의 불가능하다고 할 수 있습니다.

두 번째는 디자인된 알고리즘에 따라 코딩을 하다 실수로 함수 사용을 잘못 한다든지, 변수의 값을 잘못 설정한다든지 하는 이유로 버그가 발생하는 경우입니다. 하지만 이 경우는 첫 번째의 경우와 비교해서 아주 경미하기도 하고 금방 찾아낼 수 있는 부분이기도 합니다.

이 외에도 이런 저런 이유로 버그(Bug)가 발생할 수 있는데, 이런 버그를 찾아서 오류가 일어나지 않도록 코드를 수정하는 과정을 디버깅(Debugging)이라고 합니다.

4.2 LabVIEW의 디버깅(Debugging) 도구

4.2.1 컴파일(Compile)

일반적으로 코딩이 끝나고나면 그 코드를 실행하기 전에 항상 거치는 과정이 컴파일(Compile) 과정입니다. 컴파일이란 사용자 위주로 작성된 코드를 컴퓨터가 실행 가능한 기계어 형태로 변환하는 과정을 의미하는데, 이 과정에서 덤으로 코드의 문법에 오류가 없는지 함수의 사용이 적절하게 되었는지 등 컴퓨터에 전달할 명령에 대한 체크를 합니다.

대부분의 프로그래밍 언어는 별도의 명령을 통해서 컴파일을 수행해야 하므로 코드가 어느 정도 완성된 후에야 문법에 오류가 있는지 없는지를 확인할 수 있습니다. 하지만 LabVIEW의 경우는 코드의 변경이 생길 때마다 자동으로 컴파일을 수행하기 때문에 코드의 완성 정도에 관계없이 코드의 문법 오류에 대한 확인이 가능합니다.

LabVIEW에서 발생할 수 있는 문법적 오류는 함수의 필수 입력 터미널을 연결하지 않은 경우와 깨진 와이어가 생성된 경우가 있습니다.

함수의 필수 입력 터미널은 [기본 도움말]의 함수 설명에서 굵은 글씨체로 표기되어 있는 입력에 해당하고 일반 글씨체의 입력 터미널은 권장 입력, 회색 글씨체의 입력 터미널은 옵션 입력에 해당함을 상기하세요.

그리고 깨진 와이어가 생기는 이유는 크게 세 가지 경우가 있습니다. 첫 번째는 함수의 입력에 연산이 불가능한 데이터 타입을 연결한 경우, 두 번째는 컨트롤과 컨트롤을 연결한 경우(또는 인디케이터끼리 연결한 경우), 그리고 마지막은 서로 다른 데이터 타입을 연결한 경우입니다.

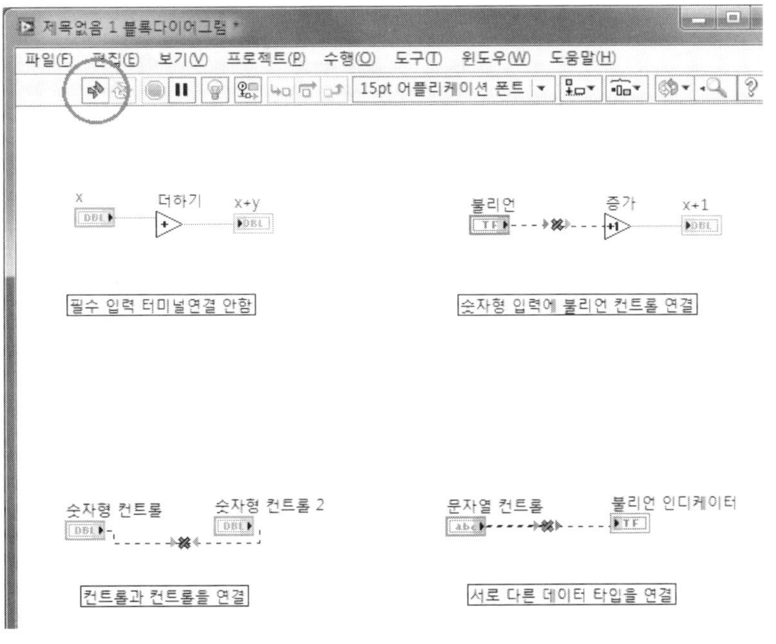

[그림 4-1] LabVIEW의 문법적 오류

이런 문법적 오류가 발생하면 프런트패널 및 블록다이어그램의 왼쪽 위에 있는 [실행 버튼]이 깨진 모양으로 변하고 이 버튼을 누르면 [그림 4-2]와 같이 컴파일 결과 발견된 문법적 오류를 확인할 수 있는 에러 리스트 창이 팝업됩니다. 이 에러 리스트 창에는 어느 부분에서 어떤 오류가 발생했는지 확인할 수 있습니다. 뿐만 아니라 에러와 경로 리스트에서 설명을 더블 클릭하면 해당 위치의 블록다이어그램으로 직접 이동이 가능합니다.

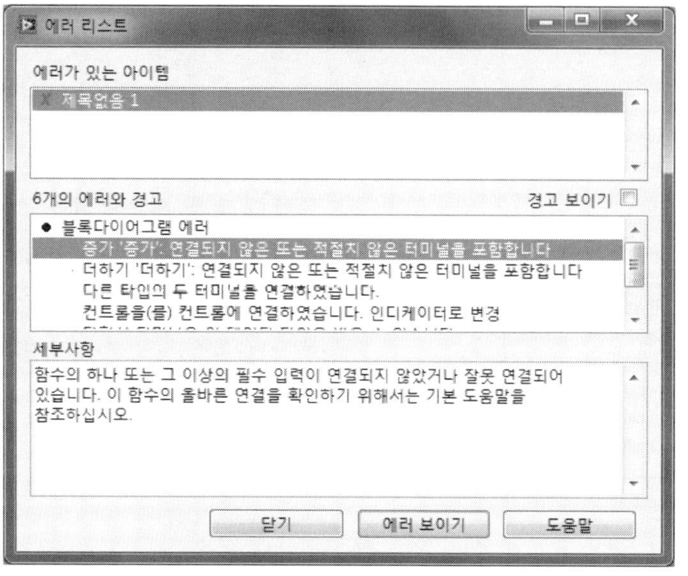

[그림 4-2] 에러 리스트 창

4.2.2 도구 모음의 사용

컴파일을 통하여 확인된 문법적 오류를 모두 수정하고 나면 VI를 실행하는 데에는 아무런 문제가 발생하지 않습니다. 하지만 실수에 의해서 함수를 잘못 사용하거나 알고리즘에 오류가 있었다면 사용자가 원하는 결과 대신에 예상하지 않은 결과가 발생할 수 있습니다. 이런 경우에는 블록다이어그램의 디버깅 도구를 사용해서 어느 부분에 실수가 있었는지 파악할 수 있습니다.

[그림 4-3] 디버깅 도구 모음

실행 강제 종료 / 일시 정지(,)

[실행 강제 종료] 버튼은 VI 실행 도중 실행을 강제로 정지시킬 때 사용합니다. 이 기능은 사용자의 실수로 루프가 무한 반복되거나 정상적인 종료가 불가능한 경우 주로 사용

하게 됩니다. 물론 강제 종료 기능을 사용하지 않아도 VI가 정상 종료될 수 있도록 알고리즘 디자인을 하는 것이 최선입니다.

[일시 정지] 버튼은 VI 실행 도중 그 과정을 잠깐 동안 멈추는 기능을 가지고 있습니다. 이 기능은 단독으로 사용하기보다는 다음 부분에 설명할 [실행 하이라이트] 기능과 곁들여서 주로 사용합니다.

실행 하이라이트(,)

[실행 하이라이트] 기능은 VI를 실행할 때 와이어를 따라서 전달되는 값과 LabVIEW의 실행 흐름을 확인할 수 있는 기능입니다. [실행 하이라이트] 버튼을 누르면 버튼의 아이콘이 오른쪽 모양처럼 전구에 불이 들어온 모양으로 바뀌게 되고 이 상태로 VI를 실행하면 와이어를 따라서 값이 전달되는 과정을 직접 눈으로 확인할 수 있습니다. 이 부분은 그림만으로 설명하기에는 한계가 있으므로 직접 실행해 보시길 권장합니다.

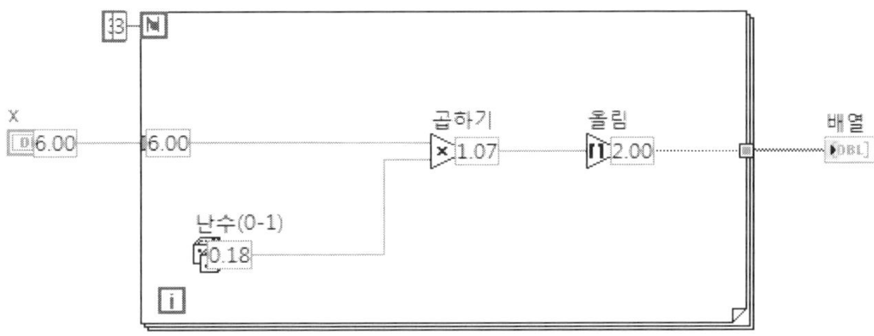

[그림 4-4] 실행 하이라이트를 이용한 VI의 실행

단 [실행 하이라이트] 기능을 사용하면 코드의 실행 시간이 길어지므로 일정한 시간 안에 주어진 코드가 실행해야 하는 경우에는 이 기능을 사용할 수 없습니다. 이런 경우 주어진 시간 안에 코드의 실행을 완료하지 못하면 프로그램 자체적으로 에러가 발생하게 되므로 [실행 하이라이트] 기능을 사용한 디비깅 자체가 불가능합니다.

탐색 윈도우

[실행 하이라이트] 기능을 사용할 때 블록다이어그램의 코드가 스크롤을 해야 할 정도로 부피가 크다면 와이어 값의 이동을 확인하는 것이 쉽지 않습니다. 이런 경우 [탐색 윈도우] 기능을 이용하면 조금 더 손쉽게 코드의 특정 부분으로 이동할 수 있습니다.

[탐색 윈도우]를 실행하는 방법은 프런트패널이나 블록다이어그램의 실행 메뉴에서 [보기]→[탐색 윈도우]를 선택하거나 단축키(Ctrl + Shift + N)을 누릅니다. 그러면 [그림 4-5]와 같이

하단에 VI 창의 내용 전체를 축소한 창이 뜨고 그 창의 특정 부분을 마우스 왼쪽 버튼을 클릭하여 원하는 부분으로 이동이 가능합니다.

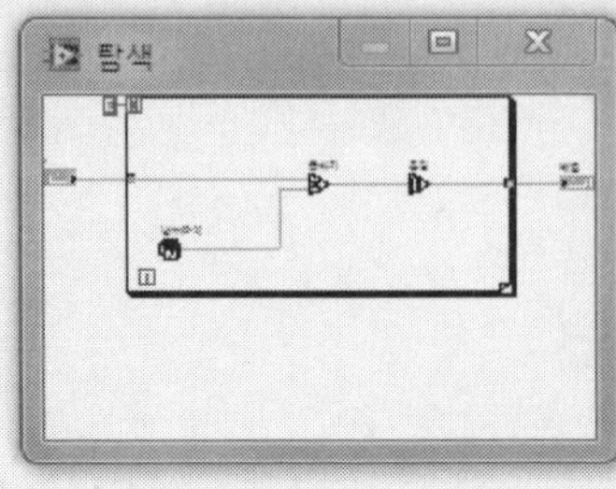

[그림 4-5] 탐색 윈도우

와이어 값 유지(프로브 ,)

이 도구의 기능을 설명하려면 먼저 [프로브]라는 기능을 언급해야 합니다. 프로브(Probe)란 오실로스코프(Oscilloscope)나 디지털 멀티미터(DMM) 등의 계측기에 입출력을 전달해 주기 위한 일종의 고급 전선입니다. 즉 프로브를 회로의 특정 부분에 가져다 대고 접촉을 시켜주면 그 접촉된 부분의 전압 또는 전류 값 등을 계측기로 전달하는 역할을 하는 것입니다. LabVIEW에서도 이와 유사하게 와이어를 통해 특정한 값이 전달되면 그 값이 얼마인지를 표시해 줄 수 있는 [프로브]라는 소프트웨어적인 도구를 지원합니다. 와어어에 [프로브] 기능을 추가하려면 와이어 위에 마우스 커서를 올리고 [바로가기 메뉴] → [프로브]를 선택합니다.

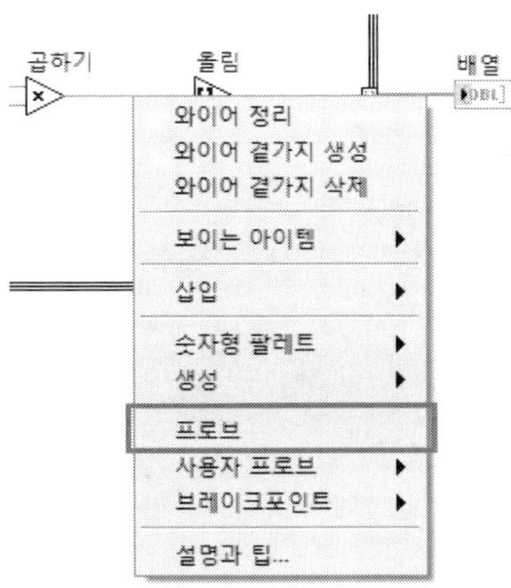

[그림 4-6] 프로브 생성

[프로브]를 만들고 나면 [그림 4-7]과 같이 [프로브 관찰 윈도우]가 생성되고 와이어 위에는 생성된 [프로브]의 번호가 표기됩니다. [프로브 관찰 윈도우]에는 와이어 위의 번호와 대응되는 [프로브]의 번호와 값이 표기되고 최종 업데이트 열에는 값이 업데이트된 시간이 표시됩니다.

이 [프로브] 기능을 이용하여 VI를 실행하면 [프로브]가 위치한 곳의 와이어를 통해 전달되는 값을 바로바로 확인할 수 있기 때문에 [실행 하이라이트]를 사용할 수 없는 경우 또는 와이어를 통해 전달되는 값을 시간 지연 없이 확인하고 싶은 경우에 유용하게 사용할 수 있는 디버깅 도구입니다.

[프로브]의 기능은 [실행 하이라이트] 기능을 사용한 상태에서 VI를 실행하면 쉽게 이해할 수 있습니다.

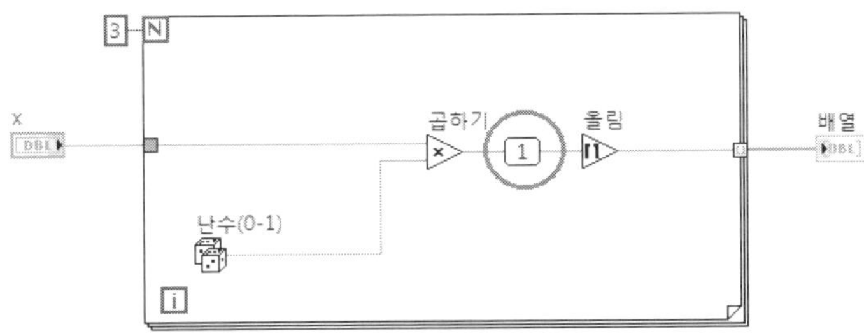

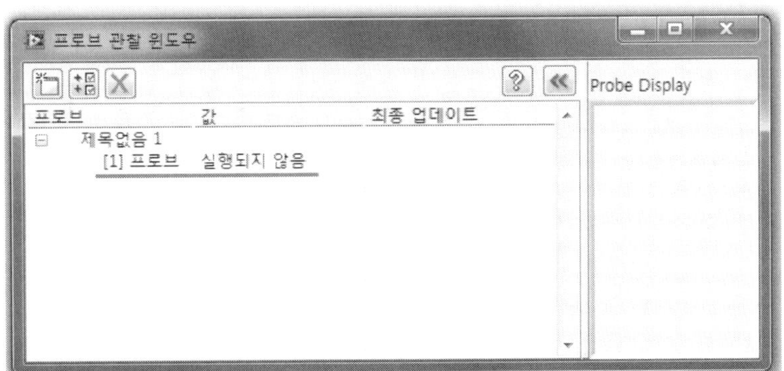

[그림 4-7] 프로브 관찰 윈도우

[프로브]를 생성하는 것은 와이어를 통해 전달되는 값을 사용자에게 보여주기 위하여 프런트패널에 보이지 않는 임시 인디케이터를 만들어 주는 것과 같습니다. 다만 그 인디케이터의 기본값은 0 대신에 "실행되지 않음"을 가지고 값의 변화는 프런트패널이 아니라 [프로브 관찰 윈도우]를 통해서 알 수 있다는 것이 다를 뿐입니다. [프로브]는 인디케이터와 마찬가지로 VI가 실행되기 전까지는 그 값이 업데이트되지 않으며 VI 실행이 끝난 후 새로운 [프로브]를 생성하더라도 다시 VI를 실행하기 전까지 그 값은 "실행되

지 않음"으로 표시됩니다.

이해를 돕기 위해 위에서 만든 VI에 프로브(1)를 만든 후 VI를 실행하고 다시 새로운 위치에 프로브(2)를 추가하면 [그림 4-8]과 같이 새로 추가된 프로브(2)의 값은 "실행되지 않음" 으로 표시됩니다.

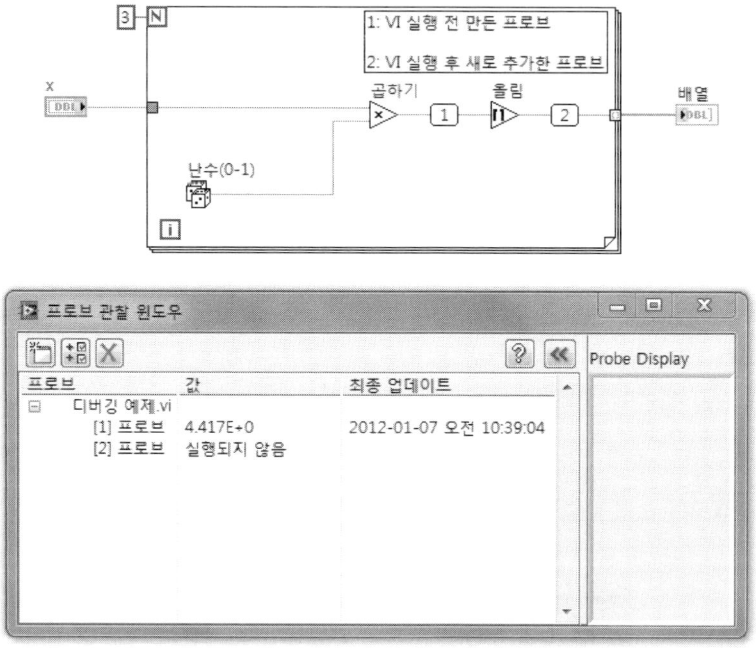

[그림 4-8] VI를 실행한 후 새로운 프로브 추가

하지만 [와이어 값 유지] 기능을 선택하면 VI를 실행한 후 [프로브]를 추가하더라도 이전에 VI를 실행할 때 와이어를 통해 전달된 최종값이 [프로브 관찰 윈도우]에 표시됩니다. 즉 이 기능은 사용자가 지정하지 않더라도 미리 모든 와이어에 임시 인디케이터(프로브)를 만들어주는 것과 같습니다. 이 기능을 이용하면 VI를 실행한 후에 [프로브]를 만들더라도 와이어를 통해 전달된 최종값을 확인할 수 있다는 장점이 있지만 사용자가 필요로 하지 않는 부분까지 임시 저장공간(프로브)를 만들어 줌으로 그 만큼 메모리의 사용이 늘어난다는 단점이 있습니다.

단계별 실행 들어가기 / 단계별 실행 건너뛰기 / 단계별 실행 나가기( )

단계별 실행 기능들은 코드 내에 있는 함수가 실행되는 단계마다 [일시 정지]해 주는 것과 같은 효과를 가집니다.

설명을 위해서 [그림 4-8]을 함수의 실행 단계별로 나누어보면

1. 컨트롤 X의 값을 읽어 For 루프 입력으로 전달
2. 난수(0-1)의 함수 값 읽어 옴
3. 곱하기 함수 실행
4. 올림 함수 실행
5. 결과값 오토 인덱싱 저장
6. 앞의 과정을 2회 추가 반복
7. 배열 인디케이터로 값 전달

과 같습니다. 단계별 실행 기능은 위의 단계 중간 중간에 [일시 정지]를 하고 사용자의 입력을 기다리는 기능입니다. 이 기능은 총 3개의 버튼으로 구현되어 있는데 각 버튼의 이름은 [단계별 실행 들어가기], [단계별 실행 건너뛰기], [단계별 실행 나가기]이고 각 버튼의 기능 구분은 그리 명확하지 않습니다. 이 부분은 직접 사용을 하면서 하나하나 익히는 것이 좋습니다.

4.2.3 브레이크포인트(Breakpoint)

브레이크포인트는 사용자가 지정한 지점의 코드가 실행될 때 VI의 실행을 [일시 정지] 하는 기능을 가지고 있으며, 다른 프로그래밍 언어에서도 많이 사용하는 디버깅 기법 중 하나입니다.

만약 코드의 부피가 큰 VI가 있고 그 중에 에러의 발생이 의심되는 지점이 있다고 가정하면 VI가 처음 실행될 때부터 [실행 하이라이트]나 [단계별 실행] 기능을 사용하면 에러의 발생이 의심되는 지점이 코드가 실행되기까지 많은 시간이 소요될 수 있습니다. 이러한 경우 시간 낭비를 줄이기 위해서 브레이크포인트 기능을 사용해 브레이크포인트가 설정된 지점전까지는 빠르게 코드를 실행하고 그 이후에는 [실행 하이라이트] 또는 [단계별 실행] 기능을 사용해서 디버깅을 수행하는 것이 좋습니다.

브레이크포인트를 설정하는 방법은 코드가 실행될 때 [일시 정지]하고 싶은 지점의 와이어에 마우스 커서를 올리고 [바로가기 메뉴] → [브레이크포인트]→ [브레이크포인트 설정]을 선택합니다. 브레이크포인트 설정이 끝나면 선택한 지점에 [그림 4-9]와 같이 빨간색 점이 생기고 VI를 실행하면 브레이크포인트가 생성된 지점에서 자동으로 VI가 [일시 정지] 됨을 확인할 수 있습니다.

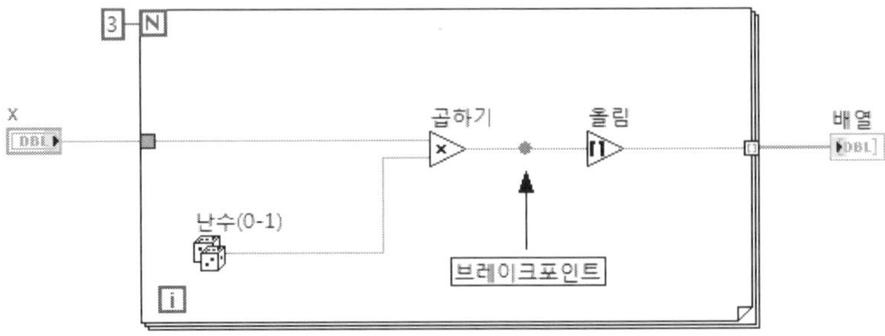

[그림 4-9] 브레이크포인트 설정

디버깅이 끝난 후 브레이크포인트를 제거하기 위해서는 설정 방법과 유사하게 브레이크포인트가 설정된 와이어 위에 마우스 커서를 위치시키고 [바로가기 메뉴] → [브레이크포인트] → [브레이크포인트 지우기]를 선택하거나 [바로가기 메뉴] → [브레이크포인트] → [브레이크포인트 관리자]를 선택해서 브레이크포인트를 제거할 수 있습니다.

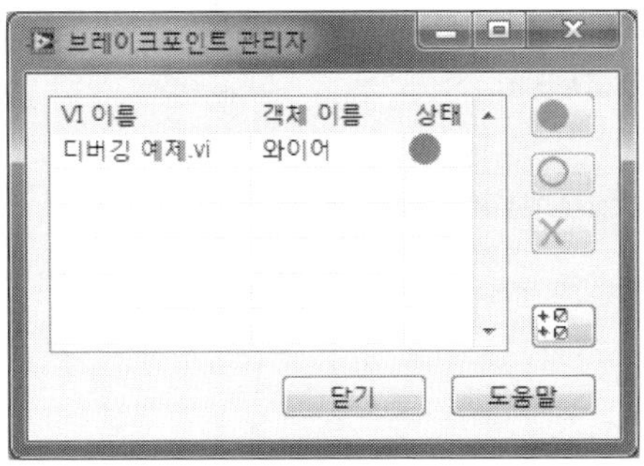

[그림 4-10] 브레이크포인트 관리자

4.2.4 다이어그램 비활성화 구조(Diagram Disable Structure)

[다이어그램 비활성화 구조]는 이전에 소개했던 디버깅 도구들과는 달리 하나의 기능이 아니라 구조 함수에 속합니다.

다이어그램 비활성화 구조
[Diagram Disable Structure]

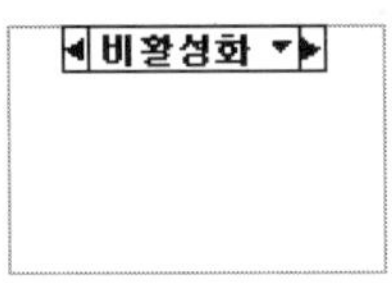

[그림 4-11] 다이어그램 비활성화 구조 함수

이 함수는 사용자가 선택한 VI의 특정 부분을 실행에서 제외(비활성화)하는 기능을 가지고 있으므로 디버깅과 관련이 없는 코드를 실행에서 제외하거나 [실행 하이라이트] 기능을 사용하면 코드 실행 타이밍 문제로 에러가 발생하는 코드를 실행에서 제외하는 등의 디버깅 보조 용도로 유용하게 사용할 수 있습니다. 뿐만 아니라 [다이어그램 비활성화 구조]를 사용하면 특정 부분의 코드를 삭제하지 않고 다른 코드로 대체할 수 있으므로 적절히 사용하면 디버깅 효율을 높일 수 있습니다.

[다이어그램 비활성화 구조]의 위치는 블록다이어그램에서 [함수] 팔레트 → [구조] 함수 팔레트 → [다이어그램 비활성화 구조]입니다. 이 함수를 선택한 후 실행에서 제외(비활성화) 하고 싶은 코드 위에 마우스 끌기(drag)로 구역을 설정하면 [그림 4-12]와 같이 [다이어그램 비활성화 구조]가 생성됩니다. 이 함수는 케이스 구조와 유사하게 비활성화 케이스와 활성화 케이스를 가지고 있는데, 이 중에서 VI 실행 시 제외되는 부분은 비활성화 케이스이며 비활성화 케이스에 있는 코드 대신에 실행하고 싶은 코드가 있다면 활성화 케이스에 코드를 삽입할 수 있습니다.

[다이어그램 비활성화 구조]의 기능을 확인하기 위해서는 [실행 하이라이트] 기능을 사용한 상태에서 VI를 실행시키면 쉽게 그 동작을 확인할 수 있습니다.

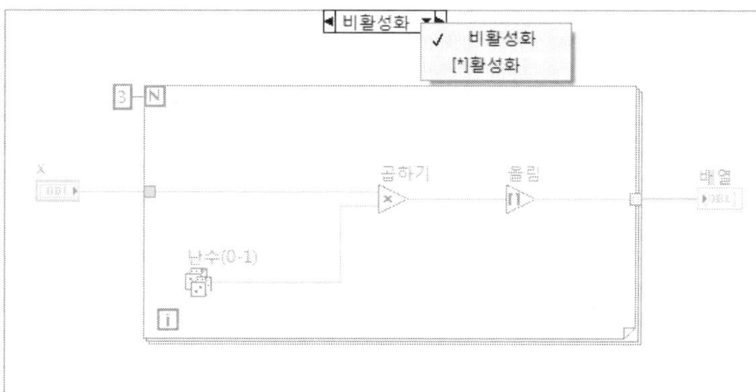

[그림 4-12] 다이어그램 비활성화 구조 함수의 사용

4.3 에러 핸들링(Error Handling)

디버깅 과정을 거치고 나면 VI를 실행했을 때 별다른 문제를 일으키지 않고 사용자가 원하는 결과를 확인할 수 있는 준비가 끝났다고 할 수 있습니다. 하지만 아무리 완벽하게 디버깅을 했다고 하더라도 운영체제의 문제, 또는 제어하는 하드웨어의 문제 등 프로그램 외적인 문제로 인해서 에러가 발생할 가능성은 여전히 존재합니다. 이런 예기치 않은 문제들로 인해서 에러가 발생하였을 때 이 에러를 처리하는 기법을 에러 핸들링이라고 합니다.

에러 핸들링은 예기치 않은 에러가 완성된 코드의 어느 부분에서 어떤 이유로 발생했는지 쉽게 파악하기 위해서 사용하는 기법이며 이 기법은 코드의 부피가 커지면 커질 수록 그 필요성이 증가합니다.

LabVIEW에서는 에러 핸들링을 위해서 에러 클러스터라는 데이터 형태를 사용합니다.

4.3.1 에러 클러스터(Error Cluster)

클러스터 중에서 불리언과 32비트 숫자형 정수(I32) 그리고 문자열의 순서로 그 원소들을 포함하고 있는 클러스터를 특별히 에러 클러스터라고 부릅니다. 에러 클러스터는 그 이름에서 알 수 있듯이 코드 내에서 에러가 발생했을 경우, 그 에러의 이름과 이유에 대한 정보를 사용자에게 전달하는 용도로 사용합니다. 에러 클러스터는 사용자가 직접 클러스터를 만들거나 또는 프런트패널에서 [컨트롤] 팔레트→ [배열, 행렬, 클러스터] 팔레트→ [에러 입력 3D] 또는 [에러 출력 3D]를 선택하여 만들 수 있습니다.

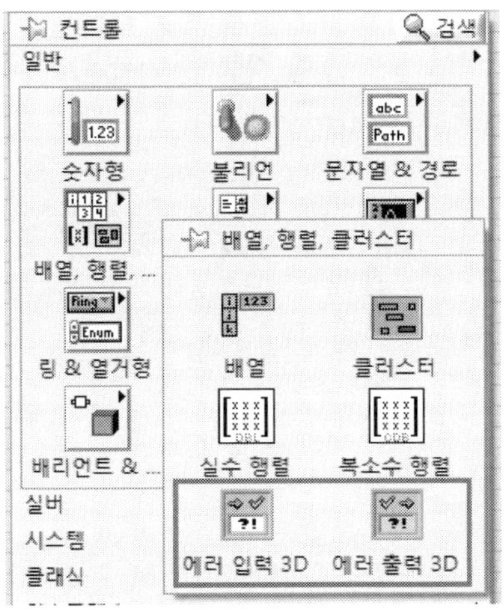

[그림 4-13] 에러 입력, 출력 클러스터

에러 클러스터는 에러의 유무를 나타내는 "상태" 불리언과 에러가 발생했을 때 그 에러의 고유 번호를 나타내는 32비트 정수형 "코드", 그리고 마지막으로 에러가 발생한 원인을 간단하게 알려주는 "소스" 문자열로 구성되어 있습니다. 대부분의 경우 에러 코드 및 소스는 LabVIEW에서 미리 할당이 되어있으므로 사용자가 별도로 수행해야 할 작업은 없으며 단순히 에러 클러스터 입출력을 가지고 있는 함수와 와이어로 연결만 하면 그 함수 연산 시 발생한 에러에 대한 정보를 얻을 수 있습니다.

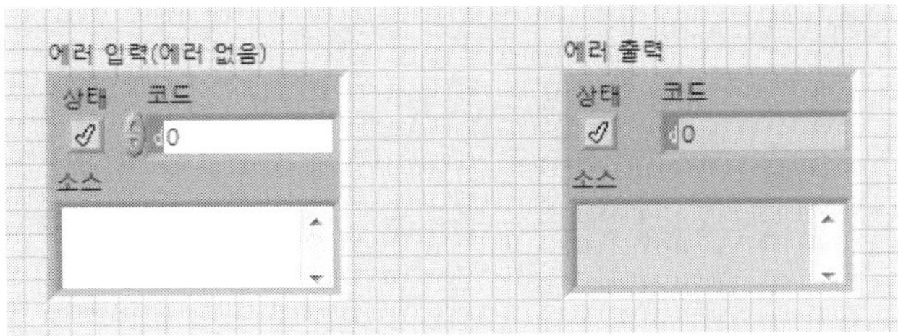

[그림 4-14] 에러 클러스터 컨트롤 및 인디케이터

하지만 모든 함수들이 에러 클러스터 입출력을 가지고 있는 것은 아닙니다. 보통 단순 연산 함수들의 경우는 프로그램 외적인 이유로 인한 에러가 발생할 여지가 거의 없으므로 별도로 에러 클러스터에 대한 입출력을 가지고 있지 않습니다. 반면에 파일 입출력 함수들과 같이 운영 체제와 관련되거나 다른 하드웨어와 관련이 있는 함수는 대부분 에러 클러스터 입출력을 가지고 있습니다.

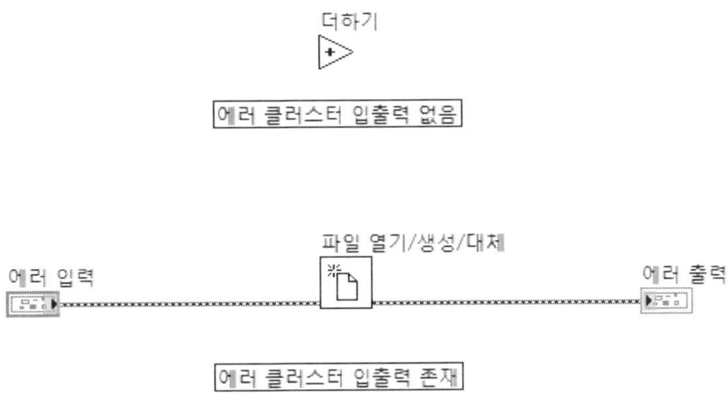

[그림 4-15] 에러 클러스터 입출력이 있는 함수와 그렇지 않은 함수

4.3.2 자동 에러 핸들링과 수동 에러 핸들링

LabVIEW에서 에러 클러스터를 이용한 에러 핸들링 방법에는 크게 자동 에러 핸들링과 수동 에러 핸들링 방식이 존재합니다.

그 중에서 자동 에러 핸들링은 코드를 실행하는 도중 에러가 발생했을 경우 LabVIEW에서 자동적으로 에러에 대한 처리를 수행하는 방식입니다. 이 방식을 사용하면 에러 발생 시 코드의 실행을 일시 중지하고 에러 경고 창을 띄워 코드의 실행을 계속할 것인지 중지할 것인지를 사용자에게 묻게 됩니다. 자동 에러 핸들링 방식은 LabVIEW에서 기본(default)으로 설정되어 있는 방식이므로 자동 에러 핸들링 기능을 활성화하기 위한 별도의 작업은 필요하지 않습니다.

자동 에러 핸들링 방식을 이해하기 위해 고의적으로 함수의 에러를 발생시키려면, [그림 4-16]과 같이 파일 I/O 함수 중 [파일 열기/생성/대체] 함수와 [파일 닫기] 함수의 파일 참조 번호를 서로 연결하고 [파일 열기/생성/대체] 함수의 경로 입력에서 [바로가기 메뉴] → [생성] → [상수]를 선택한 후 그 값을 "abcd.txt"로 설정합니다.

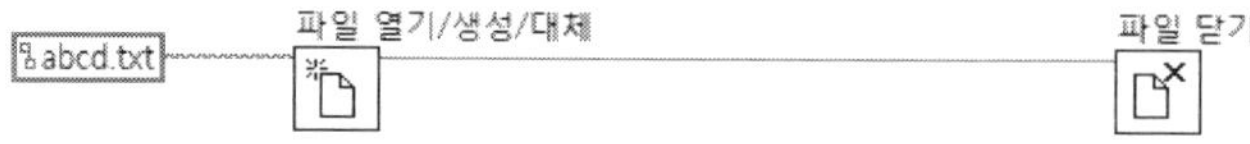

[그림 4-16] 자동 에러 핸들링 예제

이 코드는 단순히 경로 상수에 지정된 파일을 열었다가 닫아주는 의미를 가지고 있습니다. 하지만 입력 경로 자체가 잘못된 경로이므로 [파일 열기/생성/대체] 함수는 에러를 발생할 수 밖에 없습니다. 만약 이 VI를 실행하면 자동 에러 핸들링이 활성화되어 있으므로 [그림 4-17]과 자동으로 에러가 발생하였음을 알려주는 창이 뜨고 에러 코드 번호와 에러 발생 이유, 에러가 발생한 함수의 이름을 사용자에게 보고합니다.

에러 경고 창의 오른쪽 하단에는 [계속] 버튼과 [정지] 버튼이 있습니다. 이 중에 [계속] 버튼은 현재 발생한 에러를 무시하고 다음 함수의 실행을 계속해서 진행할 때 사용할 수 있으며 [정지] 버튼을 선택하면 이 후의 함수들은 실행하지 않고 VI의 실행 자체를 정지합니다. 이때의 정지 상태는 VI 실행 중에 [강제 종료]를 선택했을 경우와 동일합니다.

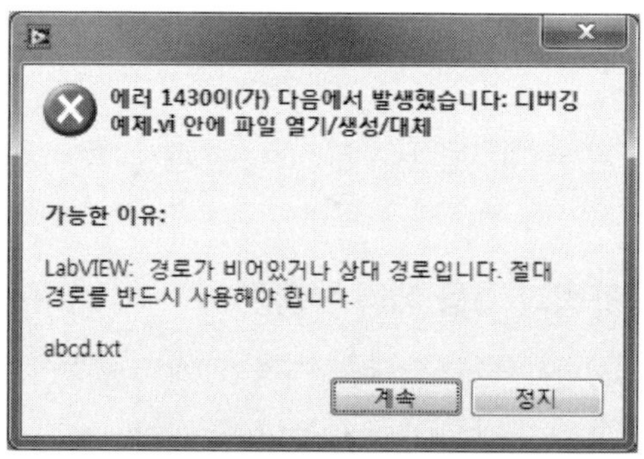

[그림 4-17] 자동 에러 핸들링 창

자동 에러 핸들링을 비활성화 하는 방법은 수동 에러 핸들링 기법을 사용하거나 실행 메뉴의 [파일] → [VI 프로퍼티]를 선택한 후 VI 프로퍼티 창이 뜨면 [항목] → [실행] → [자동 에러 핸들링 허용]을 체크 해제합니다. 이 항목을 해제한 후 위의 VI를 다시 실행하면 에러 경고 창이 뜨지 않고 VI가 실행됨을 확인할 수 있습니다.

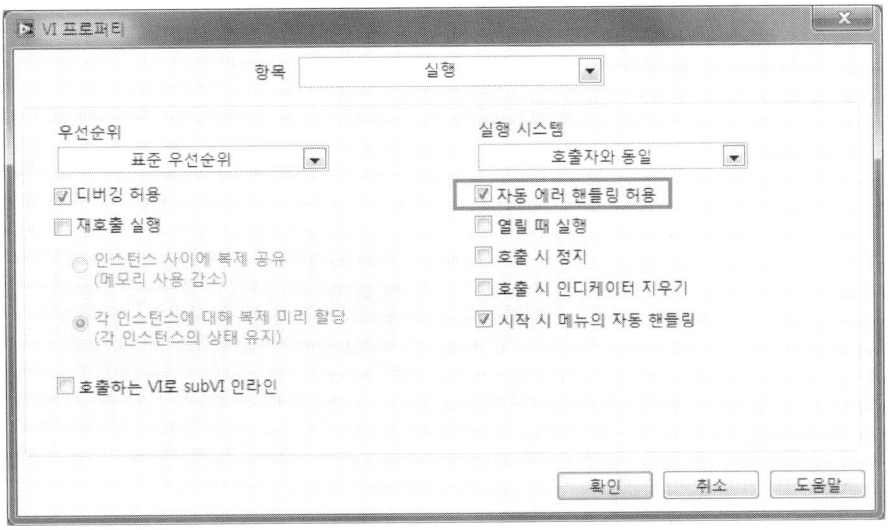

[그림 4-18] 자동 에러 핸들링의 비활성화

이 외에 자동 에러 핸들링을 비활성화하는 방법은 바로 수동 에러 핸들링을 이용하는 것입니다. 수동 에러 핸들링은 코드 실행 도중에 에러가 발생하더라도 경고창을 보여주지 않고 코드의 실행을 완료한 후 제일 마지막에 에러의 발생 여부를 알려주는 방식입니다. 이 방식은 에러가 발생하더라도 중간에 코드의 실행이 중단되지 않고 사용자의 입력을 요청하지 않으므로 에러 핸들링이 간편해지는 장점이 있습니다. 뿐만 아니라 에러가 발생했을 때 그 에러를 어떻게 처리(무시, 초기화, 재시도 등)할 것인지 또한 사용자가 선택할 수 있으므로 고급 사용자에게는 더욱 유용한 에러 핸들링 방식입니다.

수동 에러 핸들링은 별도의 옵션을 선택할 필요 없이 함수들의 에러 클러스터 입출력을 와이어로 연결함으로써 활성화합니다. 간단한 예로 자동 에러 핸들링을 살펴보기 위해서 만든 예제에서 [그림 4-19]와 같이 [파일 열기/생성/대체] 함수와 [파일 닫기] 함수의 에러 클러스터 입출력을 연결하고 [에러 입력 3D] 컨트롤을 [파일 열기/생성/대체] 함수의 에러 입력 터미널에, 그리고 [에러 출력 3D] 인디케이터를 [파일 닫기] 함수의 에러 출력 터미널과 연결하면 수동 에러 핸들링을 활성화할 수 있습니다.

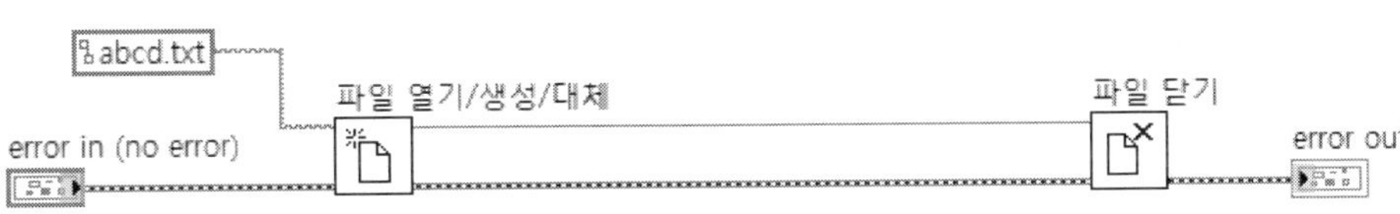

[그림 4-19] 수동 에러 핸들링 예제

이때 VI를 실행하면 자동 에러 핸들링의 경우와는 달리 에러 경고창이 뜨지 않고 에러의 내용이 에러 출력 클러스터로 전달됩니다. 이 에러 출력에 표시된 에러 코드의 번호와 소스는 에러 경고창에서 보여준 정보와 동일하며 조금 더 자세한 내용이나 설명은 에러 출력 클러스터에서 [바로가기 메뉴] → [에러 설명] 옵션을 선택해서 확인할 수 있습니다.

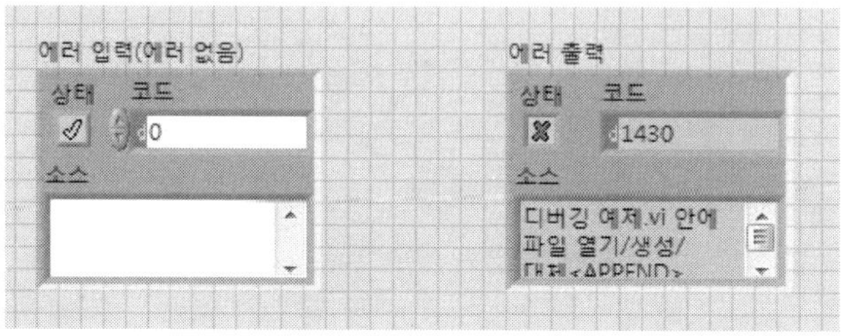

[그림 4-20] 수동 에러 핸들링 결과

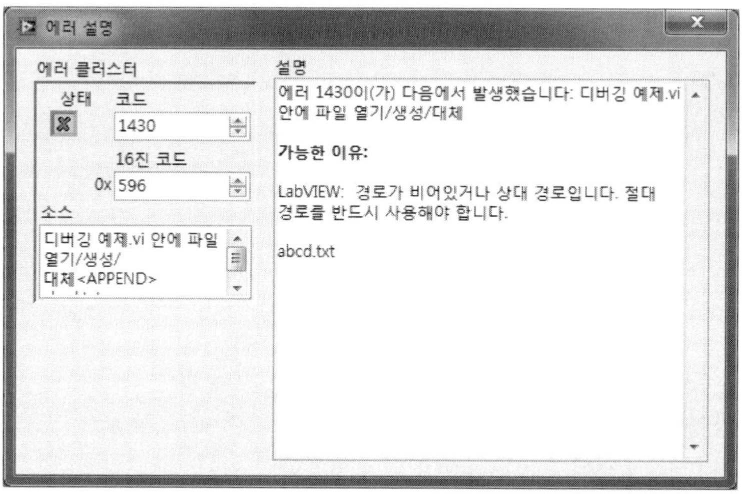

[그림 4-21] 에러 설명창

수동 에러 핸들링의 또 다른 특징은 어떤 함수에서 에러가 발생하면 그 뒤에 실행될 함수들의 연산을 수행하지 않고 제일 처음 발생한 에러만을 반환한다는 것입니다. 그 이유는 코드를 실행할 때 대부분의 경우 한 함수에서 에러가 발생하면 그 함수 뒤에 실행될 다른 함수들도 그 영향을 받아서 에러가 발생할 수 있기 때문입니다. 그렇기 때문에 LabVIEW에서 제공하는 함수들 중 에러 클러스터 입출력을 포함하고 있는 모든 함수들은 그 함수의 실행 전에 에러가 발생하면 함수의 연산을 수행하지 않고 에러가 발생하지 않으면 정상적으로 함수의 연산을 수행하는 형태로 구성되어 있습니다.

이 수동 에러 핸들링 기능은 [케이스 구조] 함수와 에러 클러스터를 이용하여 만들어집니다. [그림 4-22]와 같이 에러 클러스터 입력을 [케이스 구조]의 '케이스 선택자' 입력에 연결하면 에러 클러스터의 원소 중에서 에러의 유무를 나타내는 불리언 "상태"의 값에 따라서 자동으로 "에러" 케이스와 "에러 없음" 케이스가 생성됩니다. 이 중에서 "에러" 케이스에는 단순히 이전 단계의 함수에서 전달 받은 에러에 대한 정보를 다음 단계의 함수로 전달하는 역할만을 하도록 구성하고 "에러 없음" 케이스에는 함수의 정상적인 연산 내용을 집어넣고 에러 클러스터 입출력을 연결합니다. 이렇게 함수를 구성하면 자연스럽게 이전 단계에서 에러가 발생하면 다음 단계로 에러를 전달하고, 이전 단계에서 에러가 없으면 고유의 기능을 수행하는 형태로 만들 수 있습니다.

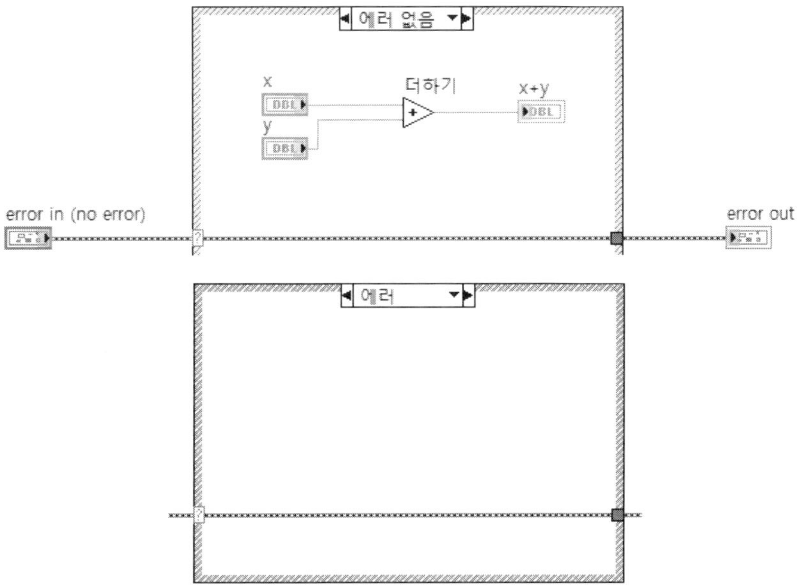

[그림 4-22] 수동 에러 핸들링 구조

요 약

- 디버깅이란 프로그램의 오류를 수정하는 과정을 의미합니다.
- LabVIEW에서 제공하는 디버깅 도구는 실행 하이라이트, 프로브, 브레이크포인트, 단계별 실행 등이 있습니다.
- 에러 핸들링은 예기치 않은 문제로 인해서 프로그램의 오류가 발생했을 때 그 오류를 처리하는 방법을 정의하는 과정입니다.
- 에러 핸들링의 방법에는 자동 에러 핸들링과 수동 에러 핸들링이 있습니다.

퀴 즈

1. 깨진 와이어(broken wire)가 생기는 세 가지 이유에 대해서 서술하세요.
2. 블록다이어그램에서 와이어를 따라 이동하는 데이터의 값을 눈으로 확인할 수 있는 디버깅 도구는 ( ) 입니다.
3. ( ) 상태를 활성화하면 프로브를 VI 실행 후에 만들더라도 그 와이어에 저장된 데이터 값을 읽을 수 있습니다.
4. 에러 클러스터는 어떤 함수의 에러 유무를 나타내는 ( ) 불리언과 에러의 코드 번호를 나타내는 ( ) 숫자형, 에러의 발생 원인을 나타내는 ( ) 문자열로 구성되어 있습니다.
5. 자동 에러 핸들링을 비활성화하는 방법은 VI 프로퍼티에서 자동 에러 핸들링 허용 옵션을 해제하거나, 함수들의 에러 클러스터를 와이어로 연결하는 ( )을/를 사용하는 방법이 있습니다.

CHAPTER

05

모듈화 (Modularity)

CHAPTER 05 모듈화(Modularity)

5.1 모듈화란?

모듈(Module)이란 단어는 하드웨어 및 소프트웨어에 관계없이 광범위하게 사용됩니다. 이 단어를 한 가지 의미로 정의하기는 어렵지만 포괄적으로 "하나 또는 여러 가지 기능을 구현하기 위해서 여러 종류의 원소들을 모아놓은 집합체" 정도로 정의할 수 있습니다. 이 정의를 프로그램 언어의 측면에서 적용하면 기본적인 함수들을 이용해 하나 또는 그 이상의 기능을 수행할 수 있도록 만든 함수들의 집합을 모듈이라고 부를 수 있으며, 이 함수들의 집합을 하나의 함수로 묶는 과정을 모듈화라고 할 수 있습니다.

5.2 모듈화가 필요한 이유

LabVIEW에서 함수의 모듈화는 별도의 과정을 필요로 하지만 모듈화를 하는 것과 하지 않는 것은 기능상으로 아무런 차이가 없습니다. 그럼에도 불구하고 모듈화를 권장하는 이유는 코드의 부피가 줄어들어 코드의 분석이 용이해지고, 아이콘을 적절히 사용하므로 직관적인 분석이 가능해질 뿐만 아니라 같은 기능이 반복해서 필요하거나 다른 VI에서 동일한 기능이 필요한 경우 기존에 만들어진 코드의 재사용(code reuse)이 가능하기 때문입니다.

간단한 예로 [그림 5-1]의 두 코드를 비교해보면 모듈화의 필요성을 알 수 있습니다. [그림 5-1]의 두 코드는 A와 B가 주사위를 100번 던져 A가 이긴 횟수를 사용자에게 알려주는 동일한 코드입니다. 두 코드의 차이점은 모듈화를 하지 않은 경우(위)에는 난수값을 이용해 1 ~ 6의 임의의 값을 구하는 부분이 동일하게 반복되고 있으므로 코드의 부피가 크고 코드의 기능 파악이 직관적이지 못합니다. 그러나 모듈화를 거치고 난 코드(아래)는 반복되는 부분을 하나의 모듈(함수)로 묶어서 코드의 부피가 작고 아이콘을 적절히 편집했기 때문에 코드의 분석이 용이하고 더욱 직관적입니다.

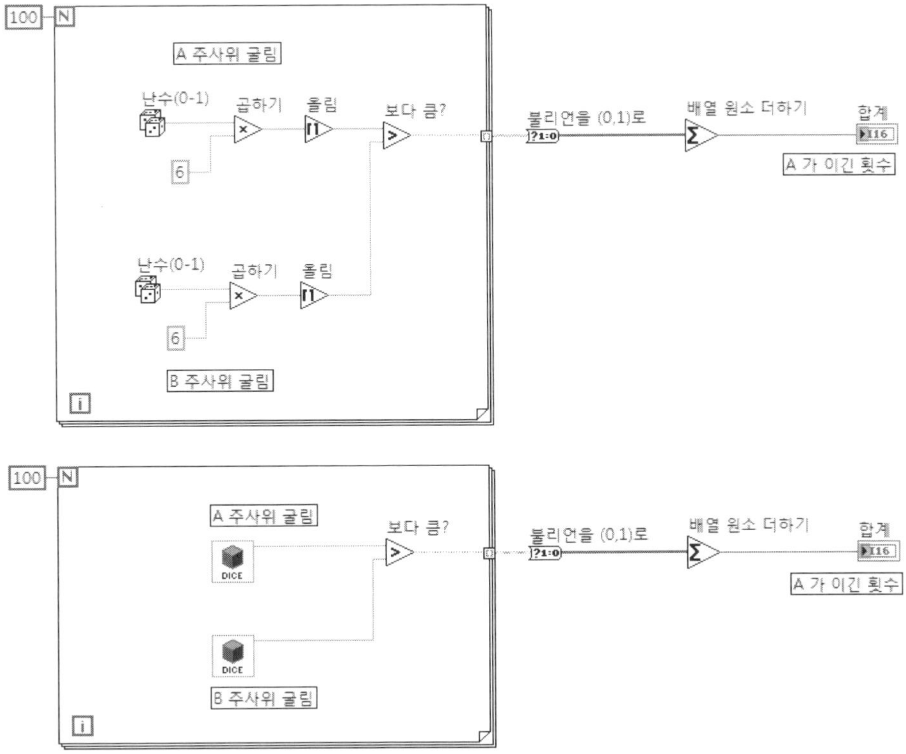

[그림 5-1] 모듈화 전(위)의 코드와 모듈화 후(아래)의 코드

5.3 subVI 만들기

LabVIEW에서는 모듈화된 함수를 subVI라고 부릅니다. subVI는 그 이름에서도 알 수 있듯이 VI의 안에서 사용되는 하위(sub) VI를 의미합니다. 하지만 이름이 다르다고 해서 만드는 방법이 일반적인 VI를 만드는 것과 다르지는 않습니다. subVI는 별도의 기능을 가진 VI가 아니라 단지 쓰임새에 따라서 VI를 부르는 명칭일 뿐입니다. 즉 똑같은 VI라도 그 VI가 다른 VI 안에서 하나의 함수처럼 사용된다면 그 VI는 subVI라고 부를 수 있습니다.

5.3.1 subVI 불러오기

VI를 subVI로 이용하기 위해서는 메인(main) VI 에서 하위(sub) VI를 불러와야 합니다. [그림 5-2]와 같이 두 입력의 사칙 연산을 할 수 있는 함수(VI)가 있을 때 이 사칙연산 VI를 다른 VI에서 불러오려면 먼저 VI를 "사칙연산.vi"로 저장하고(Ctrl + S), 새 VI를 연 후 "사칙연산.vi"를 마우스 끌기와 놓기(drag & drop)로 새 VI에 추가하거나 또는 새 VI의 블록다이어그램에서 [함수] 팔레트 → [VI 선택...] 옵션을 선택한 후 대화상자에서 "사칙연산.vi"를 선택하면 새 VI에서 "사칙연산.vi"를 불러올 수 있습니다.

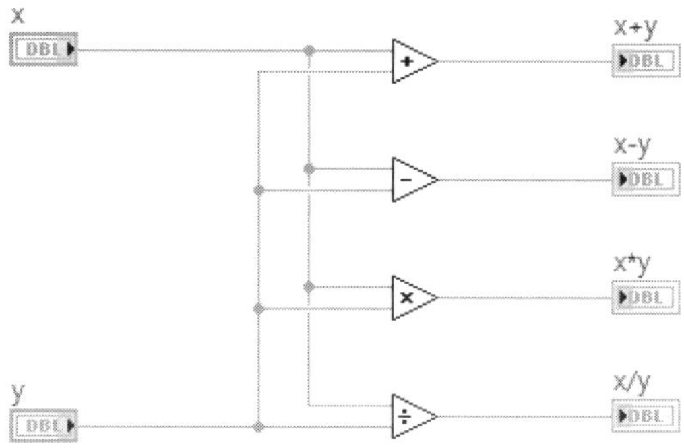

[그림 5-2] 사칙연산 VI

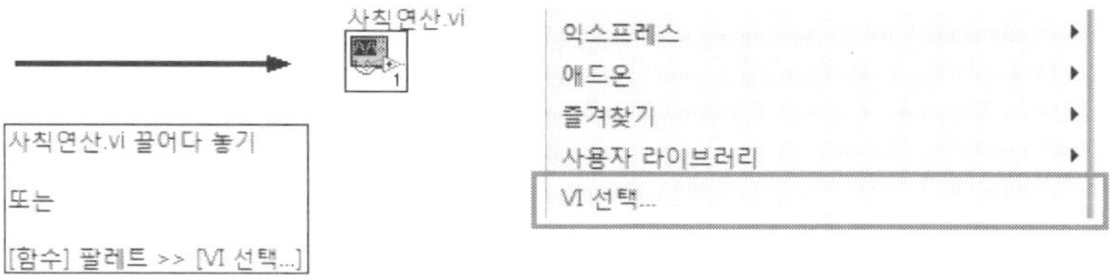

[그림 5-3] subVI 놓기

VI 끌기와 놓기 또는 [VI 선택...]을 이용하여 새 VI 안에 "사칙연산.vi"를 추가하면 위의 그림과 같이 "사칙연산.vi"에 해당하는 네모난 아이콘이 생성되고 "사칙연산.vi"를 subVI로 이용할 수 있는 기본적인 과정을 사실상 끝난 것과 다름없습니다. 하지만 현재 상태는 "사칙연산.vi"(subVI)에서 아무런 입력(X, Y) 터미널과 출력(X + Y, X − Y, X × Y, X / Y) 터미널이 없기 때문에 새 VI(main VI)에서 "사칙연산.vi"를 이용해서 사칙연산을 할 수 있는 아무런 방법이 없습니다.

뿐만 아니라 "사칙연산.vi"의 아이콘 모양은 LabVIEW에서 기본적으로 제공하는 아이콘 모양이므로 여러 개의 다른 subVI를 사용하는 경우, 기능은 서로 다르더라도 아이콘 모양이 동일하므로 subVI 사용에 어려움이 있을 수 있습니다.

5.3.2 subVI의 입출력 터미널 지정하기

subVI의 입출력 터미널을 지정하기 위해서는 프런트패널의 오른쪽 위에 위치한 [커넥터 팬]이란 부분을 이용해야 합니다. [커넥터 팬]은 왼쪽에 있는 [커넥터] 부분과 오른쪽에 있는 [아이콘] 부분으로 분리되어 있습니다(단 LabVIEW 2011 이전 버전에서는 아이콘만 표시되고 커넥터 부분을 보기 위해서는 아이콘 부분에서 [바로가기 메뉴] → [커넥터 보이기]를 선택해야 합니다).

이 둘 중에서 subVI의 입출력 지정을 위한 부분은 [커넥터] 부분입니다.

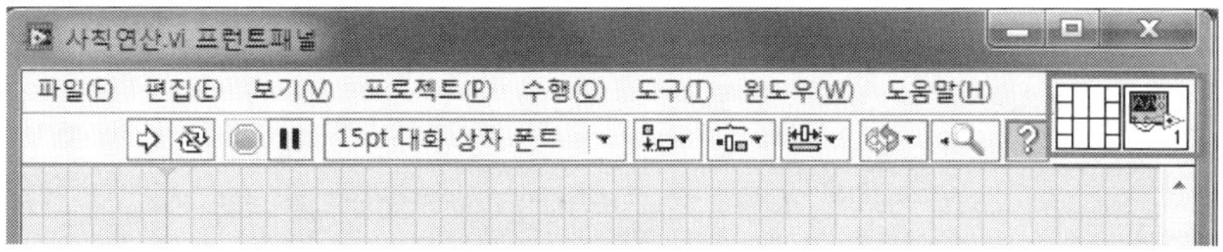

[그림 5-4] 커넥터 팬

사칙연산.vi의 입력과 출력을 만들어주기 위해서는 다음과 같은 과정이 필요합니다.

1. [커넥터] 부분으로 마우스 커서를 옮기고 [커넥터]의 작은 네모 중에서 하나를 선택합니다. 편의를 위해서 이 예제에서는 제일 왼쪽 위에 있는 네모(ⓐ)를 선택합니다.

[그림 5-5] 커넥터의 선택

2. [그림 5-5]와 같이 [커넥터]의 한 부분이 검은색으로 지정되면 프런트패널의 숫자형 컨트롤 "X"에 마우스 커서를 올리고 마우스 왼쪽 버튼을 클릭합니다. 그러면 [그림 5-6]과 같이 [커넥터]의 검은색 네모의 색깔이 해당 컨트롤의 변수 타입과 동일한 색상(ⓑ, 주황색)으로 변하고 프런트패널의 해당 컨트롤이 하이라이트 되는 것을 확인할 수 있습니다.
   이 과정은 [커넥터]의 한 부분과 사용자가 선택하는 컨트롤(또는 인디케이터)를 서로 연결해주는 의미를 가지고 있습니다.

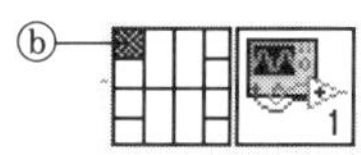

[그림 5-6] 커넥터의 연결

3. [기본 도움말] 창을 열고(Ctrl + H) [그림 5-7]과 같이 "사칙연산.vi"에서 입력 터미널이 생성되고, 그 입력의 이름은 숫자형 컨트롤의 라벨과 동일함을 확인합니다.

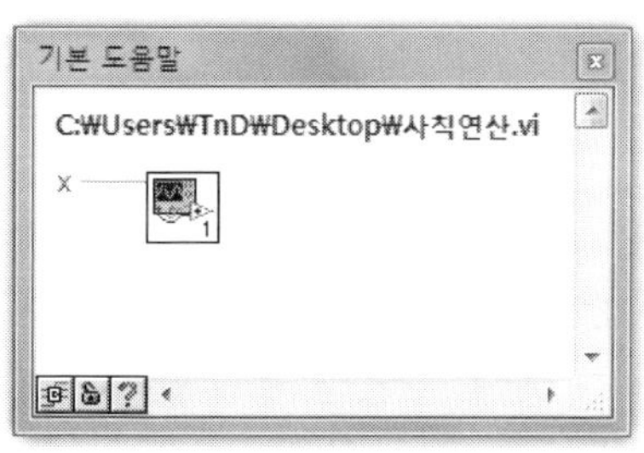

[그림 5-7] 커넥터 연결 후 기본 도움말의 변화

4. 위와 동일한 방법으로 다른 컨트롤과 인디케이터를 적절하게 연결해줍니다. 연결하는 위치는 [그림 5-8]을 참조하세요.

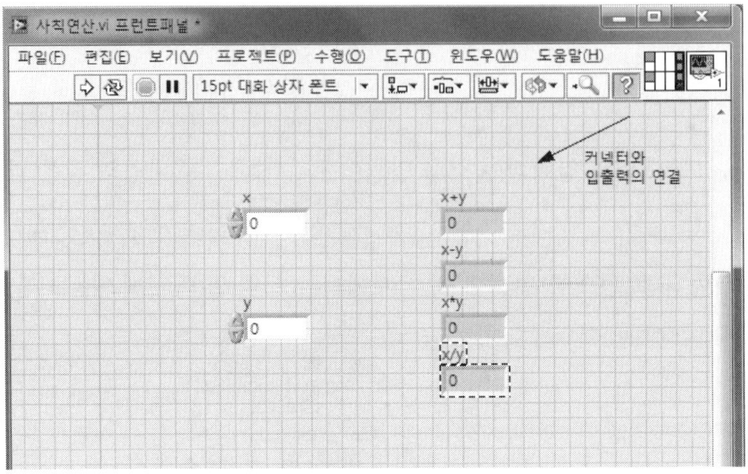

[그림 5-8] 모든 입출력의 연결

5. 하나의 컨트롤 또는 인디케이터는 오직 [커넥터]의 한 터미널과만 연결할 수 있습니다. 만약 [커넥터]와 컨트롤 또는 인디케이터의 연결이 잘못되었거나 다른 위치에 연결을 하고 싶다면 컨트롤 또는 인디케이터와 [커넥터]의 연결 부분에 정확하게 마우스 커서를 위치시키고 [바로가기 메뉴] → [이 터미널 연결 끊기]를 선택하거나 [모든 터미널 연결 끊기]를 선택한 후 다시 [커넥터]와 연결을 진행해야 합니다.

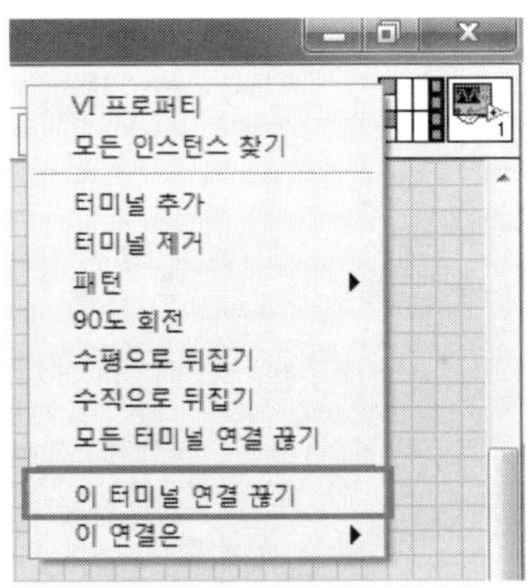

[그림 5-9] 터미널 연결 끊기

모든 컨트롤과 인디케이터의 상호 연결을 완료하면 [그림 5-10]과 같이 입력과 출력 터미널이 표시됩니다. 이때 입력 터미널은 항상 왼쪽에 출력 터미널은 항상 오른쪽에 표시됨을 유의하세요.

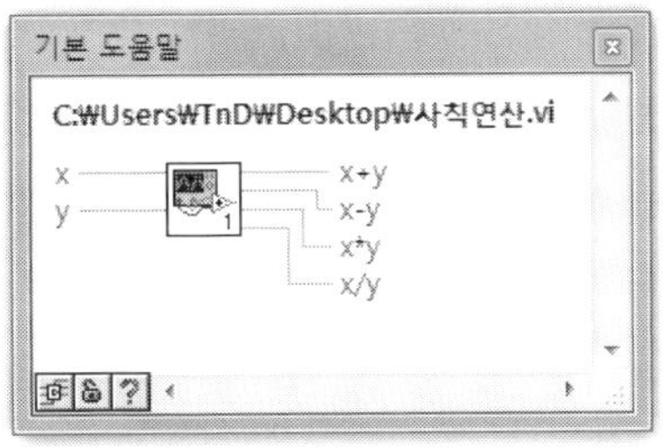

[그림 5-10] 모든 입출력의 연결 후 기본 도움말의 변화

5.3.3 커넥터의 패턴 변경

[커넥터]의 모양은 패턴이라고 하는데, 이 패턴은 입출력의 개수에 따라서 혹은 사용자의 취향에 따라서 바꿀 수 있는 여지가 있습니다. 예를 들어 입출력의 총 개수가 12개를 넘어가게 되면 기본 패턴으로는 모든 입출력을 지정할 수가 없습니다. 그때는 [커넥터]에서 [바로가기 메뉴] → [패턴] → [원하는 모양을 선택]하여 입출력 연결 커넥터의 개수를 조절할 수 있습니다.

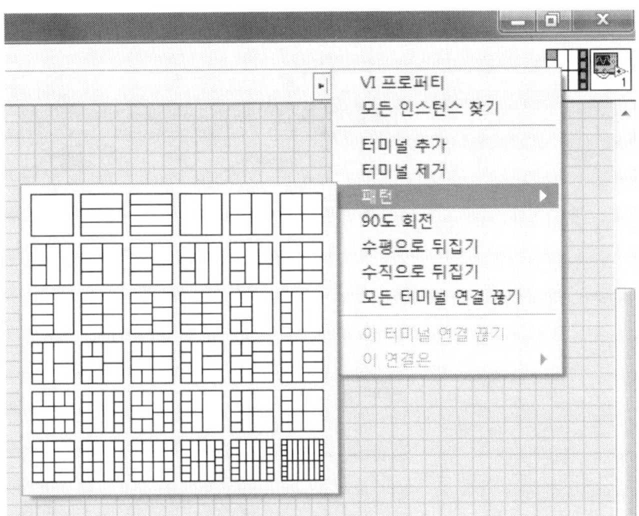

[그림 5-11] 커넥터의 패턴

하지만 되도록이면 기본 패턴을 사용하는 것이 좋습니다. 그 첫 번째 이유는 하나의 VI에 입출력의 개수가 너무 많으면 와이어의 연결이 복잡해지므로 코드가 지저분해지고 분석이 어려워지기 때문입니다. subVI를 만들 때에는 처음부터 입출력의 개수가 너무 많아지지 않도록 알고리즘을 잘 디자인 하거나 입출력 개수를 줄일 수 없다면 기본 패턴을 사용하는 여러 개의 subVI로 나누어서 원하는 기능을 만들어주는 것이 좋습니다.

두 번째 이유는 다른 대부분의 LabVIEW 함수들이 기본 패턴을 이용하므로 기본 패턴을 사용해서 subVI를 만들면 다른 함수들과의 연결이 깔끔하게 이루어지기 때문입니다. 특히나 에러 클러스터 입출력을 사용하는 함수의 경우 [그림 5-12]와 같이 제일 하단에는 에러 클러스터 입출력을, 그리고 상단에는 데이터를 주고받기 위한 입출력을 연결해서 사용하므로 기본 패턴을 사용한 subVI와의 연결이 자연스럽게 이루어집니다.

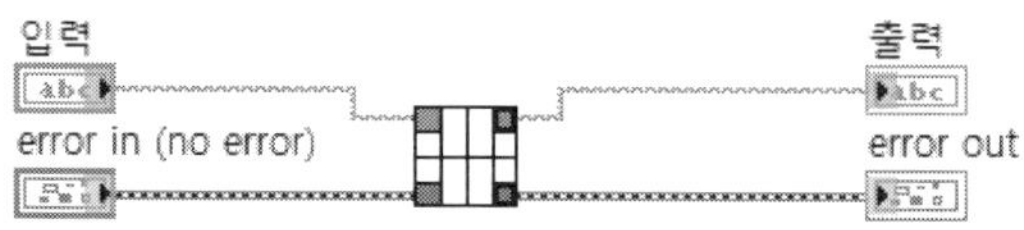

[그림 5-12] 에러 클러스터 입출력을 가진 함수의 기본 패턴

5.3.4 커넥터 입력의 연결 방식 변경

[커넥터] 입력은 기본적으로 권장 입력 터미널(일반 글씨체)로 정의됩니다. 만약 특정한 입력을 필수 입력 터미널(굵은 글씨체)이나 옵션 입력 터미널(회색 글씨체)로 설정하고 싶다면 해당하는 입력의 [커넥터] 터미널에 마우스를 정확히 위치하고 [바로가기 메뉴] → [이 연결은] → [필수] 또는 [옵션]을 선택해야 합니다.

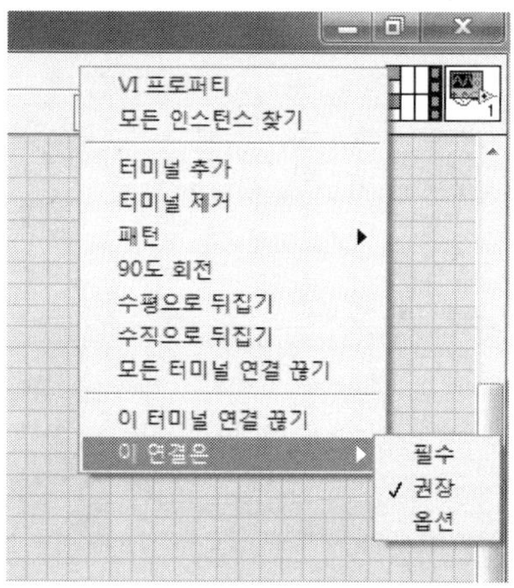

[그림 5-13] 입력 터미널의 연결 방식 변경

이 옵션을 선택하여 입력 터미널 연결 방식을 변경하면 기본 도움말 창에서 그 입력의 글씨체가 필수 입력(굵은 글씨체) 또는 옵션 입력(회색 글씨체)로 변경되었음을 확인할 수 있습니다. 참고로 필수 입력은 VI의 실행을 위해서 반드시 연결해야 하는 입력이고 옵션 입력은 주로 고급 설정을 위한 데이터를 받는 터미널에서 주로 이용합니다.

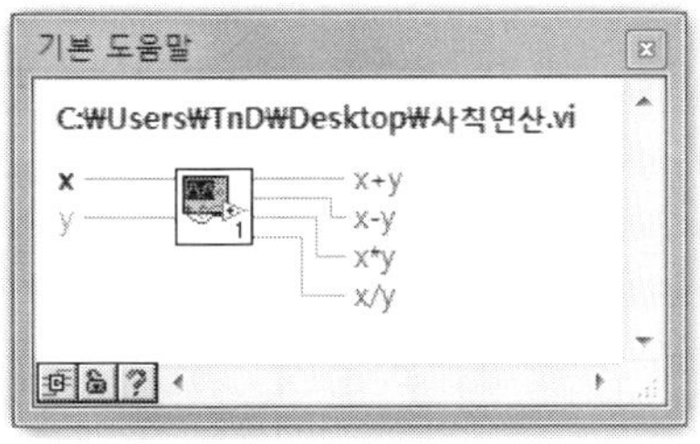

[그림 5-14] 필수(x) 및 옵션(y) 입력 터미널 변경

5.3.5 아이콘 만들기

subVI의 입출력 터미널 설정이 완료되면 여러 개의 subVI를 사용할 때 혼동을 막기 위해서 subVI의 아이콘을 적절히 변경하는 과정이 필요합니다.

subVI의 아이콘을 수정하기 위해서는 [커넥터 팬] 부분의 [아이콘]에서 [바로가기 메뉴] → [아이콘 편집]을 선택하거나 [아이콘] 부분을 더블 클릭해서 [아이콘 편집기]를 불러와야 합니다.

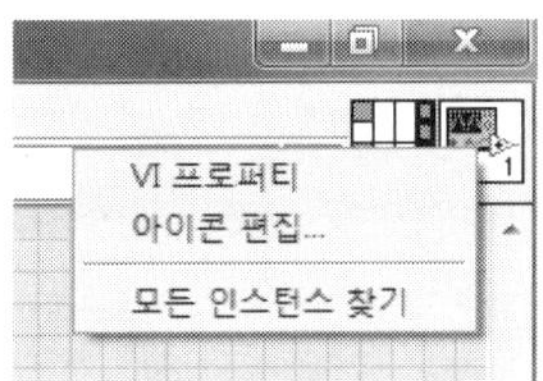

[그림 5-15] 아이콘 편집

[아이콘 편집기]는 템플릿, 아이콘 텍스트, 문양, 레이어 탭과 오른쪽의 그림 편집 도구들로 구성되어 있습니다.

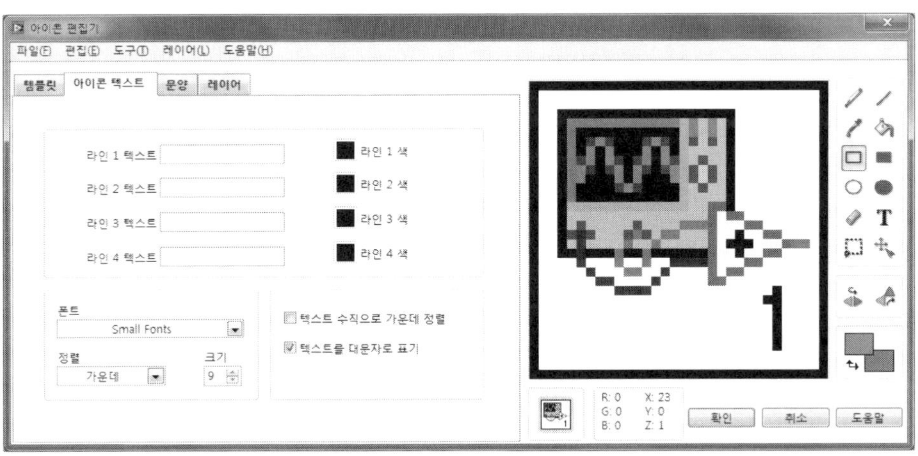

[그림 5-16] 아이콘 편집기

[실습 5-1] 아이콘 편집기를 이용해서 사칙연산을 위한 아이콘을 만드세요.

1. 사칙연산.vi의 [커넥터 팬] 부분에서 [이이콘] 부분을 더블 클릭하여 [아이콘 편집기] 창을 열어줍니다.

2. 오른쪽에 있는 그림 도구 중 [선택] 도구를 더블 클릭하여 아이콘 전체 영역을 선택한 후 Delete 키를 눌러 LabVIEW 기본 아이콘을 삭제합니다.

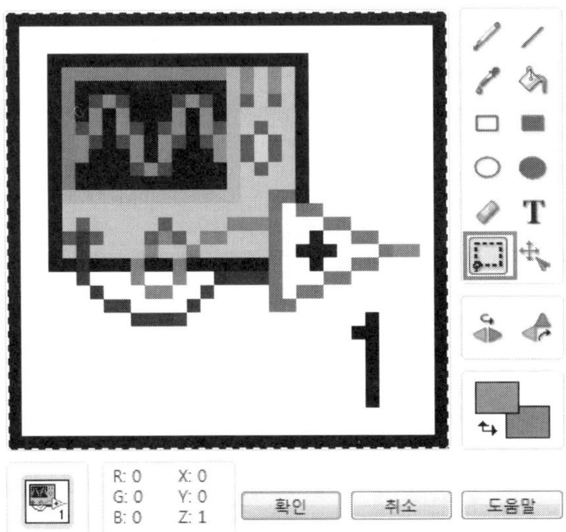

[그림 5-17] 선택 도구 이용하여 아이콘 삭제

3. [아이콘 텍스트] 탭을 선택한 후 더하기(add), 빼기(subtract), 곱하기(multiply), 나누기(divide)의 앞 글자를 딴 ASMD를 라인 1 텍스트에 넣어줍니다.

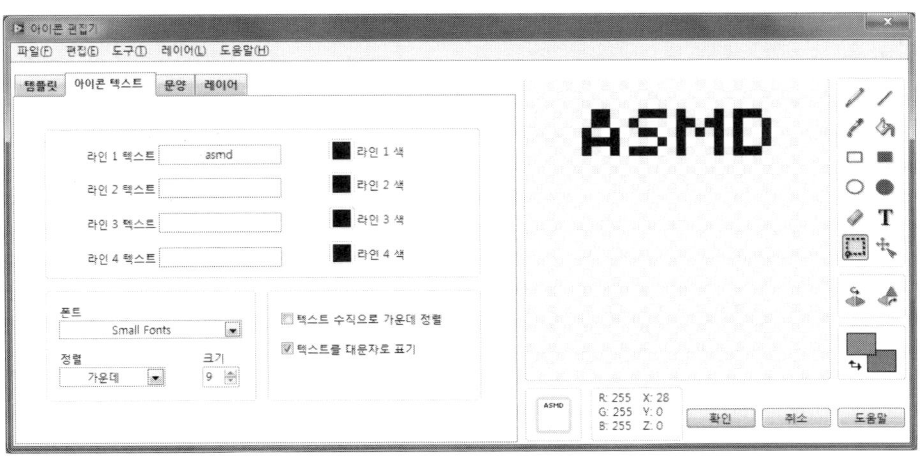

[그림 5-18] 아이콘 텍스트 삽입

4. [문양] 탭을 선택하고 왼쪽의 항목 리스트에서 [수학]을 선택합니다.
그리고 오른쪽에 수학과 관련된 아이콘이 나타나면 f(x) 아이콘을 선택하여 아이콘 그림 위에 끌어다 놓습니다.

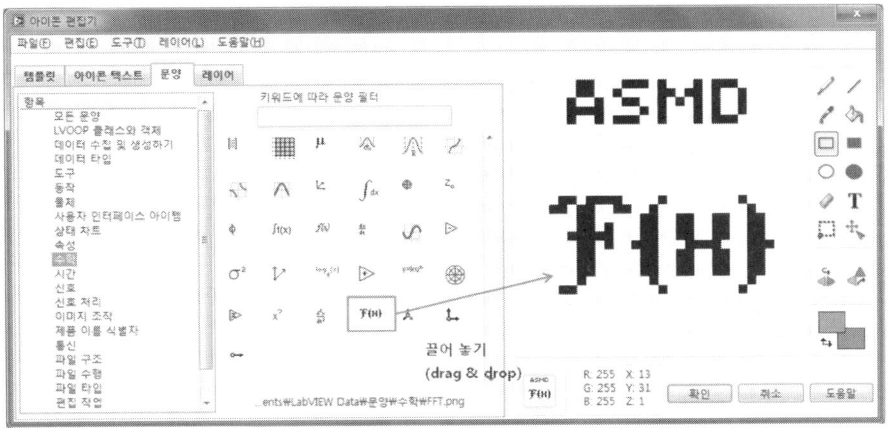

[그림 5-19] 아이콘 그림 삽입

5. 오른쪽 그림 도구의 사각형 도구를 더블 클릭하여 아이콘의 테두리를 만들어 줍니다.
테두리의 색깔은 오른쪽 아래에 있는 라인 색을 선택하여 변경할 수 있습니다.

[그림 5-20] 아이콘 테두리 만들기

6. [확인] 버튼을 누르고 기본 도움말 창의 아이콘 모양이 변경되었음을 확인합니다.

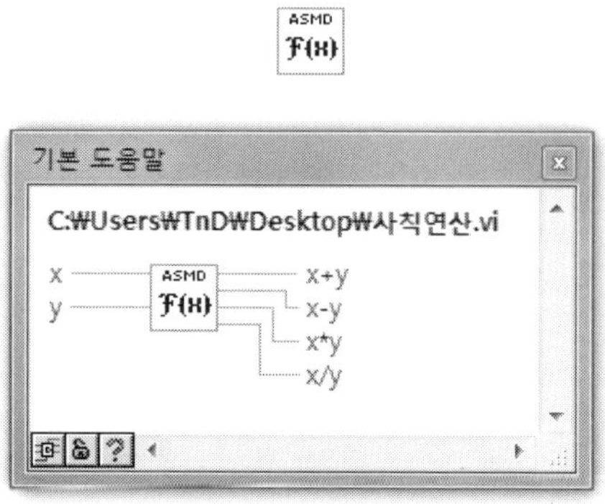

[그림 5-21] 변경된 아이콘의 적용

참고로 LabVIEW에서 기본적으로 제공하는 아이콘 라이브러리 이외의 파일을 LabVIEW 아이콘에 사용하려면 [아이콘 편집기]의 실행 메뉴에서 [편집] → [파일로부터 문양 반입...]을 선택하거나 해당 그림 파일을 [커넥터 팬] 옆에 위치한 [아이콘] 위로 끌어다 놓으면(drag & drop) 아이콘의 그림이 선택한 그림 파일로 업데이트됩니다.

사실 아이콘은 어떻게 만들어도 기능과는 아무런 관련이 없습니다. 하지만 적절한 아이콘 모양을 삽입하면 이 subVI가 어떤 기능을 하는지 직관적으로 파악할 수 있는데 도움을 주기 때문에 간단하게라도 아이콘을 만들어 주는 것이 좋습니다.

5.3.6 subVI의 실행

[커넥터 팬]의 커넥터 연결을 통해 입출력 터미널을 설정하고 [아이콘]을 이용해서 subVI의 아이콘 모양의 변경이 완료되면 해당 VI를 subVI로 이용하기 위한 모든 준비가 완료됩니다. "사칙연산.vi"를 subVI 형태로 실행하기 위해서는 새 VI의 블록다이어그램에서 [함수] 팔레트 → [VI 선택...]을 이용하거나 "사칙연산.vi"를 직접 새 VI의 블록다이어그램으로 끌어다 놓은(drag & drop) 후 일반적인 LabVIEW 함수를 사용하는 것과 동일하게 "사칙연산.vi"의 입력과 출력에 컨트롤과 인디케이터를 연결해야 합니다.

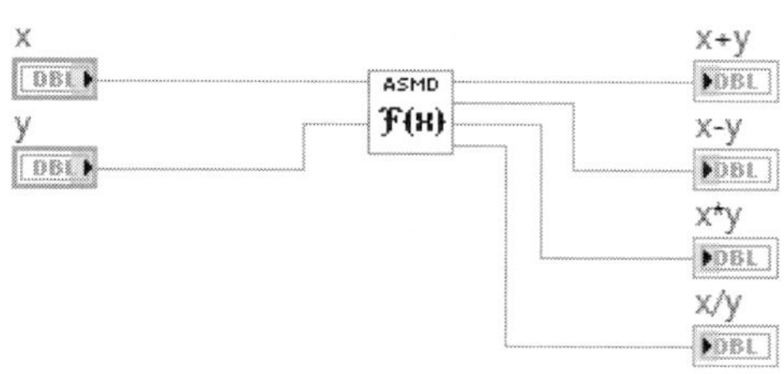

[그림 5-22] subVI의 입출력 연결

연결이 완료되면 컨트롤의 값을 변경하고 [실행] 버튼(Ctrl + R)을 누르면 사칙연산의 결과를 확인할 수 있습니다.

5.3.7 SubVI를 만드는 또 다른 방법

앞에서 설명한 subVI를 만드는 방법은 프로그램을 만들기 전에 미리 알고리즘을 설계하고 그 알고리즘에 맞게 코드를 짜는 경우 주로 사용합니다. 하지만 간단한 프로그램을 만드는 경우는 미리 알고리즘을 설계하지 않고 바로바로 코드를 짜서 실행하고 디버깅하는 형식으로 프로그램을 완성하기도 합니다. 이때 코드의 부피가 생각보다 커지거나 코드의 일부분이 반복되어야 한다면, 이미 만들어진 코드의 한 부분을 subVI로 만드는 것이 새 VI를 열어서 subVI를 만드는 것보다 시간을 단축할 수 있습니다.

이미 만들어진 코드의 한 부분을 subVI로 만들기 위해서는 블록다이어그램에서 subVI로 만들고 싶은 코드의 한 부분을 마우스 끌기로 구역 지정한 후 실행 메뉴의 [편집] → [subVI 생성]을 선택합니다.

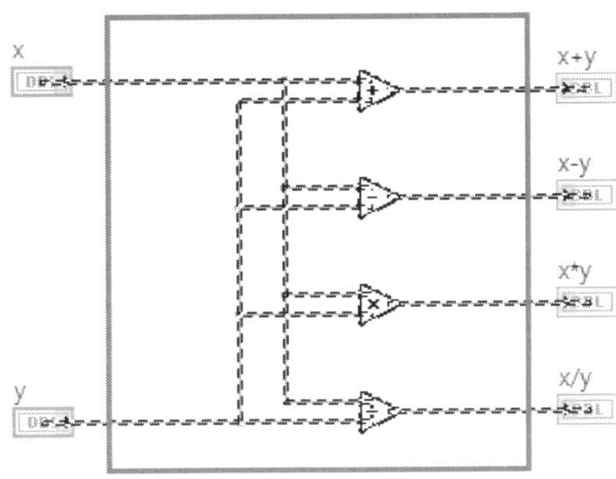

[그림 5-23] subVI 구역 지정

구역 지정을 이용해 subVI를 생성하면 [그림 5-24]와 같이 subVI 기본 아이콘이 생성되고 자동으로 입출력 터미널이 분배되는 것을 확인할 수 있습니다. 이 단계가 끝나면 subVI의 아이콘을 수정하고 VI를 저장하는 단계가 필요합니다. 자동으로 생성된 subVI를 열기 위해서는 subVI 아이콘 위에 마우스 커서를 올리고 더블 클릭 또는 [바로가기 메뉴] → [프런트패널 열기]를 선택합니다. 마지막으로 subVI의 창이 열리면 이전과 같은 방법으로 패턴 및 아이콘을 수정하고 VI를 저장하면 모든 과정이 완료됩니다.

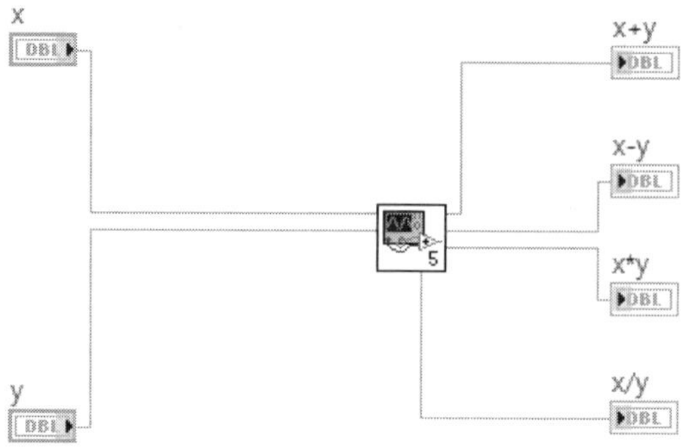

[그림 5-24] 자동으로 subVI 생성하기

요 약

- 모듈화는 코드의 직관적인 분석과 코드 재사용이 가능한 장점이 있습니다.
- LabVIEW는 subVI를 통해서 기능을 모듈화합니다.
- subVI의 입출력은 커넥터 팬(Connector Pane)을 통해서 지정합니다.
- subVI의 기능을 직관적으로 설명하기 위해서 아이콘 편집 기능을 제공합니다.

퀴 즈

1. (   ) (이)란 하나 또는 여러 가지 기능을 구현하기 위해서 여러 종류의 원소들을 모아놓은 집합체라고 정의 할 수 있습니다.
2. subVI를 만드는 두 가지 방법에 대해 서술하세요.
3. subVI에서 커넥터 팬의 입출력 터미널의 위치를 설정하는 옵션을 (   )(이)라 하며, 다른 LabVIEW 함수들과의 원활한 연결을 위해서는 기본 (   ) 을/를 사용하는 것이 좋습니다.
4. subVI의 아이콘에 외부 그림파일을 반입해서 사용할 수 있습니다. (참, 거짓)

CHAPTER

06

디자인 패턴 (Design Pattern)

CHAPTER 06 디자인 패턴(Design Pattern)

디자인 패턴이란 프로그램의 목적에 따라서 좀 더 쉽고 효율적으로 알고리즘을 설계할 수 있도록 미리 만들어 놓은 일종의 프로그램용 양식(template)이라고 할 수 있습니다. 이 디자인 패턴은 특정한 누군가가 만들었다기 보다는 수많은 프로그래머들이 경험적으로 보완하고 통합한 일종의 틀이라고 생각할 수 있습니다.

디자인 패턴의 종류는 프로그램을 설계하기 위해서 사용되는 while 루프의 개수에 따라서 일반 디자인 패턴, 단순 디자인 패턴, 상태 머신(state machine) 디자인 패턴, 병렬(parallel) 디자인 패턴으로 구분할 수 있습니다.

6.1 단순 디자인 패턴(Simple Design Pattern)

단순 디자인 패턴은 while 루프를 사용하지 않고 사용자가 정의한 입력값에 따라서 단 한 번의 실행으로 그 프로그램의 목적이 완성되는 형태입니다. 이 패턴은 복잡한 수식을 연산해 하나의 그래프 또는 결과치를 얻어내는 수학 시뮬레이션의 용도에 적합합니다.

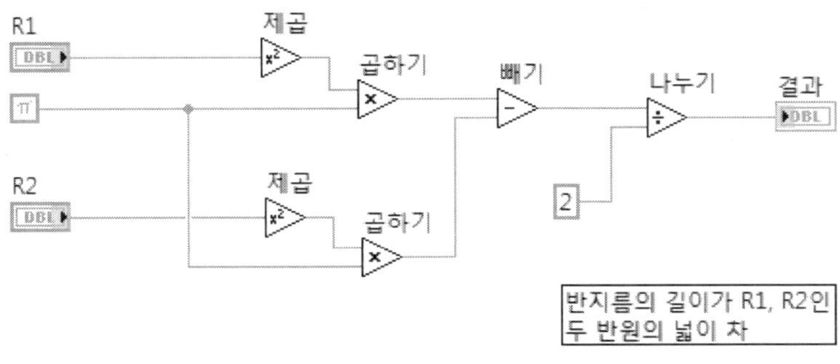

[그림 6-1] 단순 디자인 패턴의 예

6.2 일반 디자인 패턴(General Design Pattern)

일반 디자인 패턴은 하나의 while 루프를 사용하는 디자인 패턴입니다. 이 디자인 패턴은 한 가지의 기능을 반복해서 실행해야 할 경우 주로 사용하며 [그림 6-2]와 같이 [초기화] - [반복 실행] - [종료]의 단계로 구성됩니다. 이 단계들 중에서 첫 번째 초기화 단계에서는 하드웨어의 초기화 또는 프로그램에서 사용할 변수들의 초기값 지정 등을 수행하고, 두 번째 반복 실행 단계에서는 반복해서 수행하고 싶은 기능에 관련된 코드를 만들어 줍니다. 그리고 마지막 종료 단계에서는 하드웨어의 사용 종료 및 에러 핸들링에 관련된 부분을 수행합니다.

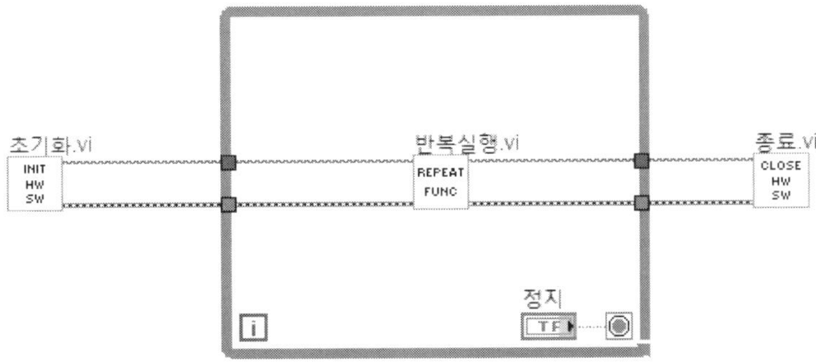

[그림 6-2] 일반 디자인 패턴의 예

6.3 상태 머신 디자인 패턴(State Machine Design Pattern)

상태 머신 디자인 패턴은 LabVIEW 코딩에서 가장 많이 사용되는 디자인 패턴 중 하나이며 여러 가지 기능을 하나의 while 루프로 수행하는 프로그램의 구현에 적합합니다.

상태 머신이란 프로그램에서 구현하고자 하는 여러 가지 기능들을 각각 하나의 상태(state)로 구분하여 코딩하는 방법을 의미하며, 이 디자인 패턴은 하나의 while 루프와 하나의 시프트 레지스터, 열거형 상수, 그리고 케이스 구조로 구성됩니다. 이 디자인 패턴에서 열거형 상수의 각 아이템은 하나의 상태를 나타내고, 열거형 상수의 각 아이템에 대응하는 케이스는 상태에 따라서 실행되어야 하는 기능을 나타냅니다.

간단한 예로 아래의 그림을 통해 상태 머신의 실행 구조를 분석해보면

1. 열거형 상수값 "초기화"를 시프트 레지스터로 전달
2. 케이스 구조에서 그에 대응하는 "초기화" 케이스 실행
3. 다음 루프 반복에서 실행할 케이스 값 "사용자 입력"을 시프트 레지스터로 전달
4. "사용자 입력" 케이스 실행
5. 다음 루프 반복에서 실행할 케이스 값을 전달 및 해당 케이스 실행 반복(초기화 / 사용자 입력 / 프로세스 1 / 프로세스 2 / 종료 케이스 중 하나)

과 같습니다.

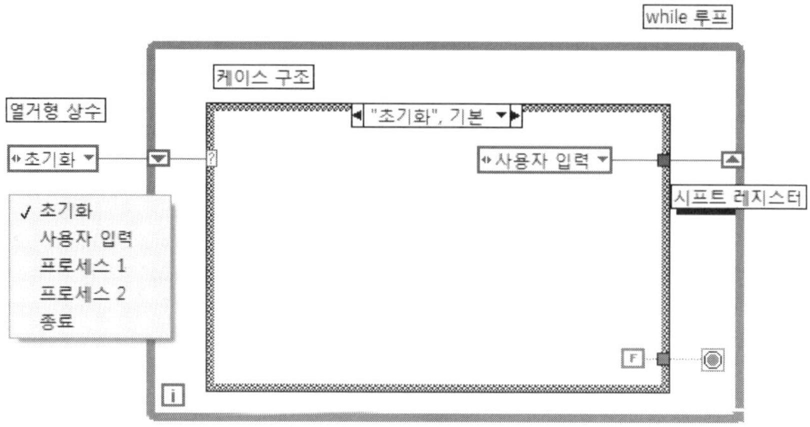

[그림 6-3] 상태 머신 디자인 패턴의 예

위의 예제에서 각각의 상태(초기화 / 사용자 입력 / 프로세스 1 / 프로세스 2 / 종료)는 단순히 예를 위해서 만든 상태들입니다. 즉 이 상태들은 결정되어 있는 것이 아니라 프로그램의 목적에 따라서 사용자가 직접 디자인해야 합니다.

6.3.1 상태 전이 다이어그램(State Transition Diagram)

사용자가 적절하게 상태를 구성하기 위해서는 상태 전이 다이어그램을 그려보는 것이 가장 좋은 방법입니다. 상태 전이 다이어그램은 플로우차트 다이어그램(flowchart diagram)과 유사하게 알고리즘을 체계적으로 디자인하기 위한 일종의 설계도입니다. 두 다이어그램 중에서 플로우차트 다이어그램은 논리적인 순서에 따라서 다이어그램을 그리므로 일반 디자인 패턴에 적합하고, 상태 전이 다이어그램은 기능에 따른 데이터의 이동을 나타내므로 플로우차트보다 조금 더 유연한 구성이 가능하다는 장점이 있습니다.

플로우차트 다이어그램과 상태 전이 다이어그램을 서로 비교하기 위해, 초기화 후 사용자의 입력에 따라서 프로세스 1, 프로세스 2를 실행하고 사용자가 종료를 선택하면 코드의 실행이 종료가 되는 프로그램[초기화 - 사용자 입력 대기 - 입력에 따라 프로세스 1, 프로세스 2 또는 프로그램 종료]을 만드는 경우 각각의 다이어그램을 그려보겠습니다. 먼저 플로우차트 다이어그램의 경우 실행 순서에 따라서 논리적인 블록으로 나누어서 그려야 하므로 [그림 6-4]와 같이 [초기화 - 사용자 입력 대기 - 사용자 입력? - 프로세스 1? - 프로세스 2? - 종료? - 프로그램 종료]의 순서로 구성될 수 있습니다.

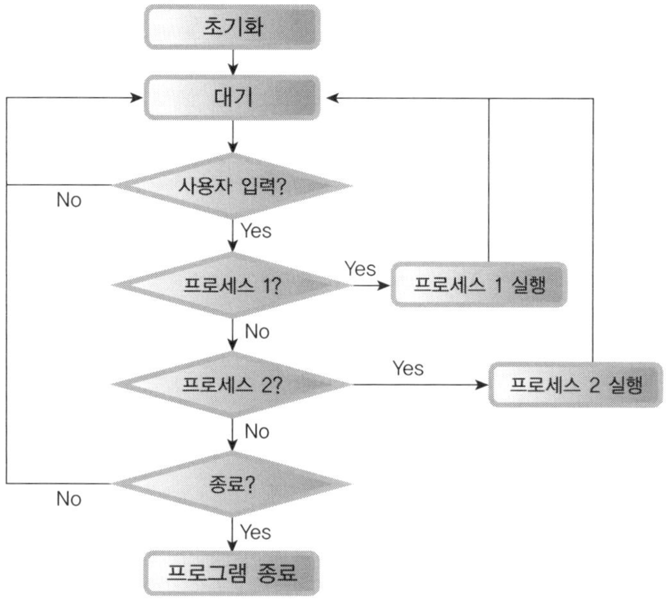

[그림 6-4] 플로우차트 다이어그램의 예

동일한 프로그램에 대하여 기능적으로 상태를 나눈 후 데이터의 흐름에 따라 자유롭게 다이어그램을 그리는 상태 전이 다이어그램은 [그림 6-5]와 같이 구성될 수 있습니다. 두 다이어그램을 비교해보면 하나의 프로그램이 여러 개의 기능을 실행하는 경우 상태 전이 다이어그램이 더욱 간결하고 분석이 용이함을 알 수 있습니다.

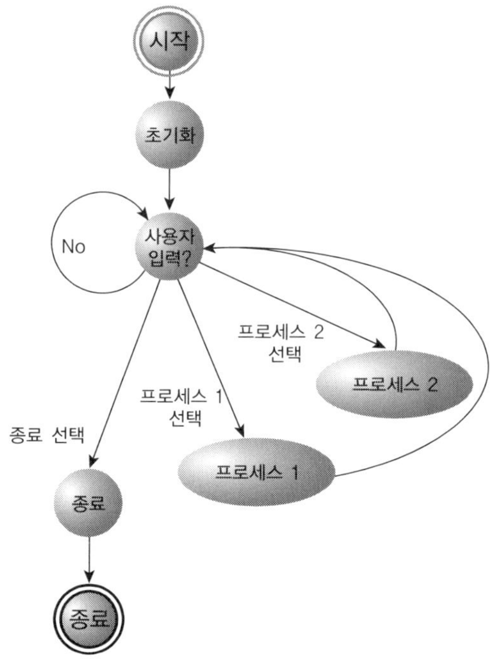

[그림 6-5] 상태 전이 다이어그램의 예

상태 전이 다이어그램을 그릴 때 정해진 규칙은 없습니다. 다만 프로그램이 필요한 기능이나 목적을 정리하고 그 시나리오를 바탕으로 사용자가 적절히 흐름을 정의해야 합니다. 상태 전이 다이어그램을 능숙하게 그리기 위해서는 많은 경험이 필요하므로 알고리즘을 디자인하는 단계에서 항상 상태 전이 다이어그램을 그려보는 것을 습관화하는 것이 좋습니다.

[실습 6-1] 앞에서 그린 상태 전이 다이어그램을 참고해서 상태 머신 프로그램을 만드세요.

이 상태 머신 프로그램은 사용자의 입력을 대기하고 있는 상태에서 사용자가 프로세스 1 버튼을 누르면 프로세스 1과 관련된 기능을 수행하고, 프로세스 2 버튼을 누르면 프로세스 2와 관련된 기능을, 마지막으로 종료 버튼을 누르면 프로그램의 수행을 종료하는 구조를 가져야만 합니다.

1. 프런트패널에서 [컨트롤] 팔레트 → [불리언] 팔레트 → [확인 버튼]을 선택하여 적당한 크기로 만든 후 라벨을 "프로세스 1"로 변경합니다.
   같은 방법으로 "프로세스 2", "종료" 버튼을 만들어 줍니다.

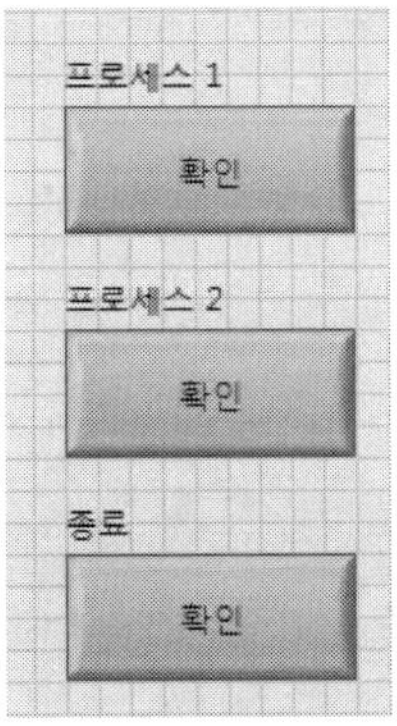

[그림 6-6] 프런트패널 구성

2. "프로세스 1" 확인 버튼의 불리언 텍스트(확인) 위에 마우스 커서를 올리고 마우스를 더블 클릭하여 텍스트 편집모드로 변경하고 그 값을 "프로세스 1"로 변경합니다.
   같은 방법으로 "프로세스 2", "종료" 버튼의 불리언 텍스트를 변경합니다.

3. [확인 버튼] 위에 마우스 커서를 올리고 [바로가기 메뉴] → [보이기] → [라벨]을 체크 해제합니다.
   같은 방법으로 "프로세스 2", "종료" 버튼도 라벨 보이기를 변경합니다.

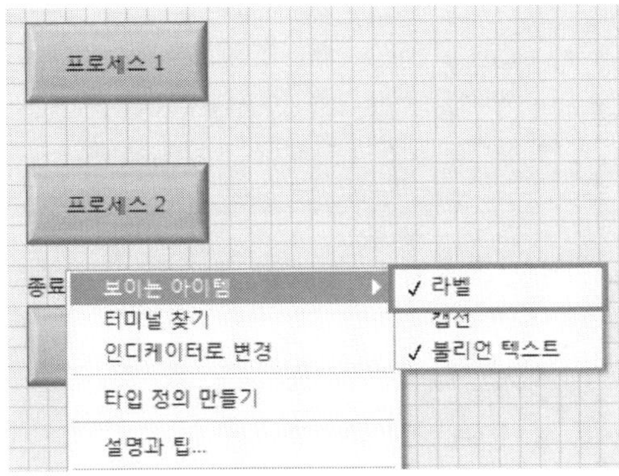

[그림 6-7] 프런트프널 구성

4. 위의 과정이 완료되면 버튼들의 위치를 적절히 조절해서 [그림 6-8]과 같이 정렬합니다.

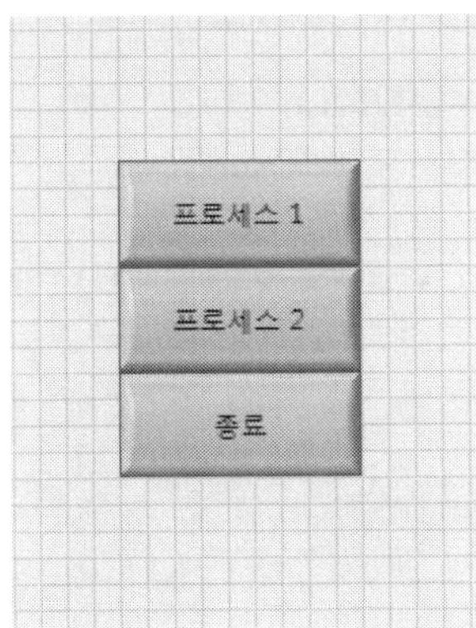

[그림 6-8] 프런트패널 구성

5. 프런트패널에서 [컨트롤] 팔레트 → [링 & 열거형] 팔레트 → [열거형]을 선택하여 프런트패널 위에 놓습니다. 그리고 그 열거형 컨트롤의 [바로가기 메뉴] → [아이템 편집]을 선택하여 상태 전이 다이어그램의 상태(state)와 같은 이름으로 아이템을 편집합니다. 상태의 이름은 순서대로 초기화, 사용자 입력, 프로세스 1, 프로세스 2, 종료입니다.

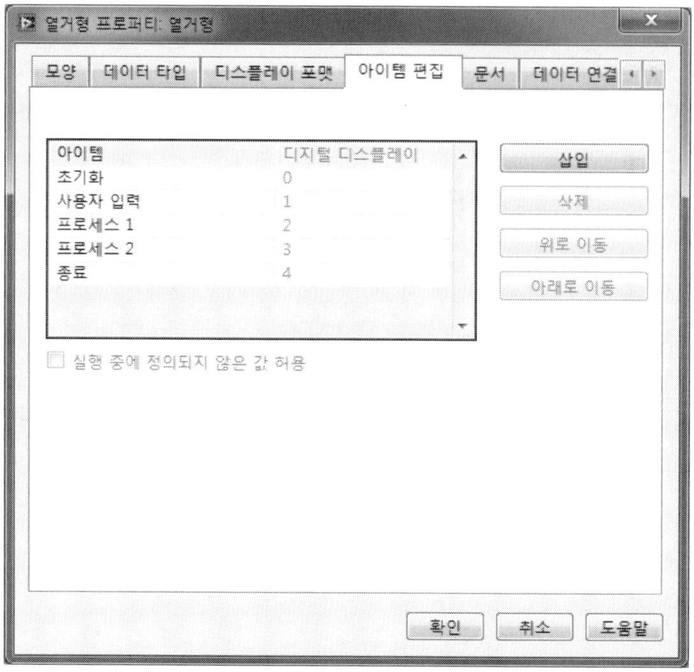

[그림 6-9] 열거형 아이템 편집

6. 블록다이어그램에서 열거형 컨트롤 위에 마우스 커서를 위치시키고 [바로가기 메뉴] → [상수로 변경]을 선택합니다.

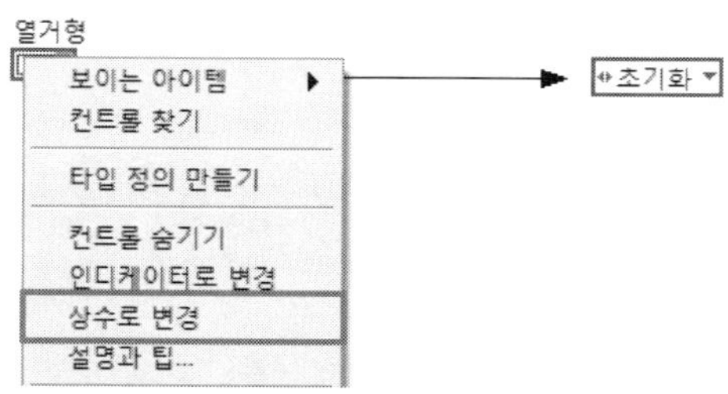

[그림 6-10] 열거형 컨트롤을 열거형 상수로 변경

7. 블록다이어그램에서 [함수] 팔레트 → [구조] 함수 팔레트 → [While 루프]를 선택하여 적절한 크기로 놓습니다.
   그리고 그 안에 [함수] 팔레트 → [구조] 함수 팔레트 → [케이스 구조]를 넣어줍니다.

8. [While 루프]의 테두리에서 [바로가기 메뉴] → [시프트 레지스터 추가]를 선택하여 시프트 레지스터를 생성합니다.

이 중에서 왼쪽 시프트 레지스터의 입력과 열거형 상수를 연결하고 왼쪽 시프트 레지스터의 출력은 [케이스 구조]의 '선택자' 입력과 연결합니다.
'선택자' 입력은 마우스로 선택 후 화살표 키를 이용하여 위치를 변경할 수 있습니다.

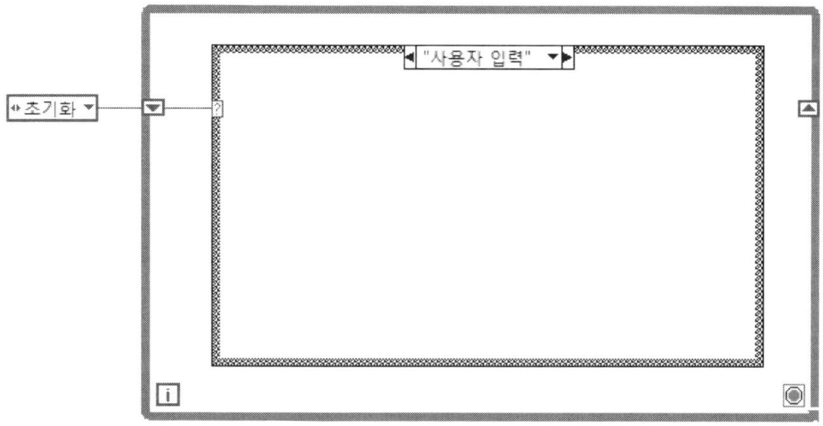

[그림 6-11] 상태 머신 구조

9. [케이스 구조]의 '선택자 라벨' 위에 마우스 커서를 올리고 [바로가기 메뉴] → [모든 값에 대한 케이스 추가]를 선택하여 열거형 상수가 가지고 있는 모든 아이템의 값과 일치하는 케이스들을 생성합니다.

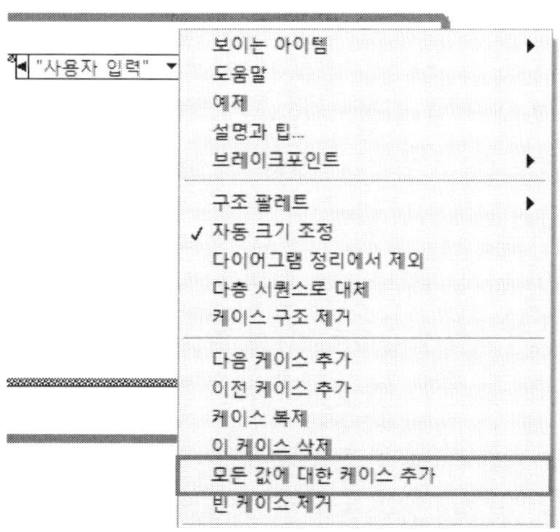

[그림 6-12] 열거형 아이템과 동일한 케이스 추가

10. [케이스 구조]의 케이스 중 "초기화" 케이스로 이동합니다.
"초기화" 케이스에는 하드웨어의 초기화나 변수의 초기화에 관련된 코드를 삽입합니다. 하지만 이 예제에서는 별도로 초기화할 변수나 하드웨어가 없으므로 [함수] 팔레트 → [타이밍] 함수 팔레트 → [기다림(ms)] 함수를 선택하여 놓습니다. 그리고 [기다림(ms)] 함수의 입력에서 [바로가기 메뉴] → [생성] → [상수]를 선택하여 상수값 입력을 연결해주고 그 값을 1000으로 변경합니다.

11. 열거형 상수를 복사해서(Ctrl + C, Ctrl + V 또는 열거형 상수 선택 후 Ctrl + Drag) "초기화" 케이스 안에 놓고 복사한 열거형 상수의 출력을 [While 루프]의 오른쪽 시프트 레지스터의 입력으로 연결합니다.

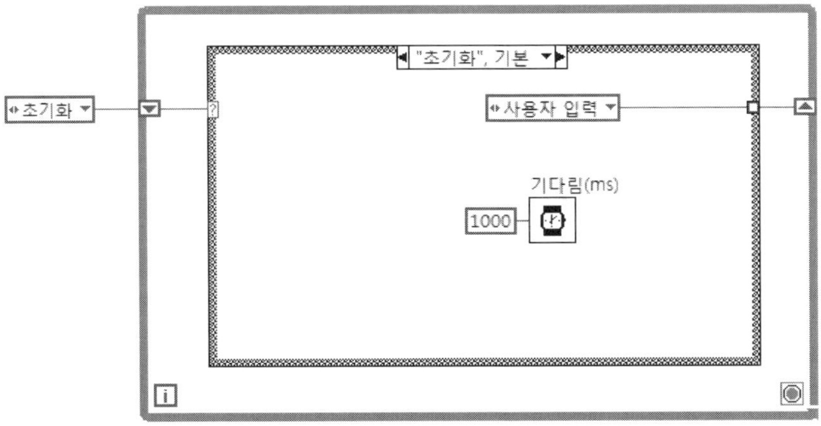

[그림 6-13] 초기화 케이스

12. [케이스 구조]의 "사용자 입력" 케이스로 이동합니다.
"사용자 입력" 케이스에는 사용자가 버튼을 누를 때까지 기다리는 기능과 사용자가 버튼을 눌렀을 때 그 버튼에 해당하는 케이스(프로세스 1, 프로세스 2, 종료)로 이동하는 코드를 구현합니다.

13. [함수] 팔레트 → [배열] 함수 팔레트 → [배열 만들기] 함수를 놓고 함수의 크기 조절점을 사용하여 입력의 개수를 3개로 만들어 줍니다. 그리고 "프로세스 1", "프로세스 2", "종료" 버튼을 출력을 순서대로 [배열 만들기] 함수의 입력과 연결합니다.

14. [함수] 팔레트 → [배열] 함수 팔레트 → [1D 배열 검색] 함수를 놓고 '1D 배열' 입력과 [배열 만들기] 함수의 출력을 연결합니다. 그리고 [1D 배열 검색] 함수의 '원소' 입력에 마우스 커서를 올리고 [바로가기 메뉴] → [생성] → [상수]를 선택한 후 그 값을 참(true)으로 변경합니다.

15. [함수] 팔레트 → [숫자형] 함수 팔레트 → [증가] 함수를 놓고 그 함수의 입력과 [1D 배열 검색] 함수의 출력을 연결합니다.

16. [증가] 함수의 출력을 [함수] 팔레트 → [배열] 함수 팔레트 → [배열 인덱스] 함수의 '인덱스' 입력 터미널과 연결합니다.

17. [함수] 팔레트 → [배열] 함수 팔레트 → [배열 상수]를 놓고 [배열 상수]의 빈 공간으로 열거형 상수를 끌어다 놓습니다.
열거형 배열 상수의 크기 조절점을 이용하여 보이는 원소의 개수를 4개로 변경한 다음 각 원소의 값을 순서대로 "사용자 입력", "프로세스 1", "프로세스 2", "종료"로 변경합니다.

18. [배열 인덱스] 함수의 출력을 "사용자 입력" 케이스의 출력 터미널과 연결합니다.
그리고 [함수] 팔레트 → [타이밍] 함수 팔레트 → [기다림(ms)] 함수를 선택한 후 '대기 시간(ms)' 입력을 그 값이 100인 숫자형 상수와 연결합니다. [기다림(ms)] 함수는 코드 실행 사이에 대기 시간을 줌으로써 상태 머신 프로그램이 모든 CPU 리소스를 점유하지 않도록 예방하는 역할을 합니다.
"사용자 입력" 케이스는 사용자가 아무런 버튼을 누르지 않으면 그대로 "사용자 입력" 케이스를 실행하고 "프로세스 1" 버튼을 누르면 "프로세스 1" 케이스로 이동, "프로세스 2" 버튼을 누르면 "프로세스 2" 케이스로 이동, 그리고 "종료" 버튼을 누르면 "종료" 케이스로 이동하는 구조를 가지고 있습니다.
이 구조는 [1D 배열 검색] 함수의 출력값이 사용자 입력이 없을 때 −1, 각각의 버튼을 누를 때 마다 0, 1, 2의 값을 반환한다는 것을 이해하면 쉽게 알 수 있습니다.

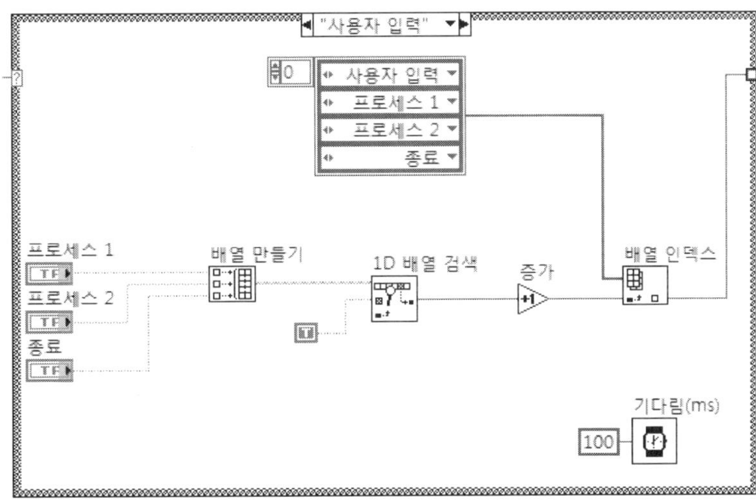

[그림 6-14] 사용자 입력 케이스

19. [케이스 구조]의 "프로세스 1" 케이스로 이동합니다. 이 케이스에는 프로세스 1의 기능과 관련된 코드를 삽입합니다.

20. [함수] 팔레트 → [대화 상자 & 사용자 인터페이스] 함수 팔레트 → [단일 버튼 대화상자] 함수를 선택해서 놓습니다.

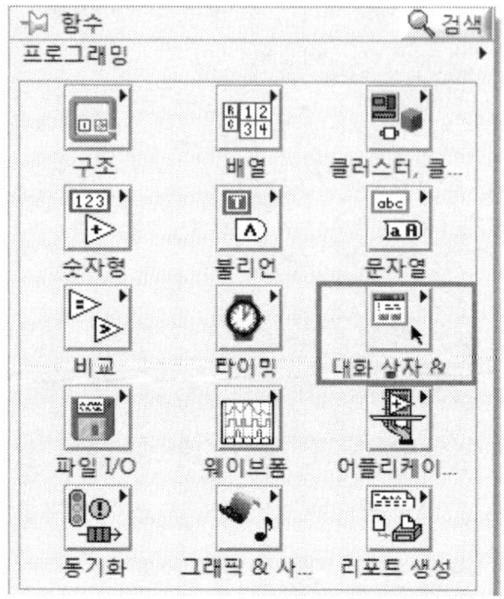

[그림 6-15] 대화 상자 & 사용자 인터페이스 함수 팔레트

[단일 버튼 대화 상자] 함수는 '메시지' 입력 터미널의 내용을 사용자에게 알려주는 알림창을 띄워주는 기능을 가지고 있습니다. 이때 알림창의 버튼 개수는 하나이고 그 버튼에 있는 불리언 텍스트의 기본값은 "확인"이며, '버튼 이름' 입력 터미널을 이용해서 변경이 가능합니다.

[그림 6-16] 단일 버튼 대화 상자 함수

21. [단일 버튼 대화 상자] 함수의 '메시지' 입력 터미널에서 [바로가기 메뉴] → [생성] → [상수]를 선택한 후 그 상수 값을 "프로세스 1을 실행합니다."로 변경합니다.

[그림 6-17] 단일 버튼 대화 상자 실행

22. 열거형 상수를 복사해 그 값을 "사용자 입력"으로 변경한 후 "프로세스 1" 케이스의 출력 터미널과 연결합니다.

"프로세스 1" 케이스는 프로세스 1과 관련된 기능(알림창 띄움)을 수행하고 다시 사용자의 입력을 기다리는 "사용자 입력" 케이스로 이동합니다.

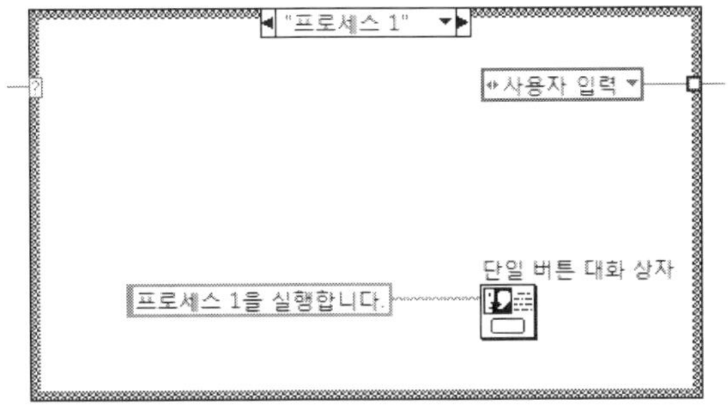

[그림 6-18] 프로세스 1 케이스

23. [케이스 구조]의 "프로세스 2" 케이스로 이동하여 "프로세스 1" 케이스와 동일하게 구성합니다. 단 [단일 버튼 대화 상자] 함수의 '메시지' 입력 상수는 "프로세스 2를 실행합니다."로 변경해야 합니다.

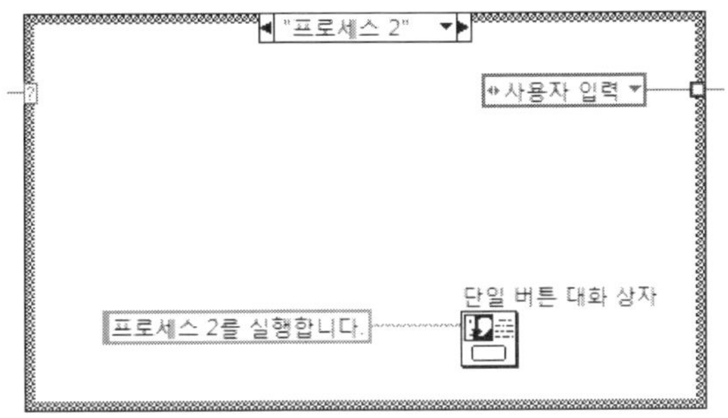

[그림 6-19] 프로세스 2 케이스

24. [케이스 구조]의 "종료" 케이스로 이동합니다.

"종료" 케이스는 하드웨어 리소스의 사용 해제 및 변수값 저장 등과 관련된 코드를 삽입합니다. 하지만 이 예제에서는 별도의 하드웨어 사용이나 변수값 저장이 필요없으므로 단순히 프로그램을 종료하는 코드만 삽입합니다.

25. 열거형 상수를 복사해 그 값을 "종료"로 변경하고 "종료" 케이스의 출력 터미널과 연결합니다.

26. [함수] 팔레트 → [불리언] 함수 팔레트 → [참 상수]를 선택해 "종료" 케이스 안에 놓고 그 출력을 [While 루프]의 '루프 조건' 터미널과 연결합니다.

그리고 [케이스 구조]의 불리언 출력 터미널에서 [바로가기 메뉴] → [연결되지 않으면 기본값 사용]을 선택해서 불리언 출력을 연결하지 않은 모든 케이스에서 거짓(false) 값이 전달되도록 합니다.

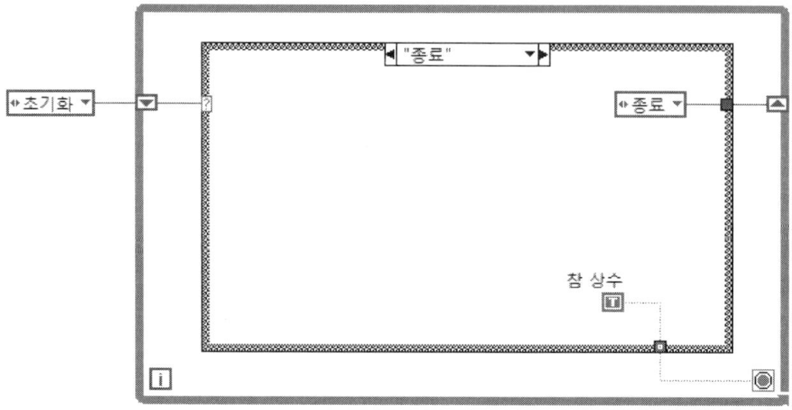

[그림 6-20] 종료 케이스

27. 상태 머신 프로그램을 실행하고 "프로세스 1" 버튼을 눌렀을 때 "프로세스 1을 실행합니다."라는 알림창이 뜨는지 확인합니다.

28. "프로세스 2" 버튼을 눌렀을 때 "프로세스 1를 실행합니다."라는 알림창이 뜨는지 확인합니다.

29. "종료" 버튼을 눌렀을 때 상태 머신 프로그램이 종료되는지 확인합니다.

6.3.2 상태 머신 디자인 패턴의 장점

상태 머신 디자인 패턴의 장점은 순차적인 코드의 실행과 비교해보면 명확히 알 수 있습니다. 앞 절에서 살펴보았던 예제와 유사하게 [초기화 - 프로세스 1 - 프로세스 2 - 종료]의 순서대로 실행되어야 하는 프로그램을 만든다고 가정하면 대부분의 초급 LabVIEW 사용자는 함수의 순차적 실행이 가능한 시퀀스 구조를 떠올리게 됩니다.

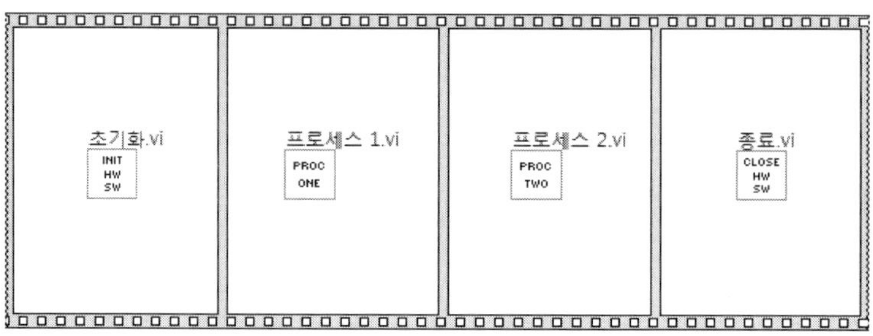

[그림 6-21] 순차적 실행 구조

하지만 시퀀스 구조를 사용하여 순차적 실행 구조를 만든다면, 특정 프로세스를 여러 번 반복해서 실행해야 한다든지 프로세스의 실행 순서를 바꿔야 하는 등 프로그램에 변경이 생긴다면 프로그램의 구조를 처음부터 다시 만들어야 할 수도 있습니다. 뿐만 아니라 프로그램의 실행 도중 프로그램의 정지가 불가능하여 모든 프로세스가 완료될 때까지 기다려야 하는 불편도 있습니다.

반면에 상태 머신 디자인을 이용하면 코드의 수정 없이도 특정 프로세스를 사용자가 원하는 만큼 실행이 가능하고 실행 순서의 변경이 가능합니다. 그리고 프로그램의 실행 도중 종료가 필요할 때에는 언제든지 프로그램의 종료가 가능하므로 시퀀스 구조를 사용하는 것보다 훨씬 유연한 프로그램의 구현이 가능합니다.

6.4 병렬 디자인 패턴(Parallel Design Pattern)

병렬 디자인 패턴은 여러 개의 while 루프를 사용해서 동시에 여러 가지 작업을 수행하는 디자인 패턴입니다. 이 개념은 멀티 태스킹(multi-tasking) 또는 멀티 스레드(multi-thread)라고 부르기도 하며, 일반적인 텍스트 기반 언어에서는 고급 스킬에 해당하는 부분입니다. 하지만 LabVIEW에서는 단순히 여러 개의 while 루프를 블록다이어그램에 놓기만 하면 멀티 스레드 기능을 구현할 수 있습니다.

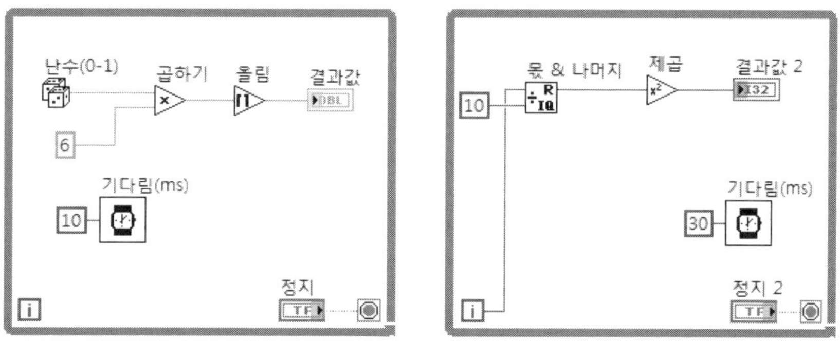

[그림 6-22] 일병렬 디자인 패턴의 예

오히려 LabVIEW에서 병렬 디자인 패턴을 사용할 때 신경 써야 할 부분은 루프 간의 데이터 교환에 관한 부분입니다. 이 부분에 대해서 정확히 이해하려면 먼저 LabVIEW 함수의 실행 순서에 대해 알아둘 필요가 있습니다.

6.4.1 LabVIEW 함수의 실행 순서

텍스트 기반 언어의 경우는 항상 위에서 아래로 코드가 실행되기 때문에 함수의 실행 순서를 파악하는 것이 어렵지 않습니다. 하지만 LabVIEW와 같은 그래픽 기반 언어의 경우는 함수의 위치에 따라서 그 순서가 결정되는 것이 아니라 데이터의 흐름에 따라서 함수의 실행 순서가 결정되므로 데이터의 흐름에 대한 법칙을 알아둘 필요가 있습니다.

LabVIEW의 데이터 흐름은 비유하자면 괄호를 포함한 사칙연산(+, −, ×, /)에서 어떤 연산을 먼저 할 것인가를 따지는 것과 거의 같다고 볼 수 있습니다. 만약 [그림 6-23]과 같은 코드가 있을 때 가장 먼저 실행되는 함수는 1번에서 5번 중 어떤 것일까요?

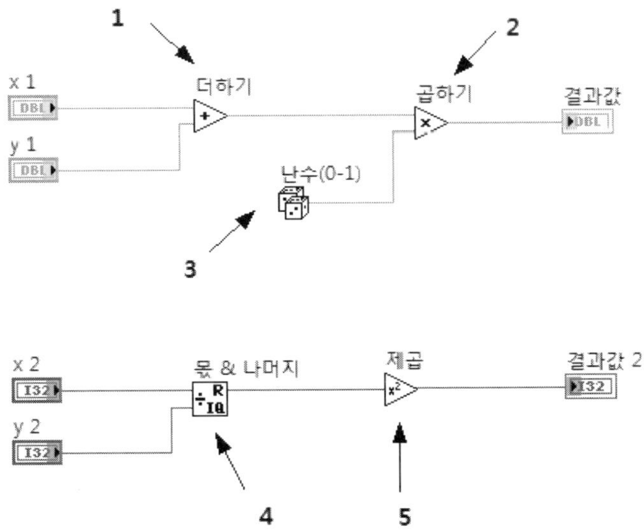

[그림 6-23] 데이터의 흐름

앞서 그래픽 기반 언어의 함수 실행 순서는 위치와는 관련이 없다고 얘기를 했습니다. 그러므로 블록다이어그램의 위쪽에 위치하거나 LabVIEW의 데이터 흐름 방향인(왼쪽에서 오른쪽) 왼쪽에 함수가 있다고 해서 먼저 실행된다는 보장은 전혀 없습니다. 사실 정확한 정답은 특정한 함수 하나가 아니라 "1번, 3번, 4번의 세 함수 중 하나가 가장 먼저 실행될 수 있는 가능성이 있다" 입니다. 이 해답을 이해하기 위해서는 LabVIEW 데이터 흐름에 관한 두 가지 법칙을 기억해야 합니다.

첫 번째, 모든 함수는 그 함수의 입력 터미널에 연결된 와이어로부터 데이터를 전달받아야지만 실행됩니다.

어떤 연산이든지 입력이 있어야지만 그 연산을 수행할 수 있습니다. 다시 말해 입력값이 정의되지 않은 함수는 실행될 수 없습니다. 따라서 2번 [곱하기] 함수의 입력은 1번 [더하기] 함수의 출력과 [난수(0-1)] 함수의 출력으로부터 가져오기 때문에 절대로 [더하기] 함수나 [난수(0-1)] 함수보다 먼저 실행될 수 없습니다. 마찬가지로 5번 [제곱] 함수 또한 [몫 & 나머지] 함수로부터 입력을 받기 때문에 절대로 [몫 & 나머지] 함수보다 먼저 실행될 수 없습니다.

두 번째, 함수의 실행 순서는 항상 일정한 것이 아니라 윈도우의 리소스 분배상황에 따라서 바뀔 수 있습니다.

윈도우의 리소스 분배는 사용자가 임의로 분배할 수 없습니다. 그러므로 함수의 실행 순서는 사용자가 결정할 수 있는 것이 아니라 시스템의 상황에 따라서 실행 순서가 바뀔 수 있습니다.

위의 첫 번째 법칙에 따르면 1번 [더하기] 함수와 4번 [몫 & 나머지] 함수는 VI가 실행됨과 동시에 컨트롤로부터 입력값을 읽어올 수 있으므로 두 함수는 가장 먼저 실행될 수 있는 가능성이 있습니다. 3번 [난수(0-1)] 함수의 경우 입력을 받지 않아도 실행이 가능한 함수이므로 역시 가장 먼저 실행될 수 있는 가능성이 있습니다.

그리고 두 번째 법칙에 따르면 세 함수 중 어떤 함수가 먼저 실행될지 알 수 없기 때문에 정확한 답은 "세 함수 중 하나가 가장 먼저 실행될 수 있는 가능성이 있다"가 됩니다.

6.4.2 실행 중인 루프 간의 데이터 전달

다시 병렬 디자인 패턴에서, 만약 두 개의 루프가 병렬로 실행되고 있을 때 두 루프를 동시에 정지하려면 어떻게 해야 할까요?

첫 번째 방법으로 [그림 6-24]와 같이 두 개의 루프 바깥에 불리언 컨트롤을 놓고 그 출력을 두 [While 루프]의 '루프 조건'에 연결한 방법을 생각해 볼 수 있습니다.

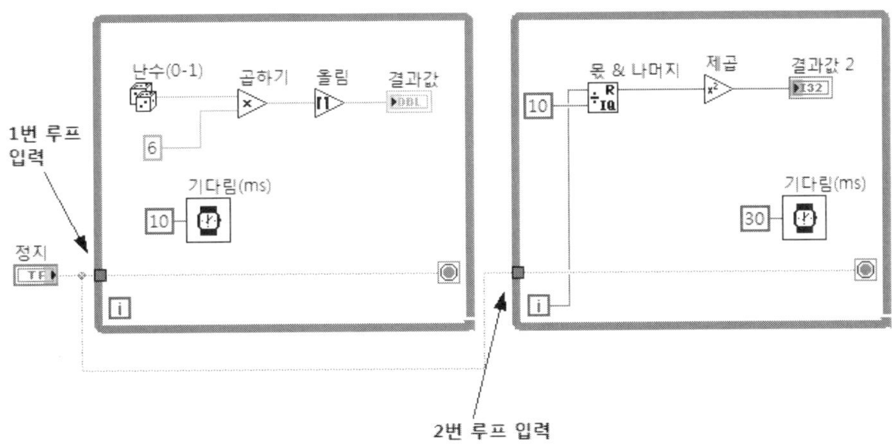

[그림 6-24] 병렬 루프의 동시 정지 방법 1

이 방법은 두 루프의 동시 종료가 가능할까요?

정답은 "아니다"입니다. 이 VI를 분석하기 위해서는 [While 루프] 또한 [더하기] 함수나 [빼기] 함수처럼 입력과 출력을 가진 하나의 함수라는 인식이 필요합니다. 다만 이 함수의 특징은 입력과 출력의 개수가 고정된 것이 아니라 사용자의 필요에 따라서 그 개수를 조절할 수 있다는 것이 차이점이라고 할 수 있습니다. [그림 6-25]를 살펴보면 이 루프에는 하나의 입력과 하나의 출력이 있다고 할 수 있습니다. 이 상태로 VI를 실행하면 "입력값"을 읽어와서 [While 루프] 함수가 실행이 되고, 루프 함수가 실행되고 있는 상태에서는 이미 입력 터미널에서 값을 읽어왔기 때문에 아무리 "입력값"을 변경하더라도 "출력값"에 반영이 되지 않습니다. 이와 유사하게 "반복 횟수" 또한 루프 함수가 실행 중에는 업데이트되지 않고 루프 함수의 실행이 완료된 후, 즉 루프 함수의 연산이 모두 끝나야지만 "반복 횟수" 값이 업데이트됩니다.

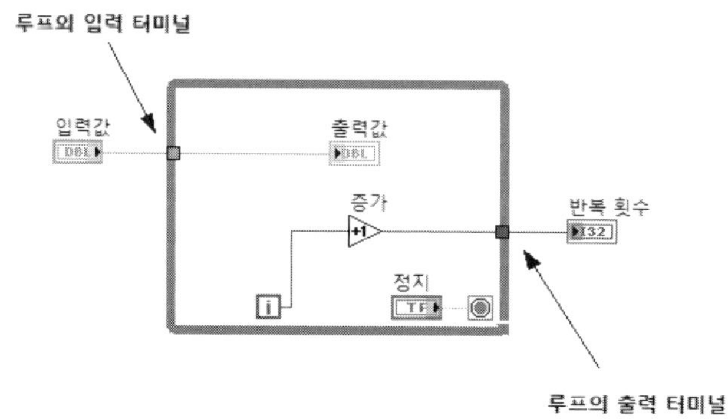

[그림 6-25] 루프의 입력 터미널과 출력 터미널

그렇기 때문에 첫 번째 방법에서는 "정지" 불리언의 값을 읽어 온 후에 두 개의 루프가 실행이 되고, 루프가 실행이 된 후에는 "정지"의 값을 아무리 변경해도 그 값의 변화가 전달되지 않으므로 루프의 정지 자체가 불가합니다. 이 경우 VI를 종료 시키기 위한 방법은 [강제 종료] 버튼을 누르는 방법 밖에 없습니다.

두 번째 방법은 [그림 6-26]처럼 1번 루프에서 정지 신호를 2번 루프로 전달하는 방법입니다.

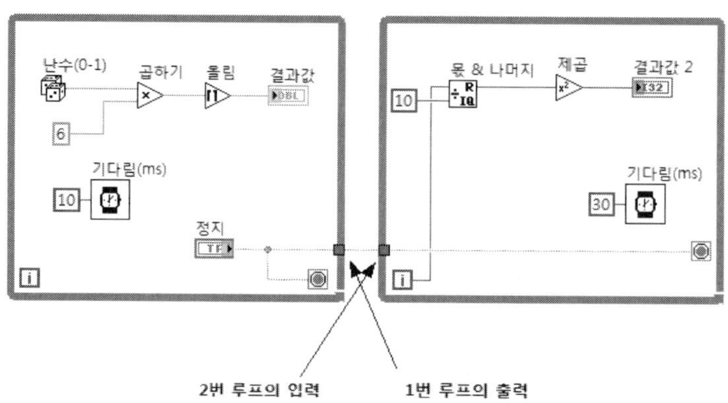

[그림 6-26] 병렬 루프 동시 정지 방법 2

이 방법으로 두 개의 루프를 동시에 정지하는 것이 가능할까요?

이 방법 또한 두 개의 루프를 동시에 정지할 수 없습니다. 그 이유는 1번 루프의 연산이 완료되지 않으면 1번 루프의 출력값이 2번 루프의 입력으로 전달되지 않기 때문입니다. 이 방법은 두 개의 함수가 직렬로 연결된 것과 동일하다고 생각할 수 있습니다. 2번 함수(루프)는 1번 함수(루프)로부터 입력을 받아야 하므로 LabVIEW의 데이터 흐름에 관한 법칙에 의해서 절대로 1번 함수보다 먼저 실행될 수 없습니다. 결과적으로 이 VI를 실행하면 1번 루프가 먼저 실행되고 2번 루프는 1번 루프로부터 입력을 받을 때까지 실행을 대기하고 있습니다. 1번 루프가 실행되는 도중에 "정지" 불리언 컨트롤의 값이 참(true)이 되면 1번 루프의 실행이 정지되고, 그 때의 참(true) 값은 1번 루프의 출력으로 전달됩니다. 2번 루프는 1번 루프로부터 참(true) 값을 입력으로 전달받으므로 2번 루프는 딱 한 번만 실행된 후 정지하게 됩니다.

즉 첫 번째와 두 번째 방법의 예로 볼 때 와이어를 통해서는 실행 중인 루프 간의 데이터 전달이 불가능함을 알 수 있습니다. 또 다른 방법으로 하나의 파일에 데이터를 쓰고 동시에 그 데이터를 읽어오는 형태로 구성하면 실행 중인 두 루프의 동시 정지가 가능하겠지만, 이는 너무 많은 시스템 리소스를 소모하기 때문에 추천할만한 방법은 아닙니다.

6.5 변수(Variables)

LabVIEW에서는 실행 중인 루프 간의 데이터 전달을 위해 변수(variable)라는 개념을 제공합니다. LabVIEW에서 제공하는 변수는 앞 장에서 설명한 일반적인 변수의 개념과는 약간 다릅니다. LabVIEW의 변수는 컨트롤 또는 인디케이터의 복사본 정도로 생각할 수 있습니다.

LabVIEW에서 데이터를 전달할 때는 와이어를 통해서 데이터를 전달하는 것이 정석입니다. 하지만 변수라는 개념을 사용하면 와이어를 통해서 데이터를 전달하는 것이 아니라 그 컨트롤 또는 인디케이터의 값이 저장되어 있는 메모리의 위치에서 직접적으로 값을 읽어올 수 있습니다. LabVIEW에서 제공하는 변수의 종류에는 로컬 변수(local variable), 글로벌 변수(global variable), 그리고 공유 변수(shared variable)가 있습니다.

이 중에서 로컬 변수는 같은 VI 내에서 데이터를 전달할 수 있고 글로벌 변수는 서로 다른 VI 간에도 데이터의 전달이 가능합니다. 공유 변수는 VI 내, 서로 다른 VI끼리의 데이터 교환 뿐만 아니라 서로 다른 PC 간의 데이터 전달이 가능합니다.

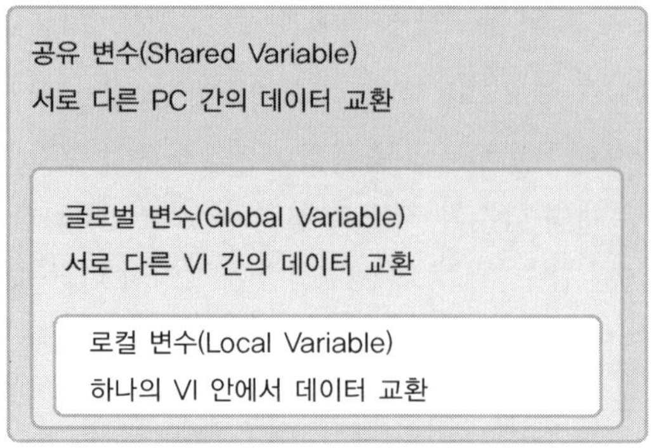

[그림 6-27] 변수의 종류 및 기능

이 외에도 실제로는 LabVIEW에서 제공하는 변수의 개념에 해당하지 않지만 변수의 기능과 유사한 역할을 하는 기능적 글로벌 변수(functional global variable) 또한 알아둘 필요가 있습니다.

6.5.1 로컬 변수(Local Variable)

로컬 변수는 하나의 VI에 있는 컨트롤 또는 인디케이터의 복사본에 해당합니다. 이 변수는 같은 VI 내에서 데이터를 전달할 수 있습니다.

로컬 변수를 만들기 위해서는 블록다이어그램에서 복사본을 만들고 싶은 컨트롤 또는 인디케이터 터미널 위에 마우스 커서를 올리고 [바로가기 메뉴] → [생성] → [로컬 변수]를 선택합니다. 그러면 선택한 컨트롤 또는 인디케이터의 라벨과 같은 이름을 가진 로컬 변수 터미널이 생성되는 것을 확인할 수 있습니다.

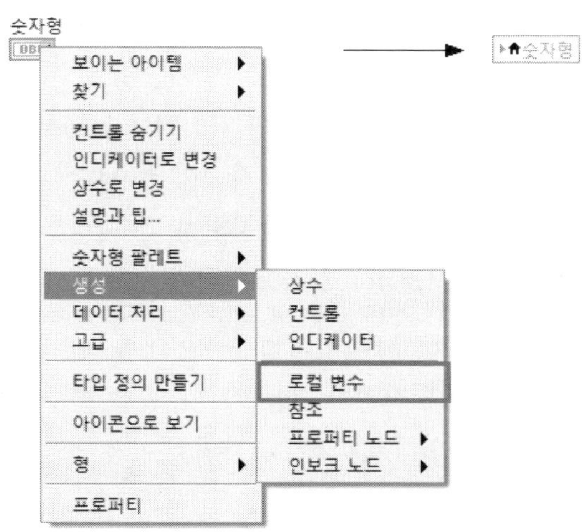

[그림 6-28] 로컬 변수 만들기

컨트롤이나 인디케이터는 그 역할이 입력 또는 출력으로 항상 고정되어 있지만 로컬 변수는 사용자 지정에 따라서 컨트롤처럼 사용할 수도 있고 인디케이터처럼 사용할 수도 있습니다. 로컬 변수 터미널을 자세히 살펴보면 컨트롤이나 인디케이터와 마찬가지로 입력 또는 출력을 의미하는 화살표가 있습니다. 이 화살표 방향이 인디케이터처럼 오른쪽 방향이면 쓰기 모드라 하고 화살표의 방향이 컨트롤처럼 왼쪽 방향이면 읽기 모드라 합니다. 모드를 변경하기 위해서는 로컬 변수 터미널 위에 마우스를 올리고 [바로가기 메뉴] → [읽기로 변경] 또는 [쓰기로 변경]을 선택해야 합니다.

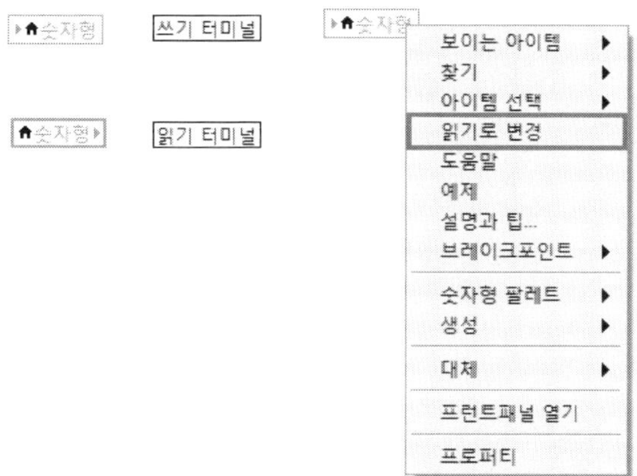

[그림 6-29] 로컬 변수의 쓰기/읽기 모드 변경

[실습 6-2] 프런트패널에 숫자형 컨트롤과 숫자형 인디케이터를 만들고 숫자형 컨트롤의 쓰기와 읽기 로컬 변수를 생성하세요. 그리고 [플랫 시퀀스 구조] 함수를 사용하여 순서대로 쓰기 모드 로컬 변수의 값을 100으로 업데이트 하고, 그 값을 읽기 모드 로컬 변수를 통해 읽어오세요.

1. 프런트패널에서 [숫자형 컨트롤]을 만들고 라벨을 "숫자형 컨트롤"로 변경합니다.
2. 블록다이어그램에서 [함수] 팔레트 → [구조] 함수 팔레트 → [플랫 시퀀스 구조] 함수를 선택해 적당한 크기로 놓습니다. 그리고 [플랫 시퀀스 구조] 함수의 테두리에 마우스 커서를 올리고 [바로가기 메뉴] → [다음에 프레임 추가] 옵션을 선택하여 시퀀스를 추가합니다.
3. 블록다이어그램에서 만들어진 "숫자형 컨트롤" 터미널 위에 마우스 커서를 올리고 [바로가기 메뉴] → [생성] → [로컬 변수]를 선택해 [시퀀스 구조 함수]의 첫 번째 시퀀스에 놓습니다.

이때 로컬 변수의 모드가 쓰기 모드임을 확인하세요. 그리고 로컬 변수의 입력에 마우스 커서를 올리고 [바로가기 메뉴] → [생성] → [상수]를 선택한 후 상수의 값을 100으로 변경합니다.

4. "숫자형 컨트롤"의 로컬 변수를 복사하여 두 번째 시퀀스에 놓고 그 로컬 변수를 [바로가기 메뉴] → [읽기로 변경]을 선택하여 읽기 모드로 만들어 줍니다. 그리고 로컬 변수의 출력에서 [바로가기 메뉴] → [생성] → [인디케이터]를 선택하고 숫자형 인디케이터의 라벨을 "숫자형 인디케이터"로 변경합니다.

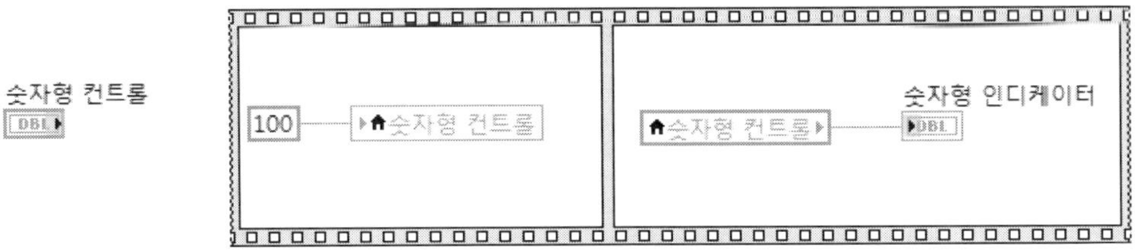

[그림 6-30] 로컬 변수의 읽기와 쓰기

5. [실행] 버튼을 눌러(Ctrl + R) VI를 실행시키고 결과값이 [그림 6-31]과 같이 변경됨을 확인하세요.

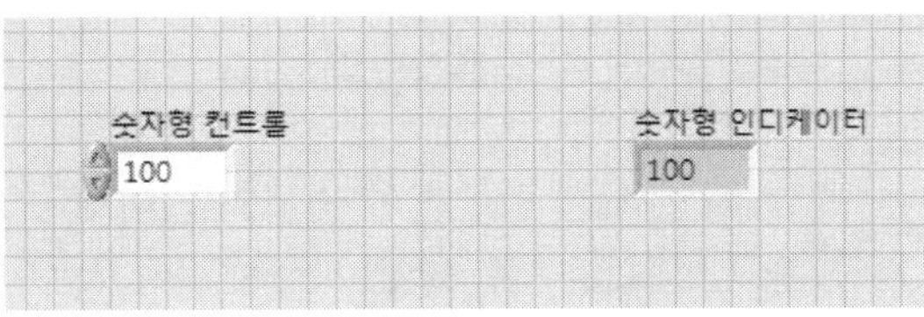

[그림 6-31] 로컬 변수의 읽기와 쓰기 결과

와이어의 연결 없이도 데이터를 전달할 수 있는 로컬 변수의 특징을 이용하면 병렬 디자인 패턴에서 여러 개의 루프를 동시에 정지하는 것을 간단하게 해결할 수 있습니다. 로컬 변수는 데이터 타입에 상관없이 동일한 방법으로 생성이 가능하므로 "정지" 컨트롤의 로컬 변수를 생성하여 다른 루프의 '루프 정지' 터미널에 연결하는 것만으로 문제가 해결됩니다.

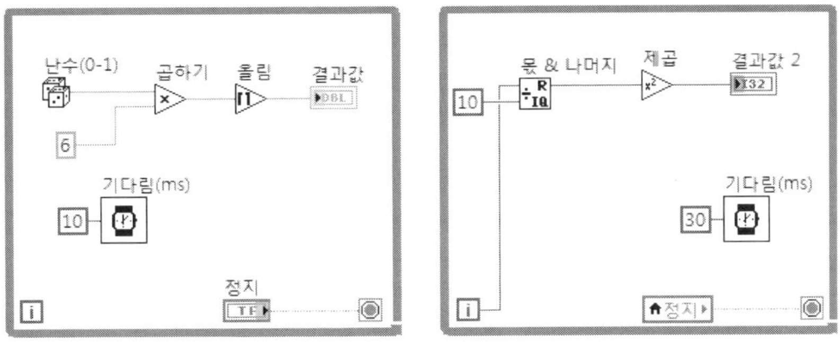

[그림 6-32] 병렬 루프 동시 정지 방법 3

다만 불리언 데이터 타입의 로컬 변수를 생성할 때에는 주의해야 할 점이 한 가지 있습니다. 위의 병렬 루프 동시 정지 방법에서 "정지" 불리언 컨트롤을 [정지 버튼]으로 사용하고 그 로컬 변수를 만들어 사용했다면 VI를 실행할 때 [그림 6-33]과 같이 불리언 래치 기능은 로컬 변수와 함께 사용할 수 없다는 에러 메시지가 나타납니다.

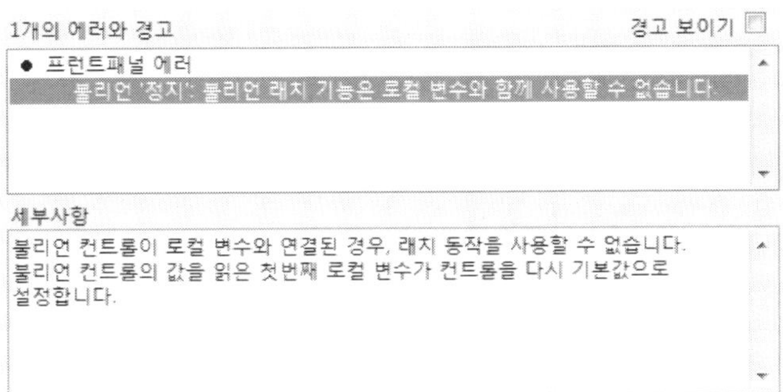

[그림 6-33] 불리언 래치 기능과 로컬 변수 에러

불리언 래치(Latch)와 스위치(Switch)

LabVIEW의 불리언 데이터 타입 중에서 기본값이 컨트롤인 아이콘들은 대부분 버튼 모양을 가지고 있습니다. 이런 버튼들은 그 작동 방식에 따라서 크게 래치와 스위치로 구분할 수 있습니다.

래치(latch)란 버튼의 값이 거짓(off, 기본값)에서 참으로 변경되었을 때, 참(on) 값을 다른 함수나 인디케이터로 전달하고 나면 버튼의 값이 다시 거짓(off, 기본값)으로 복귀하는 형태를 의미합니다. 흔히 우리가 사용하는 TV 리모콘 종류나 초인종 버튼이 바로 래치에 해당합니다. 그리고 스위치(switch)란 버튼의 값이 참(on) 또는 거짓(off)으로 변경되면 사용자가 버튼의 값을 변경하지 않는 이상 그 값이 계속해서 유지되는 형태를 말합니다. 주변에서는 전등 전원 버튼이 주로 스위치 형태를 가지고 있습니다.

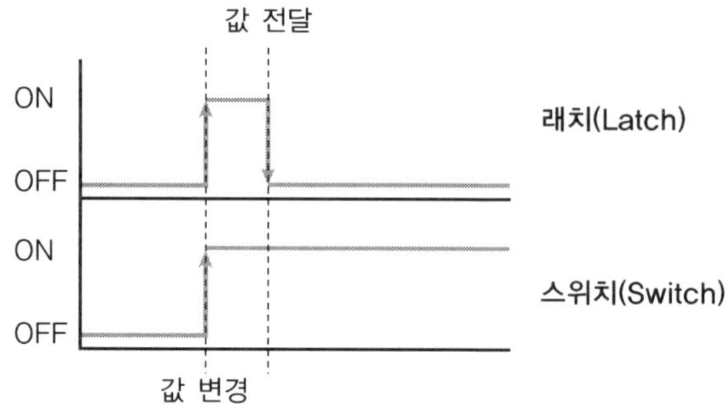

[그림 6-34] 래치와 스위치

만약 이 두 가지 기계적 동작 중에서 래치에 대하여 로컬 변수를 만든다고 가정해 보겠습니다. 래치 버튼은 참(on) 값을 반환하면 원래 상태(off)로 복귀를 해야 합니다. 그런데 원본 래치 버튼에서도 값을 읽어오고 있고 그 복사본인 로컬 변수에서도 값을 읽어오고 있다면 둘 중 어떤 쪽에서 참(on) 값을 전달했을 때 원래 상태(off)로 복귀해야 할까요? 만약 원본이나 복사본 둘 중 한 쪽에서 데이터를 전달했을 때 원래 상태(off)로 복귀한다면 똑같은 값을 읽어오기 위해서 사용하는 로컬 변수의 의미가 없어집니다. 그렇다고 둘 모두가 참(on) 값을 전달할 때까지 원래 상태(off)로의 복귀를 대기한다고 하면 원본과 복사본을 읽어오는 빈도가 다른 경우 원본이나 복사본 중 하나를 여러 번 읽어올 수 있으므로 문제가 됩니다.

그렇기 때문에 래치 기능을 사용하는 불리언 데이터 타입은 항상 로컬 변수와 같이 사용해서는 안 됩니다. 불리언 데이터 타입의 기계적 동작은 변경하기 위해서는 해당 불리언 버튼 위에 마우스 커서를 올리고 [바로가기 메뉴] → [기계적 동작] → [XXXX 스위치]를 선택해야 합니다.

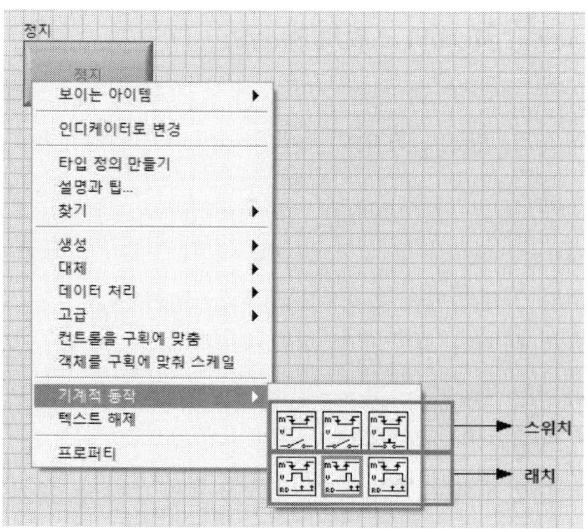

[그림 6-35] 불리언 버튼의 기계적 동작

기계적 동작에는 총 6가지의 옵션이 있습니다.

❶ **누를 때 스위치:** 버튼을 클릭하자마자 값이 변경되는 스위치

❷ **놓을 때 스위치:** 버튼 클릭을 놓으면 값이 변경되는 스위치

❸ **놓을 때까지 스위치:** 버튼을 클릭해서 놓을 때까지 값이 유지되는 스위치

❹ **누를 때 래치:** 버튼을 클릭하자마자 값이 참(on)으로 변경되는 래치

❺ **놓을 때 래치:** 버튼 클릭을 놓으면 값이 참(on)으로 변경되는 래치

❻ **놓을 때까지 래치:** 버튼을 클릭해서 놓을 때까지 참(on) 값이 유지되는 래치

이 6가지 옵션은 비슷해 보이지만 서로 약간의 차이가 있습니다. 각 차이점을 파악하기 위해서는 실행 메뉴의 [도움말] → [예제 찾기...]를 선택해 예제 탐색기에서 제공하는 Mechanical Action of Booleans.vi 예제를 참고하세요.

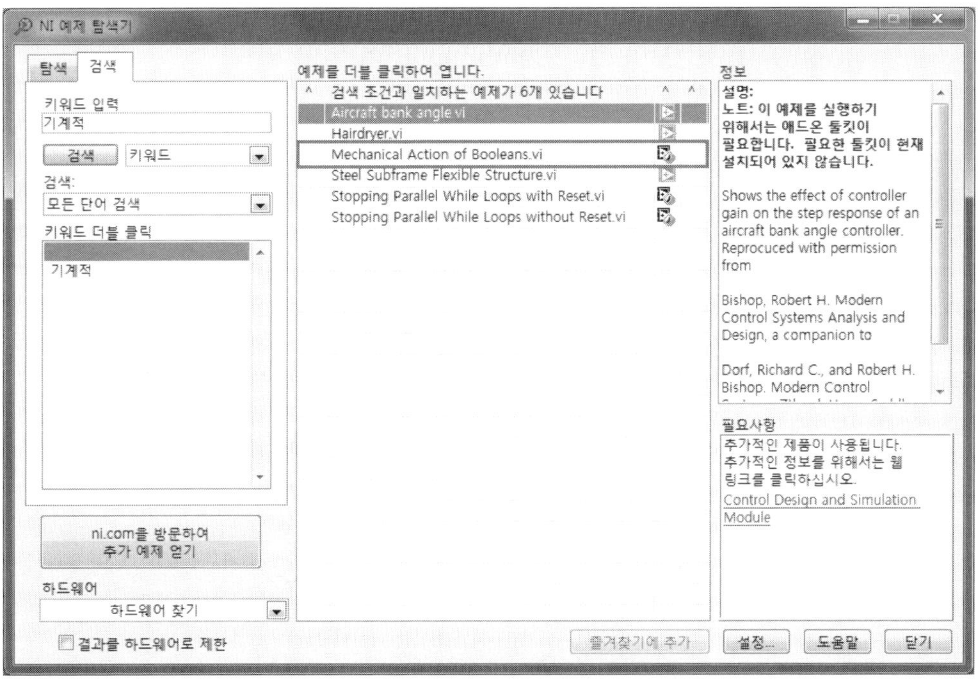

[그림 6-36] 불리언 버튼의 기계적 동작 예제

6.5.2 글로벌 변수(Global Variable)

글로벌 변수는 같은 VI 내에서 데이터 전달뿐만 아니라 서로 다른 VI 간에 데이터 전달도 가능한 변수입니다.

글로벌 변수를 만들기 위해서는 블록다이어그램에서 [함수] 팔레트 → [구조] 함수 팔레트 → [글로벌 변수]를 선택합니다.

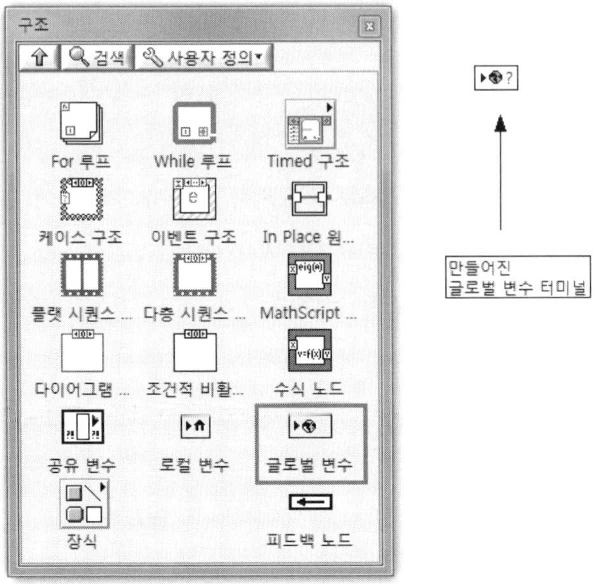

[그림 6-37] 글로벌 변수 만들기

그리고 만들어진 글로벌 변수 터미널을 더블 클릭하면 "글로벌 1 프런트패널"이란 창이 열립니다. 이 프런트패널 위에 만들고 싶은 글로벌 변수의 데이터 타입에 따라 숫자형, 불리언, 문자열 등을 추가합니다. 글로벌 변수의 특징은 로컬 변수와는 달리 하나의 글로벌 변수가 여러 개의 다른 데이터 타입 변수를 동시에 가질 수 있다는 것입니다. 그러므로 글로벌 변수는 여러 개의 글로벌 변수를 만드는 것보다 하나의 글로벌 변수 프런트패널에 여러 개의 변수를 추가해서 사용하는 것이 좋습니다.

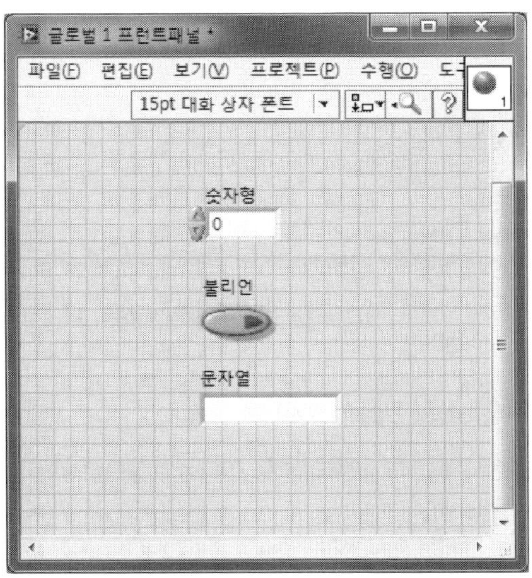

[그림 6-38] 글로벌 변수 만들기 2

필요한 만큼의 변수를 글로벌 변수 프런트패널에 추가하고 나면 글로벌 변수를 저장해 줍니다. 이때 글로벌 변수의 확장자는 일반 VI의 확장자와 동일한 *.vi입니다. 하지만 글로벌 변수 VI는 블록다이어그램을 가지고 있지 않다는 차이점이 있습니다. 저장이 완료되면 다시 글로벌 변수가 있는 VI로 돌아가서 글로벌 변수 터미널을 클릭합니다. 그러면 이전에 글로벌 변수 VI에서 저장했던 변수와 같은 라벨과 데이터 타입의 리스트가 나오고 이 중에 하나를 선택해서 필요한 글로벌 변수를 가지고 올 수 있습니다.

[그림 6-39] 글로벌 변수 만들기 3

글로벌 변수도 로컬 변수와 마찬가지로 읽기 모드와 쓰기 모드가 존재합니다. 모드를 변경하기 위해서는 글로벌 변수 터미널 위에 마우스 커서를 올리고 [바로가기 메뉴] → [읽기로 변경] 또는 [쓰기로 변경]을 선택합니다.

[실습 6-3] 글로벌 변수를 사용해서 서로 다른 VI 간에 데이터를 교환하세요.

1. 새 VI를 열어(Ctrl + N) "GV1.vi"로 저장(Ctrl + S)합니다.
2. GV1.vi의 블록다이어그램에서 [함수] 팔레트 → [구조] 함수 팔레트 → [글로벌 변수]를 선택해 블록다이어그램 위에 놓습니다.
   생성된 글로벌 변수 터미널을 더블 클릭해 글로벌 변수 프런트패널을 열고 [숫자형 컨트롤]과 [누름 버튼]을 추가한 후 "글로벌 변수.vi"로 저장하고 창을 닫습니다.
3. 블록다이어그램에서 [함수] 팔레트 → [구조] 함수 팔레트 → [While 루프]를 선택해 적당한 크기로 만들고 그 안에 [함수] 팔레트 → [타이밍] 함수 팔레트 → [기다림(ms)] 함수를 놓습니다. 그리고 [기다림(ms)] 함수의 입력에 [숫자형 상수]를 연결하고 그 값을 100으로 변경합니다.
4. [함수] 팔레트 → [숫자형] 함수 팔레트 → [난수(0-1)] 함수를 루프 안에 놓고 그 출력과 "숫자형" 글로벌 변수 터미널을 연결합니다. 그리고 글로벌 변수 터미널을 복사해서 "불리언"으로 변경하고 그 출력을 [While 루프]의 '루프 조건' 터미널과 연결합니다.

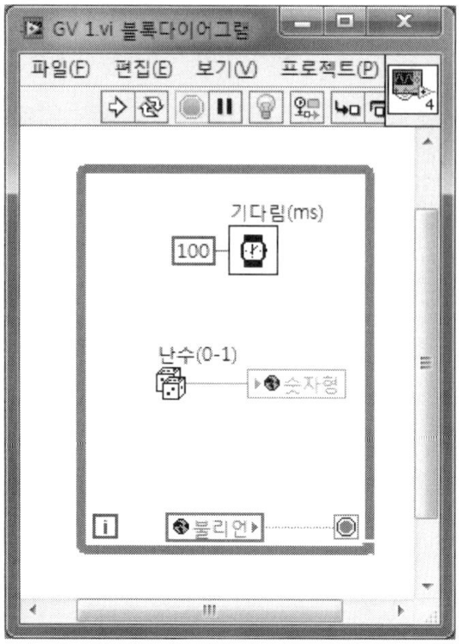

[그림 6-40] GV1.vi 블록다이어그램

5. 새 VI를 열고(Ctrl + N) "GV2.vi"로 저장(Ctrl + S)합니다.

6. GV2.vi의 프런트패널에 [숫자형 인디케이터]와 [정지 버튼]을 놓습니다.

7. 블록다이어그램에서 [함수] 팔레트 → [구조] 함수 팔레트 → [While 루프]를 선택해 적당한 크기로 만들고 그 안에 [함수] 팔레트 → [타이밍] 함수 팔레트 → [기다림(ms)] 함수를 놓습니다. 그리고 [기다림(ms)] 함수의 입력에 [숫자형 상수]를 연결하고 그 값을 100으로 변경합니다.

8. [함수] 팔레트 → [VI 선택...] 옵션을 선택해서 "글로벌 변수.vi"를 불러옵니다. 그리고 글로벌 변수 터미널에서 "숫자형"을 선택하고 [바로가기 메뉴] → [읽기로 변경]을 선택한 후 그 출력을 "숫자형" 인디케이터와 연결합니다.

9. 글로벌 변수를 복사해 쓰기 모드의 "불리언" 글로벌 변수로 변경하고 "불리언" 컨트롤의 출력과 연결합니다.

마지막으로 [While 루프]의 '루프 조건' 터미널에 "정지" 컨트롤의 출력을 연결합니다.

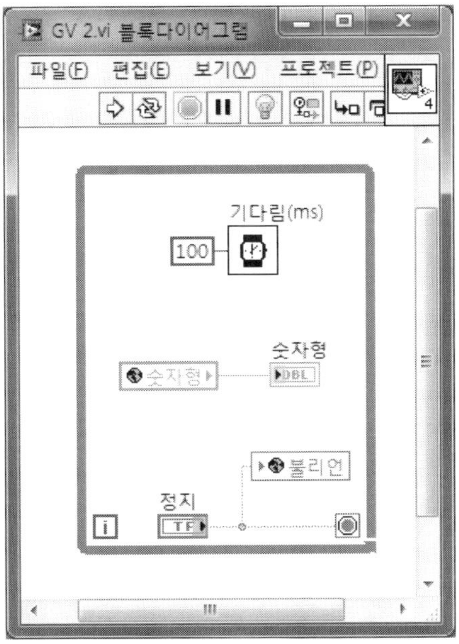

[그림 6-41] GV2.vi 블록다이어그램

10. 먼저 GV1.vi를 실행하고 그 다음 GV2.vi를 실행합니다.

11. GV2.vi의 프런트 패널에서 "숫자형" 인디케이터 값이 계속해서 변하는 것을 확인합니다.

12. GV2.vi에서 "정지" 버튼을 누르면 GV1.vi 와 GV2.vi의 실행이 종료되는 것을 확인합니다.

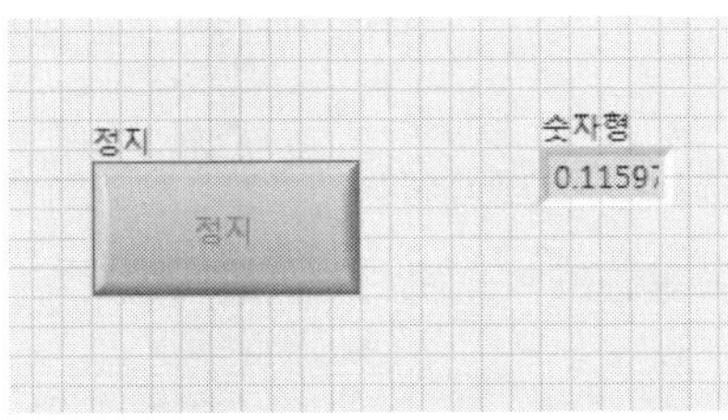

[그림 6-42] GV2.vi 프런트패널

6.5.3 공유 변수(Shared Variable)

공유 변수는 PC 내에서의 데이터 교환뿐만 아니라 네트워크로 연결된 서로 다른 PC 간에도 데이터의 교환이 가능합니다.

공유 변수는 로컬 변수나 글로벌 변수와는 달리 먼저 프로젝트를 만들어야 합니다.

LabVIEW 시작하기 화면에서 [새로 만들기] 아래에 있는 [새 프로젝트]를 선택하거나 열려 있는 VI의 프런트패널이나 블록다이어그램의 실행 메뉴에서 [파일] → [새로 만들기]를 선택하면 [그림 6-43]과 같은 [새로 만들기] 창이 뜹니다. 이 리스트 중에서 [새 프로젝트]를 선택하면 프로젝트 탐색기 창이 열립니다.

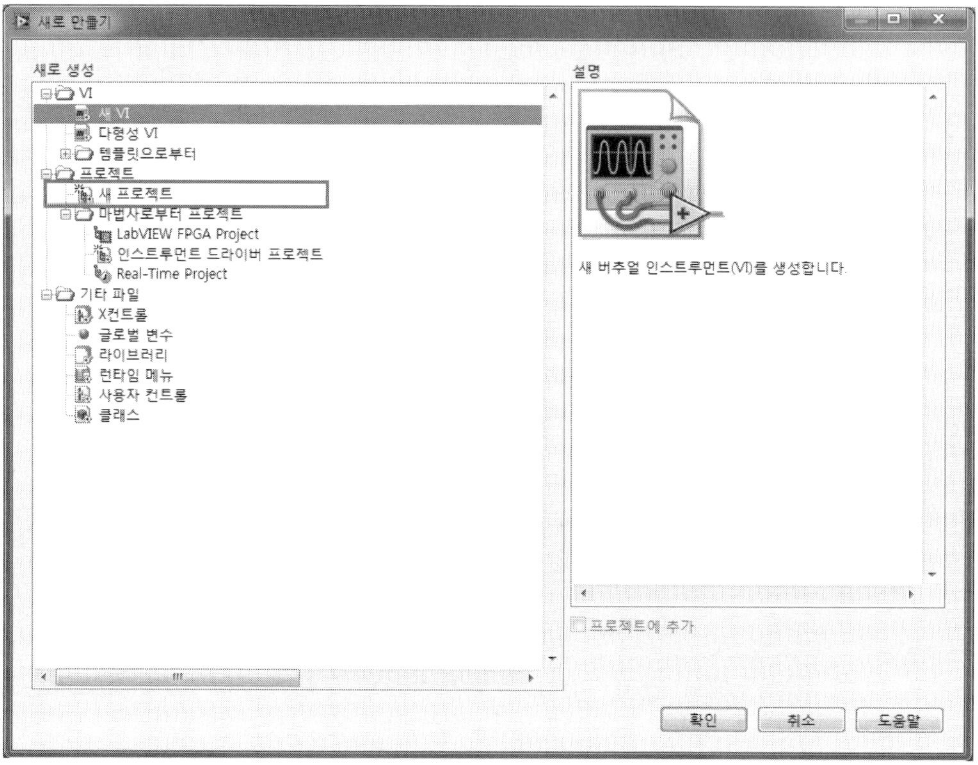

[그림 6-43] 새로 만들기 창

다음 단계로 프로젝트 탐색기에 있는 [내 컴퓨터] 위에 마우스 커서를 올리고 [바로가기 메뉴] → [새로 만들기] → [변수]를 선택합니다.

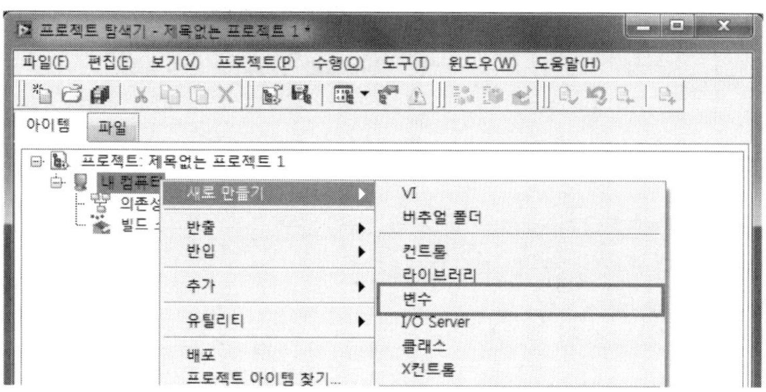

[그림 6-44] 공유 변수 만들기 1

공유 변수 프로퍼티 창이 뜨면 [이름] 프로퍼티에서 설정하고 싶은 공유 변수의 이름을 지정하고 [데이터 타입] 프로퍼티에서 설정하려는 변수의 데이터 타입을 지정한 후 [확인]을 누릅니다. 이외에도 많은 속성들이 있지만 다른 속성들은 주로 하드웨어 연동과 관련이 있으므로 무시하는 것이 좋습니다.

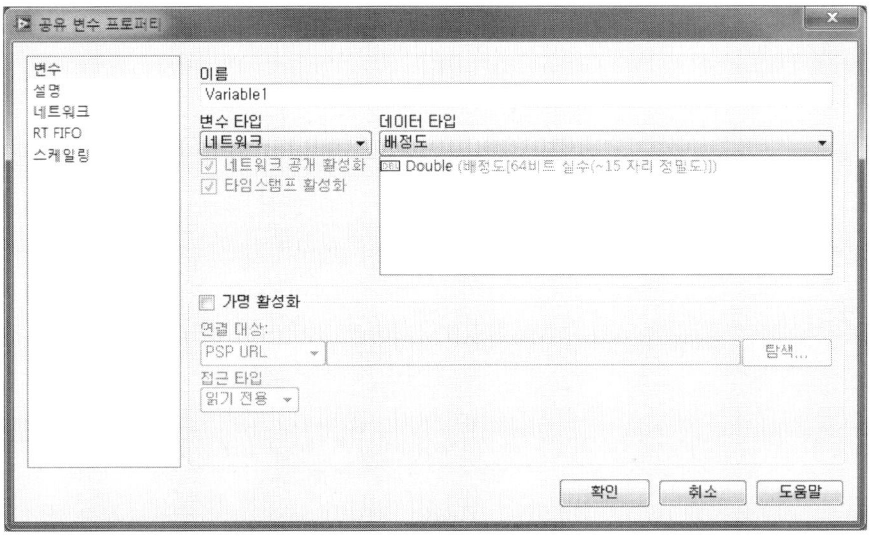

[그림 6-45] 공유 변수 만들기 2

공유 변수 프로퍼티 창이 닫히고 나면 설정한 이름과 동일한 공유 변수가 프로젝트 탐색기에 추가된 것을 확인할 수 있습니다.

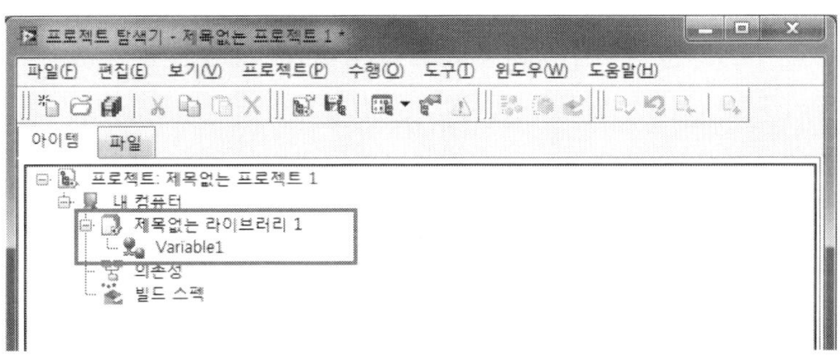

[그림 6-46] 공유 변수 만들기 3

프로젝트에 있는 공유 변수를 사용하기 위해서는 새 VI를 열고 프로젝트 탐색기로부터 VI의 블록다이어그램으로 공유 변수를 끌어 놓기(drag & drop)하거나 글로벌 변수의 경우와 유사하게 [함수] 팔레트 → [구조] 팔레트 → [공유 변수]를 블록다이어그램에 놓고 터미널을 클릭하여 적절한 변수의 이름을 리스트에서 선택하면 됩니다.

공유 변수도 다른 변수들과 마찬가지로 쓰기와 읽기 모드가 존재합니다. 공유 변수의 모드를 바꾸려면 [바로가기 메뉴] → [접근 모드] → [읽기] 또는 [쓰기]를 선택해야 합니다.

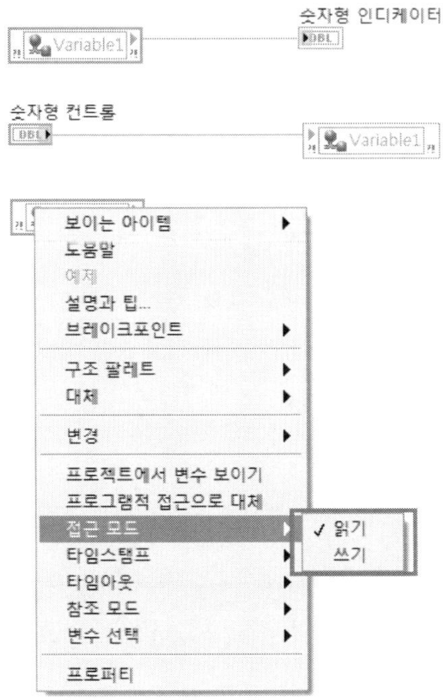

[그림 6-47] 공유 변수의 읽기/쓰기 모드 변경

6.5.4 기능적 글로벌 변수(Functional Global Variable)

기능적 글로벌 변수는 앞서 살펴본 로컬 변수, 글로벌 변수, 공유 변수와는 조금 다른 개념의 변수입니다. 쉽게 말해서 기능적 글로벌 변수는 실제로 변수는 아니지만 약간의 코딩 기술을 이용해서 변수처럼 사용할 수 있게 만든 저장공간입니다. 이 변수는 초기화되지 않은 시프트 레지스터의 저장공간을 변수처럼 활용하는 일종의 기법입니다.

루프 함수에서 사용할 수 있는 시프트 레지스터의 성질 중에서 초기화하지 않은 시프트 레지스터는 VI를 완전히 닫기 전에는 그 값을 계속해서 유지하는 특성이 있었습니다. 이 특성을 이용해서 시프트 레지스터의 저장 공간을 하나의 변수처럼 사용할 수 있습니다. 하지만 초급 사용자의 입장에서는 언제 어떤 용도로 기능적 글로벌 변수를 써야 하는지 판단하기 어려울 수 있습니다. [그림 6-48]은 가장 일반적으로 기능적 글로벌 변수를 이용하는 예입니다. 단 여기에서는 루프의 '루프 조건' 터미널에 참 상수를 연결하였으므로 루프는 한 번만 실행됩니다. 루프를 단 한 번만 실행하는 이유는 시프트 레지스터를 저장 공간으로 사용하기 위함입니다.

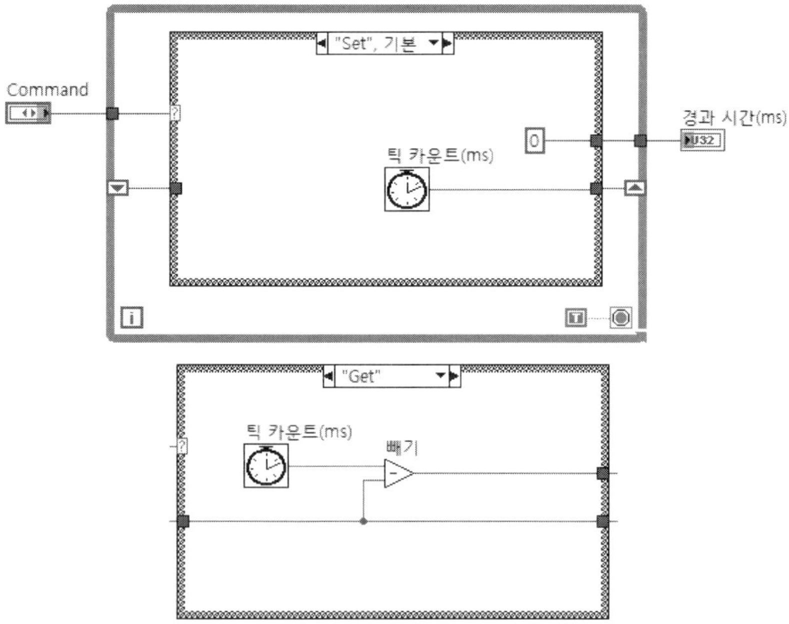

[그림 6-48] 기능적 글로벌 변수의 예

이 예에서는 상태 머신의 예제와 비슷하게 열거형 변수와 케이스 구조를 활용해 경과 시간을 체크합니다. 먼저 열거형 컨트롤 "Command"의 아이템은 "Set"과 "Get" 두 가지가 있고 사용자가 "Set"을 선택하면 [틱 카운트(ms)] 함수로부터 현재의 시간을 읽어와서 그 값을 시프트 레지스터에 저장합니다. 그리고 사용자가 "Get" 명령을 선택하면 "Set" 명령을 내렸을 때 시프트 레지스터에 저장된 시간과 "Get" 명령을 내렸을 때 [틱 카운트(ms)]에서 불러온 현재의 시간을 빼준 후 그 값을 "경과 시간(ms)"으로 반환합니다.

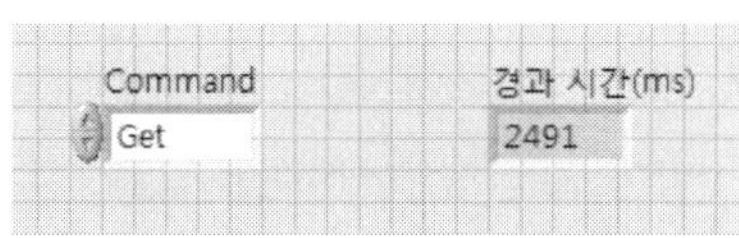

[그림 6-49] 경과 시간 체크의 예

이 예에 대하여 조금 더 깊이 생각해 보면 굳이 기능적 글로벌 변수를 쓰지 않더라도 로컬 변수, 글로벌 변수, 공유 변수를 이용해서 더욱 쉽게 같은 기능을 구현할 수 있습니다. 그럼에도 불구하고 기능적 글로벌 변수라는 개념이 필요한 이유는 변수를 사용하는 경우에는 경합 조건(Race Condition)이라는 심각한 문제가 발생할 수도 있기 때문입니다.

6.5.5 경합 조건(Race Condition)

만약 [그림 6-50]과 같은 VI가 있을 때 LabVIEW의 데이터 흐름에 대한 두 가지 법칙에 따르면 [더하기] 함수와 [빼기] 함수의 실행 순서는 시스템 리소스 분배 상태에 따라서 달라질 수 있습니다. 그러므로 VI를 실행했을 때 "숫자형"의 값은 다음 네 가지 값 중에서 한 가지를 가질 수 있습니다.

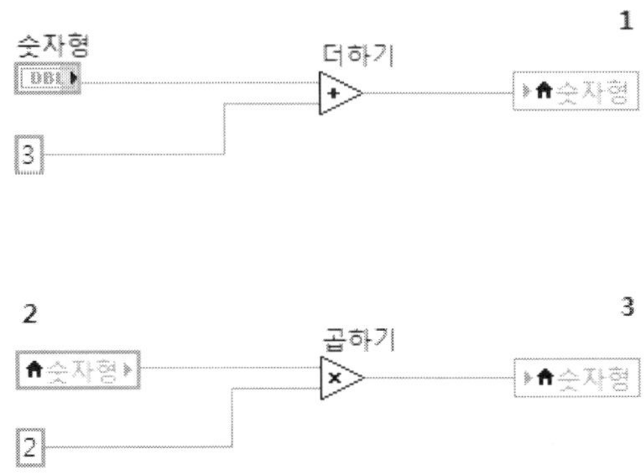

[그림 6-50] 경합 조건의 예

- 결과값 = (숫자형 + 3) × 2
  [더하기] 함수 실행 - 1번 로컬 변수 업데이트 - 2번 로컬 변수 불러와 [곱하기] 함수 실행 - 3번 로컬 변수 업데이트
- 결과값 = (숫자형 × 2) + 3
  2번 로컬 변수 불러와 [곱하기] 함수 실행 - 3번 로컬 변수 업데이트 - 업데이트 된 "숫자형" 값 불러와 [더하기] 함수 실행 - 1번 로컬 변수 업데이트
- 결과값 = 숫자형 × 2
  [더하기] 함수 실행 - 1번 로컬 변수 업데이트 되기 전에 2번 로컬 변수 불러와 [곱하기] 함수 실행 - 1번 로컬 변수 업데이트 - 3번 로컬 변수 업데이트
- 결과값 = 숫자형 + 3
  [곱하기] 함수 실행 - 3번 로컬 변수 업데이트 되기 전에 "숫자형" 값 불러와 [더하기] 함수 실행 - 3번 로컬 변수 업데이트 - 1번 로컬 변수 업데이트

특별한 경우가 아니라면 이 예의 실행 결과는 1번 계산에 따른 결과를 나타낼 가능성이 많습니다. 하지만 계속해서 VI를 실행하면 그 값이 1번 계산 결과가 아니라 다른 계산 결과가 나오는 경우가 생깁니다(이 경우는 아주 드물어서 몇 번을 실행해도 항상 같은 값이 나올 수도 있습니다).

LabVIEW 변수는 이러한 공유 리소스 제어 기능을 가지고 있지 않기 때문에 동시에 여러 함수에서 변수에 접근할 수 있습니다. 그렇기 때문에 경합 조건의 예에서 3번이나 4번 결과가 나올 수 있는 것입니다. 반면에 기능적 글로벌 변수, 즉 시프트 레지스터는 공유 리소스 제어 기능을 가지고 있기 때문에 공유 리소스 제어 기능이 필요한 경우 다른 변수보다 유용하게 사용할 수 있습니다.

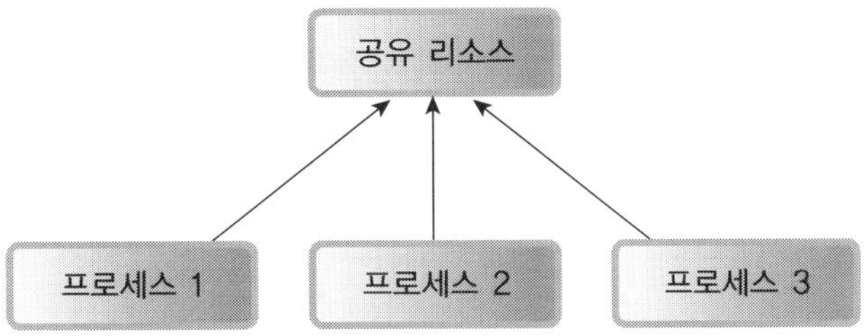

[그림 6-54] 공유 리소스 제어 없는 경우

요 약

- 디자인 패턴은 효율적으로 알고리즘을 디자인하기 위한 프로그램용 템플릿입니다.
- 단순 디자인 패턴은 루프 함수를 사용하지 않고 한번 실행하면 그 결과를 반환하는 형태입니다.
- 일반 디자인 패턴은 하나의 While 루프를 사용해 기능을 반복해서 실행할 수 있는 디자인 패턴입니다.
- 상태 머신 디자인 패턴은 LabVIEW 디자인 패턴 중 가장 유용한 디자인 패턴이며 대부분의 어플리케이션은 이 디자인 패턴을 통해서 구현할 수 있습니다.
- 병렬 디자인 패턴은 여러 개의 While 루프를 통해서 동시에 여러 가지 작업을 할 수 있습니다.
- 변수의 종류에는 그 범위에 따라서 로컬 변수, 글로벌 변수, 공유 변수로 구분할 수 있으며, 기능적으로 글로벌 변수와 비슷한 역할을 하는 기능적 글로벌 변수가 있습니다.
- 변수를 사용할 때에 가장 주의해야 할 부분은 경합 조건(Race Condition)이 발생하지 않도록 적절히 알고리즘을 구현하는 것입니다.

퀴 즈

1. 상태 머신 디자인 패턴을 구현하기 위해 제일 먼저 해야 하는 작업은 (　　　　)을/를 그리는 것입니다.
2. 상태 머신은 상태 전이 다이어그램의 상태를 아이템으로 가지는 (　　　　) 상수와 While 루프, 시프트 레지스터, 그리고 (　　　　) 구조로 구성됩니다.
3. 시퀀스 구조와 비교해 상태 머신 디자인 패턴의 장점 세 가지를 기술하세요.
4. 데이터 흐름에 관한 첫 번째 법칙은 모든 함수는 그 함수의 (　　　　)을/를 전달받아야만 실행된다는 것입니다.
5. 변수의 기능은 불리언 기계적 동작 중 (　　　　) 형태의 동작과 같이 사용할 수 없습니다.
6. 경합 조건을 제거하기 위한 첫 번째 방법은 (　　　　)이고, 두 번째 방법은 (　　　　)입니다.

CHAPTER

07

LabVIEW 사용자 인터페이스 구성하기

CHAPTER 07 LabVIEW 사용자 인터페이스 구성하기

사용자 인터페이스는 사용자로부터 입력을 받거나 출력을 보여주는 화면을 의미합니다. 사용자 인터페이스는 프로그램의 기능과는 별개이므로 소홀하기 쉽지만 좋은 사용자 인터페이스는 그 프로그램을 보다 효율적으로 이용할 수 있도록 도와주므로 신경을 쓰는 것이 좋습니다.

좋은 사용자 인터페이스를 구성하기 위해서는 글자의 폰트나 크기, 스타일 등을 적절히 이용하고 프로그램의 기능과 관련된 아이콘을 적절히 사용해야 합니다. 또한 그래프 등을 통해서 정보를 사용자에게 직관적으로 전달하는 것이 좋습니다.

7.1 폰트 변경하기

프런트패널의 컨트롤이나 인디케이터의 폰트를 변경하기 위해서는 [텍스트 세팅 도구]를 사용해야 합니다. [텍스트 세팅 도구]는 프런트패널의 상단에 도구 모음에서 찾을 수 있으며, 이 도구를 이용하여 글자체, 글자 크기, 스타일, 글자 색깔을 변경할 수 있습니다.

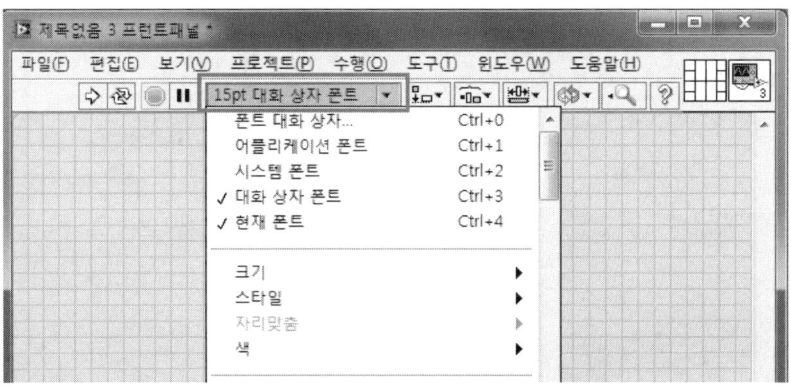

[그림 7-1] 텍스트 세팅 도구

텍스트 세팅 도구를 이용하여 컨트롤이나 인디케이터의 폰트를 변경하려면 먼저 폰트를 변경하고 싶은 컨트롤이나 인디케이터를 선택해야 합니다. 컨트롤이나 인디케이터를 선택할 때에는 해당 터미널의 테두리 부분을 클릭하거나 마우스 끌기(drag)를 이용해서 구역 지정으로 선택을 할 수 있습니다. 터미널을 선택할 때 주의할 점은 터미널 전체를 선택할 수도 있고 터미널의 라벨만 별도로 선택할 수도 있다는 점 입니다.

[그림 7-2] 컨트롤 선택하기

터미널의 선택이 완료되면 [텍스트 세팅 도구]를 이용하여 해당 터미널의 폰트를 간단하게 변경할 수 있습니다. [그림 7-3]은 글자의 크기를 20 포인트, 스타일을 굵은체로 변경하였을 때의 예입니다.

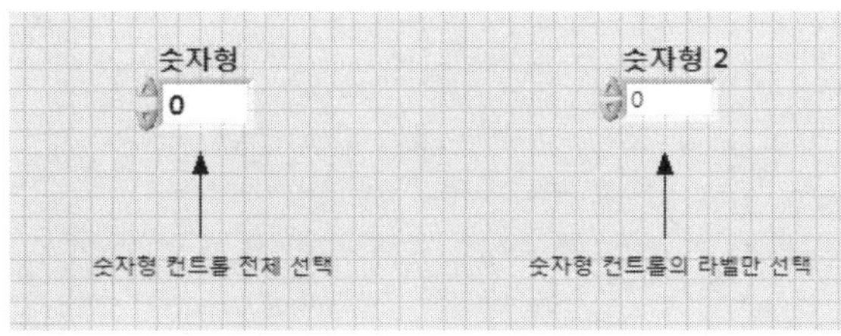

[그림 7-3] 폰트 변경 적용

여러 개의 컨트롤이나 인디케이터를 변경해야 하는 경우는 [텍스트 세팅 도구]를 사용해 일일이 하나씩 설정하는 것이 귀찮은 작업이 될 수도 있습니다. 이런 불편을 줄이기 위해서는 여러 개의 터미널을 동시에 선택해서 폰트를 변경하는 것이 좋습니다. 먼저 시프트(shift) 키를 누른 상태에서 마우스 왼쪽 버튼을 클릭하여 여러 개의 터미널을 동시에 선택한 후 [텍스트 세팅 도구]의 [폰트 대화 상자...]를 선택하거나 단축키 Ctrl + 0을 눌러 [폰트 대화 상자]를 불러옵니다. 그리고 [폰트 대화 상자]에서 적용하고 싶은 효과나 폰트의 종류, 크기 등을 변경한 후 [확인]을 눌러 폰트 변경을 완료합니다.

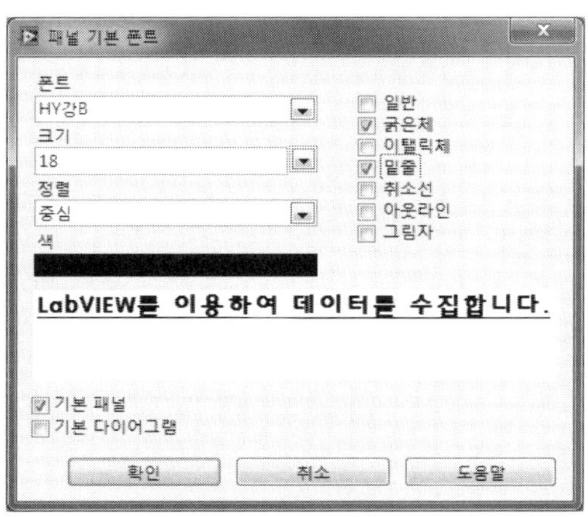

[그림 7-4] 폰트 대화 상자

[텍스트 세팅 도구]에서 리스트되는 폰트는 설치된 폰트의 종류에 따라서 컴퓨터마다 다를 수 있습니다. 즉 자신의 컴퓨터에서는 사용할 수 있는 폰트가 다른 컴퓨터에서는 아예 없을 수도 있다는 것입니다. 만약 사용자가 설정한 폰트가 프로그램을 실행하는 컴퓨터에 존재하지 않는다면, LabVIEW는 자동적으로 기본 폰트로 변경해서 프런트패널에 표시합니다. 그러므로 프로그램을 여러 컴퓨터에서 사용할 예정이라면 폰트를 설정할 때 보기에 좋은 폰트를 사용하는 것보다 일반적으로 많이 사용하는 굴림체나 Arial과 같은 폰트를 선택하는 것이 좋습니다.

7.2 장식 사용하기

프런트패널의 [컨트롤] 팔레트에는 LabVIEW에서 기본적으로 제공하는 장식들을 찾을 수 있습니다. 장식들은 [컨트롤] 팔레트 → [장식] 팔레트 안에서 찾을 수 있으며 몇 가지 도형들과 화살표 및 직선, 프런트패널에 각주를 달 수 있는 라벨이 포함되어 있습니다.

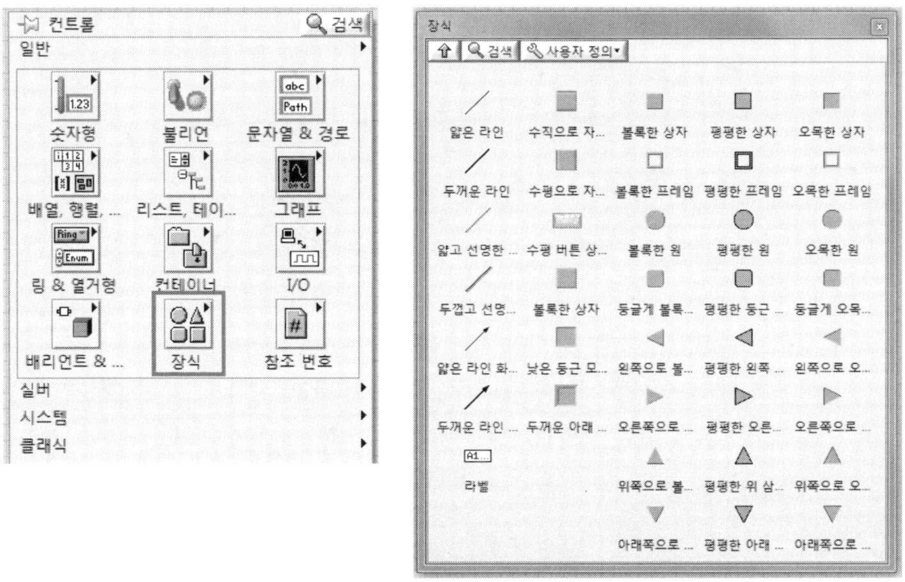

[그림 7-5] 장식 팔레트

다른 컨트롤들과는 달리 장식들은 아무런 기능을 가지고 있지 않으므로 프런트패널 위에 장식들을 놓더라도 블록다이어그램에는 아무런 변화가 생기지 않습니다. [그림 7-6]은 [장식] 팔레트 안에 있는 도형과 라벨을 이용하여 프런트패널을 구성한 예입니다.

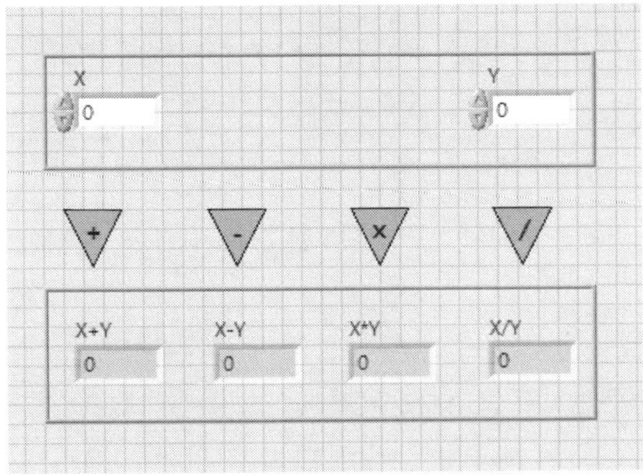

[그림 7-6] 장식을 이용한 예

이 외에도 그림 파일을 프런트패널에 추가하는 것도 좋은 장식이 될 수 있습니다. 프런트패널에 그림을 추가하기 위해서는 간단하게 해당 그림 파일을 폴더로부터 프런트패널 위로 끌어다 놓으면(drag & drop) 됩니다.

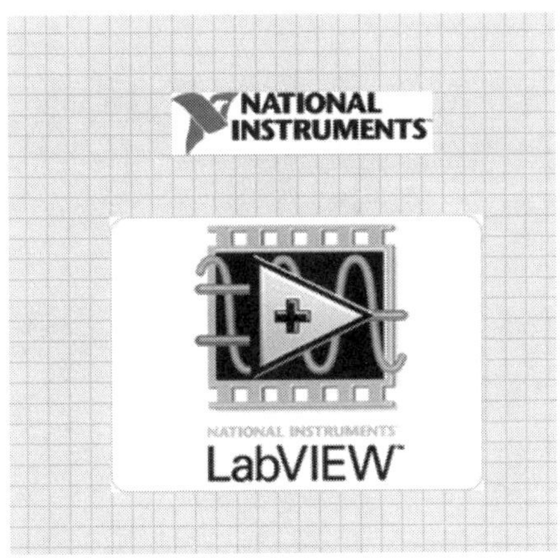

[그림 7-7] 프런트패널에 그림 추가하기

7.3 정렬 도구

프런트패널에서는 기본적으로 아이콘들의 움직임이 눈금에 맞춰서 움직이도록 되어 있습니다. 하지만 마우스 끌기로 적당히 여러 개의 아이콘을 정렬하거나 아이콘의 크기를 통일하는 것은 번거롭고 불편하기도 합니다. 이런 작업을 효율적으로 수행하기 위해서는 정렬 도구를 사용하는 것이 좋습니다. 정렬 도구는 프런트패널의 도구 모음에서 찾을 수 있습니다.

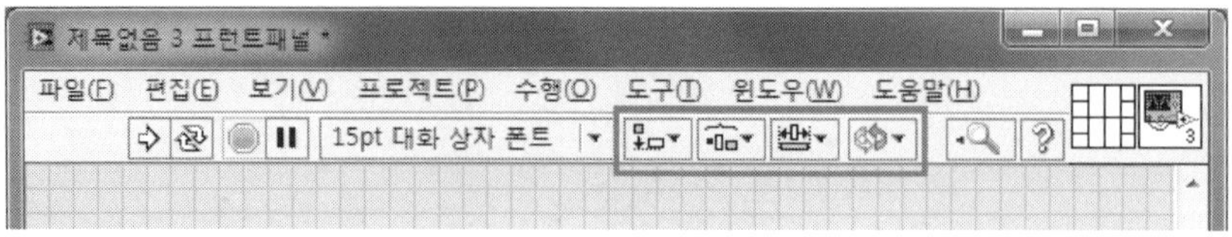

[그림 7-8] 정렬 도구 모음

제일 왼쪽에 있는 도구는 [객체 정렬 도구]입니다. 이 도구는 여러 개의 아이콘을 일렬로 만들기 위해 사용합니다. 두 번째 도구는 [객체 간격 조절 도구]입니다. 이 도구는 여러 객체들 간의 간격을 일정하게 만들기 위해 사용합니다. 세 번째 도구는 [객체 크기 조정 도구]이며 여러 객체의 크기를 통일할 때 사용합니다. 그리고 마지막 도구는 [순서 재설정 도구]입니다. 이 도구는 여러 객체들을 하나의 그룹으로 묶거나 푸는 기능과 여러 개의 객체가 서로 겹쳐있는 경우 겹침 순서를 설정하는 기능을 가지고 있습니다.

7.4 도구 팔레트

[도구 팔레트]는 LabVIEW 아이콘들 선택하거나 변경할 수 있는 여러 가지 도구들을 한꺼번에 모아 놓은 팔레트입니다. [도구 팔레트]는 실행 메뉴의 [보기] → [도구 팔레트]를 선택하거나 시프트(shift) 키를 누른 상태에서 마우스 오른쪽 버튼을 클릭하면 불러올 수 있습니다.

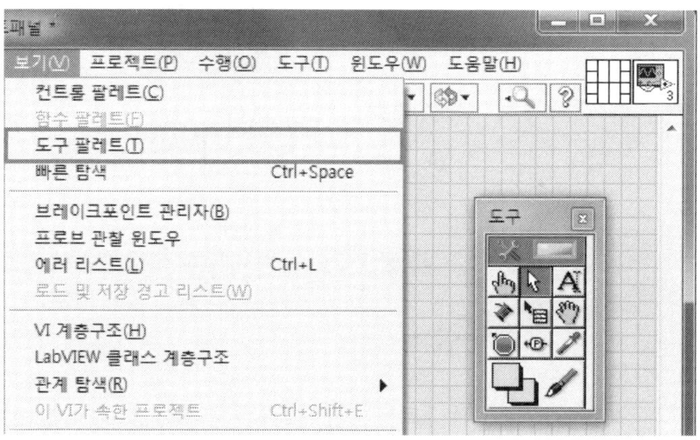

[그림 7-9] 도구 팔레트

도구 팔레트에는 총 10가지의 도구가 있으며 각 도구의 이름과 기능은 [표 7-1]과 같습니다.

[표 7-1] 도구의 이름과 기능

도구	이름	기능
	자동 도구 선택	자동 도구 선택을 하면 커서의 위치에 따라 자동으로 적절한 도구를 선택합니다. 자동 도구 선택이 활성화 상태이면 자동으로 커서의 모양이 아래의 도구들과 같은 모양으로 변하는 것을 확인할 수 있습니다.
	수행 도구	컨트롤의 값을 변경할 때 사용합니다.
	위치 도구	객체를 선택하거나 객체의 크기를 조정할 때 사용합니다.
	라벨링 도구	컨트롤 및 인디케이터의 텍스트를 편집하고 독립 라벨을 생성할 수 있습니다.
	와이어링 도구	블록다이어그램에서 터미널과 함수들을 서로 연결할 때 사용합니다.
	객체 바로가기 메뉴 도구	마우스의 왼쪽 버튼을 클릭하여 객체의 [바로가기 메뉴]를 불러올 수 있습니다.
	스크롤링 도구	스크롤 막대를 사용하지 않고 마우스 끌기(drag)로 스크롤을 할 수 있습니다.
	브레이크포인트 도구	마우스 왼쪽 버튼을 클릭하여 브레이크포인트를 설정하거나 삭제할 수 있습니다.
	프로브 도구	마우스 왼쪽 버튼을 클릭하여 블록다이어그램의 와이어에 프로브를 생성할 수 있습니다.
	색 얻기 도구	객체에 사용된 색깔을 얻을 수 있습니다. 얻은 색은 [색 설정 도구]에 자동으로 복제됩니다.
	색 설정 도구	객체에 색을 입힐 수 있습니다. 또한 마우스 커서가 올려진 객체의 색깔을 확인할 수 있습니다.

이 도구들 중에서 프런트패널을 꾸밀 때 유용하게 사용할 수 있는 도구는 [색 설정 도구]입니다. [색 설정 도구]를 사용하기 위해서는 먼저 [도구 팔레트]에서 [색 설정 도구]를 선택합니다. 그리고 마우스 커서의 모양이 붓 모양으로 변하면 색깔을 변경하고 싶은 객체 위에 커서를 올리고 마우스 오른쪽 버튼을 클릭하여 [색 상자]를 불러온 후 적당한 색깔을 선택합니다.

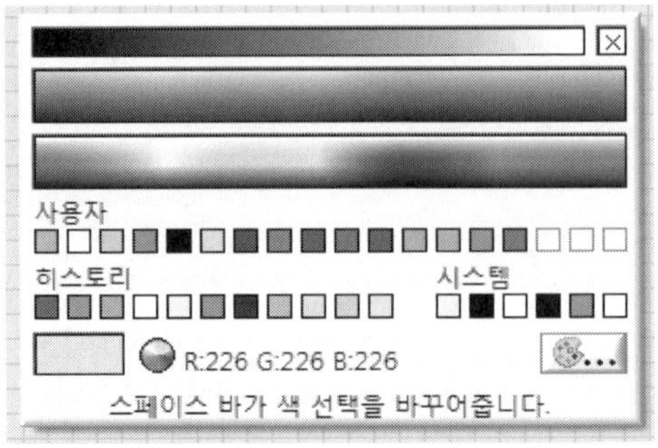

[그림 7-10] 색 상자

색깔을 변경할 수 있는 대상은 프런트패널의 바탕색, 컨트롤과 인디케이터의 라벨 및 배경 색깔, 장식뿐만 아니라 필요에 따라서 블록다이어그램의 함수 색깔이나 바탕색까지 변경이 가능합니다. 그러므로 이 특성을 이용하여 코딩을 할 때 중요한 부분이나 수정이 필요한 부분 등에 강조 용도로 사용할 수도 있습니다.

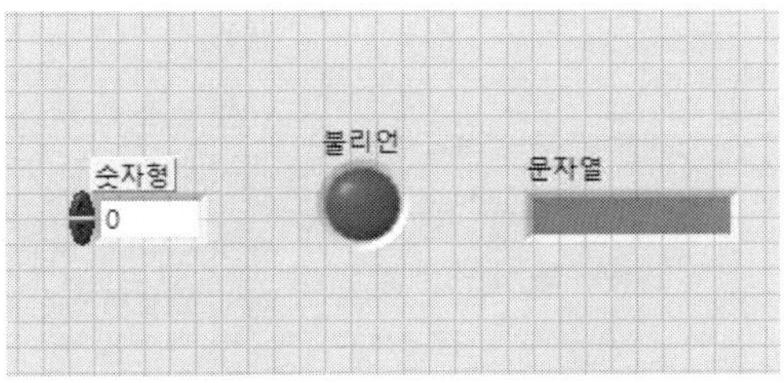

[그림 7-11] 프런트패널 객체의 색 변경

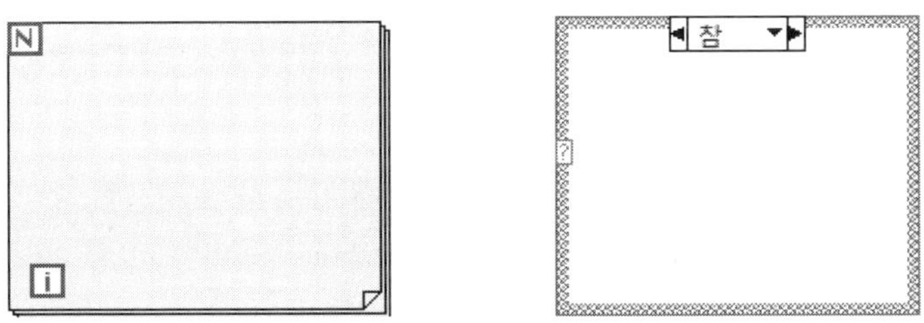

[그림 7-12] 블록다이어그램 함수의 색 변경

7.5 프로퍼티

프로퍼티란 객체의 모양이나 동작 등에 대한 정보를 의미합니다. 각 객체가 가지고 있는 프로퍼티는 객체의 데이터 형식이나 객체의 아이콘 모양 등에 따라 모두 다르며 [프로퍼티 대화 상자]를 통해서 속성을 변경할 수 있습니다. [프로퍼티 대화상자]를 불러

오기 위해서는 해당 객체 위에 마우스 커서를 올리고 [바로가기 메뉴] → [프로퍼티]를 선택해야 합니다.

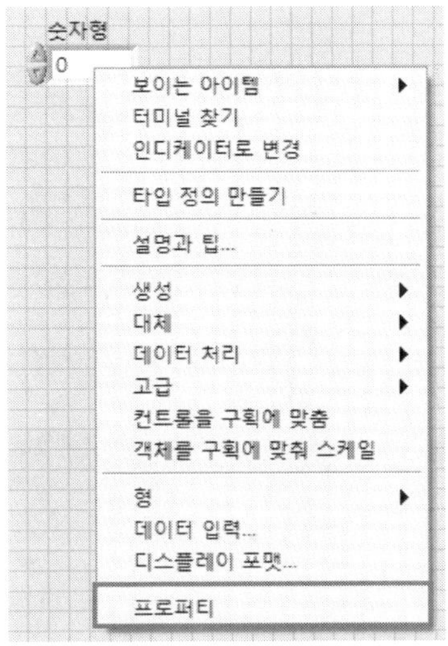

[그림 7-13] 프로퍼티 대화 상자 불러오기

7.5.1 숫자형 프로퍼티

숫자형 컨트롤의 프로퍼티는 증가/감소 버튼을 보이지 않게 하거나 컨트롤에 보이는 숫자의 표현을 여러 가지로 바꿀 수 있는 속성들을 포함하고 있습니다. 이 표현 방법에는 2진수, 8진수, 10진수, 16진수 표현뿐만 아니라 큰 숫자를 표현할 때 간편하게 표현할 수 있는 SI 표기법, 과학적 표기법을 포함하고 있습니다. 또한 0을 표시하여 일정한 자리수의 표현도 가능합니다. 단 2진수, 8진수, 16진수의 표현은 정수형 또는 부호없는 정수형에서만 가능함을 유의하세요.

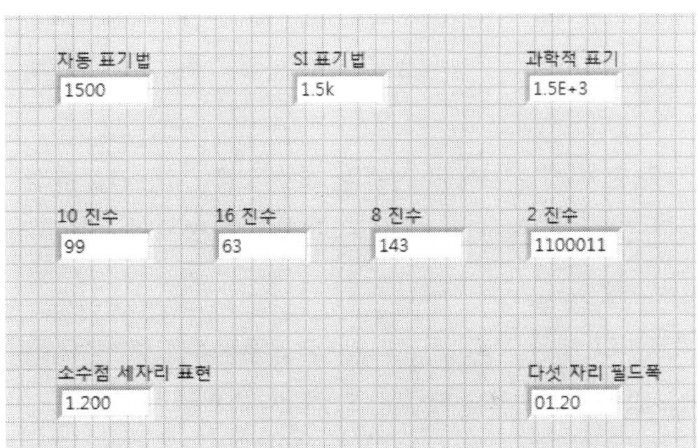

[그림 7-14] 숫자의 표현 방식 변경 예

[실습 7-1] 세 개의 숫자형 컨트롤을 증가/감소 버튼을 보이지 않게 설정하고 숫자의 표현 방식을 자동 표기법, SI 표기법, 과학적 표기법으로 각각 설정하세요.

1. 프런트패널에 [숫자형 컨트롤]을 놓고 라벨을 "자동 표기법"으로 변경한 후 그 값을 1500으로 변경합니다.
2. "자동 표기법" 숫자형 컨트롤 위에 마우스 커서를 올리고 [바로가기 메뉴] → [프로퍼티]를 선택해 [프로퍼티 대화 상자]를 불러옵니다.
3. [프로퍼티 대화 상자]의 [모양] 탭에서 [증가/감소 버튼 보이기] 항목을 체크 해제합니다.

[그림 7-15] 숫자형 프로퍼티: 모양 탭

4. "자동 표기법" 컨트롤을 선택한 후 컨트롤(Ctrl) 키를 누른 상태에서 마우스 끌기로 숫자형 컨트롤을 복사합니다. 그리고 복사한 숫자형 컨트롤의 라벨을 "SI 표기법"으로 변경합니다.
5. [프로퍼티 대화 상자]를 불러와 [디스플레이 포맷] 탭으로 이동합니다. 그리고 타입 항목을 [SI 표기법]으로 변경한 후 [확인] 버튼을 누릅니다.

[그림 7-16] 숫자형 프로퍼티: 디스플레이 포맷 탭

6. 같은 방법으로 숫자형 컨트롤을 복사한 후 [프로퍼티 대화 상자]의 [디스플레이 포맷] 탭에 있는 타입 항목을 [과학적 표기]로 변경한 후 [확인] 버튼을 누릅니다.

7. 프런트패널에서 숫자의 표현이 [그림 7-17]과 같이 변경 되었음을 확인합니다.

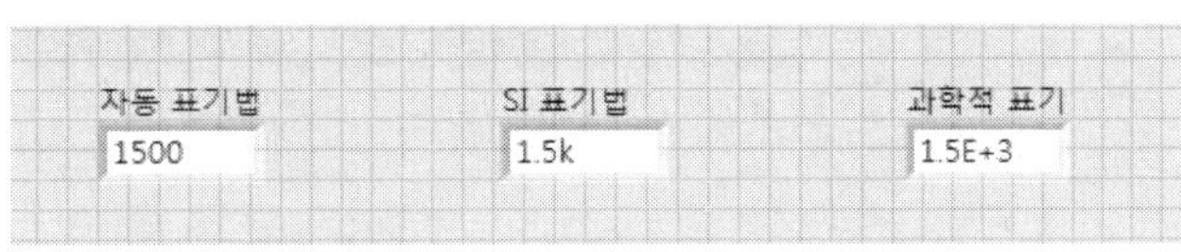

[그림 7-17] 표기법 변경 완료 화면

7.5.2 불리언 프로퍼티

불리언의 프로퍼티에는 앞 장에서 언급했던 불리언 버튼의 기계적 동작이나 불리언 버튼의 색깔, 버튼 위에 쓰인 텍스트의 편집 등을 설정할 수 있습니다. 이 중에서 불리언 버튼의 기계적 동작의 설정은 불리언 버튼이 컨트롤로 설정된 경우에만 가능합니다.

[실습 7-2] [그림 7-18]과 같이 원형 LED 불리언 인디케이터의 색깔을 거짓일 경우 검은색, 참일 경우 빨간색으로 변경하고 각각 불리언 텍스트를 삽입하세요.

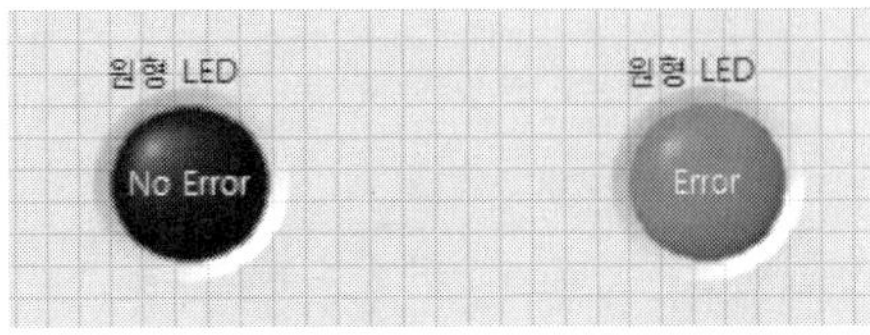

[그림 7-18] 불리언 버튼의 색깔 및 텍스트 변경의 예

1. 프런트패널에서 [원형 LED] 불리언 인디케이터를 불러와 적당한 크기로 놓고 그 라벨을 "원형 LED"로 수정합니다.
2. "원형 LED" 위에 마우스 커서를 올리고 [바로가기 메뉴] → [프로퍼티]를 선택해 [프로퍼티 대화상자]를 불러옵니다.
3. [프로퍼티 대화상자]의 [모양] 탭에서 색 항목에서 [On]의 색 상자 부분을 클릭해 빨간색으로 변경하고 [Off]의 색 상자를 클릭해 검은색으로 변경합니다.
4. [불리언 텍스트 보이기] 항목을 체크 한 후 [On 텍스트]와 [Off 텍스트]를 각각 "Error"와 "No Error"로 변경합니다. 그리고 [텍스트 색] 항목을 하얀색으로 설정한 후 [확인] 버튼을 누릅니다.

[그림 7-19] 불리언 프로퍼티: 모양 탭

5. "원형 LED"를 클릭해서 On/Off 상태를 스위칭하며 불리언 텍스트가 [그림 7-18]과 같이 변경되었음을 확인합니다.

7.6 시스템 컨트롤/클래식 컨트롤/실버 컨트롤

LabVIEW에서 기본적으로 제공하는 아이콘들은 그 스타일에 따라서 일반 컨트롤, 시스템 컨트롤, 클래식 컨트롤, 실버 컨트롤이 있습니다. 각 컨트롤의 위치는 [컨트롤] 팔레트에서 찾을 수 있습니다.

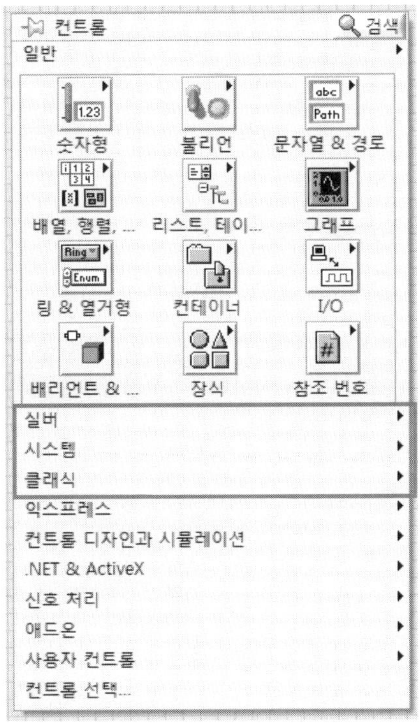

[그림 7-20] 실버/시스템/클래식 컨트롤 팔레트

[그림 7-21]은 각각의 스타일에 따른 아이콘을 비교해 놓은 모습입니다. 각 스타일의 아이콘은 프로퍼티에는 약간의 차이가 있을 수 있지만 기능은 모두 동일하다고 할 수 있습니다. 단 아이콘을 사용할 때는 여러 가지 스타일의 아이콘을 섞어서 쓰는 것 보다는 하나의 스타일로 통일해서 사용해서 사용자 인터페이스를 구성하는 것이 보기에 좋습니다.

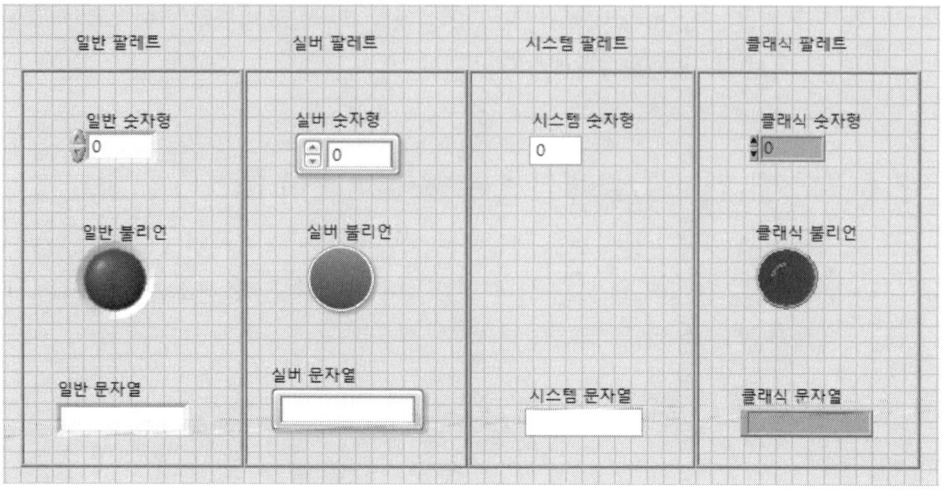

[그림 7-21] 여러 스타일의 아이콘 비교

7.7 사용자 정의(Type Definition)

사용자 정의는 LabVIEW에서 제공하는 아이콘의 모양을 사용자가 적절히 변경해서 사용할 수 있는 사용자 컨트롤을 만드는 기능을 제공합니다. 이 기능을 적절히 이용하면 사용자가 원하는 모양의 버튼이나 컨트롤을 만들수 있으므로, 훨씬 다채로운 화면의 구성이 가능합니다.

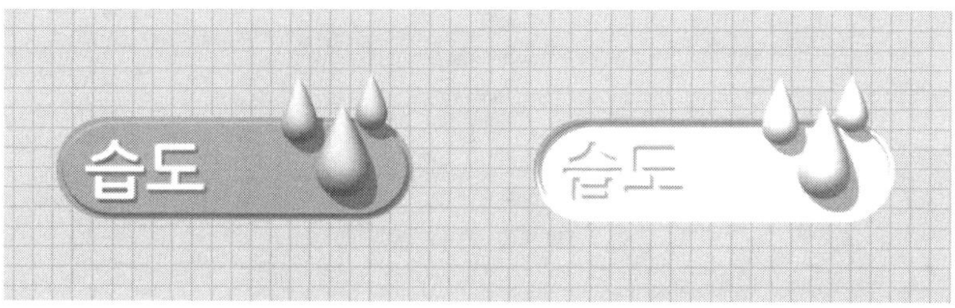

[그림 7-22] 불리언 버튼 타입 정의의 예

7.7.1 사용자 컨트롤 만들기

사용자 정의 기능을 이용하려면 먼저 사용자 정의를 만들고 싶은 LabVIEW 컨트롤을 프런트패널 위에 놓고 그 컨트롤의 [바로가기 메뉴] → [고급] → [사용자 정의 ...]를 선택합니다.

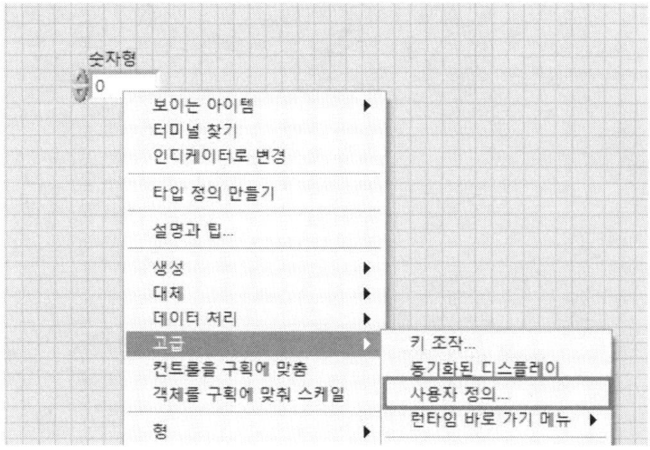

[그림 7-23] 사용자 정의

[사용자 정의...] 메뉴를 선택하면 사용자 컨트롤이라는 새로운 창이 열립니다. 사용자 컨트롤 창은 글로벌 변수와 유사하게 프런트패널만 존재하며 사용자 컨트롤의 확장자는 *.ctl 입니다. 이 컨트롤의 모양을 사용자가 원하는 모양으로 바꾸기 위해서는 사용자 컨트롤 창의 도구 모음에 있는 랜치 모양의 버튼을 눌러주어야 합니다. 랜치 모양의 버튼이 보이면 [편집 모드]라고 하며, 지정한 컨트롤의 값이나 라벨 등의 프로퍼티 변경이 가능한 상태를 의미합니다.

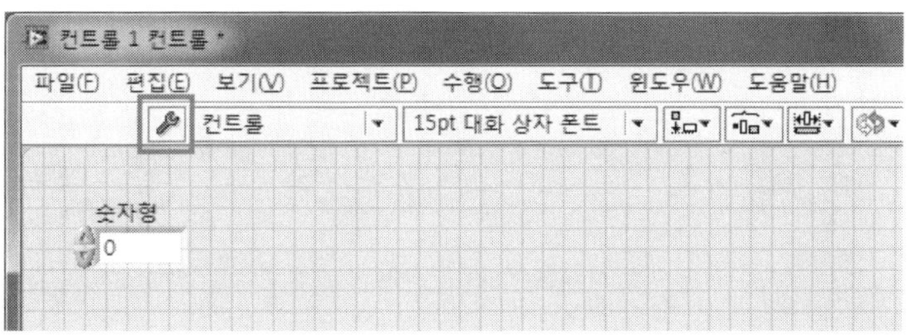

[그림 7-24] 사용자 컨트롤 창: 편집 모드

[편집 모드] 버튼을 누르면 아이콘의 모양이 핀셋 모양으로 변경되면서 사용자 컨트롤 창 위에 있는 컨트롤에 하얀색 네모들이 표시됩니다. 이때 핀셋 모양의 버튼은 [사용자 정의 모드]를 의미하며, 컨트롤의 모양 자체를 바꿀 수 있는 상태임을 나타냅니다. 그리고 하얀 바탕으로 표시된 부분들은 숫자형 컨트롤을 구성하고 있는 요소를 의미하며, 각 부분들에 대해서는 크기 조절이나 그림을 삽입하는 등의 조작이 가능합니다.

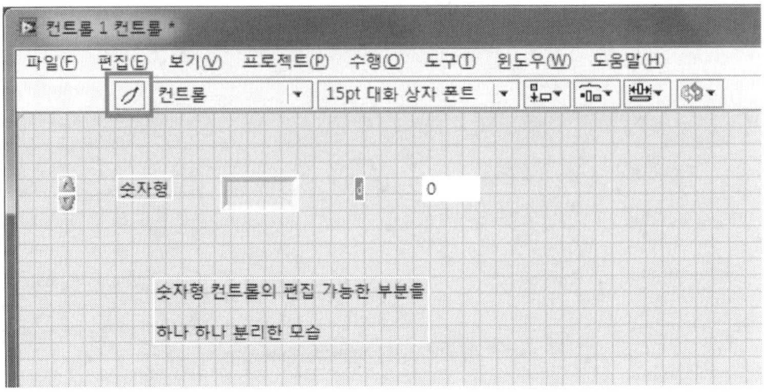

[그림 7-25] 사용자 컨트롤 창: 사용자 정의 모드

[그림 7-26]은 [사용자 정의 모드]에서 증가/감소 버튼의 크기와 위치를 적절히 조절하여 적용한 예입니다. 편집이 완료되면 새로 만든 사용자 컨트롤을 저장하고 창을 닫습니다. 창을 닫을 때 프런트패널에 있는 컨트롤을 새로 만든 사용자 컨트롤로 대체할 것인지를 묻는 창이 뜹니다. 이때 [예]를 선택하면 프런트패널에서 변경된 컨트롤을 확인할 수 있습니다.

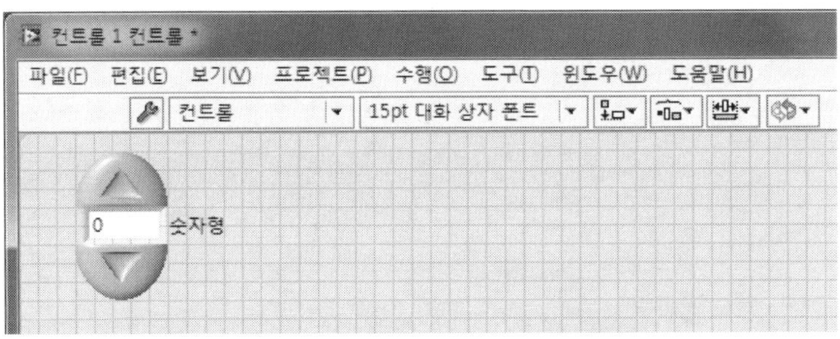

[그림 7-26] 사용자 컨트롤 창: 편집 완료 상태

만약 이전에 만들어 놓은 사용자 컨트롤을 불러오려면, 프런트패널에서 [컨트롤] 팔레트 → [컨트롤 선택 ...]을 선택한 후 적절한 컨트롤(*.ctl) 파일을 지정해서 불러올 수 있습니다.

[실습 7-3] 불리언 [확인 버튼]을 타입 정의 기능을 이용해 On과 Off 상태의 그림을 적절히 변경하세요.

1. 프런트패널 위에 불리언 [확인 버튼]을 적당한 크기로 놓습니다.
2. [확인 버튼] 위에 마우스 커서를 올리고 [바로가기 메뉴] → [고급] → [사용자 정의 ...]를 선택해 사용자 컨트롤 창을 열어줍니다.
3. 사용자 컨트롤을 "타입정의.ctl"으로 저장합니다.
4. [확인 버튼]의 라벨을 보이지 않게 하기 위해서 [바로가기 메뉴] → [보이기] → [라벨]을 체크 해제합니다. 그리고 같은 방법으로 [바로가기 메뉴] → [보이기] → [불리언 텍스트]의 체크를 해제합니다.

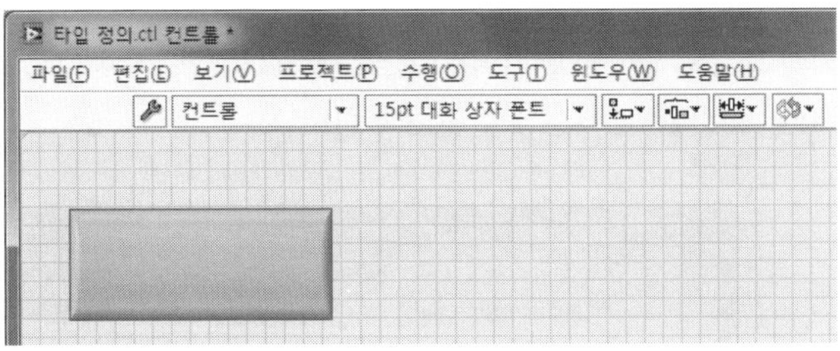

[그림 7-27] 불리언 확인 버튼 텍스트 및 라벨 보이기 해제

5. 사용자 컨트롤 창의 랜치 모양 아이콘을 눌러 [사용자 정의 모드]로 변경 합니다.
6. [확인 버튼]의 주변에 하얀색 테두리가 생긴 것을 확인합니다. 그리고 Off 상태의 버튼 그림에 해당하는 부분에 마우스 커서를 올린 후 마우스 오른쪽 버튼을 클릭해 [바로가기 메뉴] → [파일로부터 반입 ...]을 선택합니다.

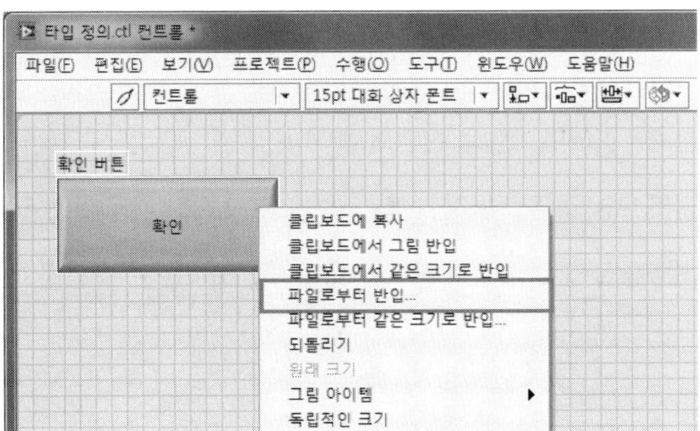

[그림 7-28] Off 상태의 그림 반입

7. 파일 선택 창이 뜨면 Off 상태로 적절한 그림 파일을 선택하고 [확인]을 누릅니다.

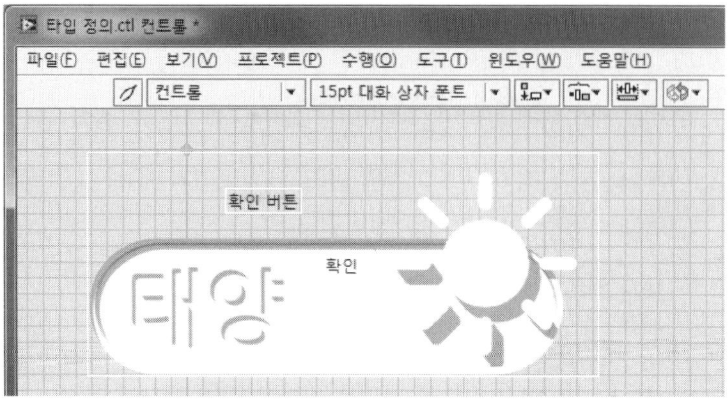

[그림 7-29] Off 상태의 그림 변경

8. 핀셋 모양의 도구를 눌러 다시 [편집 모드]로 변경하고 Off 상태 그림을 클릭해서 [확인 버튼]의 상태를 On 상태로 만들어 줍니다.

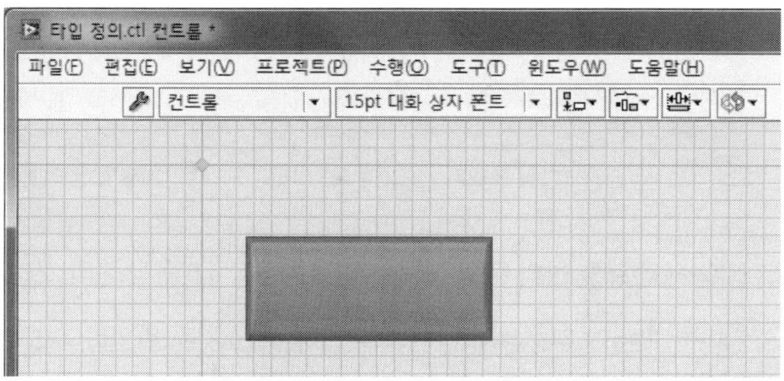

[그림 7-30] On 상태로 변환

9. 앞의 과정과 마찬가지로 랜치 모양의 버튼을 눌러 [사용자 정의 모드]로 변경하고 On 상태의 버튼 그림 위에서 [바로가기 메뉴] → [파일로부터 그림 반입 ...]을 선택해 적절한 On 상태의 그림을 선택해 줍니다.

10. 핀셋 모양 버튼을 눌러 [편집 모드]로 복귀하고 사용자 컨트롤을 저장합니다.

11. 버튼을 눌러 On과 Off 상태를 눌러 버튼이 바뀌는 모양을 확인합니다.

[그림 7-31] On 상태의 그림 변경

12. 상태가 바뀔 때 마우스 버튼을 누른 상태에서는 버튼의 모양이 [확인 버튼] 모양과 같아지는 이유는 불리언 버튼의 기계적 동작이 "놓을 때 래치"로 설정되어 있기 때문입니다. 이 현상을 없애기 위해서 변경된 버튼의 [바로가기 메뉴] → [기계적 동작] → [누를 때 스위치] 또는 [누를 때 래치]로 선택합니다.

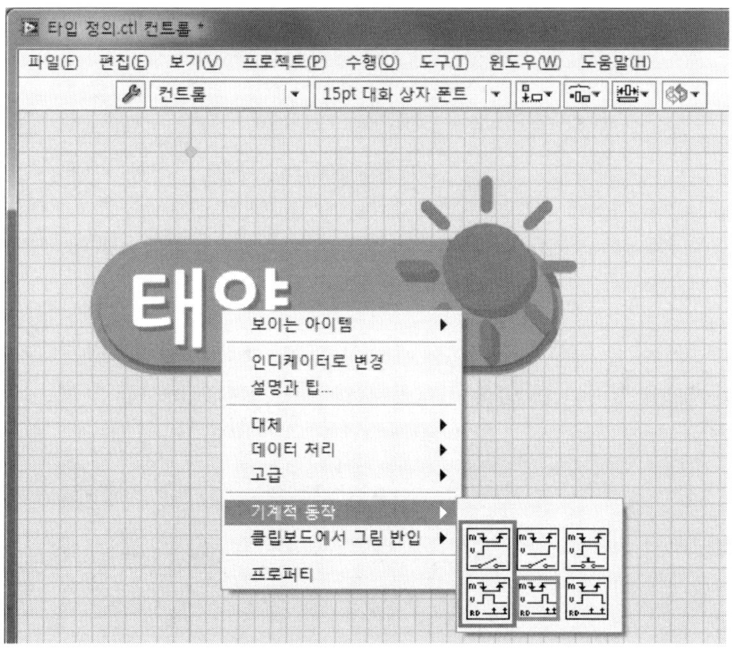

[그림 7-32] 기계적 동작의 변경

7.7.2 사용자 컨트롤의 속성

사용자 정의를 이용해 만든 컨트롤은 속성에 따라서 [컨트롤], [타입 정의], [엄격한 타입 정의]로 분류됩니다. 이 속성은 사용자 컨트롤(*.ctl) 파일 자체와 프런트패널에서 사용하는 사용자 컨트롤과의 연관 관계가 얼마나 있느냐를 나타냅니다. [컨트롤] 속성은 연관 관계가 전혀 없어서 사용자 컨트롤 파일(*.ctl)을 수정해도 프런트패널에 있는 사용자 컨트롤의 변화가 없으며, [타입 정의]와 [엄격한 타입 정의]는 사용자 컨트롤 파일(*.ctl)을 수정하면 프런트패널 컨트롤 또한 그 변화가 업데이트 됩니다.

[타입 정의]와 [엄격한 타입 정의]는 변화가 적용되는 범위에 차이가 있습니다. 어떤 아이콘 형태 또는 어떤 변수의 형태를 사용하느냐에 따라서 적용 범위가 다르기 때문에 세세하게 구분을 하기는 힘들지만 [엄격한 타입 정의]의 경우는 라벨, 기본값 등을 제외한 대부분의 변화가 반영됩니다. 그러나 [타입 정의]의 경우는 데이터의 형태에 관한 일부 제한적인 변화만 반영됩니다.

사용자 컨트롤의 속성을 변경하기 위해서는 [편집 모드]/[사용자 정의 모드] 도구 옆에 있는 리스트를 이용해야 합니다.

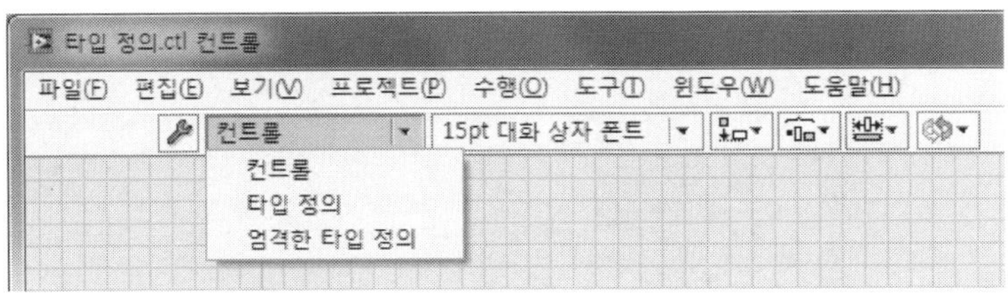

[그림 7-33] 사용자 컨트롤 속성 변경

만약 사용자 컨트롤의 속성을 [타입 정의] 또는 [엄격한 타입 정의]로 선택하면 블록다이어그램의 터미널 왼쪽 윗부분에 타입 정의를 의미하는 표시가 생성됩니다.

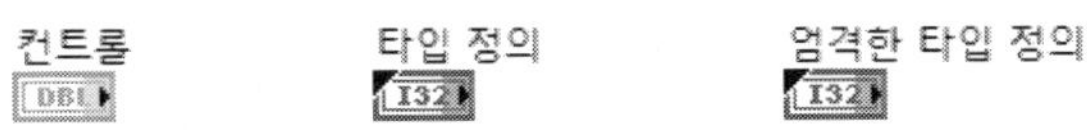

[그림 7-34] 타입 정의 터미널과 컨트롤의 비교

[실습 7-4] 사용자 컨트롤을 속성에 따라 하나씩 만들고 [컨트롤], [타입 정의], [엄격한 타입 정의]의 차이점을 확인하세요.

1. 새 VI를 열고 프런트패널에 [숫자형 컨트롤]을 놓습니다.
2. 숫자형 컨트롤의 [바로가기 메뉴] → [고급] → [사용자 정의 ...]를 선택한 후 사용자 컨트롤의 속성을 [컨트롤]로 설정합니다.
3. 저장하기를 눌러 사용자 컨트롤을 "컨트롤.ctl"로 저장합니다.
4. "컨트롤.ctl" 창을 닫고 프런트패널의 컨트롤을 사용자 컨트롤로 대체할 것인가를 묻는 창이 뜨면 [아니오]를 선택합니다.

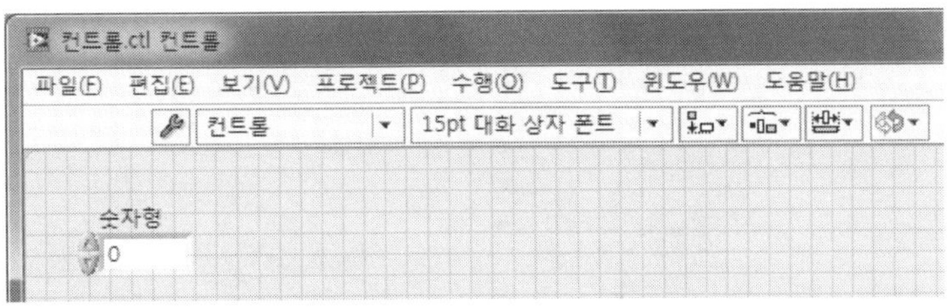

[그림 7-35] 사용자 컨트롤 속성: 컨트롤

5. 첫 번째 단계에서 만들어 놓은 [숫자형 컨트롤]을 이용해 같은 방법으로 사용자 컨트롤을 만들고 그 속성을 [타입 정의]로 설정합니다. 그리고 그 사용자 컨트롤을 "타입 정의.ctl"이라는 이름으로 저장합니다.

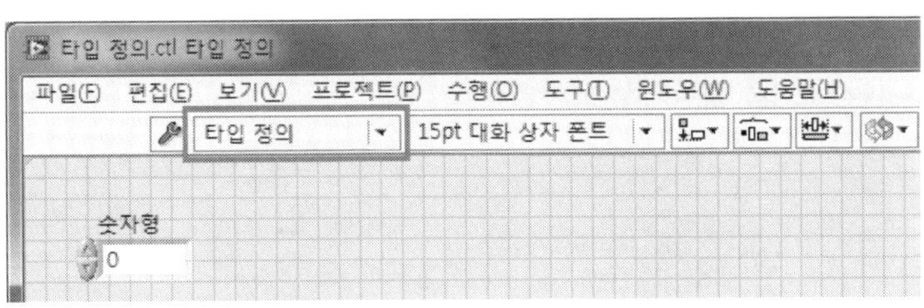

[그림 7-36] 사용자 컨트롤 속성: 타입 정의

6. 대체를 하지 않고 사용자 컨트롤을 닫은 다음 같은 방법으로 [엄격한 타입 정의] 속성을 가진 사용자 컨트롤을 만들고 "엄격한 타입 정의.ctl"로 저장합니다.

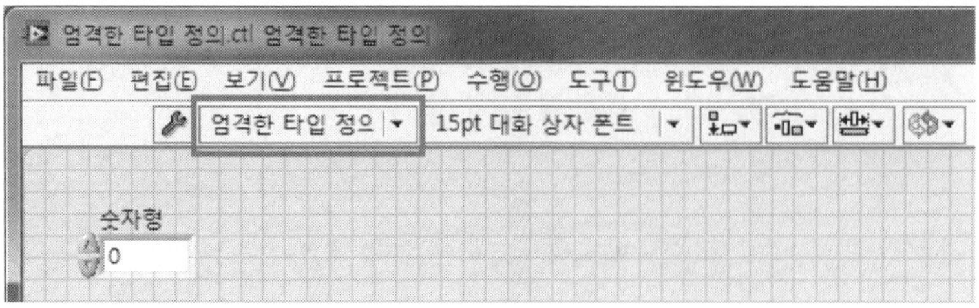

[그림 7-37] 사용자 컨트롤 속성: 엄격한 타입 정의

7. 프런트패널에서 처음 만든 [숫자형 컨트롤]을 삭제합니다.

8. 프런트패널에서 [컨트롤] 팔레트 → [컨트롤 선택 ...] 옵션을 이용해 이전 단계에서 만든 "컨트롤.ctl" 사용자 컨트롤을 프런트패널에 놓고 그 라벨을 "컨트롤"로 수정합니다.

9. 같은 방법으로 "타입 정의.ctl"과 "엄격한 타입 정의.ctl" 사용자 컨트롤을 불러온 후 라벨을 각각 "타입 정의"와 "엄격한 타입 정의"로 변경합니다.

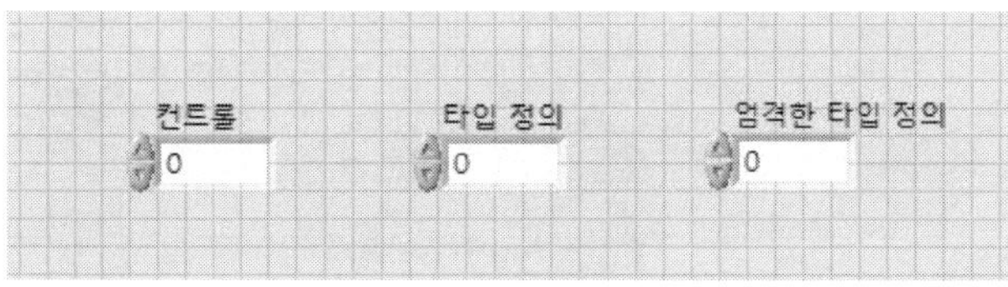

[그림 7-38] 사용자 컨트롤 놓기

10. 실행 메뉴에서 [도움말] → [기본 도움말 보이기]를 선택해서 [기본 도움말 창]을 열어줍니다.

11. "컨트롤.ctl" 사용자 컨트롤 파일을 열고 숫자형 컨트롤의 [바로가기 메뉴] → [형] → [롱(I32)]를 선택해서 숫자형의 형태를 배정도(DBL)에서 32비트 정수(I32)로 변환합니다.

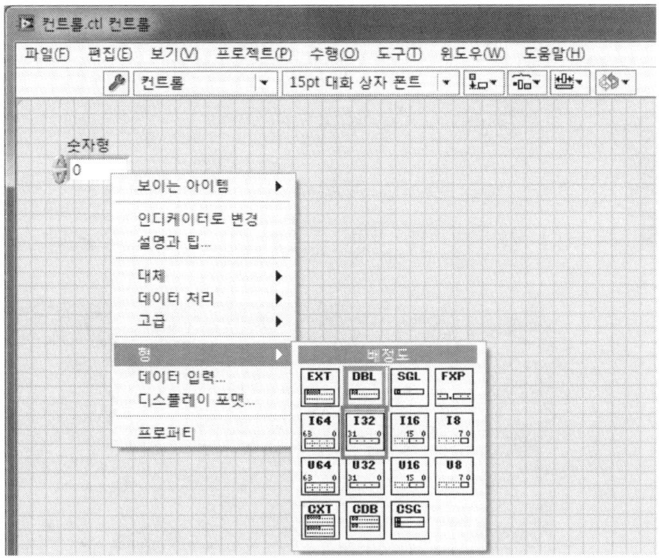

[그림 7-39] 사용자 컨트롤의 형 변경

12. 변경이 완료되면 저장하기를 누르고 창을 닫습니다.

13. 다시 VI의 프런트패널로 돌아와서 마우스 커서를 "컨트롤" 위에 올리고 [기본 도움말] 창에 표시된 "컨트롤"의 형이 배정도(DBL)임을 확인합니다.

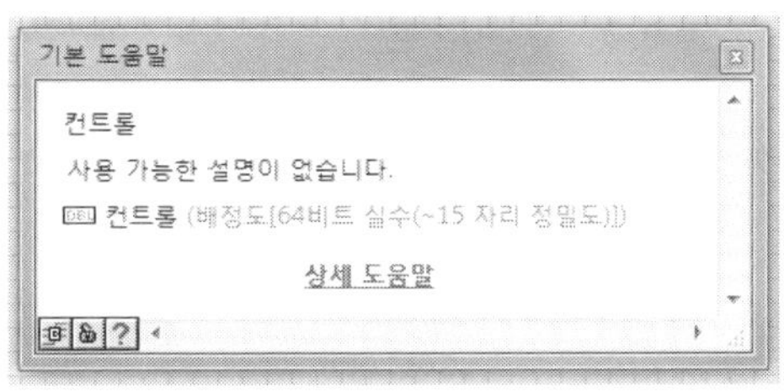

[그림 7-40] 컨트롤의 기본 도움말

14. 이와 유사하게 마우스 커서를 "타입 정의" 위에 올리고 [바로가기 메뉴] → [타입 정의 열기]를 선택합니다.

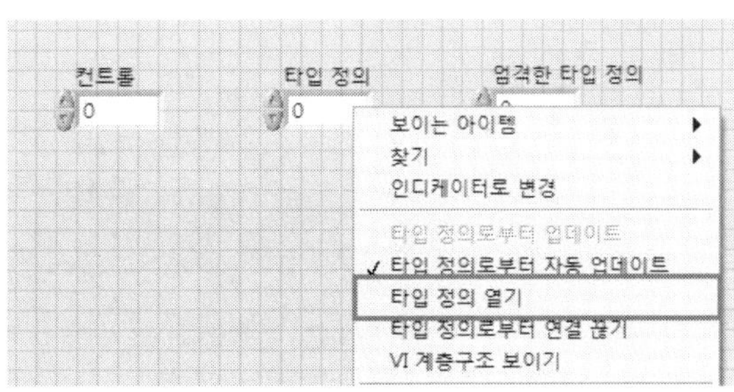

[그림 7-41] 타입 정의 열기

15. "타입 정의.ctl" 사용자 컨트롤 창이 열리면 이전과 동일하게 숫자형 컨트롤의 형을 배정도(DBL)에서 32비트 정수(I32)로 변경합니다.

16. 변경 사항을 저장하고 창을 닫습니다.

17. 다시 프런트패널로 돌아와 "타입 정의" 위에 마우스 커서를 올리고 [기본 도움말]을 확인해 "타입 정의"의 형이 32비트 정수로 변경되었음을 확인합니다.

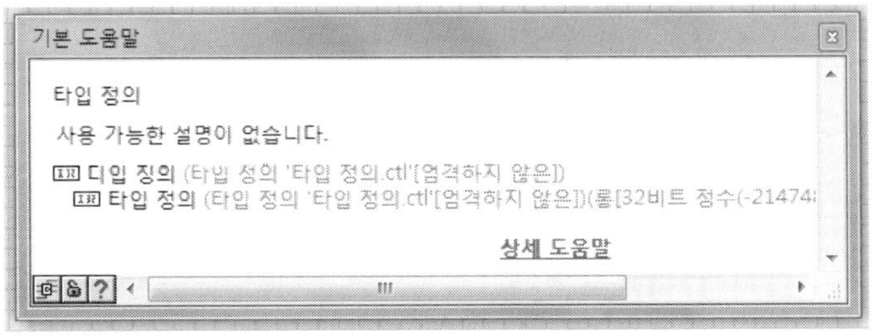

[그림 7-42] 타입 정의의 기본 도움말

18. 같은 방법으로 "엄격한 타입 정의.ctl"을 수정한 후 그 변화가 "엄격한 타입 정의" 컨트롤에 적용됨을 확인합니다.

19. "컨트롤.ctl", "타입 정의.ctl", "엄격한 타입 정의.ctl"을 차례대로 열어 숫자형 컨트롤의 크기를 변경한 후 변경 사항을 저장하고 창을 닫습니다.

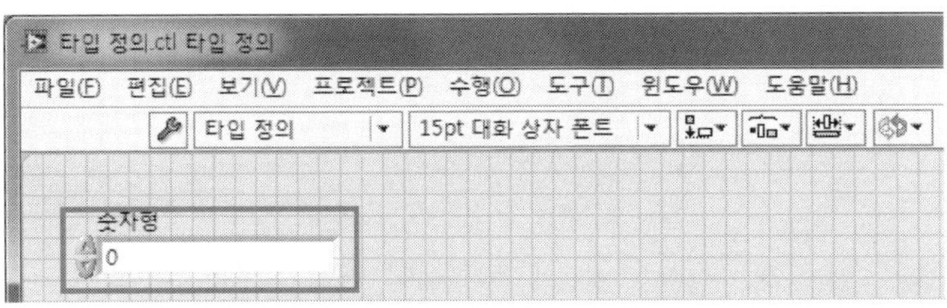

[그림 7-43] 컨트롤의 크기 변경: 타입 정의

20. 컨트롤의 크기 변경은 "엄격한 타입 정의"에서만 동일하게 적용됨을 확인합니다.

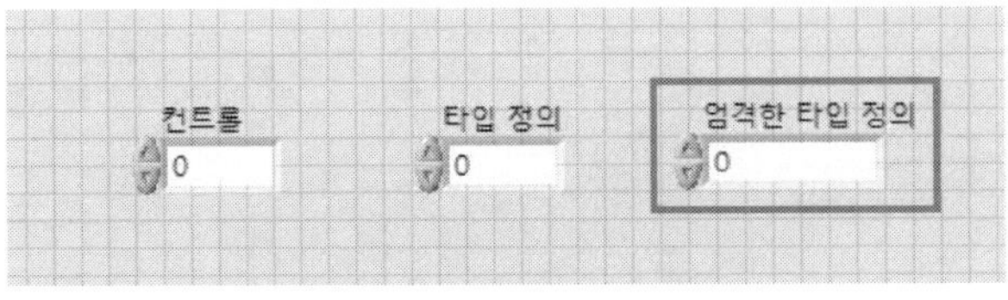

[그림 7-44] 컨트롤의 크기 변경 적용

속성을 [타입 정의] 또는 [엄격한 타입 정의]로 설정한 사용자 컨트롤은 해당 사용자 컨트롤을 개수에 상관없이 사용하는 모든 VI에서 변경 사항이 적용됩니다. 그러므로 동일하게 수정된 여러 개의 사용자 컨트롤을 사용하여 프런트패널을 구성하는 경우 [엄격한 타입 정의]로 속성을 변경하고 사용하는 것이 여러모로 유리합니다. 또한 상태 머신을 만들 때 열거형 상수를 [엄격한 타입 정의]로 만들면 열거형 상수에서 아이템의 추가나 삭제가 필요할 때 사용자 컨트롤에서 한 번만 수정하면 VI에서 사용 중인 모든 열거형 상수의 아이템이 변경되므로 유용하게 사용할 수 있습니다. 만약 사용자 컨트롤의 변경 사항을 더 이상 업데이트하고 싶지 않다면 프런트패널에 있는 해당 컨트롤의 [바로가기 메뉴] → [타입 정의로부터 연결 끊기]를 선택할 수 있습니다. 단 이 옵션의 선택은 [타입 정의로부터 연결 끊기] 옵션을 선택한 개별 컨트롤에만 해당하므로 여러 개의 컨트롤 연결을 끊고 싶다면 같은 동작을 여러 번 반복해야 합니다.

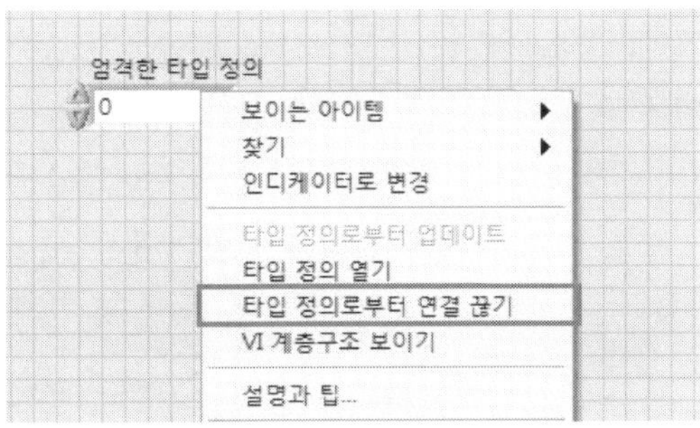

[그림 7-45] 타입 정의로부터 연결 끊기

7.8 웨이브폼 그래프와 웨이브폼 차트(Graph & Chart)

데이터를 쉽게 분석하고 이해하기 위해서는 그 값을 그대로 나열해서 보여주는 것보다 시각적으로 보여주는 것이 더욱 효율적이라는 것은 주지의 사실입니다. 이런 시각적인 효과를 얻기 위해서 LabVIEW는 [웨이브폼 그래프]와 [웨이브폼 차트]를 제공합니다.

7.8.1 웨이브폼 그래프와 웨이브폼 차트 차이점

그래프와 차트는 어떤 데이터를 선의 연결이나 막대 형태로 나타낸 그림을 의미하며, 일반적으로 유사한 의미로 혼용해서 사용합니다. 하지만 LabVIEW에서 [웨이브폼 그래프]와 [웨이브폼 차트]는 말은 유사하지만 몇 가지 부분에서 다른 점을 가진 터미널이란 의미로 사용됩니다.

[웨이브폼 그래프]와 [웨이브폼 차트]는 프런트패널의 [컨트롤] 팔레트 → [그래프] 팔레트 안에서 찾을 수 있습니다.

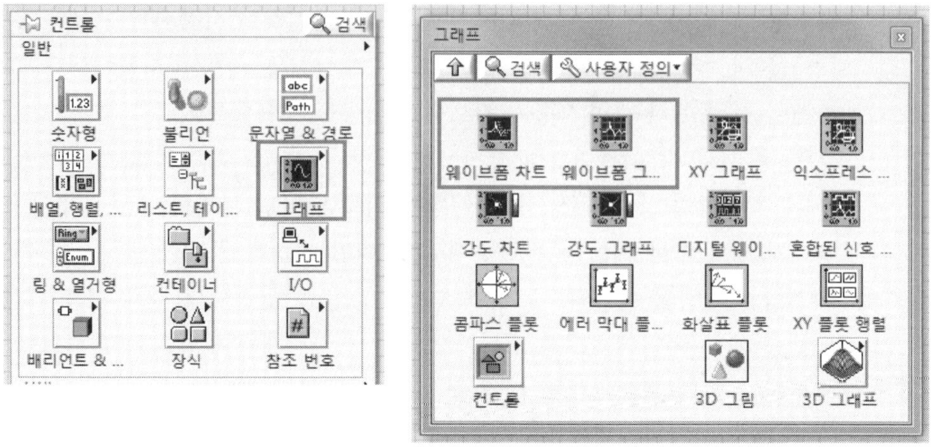

[그림 7-46] 그래프 팔레트

[웨이브폼 그래프]와 [웨이브폼 차트]는 일종의 특수한 숫자형 인디케이터로서 [그림 7-47]과 같이 X축, Y축, 그리고 그래프를 표시(plot)하는 부분으로 나누어져 있습니다. 두 인디케이터는 겉으로 보기엔 그래프를 표시하는 눈금 유무 정도의 차이만 있어 보이지만, 실제로는 몇 가지 다른 특성이 존재합니다.

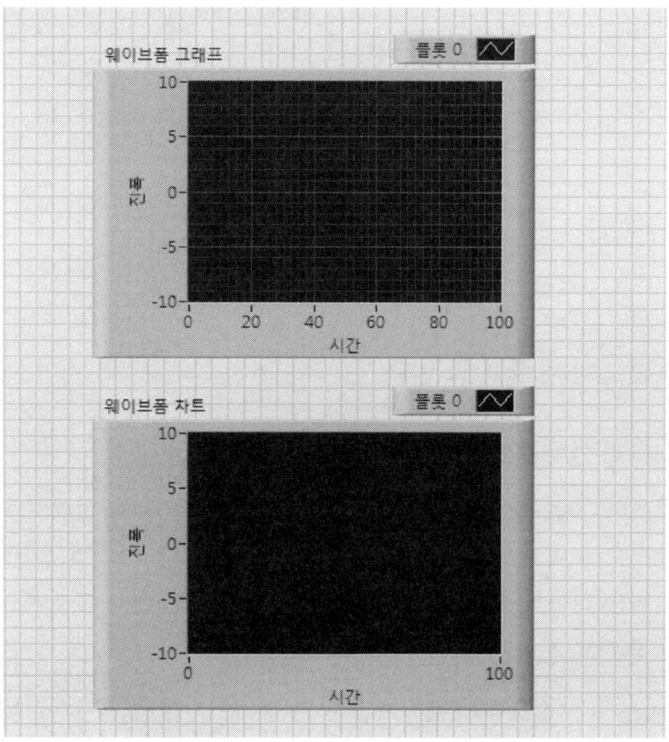

[그림 7-47] 웨이브폼 그래프와 웨이브폼 차트

첫 번째 차이점은 서로 받을 수 있는 데이터의 형태가 다르다는 것입니다. [웨이브폼 그래프]의 경우 숫자형 배열 형태의 입력만 받을 수 있습니다. 반면에 [웨이브폼 차트]는 스칼라(scalar) 값, 숫자형 배열, 숫자형으로 구성된 클러스터 형태의 입력을 받을 수 있습니다.

[그림 7-48] 웨이브폼 그래프와 웨이브폼 차트의 입력 데이터 형태

[실습 7-5] 0에서 1까지의 사인(sine) 값을 이용하여 원소가 10개인 배열을 만든 후 웨이브폼 그래프와 웨이브폼 차트에 각각 플롯하세요. 또한 단일 사인 값을 동시에 별도의 웨이브폼 차트에 플롯하세요.

1. 프런트패널에서 [컨트롤] 팔레트 → [그래프] 팔레트 → [웨이브폼 그래프]를 선택해 적당한 크기로 놓고 라벨을 "배열 그래프"로 변경합니다.
2. [컨트롤] 팔레트 → [그래프] 팔레트 → [웨이브폼 차트]를 선택해 [웨이브폼 그래프]와 동일한 크기로 놓고 라벨을 "배열 차트"로 변경합니다. 그리고 복사하기를 이용해 [웨이브폼 차트]를 하나 더 만들고 라벨을 "단일 포인트 차트"로 수정합니다.

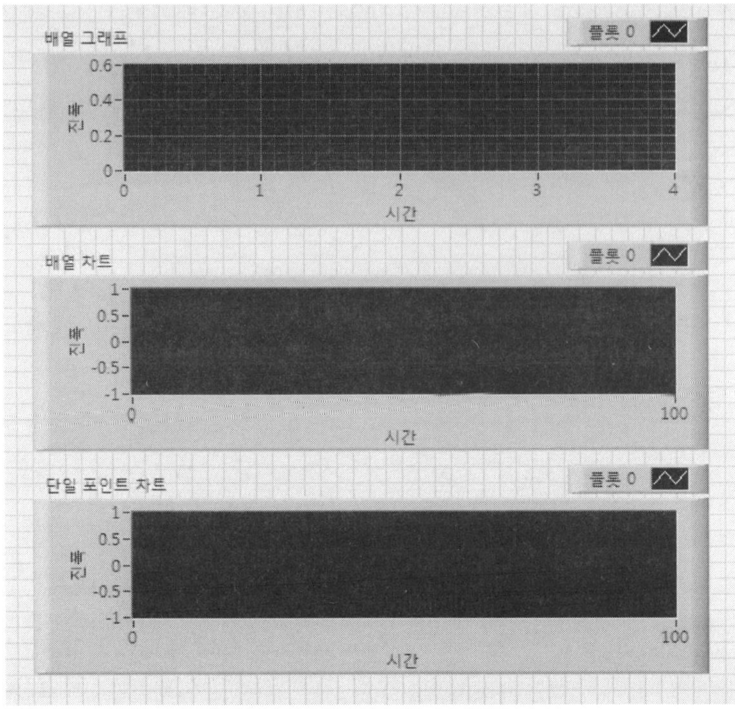

[그림 7-49] 프런트패널 구성

3. 블록다이어그램에서 [함수] 팔레트 → [구조] 함수 팔레트 → [While 루프]를 선택해 적당한 크기로 놓은 후 '루프 조건' 터미널에서 [바로가기 메뉴] → [생성] → [컨트롤]을 선택해 "정지" 불리언 컨트롤을 생성합니다.

4. [함수] 팔레트 → [숫자형] 함수 팔레트 → [나누기]를 선택해 X의 입력에 '루프 반복횟수' 터미널 출력을 연결하고, Y의 입력에서 [바로가기 메뉴] → [생성] → [상수]를 선택해서 숫자형 상수를 만듭니다. 그리고 숫자형 상수의 값을 10으로 변경합니다.

5. [함수] 팔레트 → [수학] 함수 팔레트 → [기본 & 특수 함수] 팔레트 → [삼각 함수] 팔레트 → [사인] 함수를 선택해 루프 안에 놓고 [나누기] 함수의 출력과 연결합니다. 그리고 [사인] 함수의 출력을 "단일 포인트 차트"와 연결합니다.

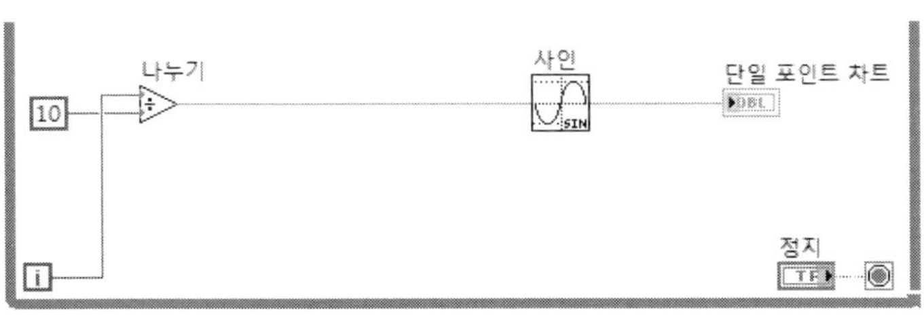

[그림 7-50] 블록다이어그램 구성 1

6. [함수] 팔레트 → [구조] 팔레트 → [For 루프]를 선택해 [While 루프] 안에 적당한 크기로 놓습니다. 그리고 '루프 카운트' 터미널에서 [바로가기 메뉴] → [생성] → [상수]를 선택해 그 값을 5로 변경합니다.
7. [함수] 팔레트 → [숫자형] 함수 팔레트 → [곱하기] 함수를 선택해 [For 루프] 바깥에 놓고 X의 입력은 [For 루프]의 '루프 카운트'의 값을 Y의 입력은 [While 루프]의 '루프 반복 횟수' 의 값을 연결합니다.
8. [함수] 팔레트 → [숫자형] 함수 팔레트 → [더하기] 함수와 [나누기] 함수를 [For 루프] 안에 놓습니다. 그리고 [더하기] 함수의 X 입력은 [곱하기] 함수의 출력과 Y 입력은 [For 루프]의 '루프 반복횟수'의 출력과 연결하고, [나누기] 함수의 X 입력은 [더하기] 함수의 출력과 Y 입력은 숫자형 상수 10의 값과 연결합니다.
9. [사인] 함수를 [For 루프] 안에 놓고 입력에 [나누기] 함수의 출력을 연결합니다. 그리고 [사인] 함수의 출력을 "배열 그래프"와 "배열 차트"에 연결합니다.
   이때 [For 루프]의 출력이 오토인덱싱 기능으로 인해 배열이 전달됨을 확인하세요.
10. 마지막으로 [While 루프]의 실행 속도를 조절해주기 위해서 [함수] 팔레트 → [타이밍] 함수 팔레트 → [기다림(ms)] 함수를 루프 안에 놓고 그 입력값을 100으로 설정합니다.

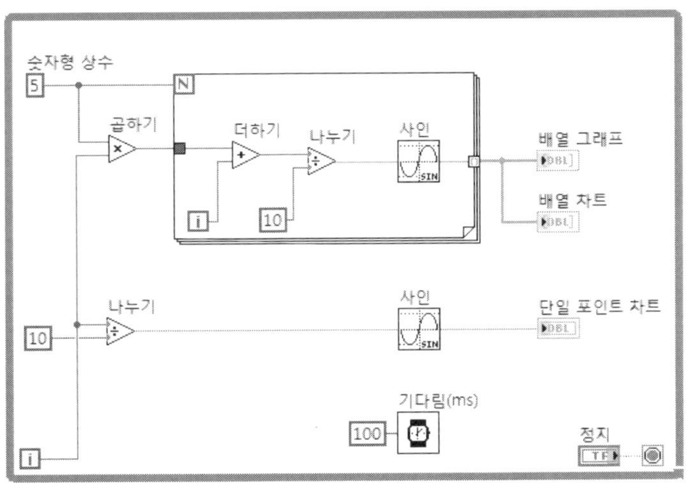

[그림 7-51] 그래프와 차트의 비교 블록다이어그램

11. 블록다이어그램이 완성되면 VI를 실행시키고 프런트패널에서 그래프와 차트의 차이점을 비교해 봅니다.

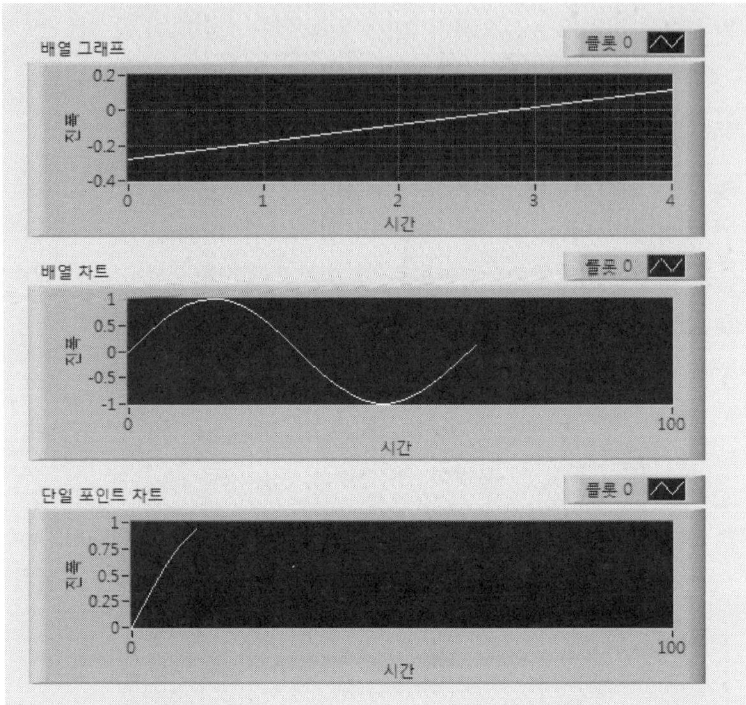

[그림 7-52] 그래프와 차트의 차이점 비교

[웨이브폼 그래프]와 [웨이브폼 차트]의 두 번째 차이점은 이전의 데이터(히스토리)를 저장할 수 있는 공간의 존재 유무입니다. 앞의 예제의 결과를 자세히 살펴보면 [웨이브폼 그래프]는 배열의 원소 개수와 동일한 5개의 원소(X 축의 0부터 4까지의 원소)를 플롯하며 새로운 5개의 데이터가 들어오면 이전의 데이터를 모두 지우고 새로운 데이터를 플롯하는 것을 알 수 있습니다. 반면에 [웨이브폼 차트]는 이전의 데이터를 계속해서 유지한 채로 새로운 데이터를 플롯합니다.

[웨이브폼 차트]는 새로운 값을 업데이트하는 방법에 따라서 [스트립 차트], [스코프 차트], [스윕 차트]의 세 가지 차트로 나누어집니다. [웨이브폼 차트]의 업데이트 모드를 설정하는 방법은 [바로가기 메뉴] → [고급] → [업데이트 모드] → [스트립 차트], [스코프 차트] 또는 [스윕 차트]를 선택해야 합니다. 이 중 차트의 기본 모드는 [스트립 차트]입니다.

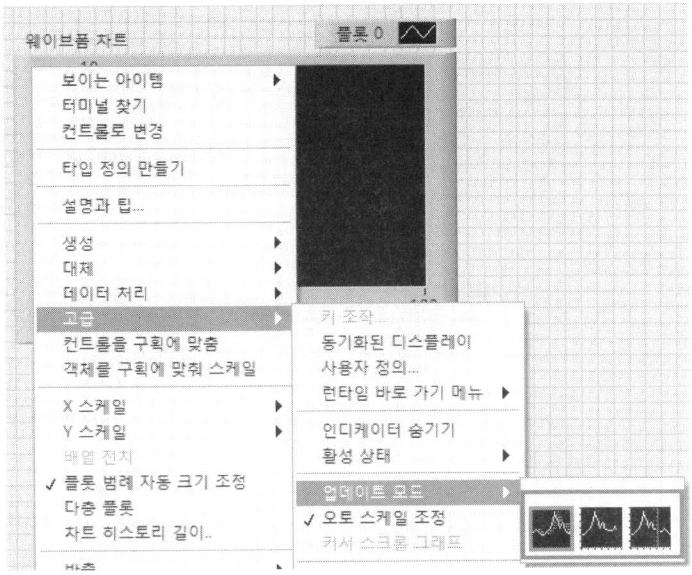

[그림 7-53] 웨이브폼 차트의 업데이트 모드 설정

세 가지 업데이트 방식의 차이점은 차트의 데이터 저장 공간이 다 찼을 때, 즉 차트의 제일 오른쪽 부분까지 데이터가 플롯되었을 때 그 차이점이 명확하게 드러납니다.

[스트립 차트]는 차트의 저장 공간이 다 차면 가장 과거의 데이터를 지우고 새로운 데이터를 추가하는 형태입니다. 이 모드에서 차트의 플롯은 왼쪽에서 오른쪽으로 이동하면서 연속적으로 데이터를 업데이트합니다.

[스코프 차트]는 차트의 저장 공간이 다 차면 과거의 모든 데이터를 지우고 새로운 데이터를 처음부터 다시 플롯하는 형태입니다. 이 모드의 화면은 오실로스코프나 펄스 측정기의 화면과 유사합니다.

[스윕 차트]는 [스코프 차트]와 유사하게 저장 공간이 다 차면 새로운 데이터를 제일 왼쪽에서부터 다시 플롯합니다. 하지만 과거의 데이터를 모두 지우는 것이 아니라 새로운 데이터가 업데이트되기 전까지는 그대로 유지한다는 차이점이 있습니다. 이 모드에서는 차트의 플롯이 빨간색 수직선으로 분리되어 있으며, 수직선의 오른쪽에는 과거의 데이터가 왼쪽에는 새로운 데이터가 표시됩니다.

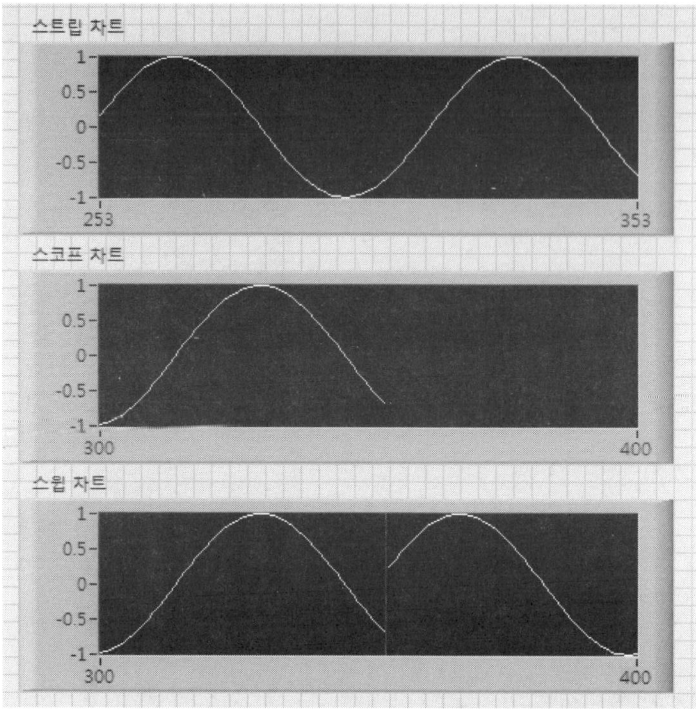

[그림 7-54] 웨이브폼 차트의 업데이트 모드 비교

7.7.2 웨이브폼 그래프와 웨이브폼 차트의 설정

스케일 설정

[웨이브폼 그래프]와 [웨이브폼 차트]의 스케일은 입력 데이터에 맞춰서 자동으로 상위값과 하위값이 조절되는 [오토스케일]을 기본으로 사용하고 있습니다. 대부분의 경우에는 크게 불편을 느끼지는 못하지만, 스케일의 값이 입력 데이터 값들에 대한 상대적인 값으로 결정되므로 절대적인 스케일을 통해서 값을 확인하고 싶은 경우엔 문제가 될 수 있습니다. 예를 들어 입력값들이 [900, 890, 1020, ...]처럼 900 ~ 1100 사이에서 입력값이 결정된다고 한다면 [오토스케일] 기능을 사용하는 그래프나 차트에서 Y축의 하위값은 900 상위값은 1100으로 자동 설정됩니다. 하지만 상, 하위 값이 입력값의 범위와 유사하게 설정된다면 실제로 그 값이 얼마나 큰 값인지를 직관적으로 알아보기에는 무리가 있습니다. 그러므로 이와 유사한 경우에는 [오토스케일] 기능을 해제하고 Y축의 상, 하위 값을 0부터 1200정도로 설정해주는 것이 좋습니다.

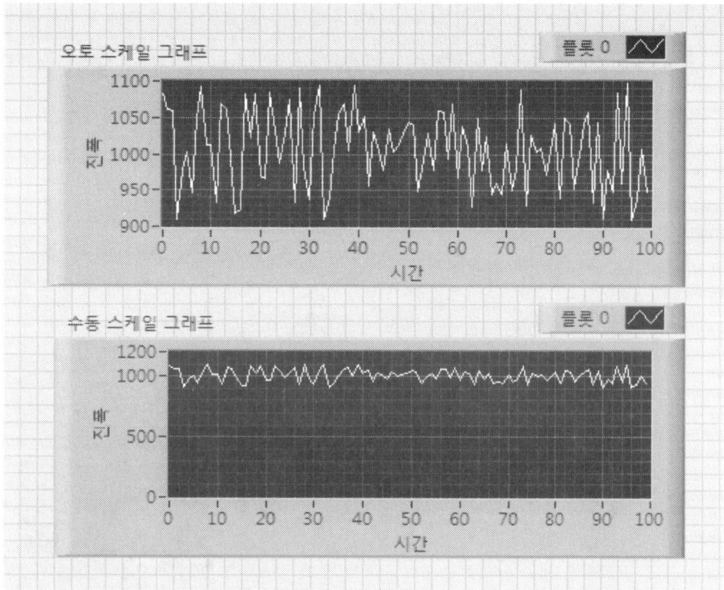

[그림 7-55] 오토 스케일을 사용한 경우와 그렇지 않은 경우

스케일을 수동으로 설정하기 위해서는 마우스 커서를 Y축의 스케일 값 위에 올리고 [바로가기 메뉴] → [Y 오토스케일]을 체크 해제합니다. [바로가기 메뉴]를 불러올 때 마우스 커서의 위치가 정확하지 않으면 [웨이브폼 그래프]의 [바로가기 메뉴]를 불러오므로 커서의 위치를 정확하게 설정해야 합니다.

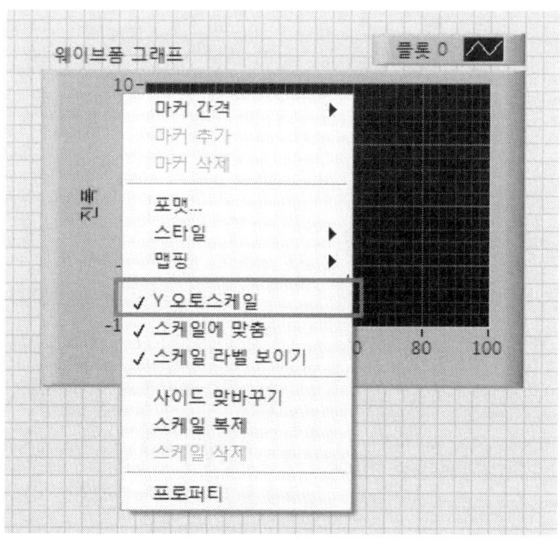

[그림 7-56] 오토스케일 해제

[오토스케일] 기능이 해제되었으면 Y축의 스케일값 중에서 최하위값으로 마우스 커서를 옮기고 마우스 왼쪽 버튼을 클릭하여 커서를 편집 모드로 변경시킵니다. 그 다음 그 숫자값을 사용자가 원하는 최하위값으로 설정합니다. 마찬가지로 Y축 스케일값 중에서 최상위값으로 마우스 커서를 이동하여 그 숫자값을 사용자가 원하는 최상위값으로 설정하면 수동 스케일 설정이 완료됩니다.

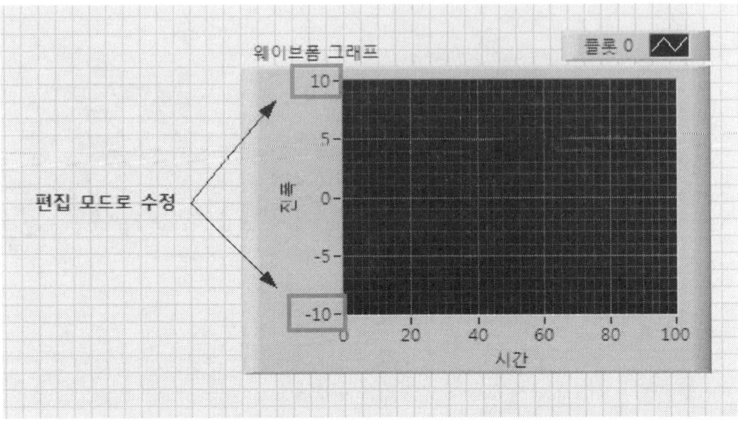

[그림 7-57] 수동 스케일 설정

같은 방법으로 X축의 스케일도 설정이 가능하며 마우스 커서를 각 축의 축 이름(진폭, 시간) 위로 이동한 후 마우스 왼쪽 버튼을 클릭하여 커서를 편집 모드로 변경시키면 축 이름의 수정 또한 가능합니다.

다시 스케일을 [오토스케일]로 변경하는 방법은 이전에 [오토스케일] 기능을 해제하는 경우와 동일하게 [바로가기 메뉴] → [Y 오토스케일] 또는 [X 오토스케일]을 체크해줍니다.

데이터 플롯의 스타일 변경

플롯된 데이터의 색과 스타일을 변경하기 위해서는 [웨이브폼 그래프]나 [웨이브폼 차트]의 [플롯 범례]를 수정해야 합니다. [플롯 범례]는 차트나 그래프의 오른쪽 위쪽에 위치하고 있으며 [플롯 범례] 안에 있는 아이콘을 클릭하면 [바로가기 메뉴]를 확인할 수 있습니다.

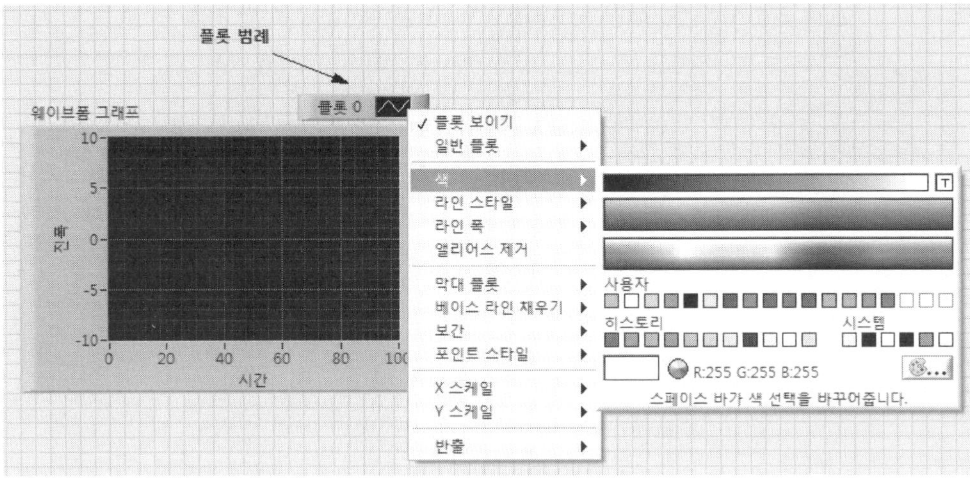

[그림 7-58] 플롯 범례

[실습 7-6] 플롯 범례를 이용해서 그래프의 색을 초록색으로 스타일을 막대 그래프로 변경하세요.

1. 새 VI를 열고 프런트패널에서 [컨트롤] 팔레트 → [그래프] 팔레트 → [웨이브폼 그래프]를 선택해 적당한 크기로 놓고 라벨을 "일반 그래프"로 수정합니다.
2. "일반 그래프"의 Y축 스케일 위에 마우스 커서를 올리고 [바로가기 메뉴] → [Y 오토스케일]을 체크 해제한 후 최상위값을 1500으로 최하위값을 0으로 수정합니다.
3. "일반 그래프"를 복사해서 [웨이브폼 그래프]를 추가하고 그 라벨을 "막대 그래프"로 수정합니다.

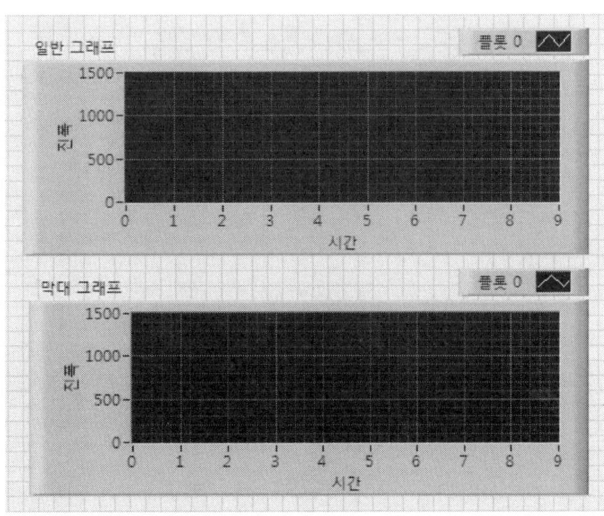

[그림 7-59] 범례 변경 예제 프런트패널

4. 블록다이어그램으로 이동하여 [함수] 팔레트 → [구조] 함수 팔레트 → [For 루프]를 선택해 적당한 크기로 놓고 '루프 카운트' 터미널에 [숫자형 상수] 5를 연결합니다.

5. [For 루프] 안에 [함수] 팔레트 → [숫자형] 팔레트 → [난수(0–1)] 함수와 [곱하기] 함수, [더하기] 함수를 놓습니다. 그리고 [난수(0–1)] 함수의 출력을 [곱하기] 함수의 X 입력에 연결하고 Y 입력에는 [DBL 숫자형 상수] 400을 연결합니다. 또한 [곱하기] 함수의 출력을 [더하기] 함수의 X 입력에 연결하고 Y 입력에 [DBL 숫자형 상수] 800을 연결합니다.

6. [더하기]의 출력을 "일반 그래프"와 "막대 그래프"의 입력으로 연결합니다.

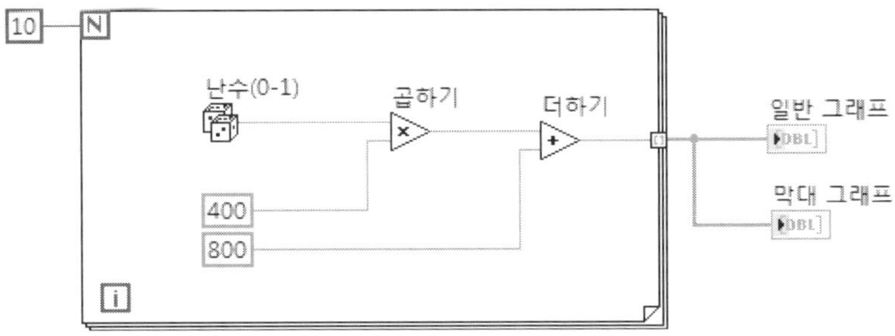

[그림 7–60] 범례 변경 예제 블록다이어그램

7. VI를 실행시킨 후 "막대 그래프"의 [플롯 범례]에서 아이콘 부분을 클릭해 [바로가기 메뉴] → [색]을 선택해 플롯의 색깔을 초록색으로 변경합니다.

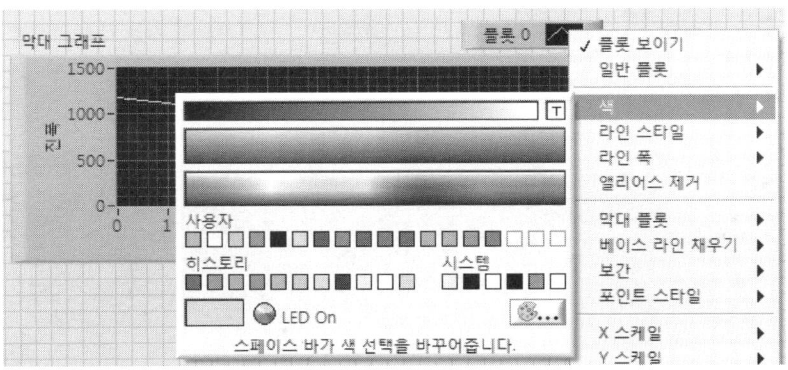

[그림 7–61] 막대 그래프 색깔 수정

8. 같은 방법으로 [바로가기 메뉴] → [일반 플롯] → [막대 그래프]를 선택합니다.

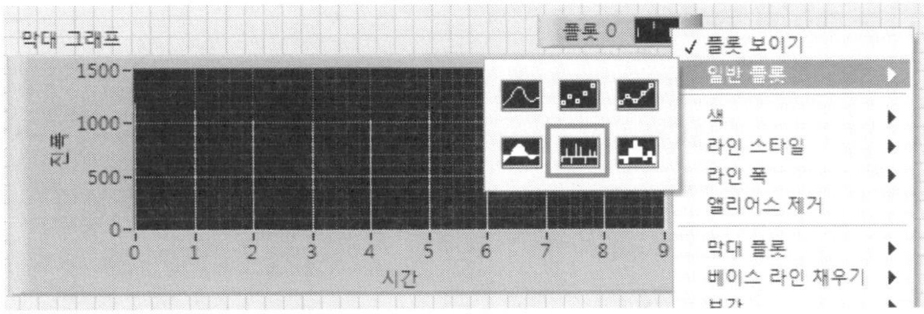

[그림 7-62] 막대 그래프 플롯 변경

9. 마지막으로 [플롯 범례]에서 [바로가기 메뉴] → [막대 플롯] → [굵기 선택]을 완료합니다.

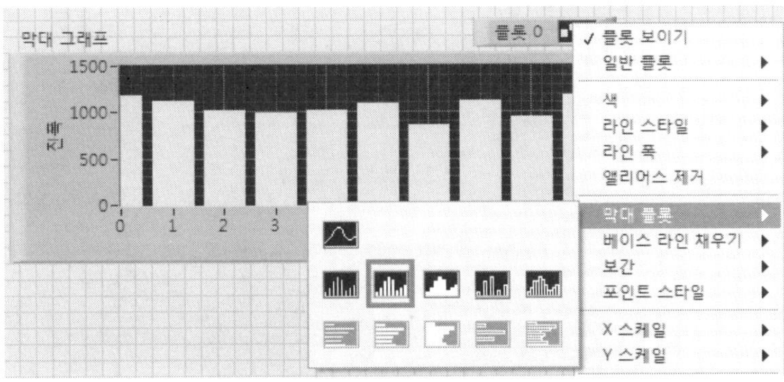

[그림 7-63] 막대 그래프 스타일 변경

10. "일반 그래프"와 "막대 그래프"의 차이점을 확인합니다.

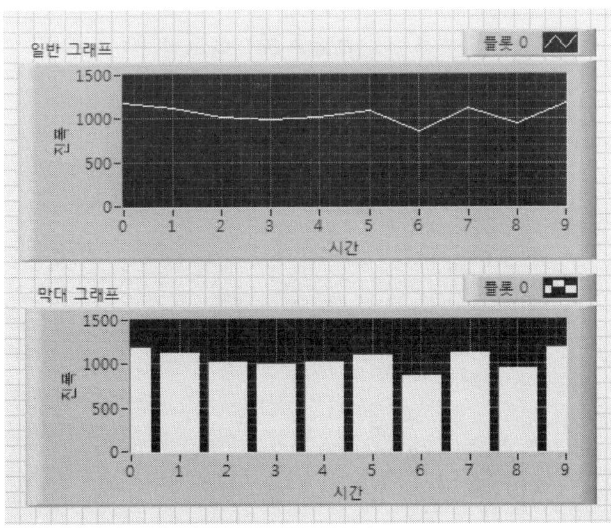

[그림 7-64] 범례 변경 완료

7.8.3 다중 데이터 플롯

하나의 [웨이브폼 그래프] 또는 [웨이브폼 차트]에 두 개 또는 그 이상의 데이터를 한꺼번에 플롯하기 위해서는 2차원 배열을 입력으로 연결해야 합니다. 입력 2차원 배열의 행의 개수는 [웨이브폼 그래프] 또는 [웨이브폼 차트]에 플롯되는 데이터의 개수와 같으며, 하나의 플롯은 행의 원소 개수와 같은 길이를 가집니다.

여러 개의 데이터를 하나의 그래프 또는 차트에 표시하면 행의 번호에 따라서 선의 색이 자동으로 분배됩니다. 만약 특정한 플롯의 색을 바꾸고 싶다면 [그래프 범례]의 크기를 조절한 후 앞 절에서 색과 스타일을 조절한 것과 같은 방식으로 수정할 수 있습니다.

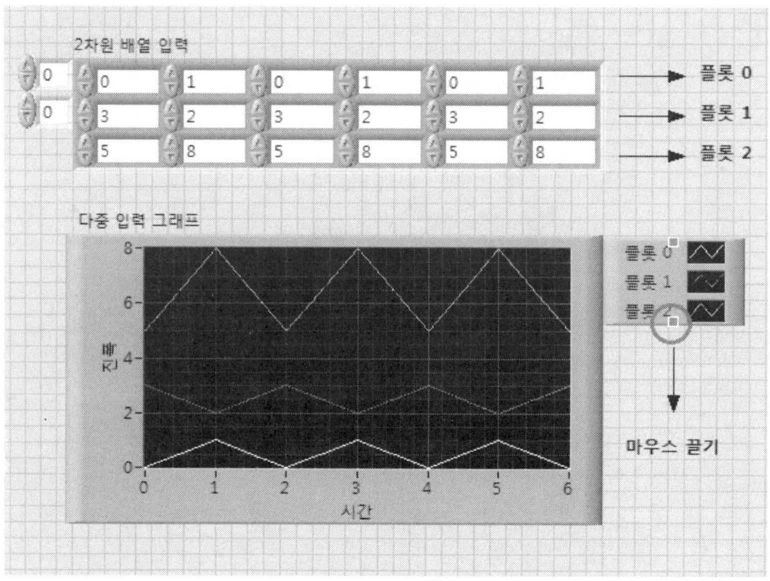

[그림 7-65] 다중 데이터 플롯하기

[웨이브폼 차트]의 경우는 2차원 배열뿐만 아니라 [함수] 팔레트 → [클러스터, 클래스 & 배리언트] 함수 팔레트 → [묶기] 함수를 이용해서 여러 개의 스칼라 값을 동시에 하나의 [웨이브폼 차트]에 그릴 수 있습니다.

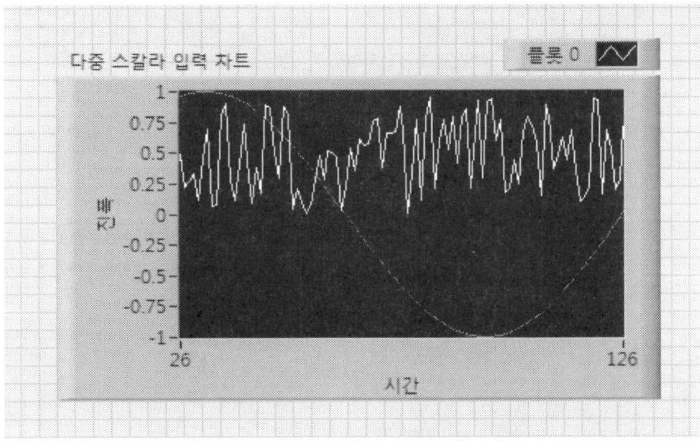

[그림 7-66] 묶기 함수를 이용한 다중 스칼라 데이터 플롯하기

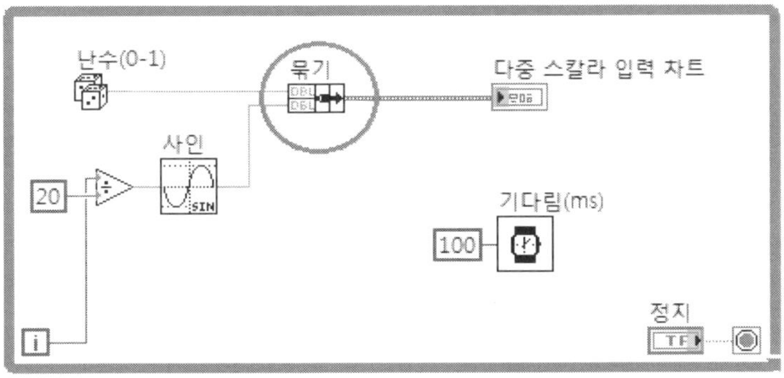

[그림 7-66] 묶기 함수를 이용한 다중 스칼라 데이터 플롯하기

요 약

- 폰트의 변경은 프로그램의 배포를 고려해 일반적으로 많이 사용하는 폰트로 설정하는 것이 좋습니다.
- 장식을 적절히 사용하거나 외부의 그림 파일을 LabVIEW 프런트패널에 반입해 사용자 인터페이스를 보기 좋게 꾸밀 수 있습니다.
- 사용자 정의를 이용하면 각종 컨트롤이나 인디케이터의 아이콘 모양을 사용자가 원하는 형태의 모양으로 바꿀 수 있습니다.
- 사용자 정의의 속성을 적절히 선택하여 해당 컨트롤 파일이 업데이트되면 컨트롤 파일을 참조하는 VI의 모든 컨트롤이 동일하게 업데이트되도록 설정할 수 있습니다.
- 웨이브폼 그래프와 웨이브폼 차트를 이용해 데이터를 시각적으로 표현할 수 있습니다.

퀴 즈

1. 사용자 정의 컨트롤 속성 중 해당 컨트롤 파일과 VI에서 참조하는 컨트롤과의 관계가 가장 밀접한 속성은 (　　　　)입니다.
2. 웨이브폼 차트와 웨이브폼 그래프의 두 가지 차이점은 무엇입니까?
3. 웨이브폼 차트의 세 가지 업데이트 모드는 (　　　　), (　　　　), 스윕 차트입니다.
4. (　　　　) 설정을 통해서 웨이브폼 그래프 또는 웨이브폼 차트의 플롯색, 플롯 방식 등을 지정할 수 있습니다.

CHAPTER

08

문서화 (Documentation)

CHAPTER 08 문서화(Documentation)

문서화란 프로그램의 코드를 하나의 문서처럼 쉽게 읽고 이해할 수 있도록 만드는 작업입니다. 프로그램의 코드가 간단할 경우에는 필요 없는 작업일 수도 있지만 프로그램의 규모가 커지거나 시간이 지난 후에도 코드를 관리해야 하는 경우는 빼먹을 수 없는 작업이기도 합니다. 특히나 프로그램의 규모가 커지면 혼자서 작업하기보다는 프로그램을 기능별 모듈로 나누어서 각각의 모듈을 여러 사람이 개발하는 것이 일반적입니다. 이 경우 자신이 만든 코드를 여러 사람이 보고 이해할 수 있게끔 만들어야 다른 사람이 자신이 만든 코드와 연동 작업을 할 때 불편을 줄일 수 있습니다. 또한 오랜 시간 동안 계속해서 코드의 관리가 필요한 경우 혼자서 모든 코딩을 했다고 하더라도 시간이 지나면 세세한 부분을 잊어버리기 마련입니다. 이런 경우를 대비해서 미리 코드에 각주를 달아두거나 기능에 대한 설명을 적절히 적어놓으면 코드 수정 시간을 단축할 수 있습니다.

문서화 작업은 분명 귀찮은 작업입니다. 하지만 그로 인해서 얻을 수 있는 이점은 소요되는 시간에 대비해 훨씬 크다고 할 수 있습니다. 그리고 이 작업은 처음부터 버릇을 들여놓지 않으면 시간이 지나서도 쉽게 지나치게 되므로 귀찮더라도 문서화 작업을 항상 수행하는 것이 좋습니다.

8.1 라벨과 캡션(Label & Caption)

문서화를 위해서 첫 번째로 해야 할 일은 코드에서 사용하고 있는 변수의 이름을 이해하기 쉽고 통일성 있게 정리하는 것입니다.

LabVIEW에서는 라벨이 변수의 이름과 같은 역할을 합니다. 만약 라벨이 너무 길면 블록다이어그램을 정리할 때 공간을 많이 차지하게 되므로 특히나 코드의 부피가 큰 경우, 블록다이어그램을 볼 때 스크롤을 하면서 코드를 봐야 하는 불편을 초래할 수 있습니다. 만약 어떤 변수에 대해서 긴 설명이 필요하다면 라벨에 그 설명을 쓰는 것보다 캡션을 사용해서 필요한 설명을 적어주는 것이 좋습니다. 캡션을 사용하는 방법은 입출력 터미널의 [바로가기 메뉴] → [보이기] → [캡션]을 체크하면 됩니다.

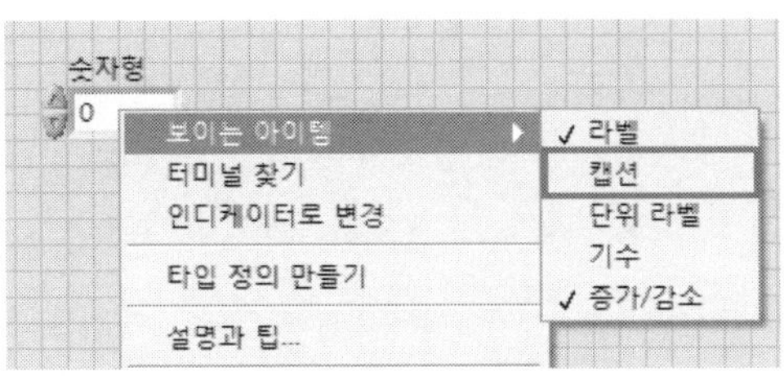

[그림 8-1] 캡션 보이기

[캡션]을 처음 선택하면 자동으로 [라벨]은 체크가 해제됩니다. 만약 라벨과 캡션을 동시에 보고 싶다면 다시 [바로가기 메뉴] → [보이기] → [라벨]을 선택해야 합니다. 때로는 [캡션]과 [라벨] 모두 선택했음에도 불구하고 하나의 이름밖에 보이지 않는 경우가 있는데 그 이유는 캡션의 문자와 라벨의 문자가 서로 동일하고 그 위치 또한 같기 때문입니다. 그러므로 겹쳐있는 캡션과 라벨 둘 중 하나의 위치를 옮겨줘야 캡션과 라벨을 동시에 확인할 수 있습니다.

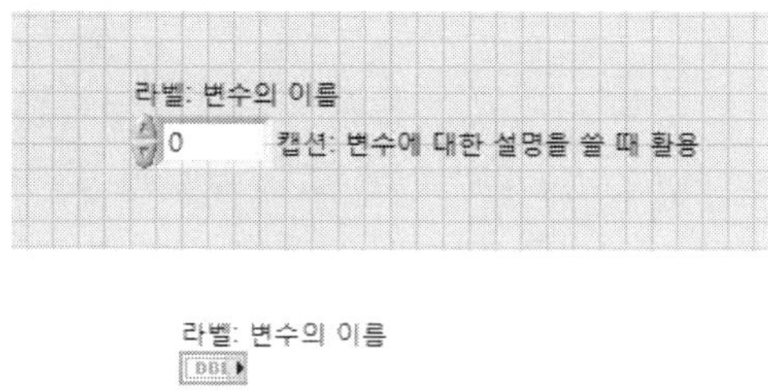

[그림 8-2] 캡션의 사용

8.2 와이어 라벨, 독립 라벨(Wire Label & Independent Label)

LabVIEW의 데이터는 와이어를 통해 전달됩니다. 그리고 이런 와이어들은 코드의 크기가 어느 정도 이상으로 커지게 되면 서로 교차하는 부분이 생기거나 와이어의 길이가 길어져서 그 와이어를 통해 전달되는 값이 어떤 값인지 알기 어려운 경우가 많습니다.

이런 혼동을 줄이고 코드의 분석을 효율적으로 하기 위해 [와이어 라벨]을 사용할 수 있습니다. [와이어 라벨]이란 데이터를 전달하는 와이어 위에 바탕이 투명한 라벨을 만들어, 어떤 데이터가 그 와이어를 통해 전달되는지를 표시하는 도구입니다. [와이어 라벨]을 생성하기 위해서는 라벨을 만들고 싶은 와이어 위로 마우스 커서를 옮기고 [바로가기 메뉴] → [보이는 아이템] → [라벨]을 선택합니다.

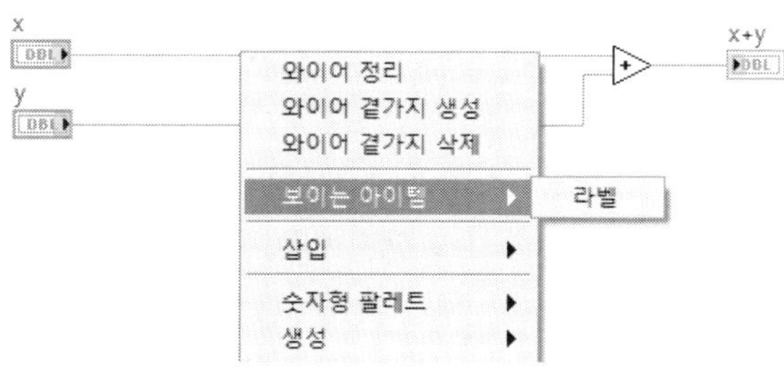

[그림 8-3] 와이어 라벨 보이기

와이어 라벨을 만들 때에는 [그림 8-4]와 같이 와이어 위로 라벨을 옮기고 앞뒤로 쐐기 표시를 해 주면 좀 더 알기 쉽게 와이어 데이터 전달을 표시할 수 있습니다.

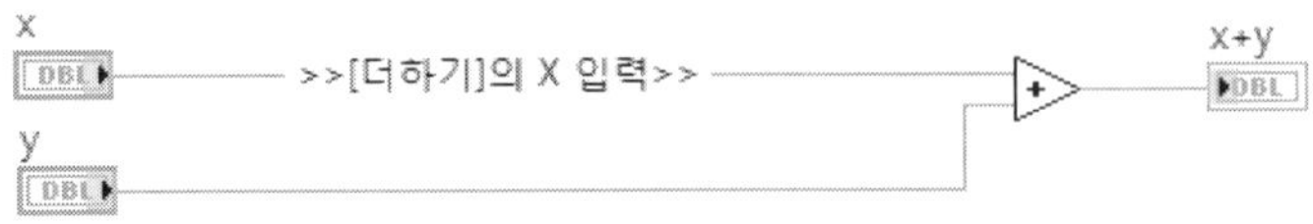

[그림 8-4] 와이어 라벨의 생성 예

[와이어 라벨]은 입력 터미널과 출력 터미널이 연결된 하나의 와이어마다 하나씩만 생성할 수 있습니다. 그러나 와이어에 꺾인 부분이 있거나 와이어의 길이가 길다면 여러 개의 라벨을 만들어서 데이터의 전달을 표시하는 것이 필요할 수도 있습니다. 하나의 와이어 위에 여러 개의 라벨을 표시하고 싶다거나 별도로 다른 각주를 넣기 위해서는 [독립 라벨]을 생성해야 합니다.

[독립 라벨]은 [도구 팔레트]의 [라벨링 도구]를 사용하거나, 블록다이어그램의 빈 공간에 마우스를 더블 클릭하여 생성할 수 있습니다. 블록다이어그램에 [독립 라벨]을 생성하면 기본적으로 연한 주황색의 바탕색을 가지고 있습니다. 이 바탕색을 [와이어 라벨]과 동일하게 만들기 위해서는 [도구 팔레트]의 [색 설정 도구]를 사용해 그 바탕색을 흰색으로 설정해 주어야 합니다.

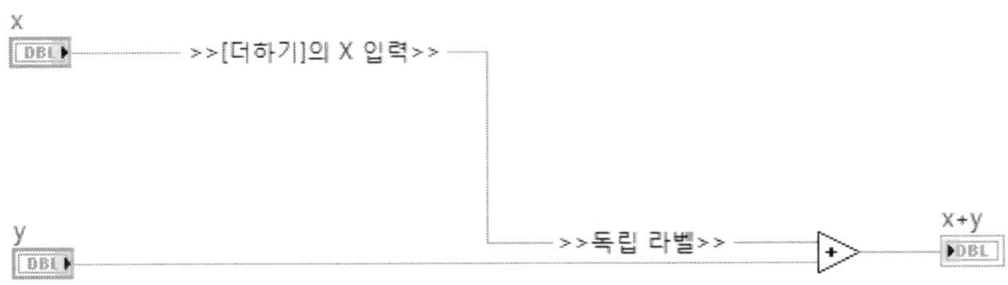

[그림 8-5] 독립 라벨의 사용 1

[독립 라벨]은 와이어를 통해 전달되는 데이터를 표시하기 위한 용도뿐만 아니라 subVI의 설명을 위해서도 자주 사용됩니다. subVI의 아이콘은 subVI를 직관적으로 알아보기 위한 방법을 제공하지만 작은 아이콘 안에 모든 자세한 설명을 써넣기에는 무리가 있습니다. 만약 subVI에 대한 자세한 설명이나 사용 방법에 대한 각주가 필요하다면 별도의 [독립 라벨]을 이용해서 필요한 내용을 적어 놓을 수 있습니다.

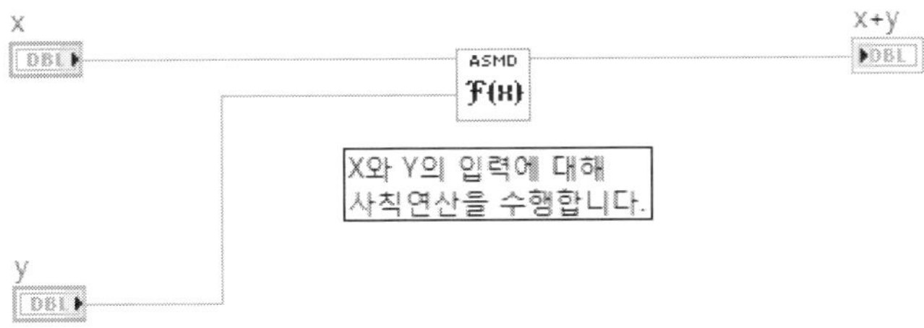

[그림 8-6] 독립 라벨의 사용 2

8.3 팁 상자와 설명

세 번째 문서화 방법은 [팁 상자]와 [설명]을 이용하는 것입니다. 이 중 [팁 상자]는 VI가 실행 중일 때, 사용자가 컨트롤 또는 인디케이터 터미널 위에 마우스 커서를 올리면 그 입출력에 대한 간단한 설명을 제공하는 역할을 합니다. 그리고 [설명]은 [기본 도움말]에 보이는 간단한 설명을 추가할 수 있는 기능을 합니다.

[팁 상자]와 [설명]은 컨트롤 또는 인디케이터의 [바로가기 메뉴] → [프로퍼티] 내용 중에서 문서 탭에서 설정할 수 있습니다.

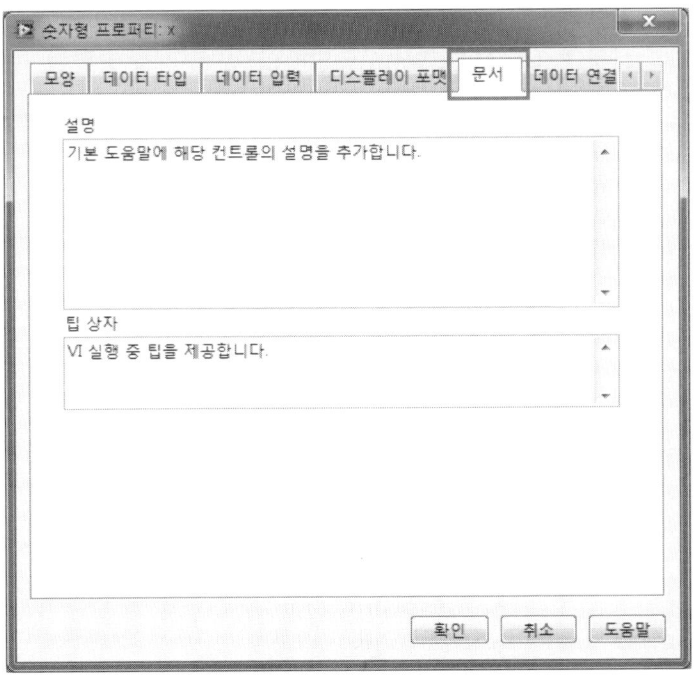

[그림 8-7] 프로퍼티: 문서 탭

[그림 8-7]과 같이 [팁 상자]와 [설명]을 수정하고 마우스 커서를 해당 컨트롤 위에 올

리면 [그림 8-8]과 같이 [기본 도움말]의 내용이 [설명] 부분과 동일하게 바뀐 것을 확인할 수 있습니다. 그리고 VI를 실행한 상태에서 [While 루프]를 사용해서 실행 상태를 유지해야 합니다. 해당 컨트롤 위에 마우스를 올리면 [팁 상자]에서 편집한 내용과 동일한 내용의 설명이 팝업됩니다.

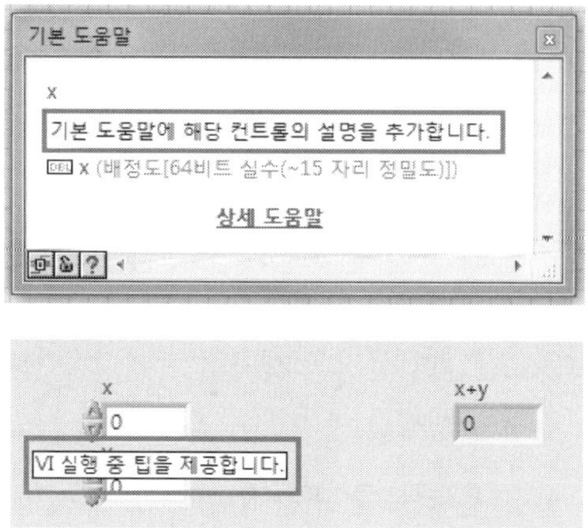

[그림 8-8] 설명과 팁 상자

이와 유사하게 subVI의 [기본 도움말] 설명을 추가하기 위해서는 [VI 프로퍼티]에 해당하는 내용을 수정해야 합니다. VI의 프로퍼티를 수정하기 위해서는 프런트패널의 실행 메뉴에서 [파일] → [VI 프로퍼티]를 선택합니다.

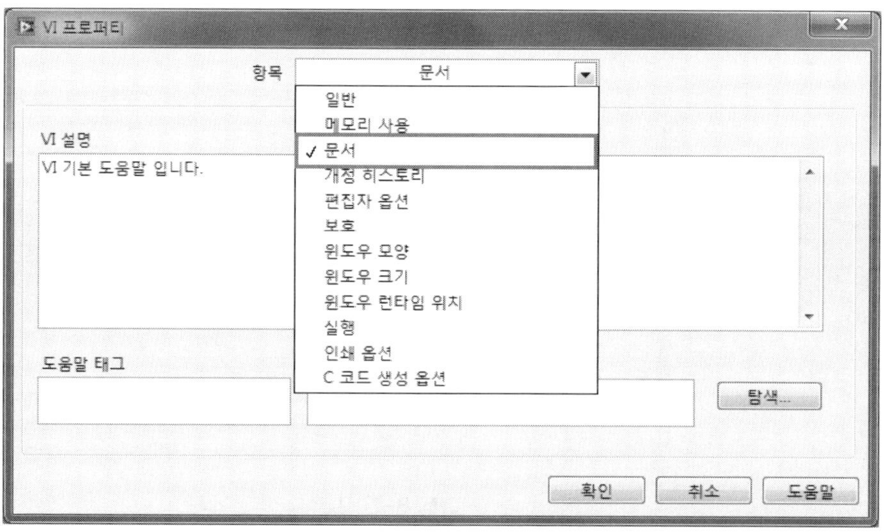

[그림 8-9] VI 프로퍼티 창

[VI 프로퍼티] 창이 뜨면 항목에서 [문서]를 선택하고 VI 설명 부분을 편집하면 [기본 도움말] 창에 보이는 subVI에 대한 설명을 추가할 수 있습니다.

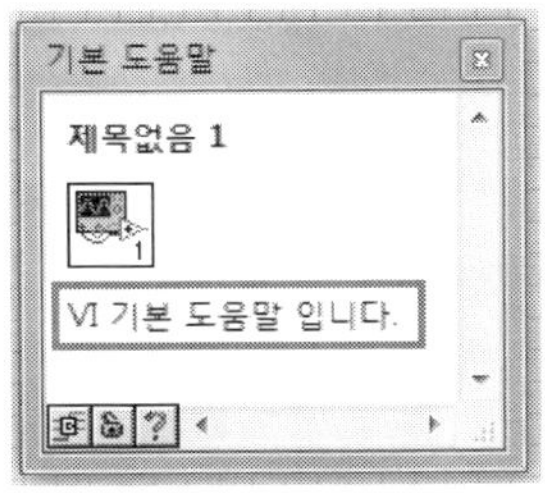

[그림 8-10] VI 프로퍼티: 문서 항목 수정

요 약

- 라벨은 변수의 이름에 해당하고 캡션은 변수의 설명에 해당합니다.
- 와이어 라벨이나 독립 라벨을 이용하여 와이어를 통해 전달되는 데이터에 대한 설명을 추가할 수 있습니다.
- 팁 상자와 설명을 이용하면 기본 도움말의 VI 설명을 추가하거나 VI 실행 중에 컨트롤 또는 인디케이터의 설명을 추가할 수 있습니다.

퀴 즈

1. 프로그램의 코드를 하나의 문서처럼 분석하기 쉽게 만드는 추가 작업을 (   ) 작업이라 합니다.
2. 와이어 라벨은 두 개 이상 만들 수 있습니다. (참, 거짓)
3. 기본 도움말에 설명을 추가하기 위해서는 VI 프로퍼티의 (   ) 항목에 있는 VI 설명을 수정해야 합니다.

CHAPTER

09

텀 프로젝트 (Term Project)

CHAPTER 09 텀 프로젝트(Term Project)

9.1 주사위 게임

A와 B가 주사위를 총 6회 던진다고 할 때, A와 B의 주사위 값과 A가 이긴 횟수, B가 이긴 횟수, 서로 비긴 횟수를 각각 출력하세요.

1. 프런트패널 위에 숫자형 불리언 배열(DBL) 컨트롤을 두 개 만들고, 각각의 이름을 "A의 주사위 결과값"과 "B의 주사위 결과값"으로 변경합니다. 그리고 프런트패널에 보이는 배열의 원소를 각각 6개로 확장합니다.
2. 프런트패널 위에 [숫자형 인디케이터] 세 개를 만들고 [바로가기 메뉴] → [형] → [I32]를 선택합니다. 그리고 각각의 라벨을 "A가 이긴 횟수", "B가 이긴 횟수", "서로 비긴 횟수"로 수정합니다.
3. 배열 컨트롤과 인디케이터를 모두 선택한 후 도구 모음의 [텍스트 세팅] 도구 → [자리맞춤] → [가운데]로 설정합니다.
4. [컨트롤] 팔레트 → [장식] 팔레트에 있는 장식과 [도구 팔레트]의 [색 설정 도구]를 적절히 이용해서 [그림 9-1]과 유사한 프런트패널을 구성합니다.

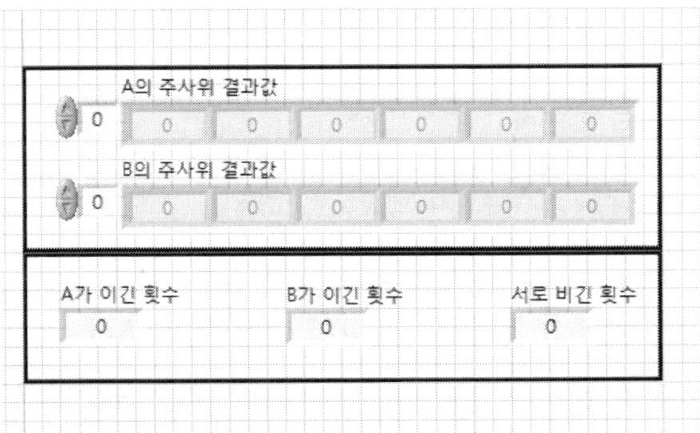

[그림 9-1] 주사위 게임 프런트패널 구성

5. 블록다이어그램에서 [For 루프]를 놓고 '루프 카운트'에 숫자형 상수 6을 연결합니다.
6. [For 루프] 안에 [난수(0-1)] 함수 두 개를 놓고 각각의 출력을 오토인덱싱으로 출력합니다.
7. 오토인덱싱된 출력을 [곱하기] 함수의 X 입력에 연결하고 Y 입력에 DBL 숫자형 상수 6을 연결합니다.

8. [곱하기] 함수의 출력을 [올림] 함수의 입력에 연결하고 [올림] 함수의 출력은 배열 컨트롤 "A의 주사위 결과값"과 "B의 주사위 결과값"에 각각 연결합니다.

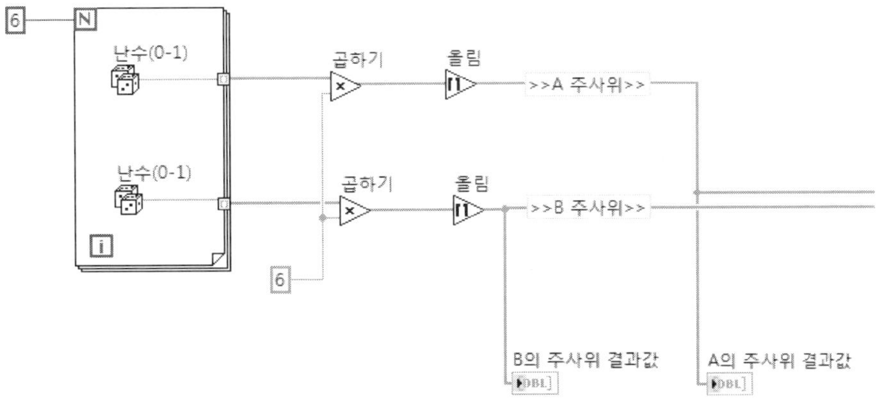

[그림 9-2] 주사위 게임 블록다이어그램: 주사위 굴리기 구현

9. A 주사위의 출력과 B 주사위의 출력을 각각 [빼기] 함수의 X, Y 입력에 연결하고 [빼기] 함수의 출력의 [함수] 팔레트 → [숫자형] 함수 팔레트 → [변환] 함수 팔레트 안에 있는 [롱 정수로] 함수의 입력과 연결합니다.
10. [For 루프]를 만들어 [롱 정수로] 함수의 출력을 오토인덱싱합니다.
11. [For 루프]에 시프트 레지스터를 3개 생성하고 숫자형 상수(I32) 0의 값을 연결해 초기화 합니다.
12. [For 루프] 안에 [함수] 팔레트 → [숫자형] 함수 팔레트 → [부호] 함수를 놓고 인덱싱된 [빼기] 함수의 출력과 연결합니다.
13. [케이스 구조]를 만들고 '선택자 입력'을 [부호] 함수의 출력과 연결합니다.
14. [부호] 함수의 출력이 −1이면 B의 주사위 값이 큰 경우, 0이면 서로 비긴 경우, 1이면 A의 주사위 값이 큰 경우를 의미합니다.
    [케이스 구조]의 [바로가기 메뉴] → [이전 케이스 추가]를 선택하고 "−1" 케이스를 생성한 후 [증가] 함수를 케이스 안에 놓습니다. 그리고 [증가] 함수의 입력과 시프트 레지스터의 출력을 연결하고 [증가] 함수의 출력을 동일한 시프트 레지스터의 입력과 연결합니다. 다른 두 개의 시프트 레지스터는 입력과 출력을 [케이스 구조]를 통과해 그대로 연결합니다.
    연결이 완료되면 [증가] 함수가 연결된 시프트 레지스터의 오른쪽 출력을 "B가 이긴 횟수" 인디케이터와 연결합니다.

15. 이와 유사하게 "0" 케이스, "1" 케이스를 구성합니다. 단 [증가] 함수를 연결하는 시프트 레지스터는 각 케이스마다 서로 달라야 합니다.

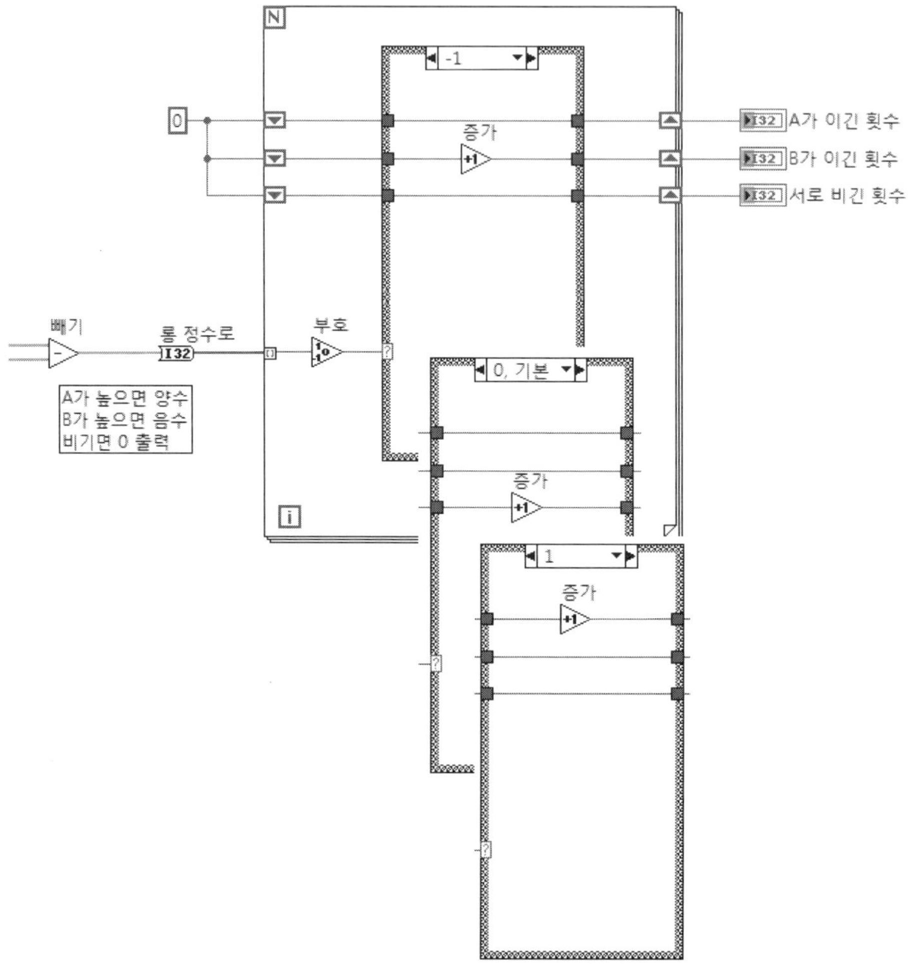

[그림 9-3] 주사위 게임: 이긴 횟수 업데이트

16. 블록다이어그램이 완성되면 VI를 실행하여 올바른 결과가 출력되는지 확인합니다.

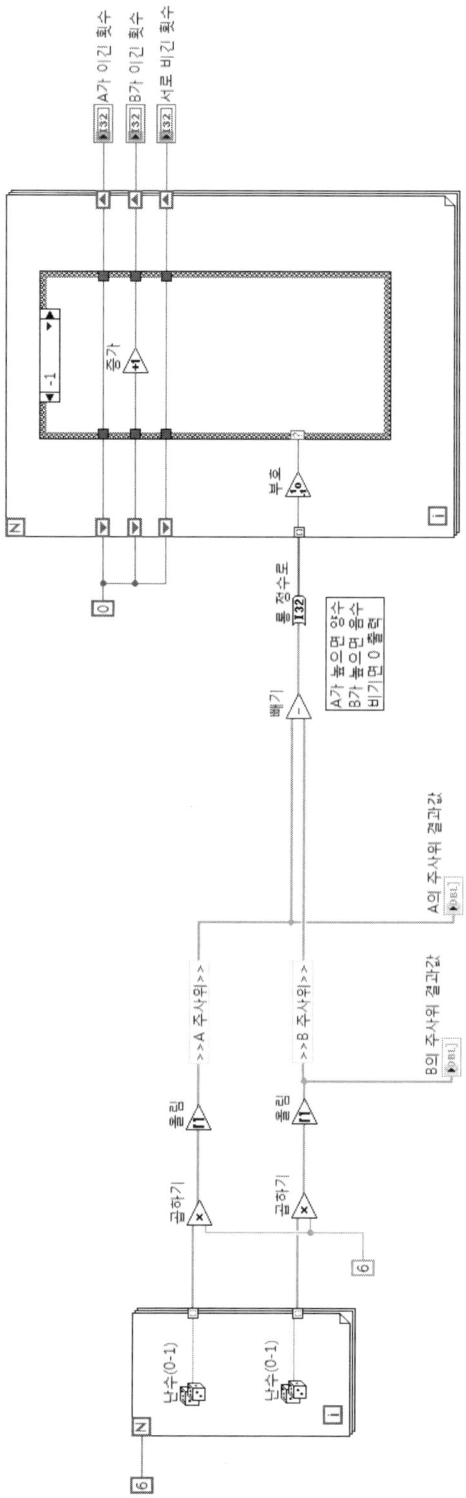

[그림 9-4] 주사위 게임: 전체 블록다이어그램

9.2 로또 번호 추첨기

1부터 45까지 임의의 숫자 6개와 행운의 숫자 1개를 출력하는 로또 번호 추첨기를 만드세요. 단 출력되는 7개의 숫자는 중복된 숫자가 없어야 합니다.

1. 프런트패널에서 숫자형 배열 인디케이터(DBL) 하나와 숫자형 인디케이터(DBL) 하나를 생성하고 각각의 라벨을 "당첨 번호"와 "행운 번호"로 변경합니다. 그리고 프런트패널에 보이는 숫자형 배열 인디케이터의 원소 개수를 6개로 확장합니다.

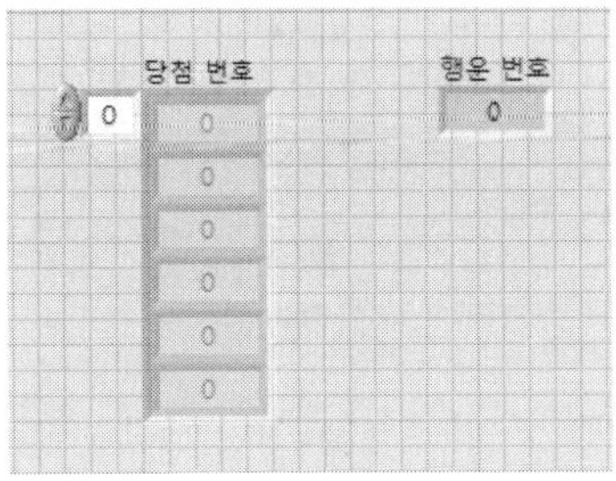

[그림 9-5] 로또 번호 추첨기: 프런트패널

2. 블록다이어그램에 [While 루프]를 적당한 크기로 만들고 루프 안에 [난수(0-1)] 함수를 놓습니다.
3. [곱하기] 함수를 놓고 X 입력을 [난수(0-1)] 함수의 출력과 연결하고 Y 입력을 DBL 숫자형 상수 45와 연결합니다.
4. [곱하기] 함수의 출력을 [올림] 함수의 입력과 연결합니다.
5. [While 루프]에 시프트 레지스터를 하나 생성합니다. 그리고 [함수] 팔레트 → [배열] 함수 팔레트 → [배열 상수]를 선택한 후 그 안에 [DBL 숫자형 상수]를 끌어다 놓으면 생기는 빈 배열 상수를 연결해 초기화합니다.
6. [함수] 팔레트 → [비교] 함수 팔레트 → [같음?] 함수의 입력에 [올림] 함수의 출력과 시프트 레지스터 출력을 각각 연결하고 [같음?] 함수의 출력과 [함수] 팔레트 → [불리언] 함수 팔레트 → [배열 원소 OR] 함수의 입력을 연결합니다.
7. 이때 [같음?] 함수의 출력은 이전에 생성된 1부터 45까지의 숫자와 새로 생성된 숫자가 중복되는지를 확인하기 위한 부분이므로 [배열 원소 OR] 함수의 출력이 참이면 중복된 숫자이므로 시프트 레지스터에 저장하지 않고 거짓이면 중복된 숫자가 아니므로 시프트 레지스터에 저장해야 합니다.
8. [케이스 구조]를 [While 루프] 안에 놓고 [배열 원소 OR] 함수의 출력과 연결합니다.
9. "참" 케이스에서는 시프트 레지스터의 출력을 통과해 그대로 오른쪽 시프트 레지스터의 입력과 연결합니다.

10. "거짓" 케이스에서는 [올림] 함수의 출력을 [배열에 삽입] 함수의 '원소' 터미널에 연결하고 '입력 배열' 터미널은 시프트 레지스터 출력을, '출력 배열' 터미널은 시프트 레지스터 입력을 연결합니다.

11. 1부터 45까지 총 7개의 중복되지 않은 숫자를 뽑아야 하므로 시프트 레지스터에 저장된 배열 원소의 개수가 7개이면 [While 루프]의 실행을 정지해야 합니다.

12. 시프트 레지스터에 연결된 와이어를 [배열 크기] 함수의 입력과 연결하고 그 출력을 [함수] 팔레트 → [비교] 함수 팔레트 → [같음] 함수와 연결합니다.

13. [같음] 함수의 다른 쪽 입력에 숫자형 상수(I32) 7의 값을 연결하고 그 출력의 [While 루프]의 '루프 조건' 터미널과 연결합니다.

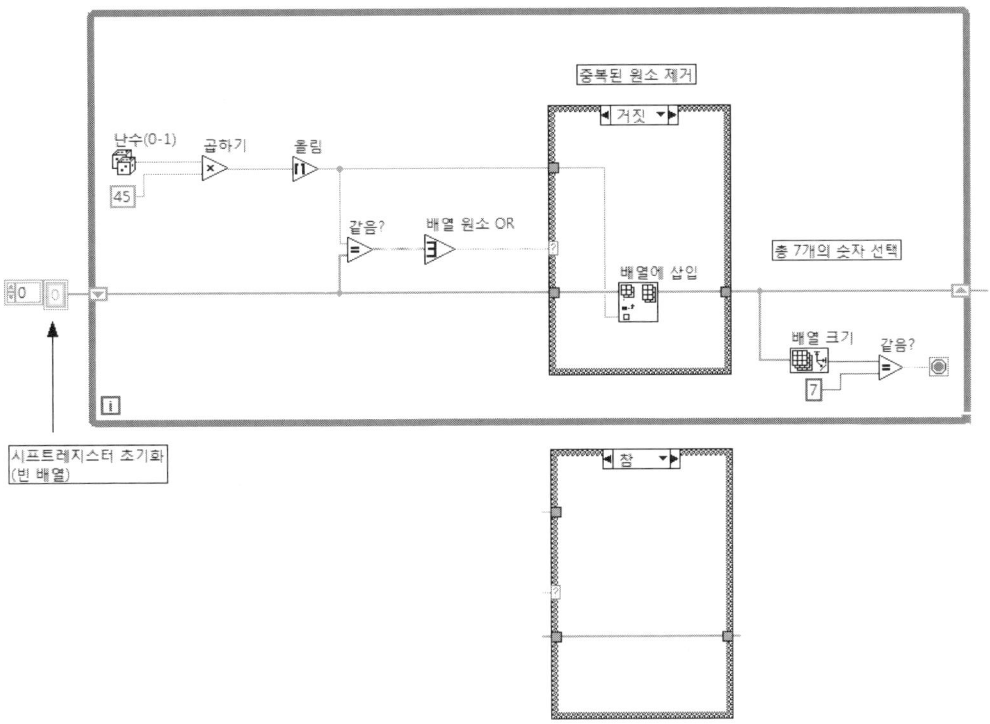

[그림 9-6] 로또 번호 추첨기: 7개의 숫자 추출

14. 추출된 7개의 숫자를 당첨 번호 6개와 행운 번호 1개로 분리하고 정렬합니다.

15. [While 루프]의 시프트 레지스터 출력을 [배열로부터 삭제] 함수의 '입력 배열' 터미널과 연결하고 '인덱스' 터미널에 숫자형 상수(I32) 6을 연결합니다.

16. [배열로부터 삭제] 함수의 '부분이 삭제된 배열' 터미널과 [1D 배열 정렬] 함수의 입력을 연결하고 '삭제된 부분' 터미널은 "행운 번호" 숫자형 인디케이터와 연결합니다.

17. [1D 배열 정렬] 함수의 출력을 "당첨 번호" 숫자형 배열 인디케이터와 연결합니다.

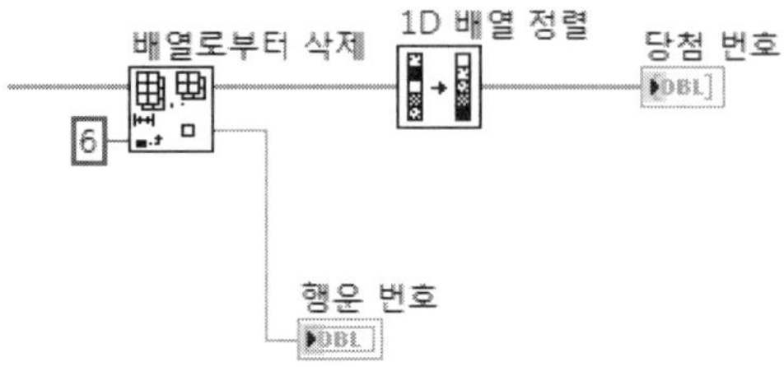

[그림 9-7] 로또 번호 추첨기: 숫자 분리

18. VI를 실행하고 중복되지 않은 6개의 숫자와 1개의 행운 숫자가 출력됨을 확인하세요.

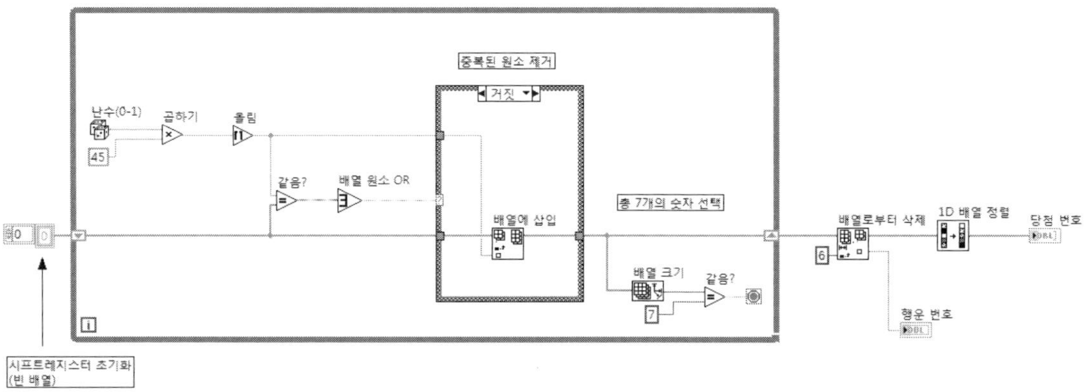

[그림 9-8] 로또 번호 추첨기: 블록다이어그램

9.3 성적 입력 프로그램

사용자가 지정한 이름, 과목명, 점수를 [이름, 과목명, 점수] 헤더 정보를 가진 스프레드시트 파일에 입력하고 입력된 결과 전체를 조회할 수 있는 프로그램을 만드세요.

1. 프런트패널에 세 개의 [문자열 컨트롤]을 놓고 라벨을 각각 "이름", "과목명", "점수"로 변경합니다.
2. 두 개의 [확인 버튼]을 적당한 크기로 놓고 각각의 라벨을 "저장하기"와 "불러오기"로 변경한 후 [바로가기 메뉴] → [보이기] → [라벨]을 체크 해제합니다.
3. 두 [확인 버튼]의 불리언 텍스트를 각각 저장하기와 불러오기로 수정합니다.
4. 문자열 배열 인디케이터를 생성한 후 인덱스 디스플레이를 이용해 2차원 배열로 만듭니다. 그리고 그 크기를 6 × 3 크기로 확장하고 라벨을 "불러오기 결과"로 수정합니다.

인덱스 디스플레이는 [바로가기 메뉴] → [보이기] → [인덱스 디스플레이]를 체크 해제해서 보이지 않도록 만들어줍니다.

5. [정지 버튼]을 적당한 크기로 놓고 라벨을 "정지"로 수정한 후 라벨이 보이지 않도록 설정합니다.
6. [그림 9-9]와 같이 [장식]과 [색 설정] 도구를 사용하여 적절히 프런트패널을 구성합니다.

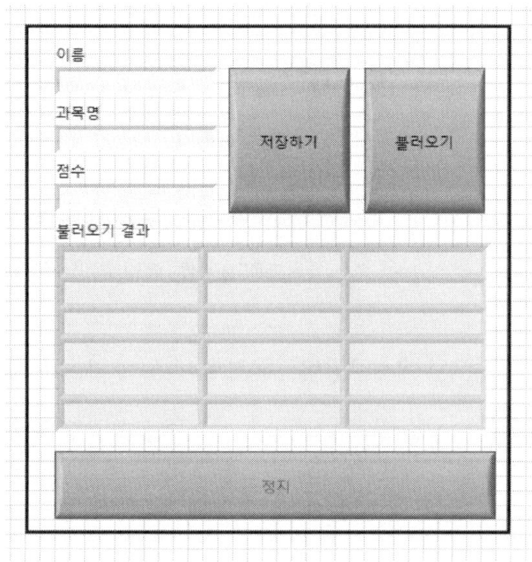

[그림 9-9] 성적 입력 프로그램: 프런트패널

7. 프런트패널에 [열거형 컨트롤]을 생성하고 라벨을 "명령"으로 변경합니다. 그리고 [바로가기 메뉴] → [아이템 편집]을 선택해 아이템을 초기화, 사용자 명령대기, 입력, 출력, 종료로 구성합니다.

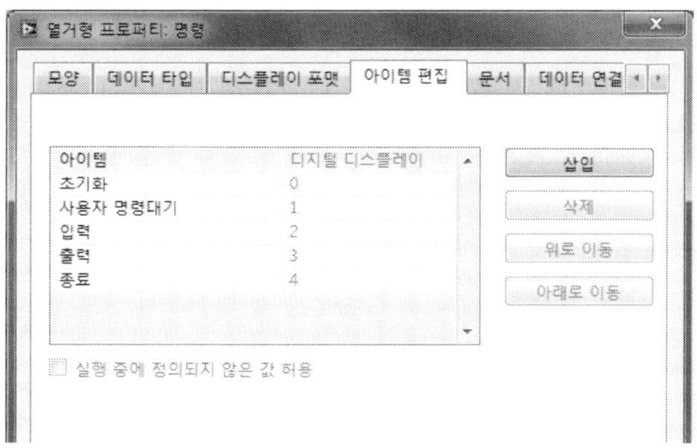

[그림 9-10] 열거형 아이템 편집

8. "명령" 열거형 컨트롤에서 [바로가기 메뉴] → [고급] → [사용자 정의...]를 선택하여 사용자 컨트롤 창을 열고 사용자 컨트롤의 속성을 [엄격한 타입정의]로 선택합니다.
9. 사용자 컨트롤을 "성적 명령.ctl"로 저장한 후 창을 닫습니다. 만약 프런트패널의 컨트롤을 사용자 컨트롤로 대체 창이 뜨면 [예]를 선택합니다.

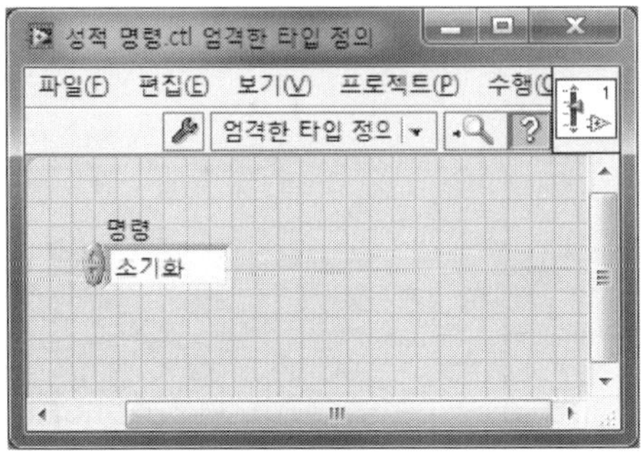

[그림 9-11] 타입 정의 생성

10. 블록다이어그램에서 "명령" 열거형 컨트롤의 [바로가기 메뉴] → [상수로 변경]을 선택합니다.
11. [While 루프]를 적당한 크기로 놓고 시프트 레지스터를 생성한 후 상수로 변경된 열거형 컨트롤의 값을 초기화 값으로 연결합니다.
12. [While 루프]내에 [케이스 구조]를 만들고 '선택자 입력'에 시프트 레지스터 출력 값을 연결한 후 [바로가기 메뉴] → [모든 값에 대한 케이스 추가]를 선택해서 상태 머신을 구성합니다.
13. "초기화" 케이스로 이동하여 열거형 상수 값을 복사해 아이템 항목을 "사용자 명령 대기"로 변경한 다음 [While 루프]내의 시프트 레지스터 입력과 연결합니다.
14. "초기화" 케이스에는 사용자가 성적을 입력할 파일을 지정하고 그 파일에 헤더 정보를 추가합니다.
15. [배열 상수]를 만들고 그 안에 [문자열 상수]를 끌어다 놓습니다. 그리고 문자열 배열 상수의 크기를 적절히 조절하고 보이는 원소의 개수를 3개로 만듭니다.
16. 문자열 배열 상수의 원소를 위에서부터 아래로 이름, 과목명, 점수로 수정합니다.
17. [함수] 팔레트 → [파일 I/O] 함수 팔레트 → [스프레드시트 파일에 쓰기] 함수를 놓고 '1D 데이터' 입력 터미널과 문자열 배열 상수를 연결합니다.
18. [While 루프]에 시프트 레지스터를 새로 생성하고 루프 내 입력과 [스프레드시트 파일에 쓰기] 함수의 '새 파일 경로' 출력 터미널을 연결합니다.

19. 파일 경로가 저장되는 시프트 레지스터를 초기화하기 위해 [바로가기 메뉴] → [생성] → [상수]를 선택해 빈 경로 상수를 생성합니다.

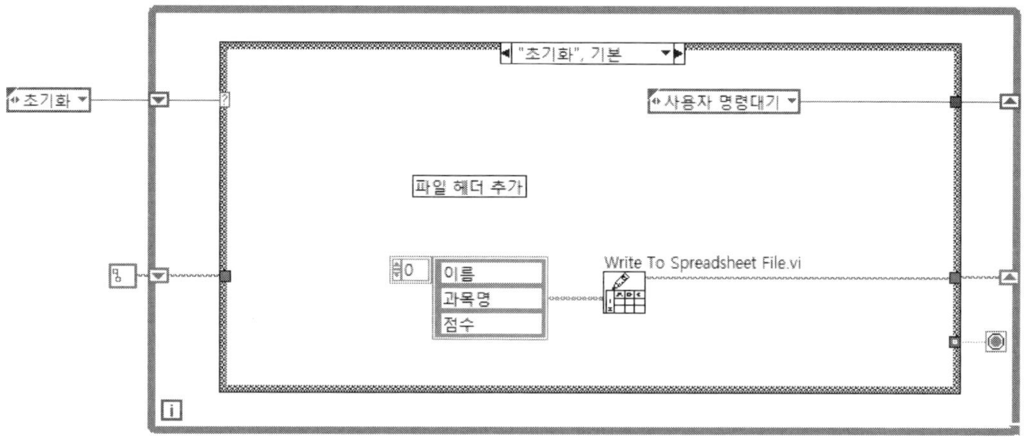

[그림 9-12] 성적 입력 프로그램: 초기화 케이스

20. "사용자 명령대기" 케이스로 이동합니다. 이 케이스에서는 사용자가 "저장하기", "불러오기" 또는 "정지" 버튼을 누르면 그에 상응하는 케이스로 이동하고 그렇지 않으면 계속해서 사용자의 명령을 기다리는 부분을 구현합니다.
21. "저장하기", "불러오기", "정지" 불리언 버튼을 케이스 안으로 이동시키고 [배열 만들기] 함수의 입력 개수를 조절해 차례대로 연결합니다.
22. [1D 배열 검색] 함수의 입력과 [배열 만들기] 함수의 출력을 연결하고 [1D 배열 검색] 함수의 '원소' 입력 터미널에 참(true) 불리언 상수를 연결합니다.
23. [케이스 구조]를 생성하고 '선택자 입력' 터미널에 [1D 배열 검색] 함수의 출력을 연결합니다.
24. "명령" 열거형 상수를 복사해 "0" 케이스 안에 놓고 아이템을 입력으로 선택한 후 그 출력을 루프 내의 시프트 레지스터 입력과 연결합니다.
25. [이전 케이스 추가]를 선택해 "−1" 케이스를 생성하고 [바로가기 메뉴] → [기본 케이스로 만들기]를 선택하여 기본 케이스로 설정합니다. 그리고 "명령" 열거형 상수 사용자 명령대기 값을 출력으로 연결합니다.
26. "1"의 케이스로 이동해 "명령" 열거형 상수 아이템 출력값을 연결합니다.
27. [다음 케이스 추가]를 선택해 "2" 케이스를 생성하고 "명령" 열거형 상수 아이템 "종료"를 연결합니다.
28. [기다림(ms)] 함수를 케이스 안에 놓고 숫자형 상수 100의 값을 연결합니다.

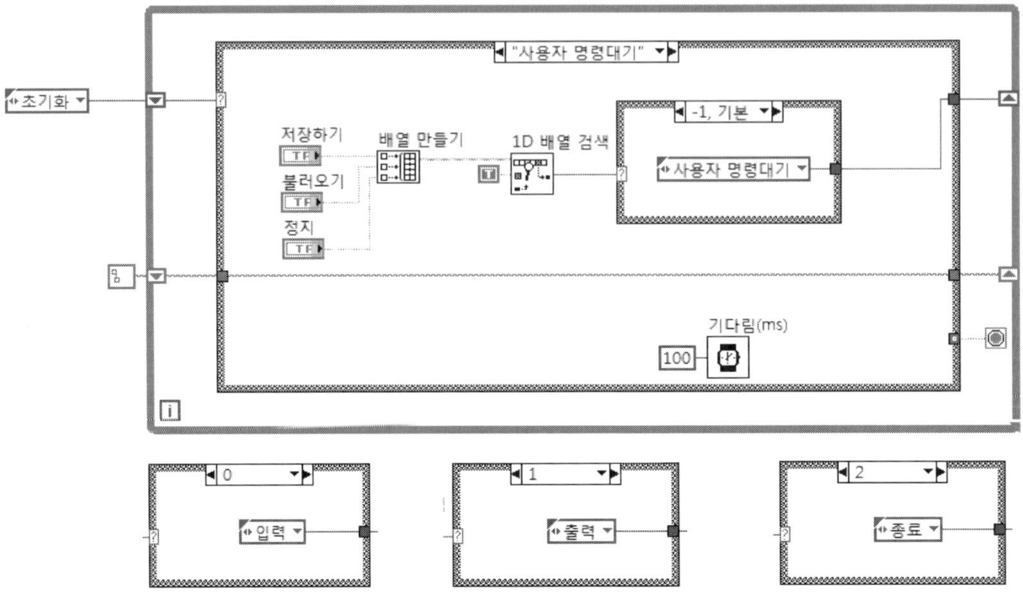

[그림 9-13] 성적 입력 프로그램: 사용자 명령대기 케이스

29. "입력" 케이스로 이동합니다. 이 케이스에서는 사용자가 입력한 이름, 과목명, 점수 값을 파일에 쓰는 기능을 구현합니다.

30. "이름", "과목명", "점수" 컨트롤을 케이스 내로 이동시키고 [배열 만들기] 함수의 입력 개수를 조절하여 연결합니다.

31. [배열 만들기] 함수의 출력을 [스프레드시트 파일에 쓰기] 함수의 '1D 데이터' 입력 터미널과 연결하고 '새 파일에 추가?' 입력 터미널에 참(true) 불리언 상수를 연결합니다.

32. [스프레드시트 파일에 쓰기] 함수의 '파일 경로' 입력 터미널과 출력 터미널을 "초기화" 케이스에서 사용자가 지정한 파일 경로를 저장하기 위해서 만든 시프트 레지스터의 출력과 입력에 각각 연결합니다.

33. "명령" 열거형 상수를 복사해 아이템 값을 사용자 명령대기로 선택하고 루프 내의 시프트 레지스터 입력과 연결합니다.

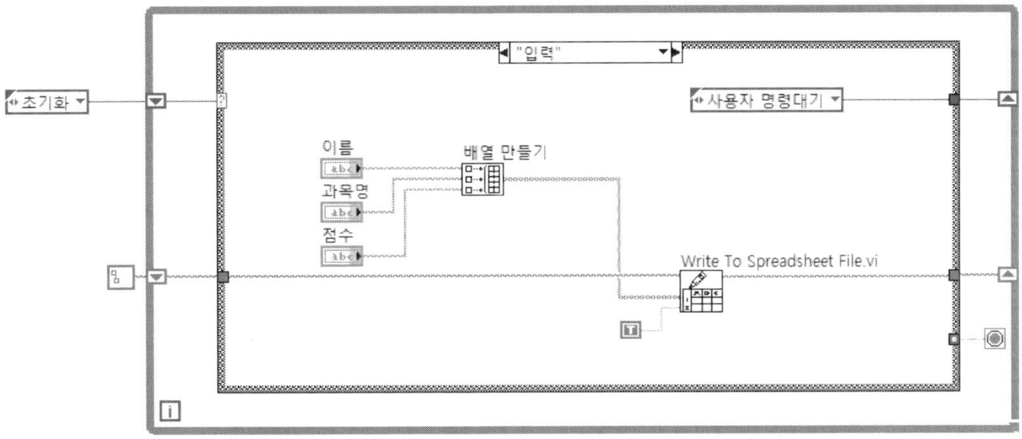

[그림 9-14] 성적 입력 프로그램: 입력 케이스

34. "출력" 케이스로 이동합니다. 이 케이스에서는 저장된 데이터를 불러오는 기능을 구현합니다.

35. [스프레드시트 파일로부터 읽기] 함수의 '파일 경로' 입력 터미널에 시프트 레지스터에 저장된 경로값을 입력하고 '모든 행' 출력 터미널을 "불러오기 결과" 배열 인디케이터와 연결합니다.

36. 경로가 저장된 시프트 레지스터의 입력과 출력을 서로 연결한 후 "명령" 열거형 상수를 복사해 사용자 명령대기로 선택하고 상태 머신에 사용되는 시프트 레지스터의 루프 내 입력과 연결합니다.

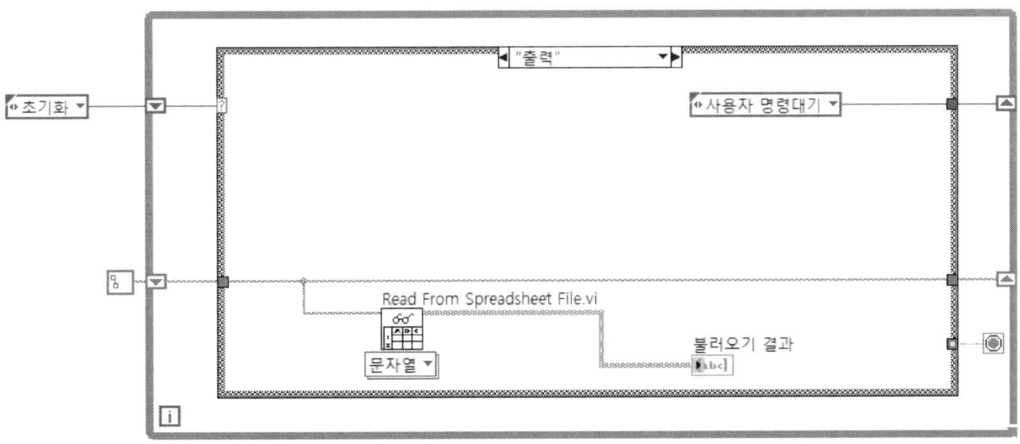

[그림 9-15] 성적 입력 프로그램: 출력 케이스

37. “종료” 케이스로 이동합니다. 이 케이스에서는 사용자가 종료 버튼을 눌렀을 때 프로그램을 정지하는 기능을 구현합니다.
38. “명령” 열거형 상수를 복사해 아이템을 종료로 변경하고 상태 머신 시프트 레지스터의 입력과 연결합니다.
39. 참(true) 불리언 상수를 놓고 [While 루프]의 ‘루프 조건’ 터미널과 연결합니다.
40. [케이스 구조]의 불리언 출력에서 [바로가기 메뉴] → [연결되지 않으면 기본값 사용]을 선택합니다.

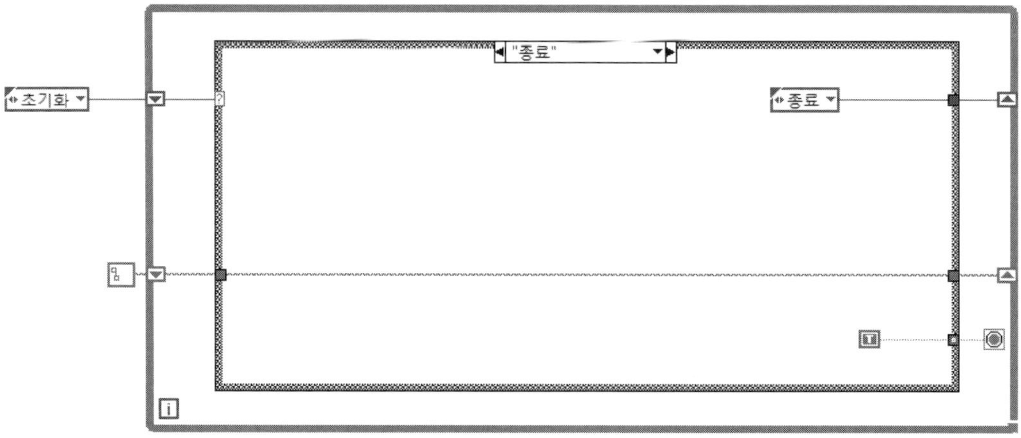

[그림 9-16] 성적 입력 프로그램: 종료 케이스

41. VI를 실행하고 그 결과를 확인합니다.

APPENDIX A

단축키 모음

이 부록에서는 자주 사용하는 단축키들에 대한 언급과 설명을 수록해 놓았습니다.
이 부록 내에서 별도로 언급하지 않은 단축키들은 첨부된 그림과 설명을 참고해 주세요.

01. 객체 복사하기: 객체 선택 후 Ctrl + 마우스 끌기

이 단축키(Ctrl + 마우스 끌기)는 선택한 객체를 복사할 때 사용할 수 있습니다. 객체의 개수는 하나 또는 여러 개를 동시에 선택할 수 있으며, 구역으로 지정된 만큼의 터미널, 함수, 와이어 등의 복사가 가능합니다.

02. 여러 개의 객체 동시 선택: Shift + 마우스 왼쪽 버튼 클릭

여러 개의 객체들을 동시에 선택할 때 사용합니다. 예를 들어 프런트패널에서 여러 개의 컨트롤을 동시에 선택해서 복사하려는 경우, 단축기(Shift + 마우스 왼쪽 버튼 클릭)을 통해서 여러 개의 객체를 선택한 다음 단축키(Ctrl + 마우스 끌기)를 이용하여 원하는 만큼의 개수를 복사할 수 있습니다.

03. 객체의 이동: 객체 선택 + 화살표 키

화살표 키는 어떤 객체를 이동할 때 사용을 합니다. 마우스 왼쪽 버튼을 클릭하여 이동시킬 객체를 지정하고 [화살표 키 ←, →, ↑, ↓]를 이용해 객체를 세밀하게 이동시킬 수 있습니다. 조금 더 빠르게 객체를 이동하기 위해서는 [시프트 + 화살표 키 ←, →, ↑, ↓]를 사용합니다. 물론 객체를 지정한 후 마우스 끌기를 이용해서 객체나 와이어를 옮길 수도 있지만 마우스 끌기로는 정확하게 줄이나 간격을 맞추기는 어려우므로 짧은 구간을 이동할 때에는 화살표 키를 사용하는 것이 좋습니다.

04. 공간의 복사: 프런트패널 또는 블록다이어그램의 빈 공간에서 Ctrl + 마우스 끌기

이 단축키(Ctrl + 마우스 끌기)는 객체를 선택한 상태라면 그 객체를 복사하는 기능을 가지고 있습니다. 이와 유사하게 객체를 선택하지 않은 상태로 단축키(Ctrl + 마우스 끌기)를 수행하면 선택한 만큼의 빈 공간을 복사합니다. 이 기능은 프런트패널과 블록다이어그램 양쪽에서 모두 이용할 수 있지만 주로 블록다이어그램에서 코드를 삽입하기 위한 공간이 부족할 때 유용하게 사용할 수 있습니다. 사용법은 확장이 필요한 블록다이어그램의 하얀색 공간에서 컨트롤 키를 누른 상태로 마우스 왼쪽 버튼을 클릭하고 드래그를 해주면 점선으로 된 네모가 생성이 됩니다. 이때 마우스 왼쪽 버튼을 떼면 네모 만큼의 영역이 확장되는 것을 확인할 수 있습니다.

영역의 지정은 굳이 네모일 필요는 없습니다. 가로나 세로로만 영역의 확장이 필요한 경우 마우스를 가로 또는 세로로만 끌기 한다면 깔끔하게 가로 또는 세로로 영역만 확장할 수 있습니다.

05. 복사하기 / 잘라내기 / 붙여넣기 / 전체선택 / 실행취소: Ctrl + C / Ctrl + X / Ctrl + V / Ctrl + A / Ctrl + Z

LabVIEW에서는 여타 기본적인 윈도우 어플리케이션들과 마찬가지로 동일한 [복사(Ctrl + C) / 잘라내기(Ctrl + X) / 붙여넣기(Ctrl + V) / 전체 선택(Ctrl + A) / 실행 취소(Ctrl + Z)] 등의 단축키를 지원합니다.
참고로 전체 선택(Ctrl + A)은 주로 어떤 코드 전체를 복사해서 새로운 VI에 옮기는 경우에 많이 사용합니다. 이때 주의해야 할 부분은 블록다이어그램에서 전체 선택을 해야 코드와 프런트패널의 컨트롤 및 인디케이터 전체를 복사할 수 있습니다. 만약 프런트패널에서 전체 선택(Ctrl + A)을 한다면 코드는 복사되지 않고 컨트롤과 인디케이터만 복사됩니다.

06. 독립 라벨 만들기: 빈 영역에서 마우스 더블 클릭

빈 영역에서 마우스를 더블 클릭하면 [독립 라벨]을 만들 수 있습니다. 이 기능을 이용해 블록다이어그램에서 와이어 위에 전달되는 데이터에 대한 설명을 넣거나 subVI에 대한 자세한 설명을 쓰기 위한 용도로 사용할 수 있습니다. 특히나 여러 사람이 각각의 기능에 대한 코딩을 한 후 하나로 통합(Integration)하는 규모가 큰 프로젝트의 경우는 이 각주를 달아주는 것이 필수 사항에 해당합니다.

07. 케이스 전환하기: Ctrl + 마우스 휠

이 단축키(Ctrl + 마우스 휠)는 [케이스 구조] 함수와 유사하게 하나의 구조 안에 겹쳐진 코드를 가지고 있는 함수들의 케이스를 전환하는데 사용할 수 있습니다. 이 단축키(Ctrl + 마우스 휠)를 이용하면 각 함수들의 라벨 부분을 클릭해서 케이스를 전환하는 것보다 훨씬 효율적으로 케이스를 전환할 수 있습니다.

08. 블록다이어그램 정리하기: Ctrl + U

이 단축키(Ctrl + U)는 블록다이어그램의 와이어와 터미널 등의 위치를 자동으로 정리해주는 기능을 가지고 있습니다. 아무런 구역도 선택하지 않고 단축키(Ctrl + U)를 누르면 블록다이어그램에 있는 전체 코드에 대해서 정리 기능이 실행되며 마우스 끌기(drag)로 여러 개의 객체를 지정한 후 단축키(Ctrl + U)를 누르면 선택된 객체들에 대해서만 정리 기능이 작동합니다.

단 이 기능은 코드의 크기가 큰 경우는 코드의 복잡도를 가중시킬 수 있으므로 코드가 간단한 경우만 사용하는 것이 좋습니다.

객체 및 이동	
Shift + 클릭	여러 개의 객체를 선택하고, 현재 선택에 객체를 추가합니다.
↑, ↓, →, ←(화살표 키)	선택된 객체를 한번에 한 픽셀씩 이동합니다.
Shift + ↑, ↓, →, ←	선택된 객체를 한번에 여러 픽셀씩 이동합니다.
Shift + 클릭(끌기)	선택된 객체를 한 축에 따라 이동합니다.
Ctrl + 클릭(끌기)	선택한 객체를 복사합니다.
Ctrl + Shift + 클릭(끌기)	선택한 객체를 복사하여 축에 따라 이동합니다.
Shift + 크기 조정	외형의 비율을 유지하면서 선택된 객체의 크기를 조정합니다.
Ctrl + 크기 조정	중심점을 유지하면서 선택된 객체의 크기를 조정합니다.
Ctrl + Shift + 크기 조정	중심점과 외형의 비율을 유지하면서 선택한 객체의 크기를 조정합니다.
빈 공간에서 Ctrl + 사각형 끌기	프런트패널이나 블록다이어그램의 보다 많은 작업 공간을 추가합니다.
Ctrl + A	모든 프런트패널 또는 블록다이어그램 아이템을 선택합니다.
Ctrl + Shift + A	마지막 객체 정렬 작업을 수행합니다.
Ctrl + D	마지막 객체 간격 조절을 수행합니다.
빈 영역에서 더블 클릭	자동 도구 선택이 활성화되어 있을 경우, 프런트패널 또는 블록다이어그램에 독립 라벨을 추가합니다.
Ctrl + 마우스 휠	케이스, 이벤트, 시퀀스 구조의 서브다이어그램을 스크롤합니다.
Space Bar(끌기)	미리 지정된 정렬 위치는 객체 라벨 또는 캡션을 옮길 때 비활성화됩니다.
Ctrl + U	자동으로 모든 와이어를 재정리하고 블록다이어그램 객체를 재배치합니다.

[그림 A-1] 객체 및 이동 관련 단축키

기본 편집	
Ctrl + Z	최근 작업을 취소합니다.
Ctrl + Shift + Z	최근 작업을 다시 실행합니다.
Ctrl + X	선택한 객체를 잘라내기합니다.
Ctrl + C	선택한 객체를 복사합니다.
Ctrl + V	최근에 잘라내기하거나 복사한 객체를 붙여넣기합니다.

[그림 A-2] 기본 편집 관련 단축키

09. 기본 도움말 보이기: Ctrl + H

이 단축키(Ctrl + H)는 어떤 객체의 기능이나 형태에 대한 설명을 간단하게 제공하는 [기본 도움말] 창을 띄워주는 역할을 합니다. 만약 해당 객체에 대한 좀 더 자세한 설명이 필요하시면 [LabVIEW 도움말(F1)]을 이용해 해당 키워드에 대하여 검색을 하거나, [기본 도움말] 창의 아래쪽에 있는 "상세 설명"이라는 부분을 클릭하시면 그 함수에 해당하는 자세한 설명을 확인할 수 있습니다.

도움말	
Ctrl + H	기본 도움말 윈도우를 디스플레이합니다. (Mac OS) Command + Shift + H 키를 누릅니다.
Ctrl + Shift + L	기본 도움말 윈도우를 고정해 놓습니다.
Ctrl + ? 또는 F1	LabVIEW 도움말을 디스플레이합니다.

[그림 A-3] 도움말 관련 단축키

10. 실행하기: Ctrl + R

이 단축키(Ctrl + R)은 VI를 실행시키기 위한 단축키입니다. 이 외에도 도구의 [실행 버튼]을 누르거나 실행 메뉴에서 [수행] → [실행]을 선택해 VI를 실행할 수 있습니다.

실행	
Ctrl + R	VI를 실행합니다.
Ctrl + .†	VI를 멈춥니다.
Ctrl + M	실행 모드나 편집 모드로 변경합니다.
Ctrl + 실행 버튼	현재 VI를 리컴파일합니다.
Ctrl + Shift + 실행 버튼	메모리 내의 모든 VI를 리컴파일합니다.
Ctrl + ↓†	배열이나 클러스터 안으로 키 포커스를 이동시킵니다.
Ctrl + ↑†	배열이나 클러스터 밖으로 키 포커스를 이동시킵니다.
Tab†	탭 순서에 따라 컨트롤이나 인디케이터를 탐색합니다.
Shift + Tab†	컨트롤이나 인디케이터를 역순으로 탐색합니다.

† VI가 실행 중일 때

[그림 A-4] 실행 관련 단축키

11. 깨진 와이어 제거: Ctrl + B

이 단축키(Ctrl + B)는 블록다이어그램의 모든 깨진 와이어를 제거합니다. 만약 수동으로 깨진 와이어를 제거하고 싶은 경우는 해당 와이어를 선택한 후 지우기(Delete) 버튼을 이용해 하나씩 제거할 수 있습니다.

와이어링	
Ctrl + B	VI의 모든 깨진 와이어를 제거합니다.
Esc, 마우스 오른쪽 버튼 클릭 또는 터미널 클릭†	진행 중인 와이어링을 취소합니다.
와이어 한 번 클릭	한 와이어 선분을 선택합니다.
와이어 더블 클릭	와이어 곁가지를 선택합니다.
와이어 트리플 클릭	와이어 전체를 선택합니다.
A†	자동 와이어 연결을 일시적으로 비활성화합니다.
더블 클릭†	와이어를 연결하지 않고 고정합니다.
Space Bar†	와이어의 방향을 수평과 수직으로 서로 바꿉니다.
Space Bar	객체를 이동하는 동안, 자동 와이어링을 토글합니다.
Ctrl + 두 개의 입력을 가진 함수에서 입력을 클릭하기	두 입력 와이어를 서로 바꿉니다.
Shift + 클릭†	가장 최근에 연결한 와이어를 취소합니다.

† 와이어를 연결하는 동안

[그림 A-5] 와이어링 관련 단축키

12. 프런트패널/블록다이어그램 보이기: Ctrl + E

이 단축키(Ctrl + E)는 블록다이어그램이 닫혀 있을 때 블록다이어그램 창을 다시 열어주는 용도로 사용하거나, 프런트패널 창과 블록다이어그램 창이 서로 겹쳐 있을 때 둘 중에 하나의 창을 제일 위로 가져오는 용도로 사용합니다.

13. 탐색 창 열기: Ctrl + Shift + N

이 단축키(Ctrl + Shift + N)는 [탐색] 창을 띄울 때 사용하는 단축키입니다. [탐색] 창은 코드의 크기가 커서 블록다이어그램이 한 화면에 들어가지 않는다면 코드의 특정 부분으로 빠르게 이동할 수 있는 방법을 제공합니다. 하지만 되도록이면 코드의 모듈화(subVI)를 통해서 블록다이어그램의 크기를 작게 가져가는 것이 코드를 사용하고 분석하는데 훨씬 유리합니다.

LabVIEW 환경 탐색하기	
Ctrl + E	블록다이어그램이나 프런트패널 윈도우를 디스플레이합니다.
Ctrl + #	눈금 정렬을 실행하거나 실행 중지합니다. (Mac OS) Command + * 키를 누릅니다.
Ctrl + /	윈도우를 최대로 키우거나 다시 줄입니다.
Ctrl + T	프런트패널과 블록다이어그램 윈도우를 나란히 세웁니다.
Ctrl + F	객체나 텍스트를 찾습니다.
Ctrl + G	객체나 텍스트의 다음 인스턴스의 VI를 검색합니다.
Ctrl + Shift + G	VI에서 객체나 텍스트의 이전 인스턴스를 검색합니다.
Ctrl + Shift + F	검색 결과 윈도우를 디스플레이합니다.
Ctrl + Tab	LabVIEW 윈도우를 돌아가면서 띄웁니다.
Ctrl + Shift + Tab	LabVIEW 윈도우를 역순으로 돌아가면서 띄웁니다.
Ctrl + Shift + N	탐색 윈도우를 디스플레이합니다.
Ctrl + I	VI 프로퍼티 대화 상자를 디스플레이합니다.
Ctrl + L	에러 리스트 윈도우를 디스플레이합니다.
Ctrl + Shift + E	프로젝트 탐색기 윈도우에 현재 VI를 디스플레이합니다.
Ctrl + Y	히스토리 윈도우를 디스플레이합니다.
Ctrl + Shift + W	모든 윈도우 대화 상자를 디스플레이합니다.
Ctrl + Space	빠른 탐색 대화 상자를 디스플레이합니다. (Mac OS) Command + Shift + Space 키를 누릅니다.

[그림 A-6] LabVIEW 환경 탐색하기 관련 단축키

14. 새 VI / 불러오기 / 저장하기: Ctrl + N, Ctrl + O, Ctrl + S

다른 일반적인 윈도우 어플리케이션에 동일하게 적용되는 단축키들과 마찬가지로 새 VI 창을 열거나 기존에 있는 파일 불러오기 및 저장하기의 단축키도 동일합니다.

15. VI 닫기: Ctrl + W

이 단축키(Ctrl + W)는 열려있는 VI를 닫기 위해서 사용하는 단축키입니다.

16. subVI 프런트패널 열기: subVI 더블 클릭

블록다이어그램에서 사용 중인 subVI가 있을 때 이 subVI의 프런트패널을 열기 위해서는 해당 subVI를 더블 클릭 합니다.

파일 작업	
Ctrl + N	새 VI를 엽니다.
Ctrl + O	기존의 VI를 엽니다.
Ctrl + W	VI를 닫습니다.
Ctrl + S	VI를 저장합니다.
Ctrl + Shift + A	파일을 열고 닫습니다.
Ctrl + P	윈도우를 프린트합니다.
Ctrl + Q	LabVIEW를 종료합니다.

[그림 A-7] 파일 작업 관련 단축키

Sub VI	
SubVI 더블 클릭	SubVI의 프런트패널을 디스플레이합니다.
Crtl + SubVI 더블 클릭	SubVI의 블록다이어그램과 프런트패널을 디스플레이합니다.
블록다이어그램으로 VI 아이콘을 끌어서 놓기	VI의 블록다이어그램에서 그 VI를 SubVI로 사용합니다.
Shift + 블록다이어그램으로 VI 아이콘 끌기	블록다이어그램에 SubVI로 그 VI를 놓고 기본값이 없는 컨트롤에 연결된 상수와 함께 사용합니다.
Ctrl + 블록다이어그램에서 마우스 오른쪽 버튼을 클릭하고 팔레트에서 VI 선택	해당 VI의 프런트패널을 엽니다.

[그림 A-8] SubVI 관련 단축키

텍스트	
더블 클릭	문자열에서 한 개의 단어를 선택합니다.
트리플 클릭	전체 문자열을 선택합니다.
Ctrl + →	문자열에서 한 단어 앞으로 이동합니다.
Ctrl + ←	문자열에서 한 단어 뒤로 이동합니다.
Home	문자열에서 현재 라인의 시작으로 이동합니다.
End	문자열에서 현재 라인의 끝으로 이동합니다.
Ctrl + Home	전체 문자열의 시작으로 이동합니다.
Ctrl + End	전체 문자열의 끝으로 이동합니다.
Shift + Enter	열거형 타입의 컨트롤과 상수, 링 컨트롤과 상수, 혹은 케이스 구조에서 아이템을 입력할 때 새로운 항목을 추가합니다.
Esc	현재 진행중인 문자열 편집을 취소합니다.
Ctrl + Enter	텍스트 입력을 종료합니다.
Ctrl + =	현재 폰트 크기를 키웁니다.
Ctrl + -	현재 폰트 크기를 줄입니다.
Ctrl + 0	폰트 스타일 대화 상자를 디스플레이합니다.
Ctrl + 1[†]	어플리케이션 폰트로 변경합니다.
Ctrl + 2[†]	시스템 폰트로 변경합니다.
Ctrl + 3[†]	대화 상자 폰트로 변경합니다.
Ctrl + 4[†]	현재 폰트로 변경합니다.

[†] 폰트 스타일 대화 상자에서

[그림 A-9] 텍스트 관련 단축키

디버깅	
Ctrl + ↓	노드에서 단계별 실행을 들어갑니다.
Ctrl + →	노드에서 단계별 실행을 건너뜁니다.
Ctrl + ↑	노드에서 단계별 실행을 나갑니다.

[그림 A-10] 디버깅 관련 단축키

VI 계층구조 윈도우 탐색하기	
Ctrl + D	윈도우를 다시 그립니다.
Ctrl + A	윈도우에 있는 모든 VI를 보여줍니다.
Ctrl + VI 클릭	윈도우에서 선택한 VI를 구성하는 SubVI와 기타 노드를 디스플레이합니다.
Enter†	검색 문자열과 일치하는 다음 노드를 찾습니다.
Shift + Enter†	검색 문자열과 일치하는 이전 노드를 찾습니다.

† VI 계층구조 윈도우에서 입력하여 검색을 시작한 후

[그림 A-11] VI 계층구조 윈도우 탐색하기 관련 단축키

도구 및 팔레트	
Ctrl	다음으로 가장 많이 사용되는 도구로 바꿉니다.
Shift	위치 도구로 바꿉니다.
빈 공간에서 Ctrl + Shift	스크롤 도구로 바꿉니다.
Space Bar†	가장 잘 사용하는 2개의 도구 사이에서 토글합니다.
Shift + Tab†	자동 도구 선택을 활성화합니다.
Tab†	자동 도구 선택 버튼을 클릭하여 자동 도구 선택을 비활성화하면, 가장 많이 사용하는 4개의 도구를 돌아가면서 선택합니다. 그렇지 않으면 자동 도구 선택을 사용하십시오.
↑, ↓, →, ←	임시 컨트롤과 함수 팔레트를 탐색합니다.
Enter	임시 팔레트로 들어갑니다.
Esc	임시 팔레트에서 빠져나옵니다.
Shift + 마우스 오른쪽 버튼 클릭	커서의 위치에서 도구 팔레트의 임시 버전을 디스플레이합니다.

† 자동 도구 선택을 비활성화한 경우

[그림 A-12] 도구 및 팔레트 관련 단축키

APPENDIX B

LabVIEW vs. 텍스트 기반 언어

이 부록에서는 그래픽 기반 언어인 LabVIEW와 여타 텍스트 기반 언어와의 장점과 단점을 비교했습니다.

B.1 LabVIEW의 장점

B.1.1 배우기가 쉽고 숙달되는데 걸리는 시간이 짧다

프로그래밍을 잘하기 위해서 필요한 것은 무엇일까요? 일단 프로그래밍 언어의 종류에 따라서 다르겠지만, 그 언어의 문법(Syntax)를 잘 알고 있어야 합니다. 그리고 또 한가지 중요한 요소는 알고리즘(Algorithm)을 디자인하는 능력이라고 할 수 있습니다.

일단 문법에 대해 이야기해 보겠습니다. LabVIEW를 배우려고 하는 분들의 대부분은 여타 프로그래밍 언어를 배우기 위해서 책 한 권쯤은 뒤적여 본 분들일 겁니다. 초급 기능을 사용할 때는 우리가 배우는 영어 문법과 유사해서 쉽게 외우고 사용할 수 있지만, 조금씩 고급 함수를 사용함에 따라 그 종류도 다양해져서 외우기가 만만치 않습니다. 반면에 LabVIEW에서는 문법에 대한 걱정을 사실상 할 필요가 없습니다. 단지 사용자가 필요한 함수가 있는 위치를 기억해야 할 뿐입니다. 물론 함수의 위치를 키워드로 검색할 수도 있지만, 빠르고 효율적인 코딩을 위해서 함수의 위치에 대한 기억은 필수입니다.

문법의 경우는 아무래도 단어를 기억하는 것보다 위치를 익히는 것이 훨씬 쉽고 간편합니다. 그렇지만 알고리즘의 경우는 조금 다릅니다. 사실 이 부분은 어떤 언어를 사용하냐의 문제가 아니라, 개인적인 능력이나 경험의 유무에 따라 크게 달라집니다. 대부분의 경우 알고리즘을 디자인하는 능력은 프로그래밍 경험과 비례합니다.

B.1.2 컴파일 및 디버깅(debugging)의 용이성

일반적인 프로그래밍 언어의 경우 자신이 만든 코드를 실행하기 전에 반드시 컴파일이란 별도의 과정을 수행해야 합니다. 컴파일이라는 프로세스는 크게 두 가지 목적을 가지고 있는데, 그 첫 번째 목적은 사용자가 만든 코드를 컴퓨터가 인식할 수 있는 기계어로 변환하기 위함입니다. 그리고 두 번째 목적은 사용자가 만든 코드 상에 문법적인 오류가 존재하는지를 미리 확인해서 사용자에게 경고하기 위함입니다. 한 가지 주의할 점은 컴파일을 통해서 걸러지는 버그는 프로그램을 제대로 실행하는 데 문제가 되는 버그이지, 유저가 만들어 놓은 코드가 올바른 결과값을 도출해 내는지 체크해 주지는 않는다는 것입니다.

그러나 LabVIEW는 코드를 실행하기 전에 별도의 컴파일 과정을 거칠 필요가 없습니다. LabVIEW는 사용자가 코딩을 하다가 프로그램 실행 상에 문제점이 발견되면 그 즉시 사용자에게 경고를 알려줍니다. 또한 [실행 하이라이트] 기능과 [프로브] 기능을 통해서 변수값의 변화나 값의 전달 등을 쉽게 파악할 수 있으므로 디버깅 시간을 줄일 수 있습니다.

B.1.3 직관적인 코드

LabVIEW는 다른 텍스트 기반 언어와 비교해 코드가 직관적으로 표현됩니다. 만약 어떤 사용자가 자신의 프로그램을 하나 만들었다고 가정하면 LabVIEW로 만든 코드를 분석하는 데 걸리는 시간과 텍스트 기반 언어로 만든 코드를 분석하는 데 걸리는 시간 중에서 어느 쪽이 더 짧을까요? 사람에 따른 차이는 있겠지만, 글을 읽는 것 보다 그림을 보는 것이 더 전달이 빠르듯이 LabVIEW로 만든 코드를 분석하는 데 걸리는 시간이 더 짧을 가능성이 큽니다. 그러나 코드의 부피가 큰 경우는 화면상의 제약이나 실행 순서를 따지기 어려운 LabVIEW의 특성으로 인해서 텍스트 기반 언어를 분석하는 것이 더욱 용이할 수 있습니다.

B.1.3 코딩 시간

윈도우가 일상적인 운영시스템(OS)로 사용되고 있고, 아이폰 등의 GUI(Graphic User Interface)에 익숙한 사람들에게 LabVIEW 코딩 방식은 프로그래밍이라기 보다는 일반적인 컴퓨터 작업에 가깝습니다. 그리고 타자를 치는 것보다 아무래도 마우스를 움직이는 것이 더 빠르므로 당연히 코딩 시간도 절약이 됩니다.

B.1.4 멀티스레드(Multi-Thread)의 구현

마지막으로 LabVIEW는 보통의 텍스트 기반 언어를 배우는 사용자들에게는 고급기능에 가까운 멀티스레드 기능의 구현이 용이합니다. 멀티스레드란 여러 개의 작업을 병렬로 처리하는(윈도우의 멀티태스킹에 해당한다고 할 수 있습니다) 방식입니다. 텍스트 기반 언어의 경우 코드의 실행 순서가 위에서 아래로 실행되므로 중간에 병렬로 여러 개의 작업을 처리하기 위해서는 상당한 노력이 필요합니다. 그러나 LabVIEW는 멀티스레드를 구현하기 위해서 단순히 여러 개의 [While 루프] 함수를 블록다이어그램에 놓기만 하면 모든 준비가 완료됩니다.

B.2 LabVIEW의 단점

B.2.1 복잡한 코드의 분석

LabVIEW는 근본적으로 마우스를 이용해 아이콘의 위치를 결정하고 그것들을 와이어로 연결하는 형태의 프로그래밍을 구현합니다. 그러다 보니 처음부터 전체 코드의 배치를 염두에 두지 않고 대충 와이어를 연결하다 보면, 와이어가 이리 저리 엉켜서 코드를 만든 사용자라도 그 코드를 쉽게 분석할 수 없게 됩니다. 처음부터 코딩을 시작할 때 어떻게 깔끔하게 와이어링을 할지 함수 배치를 어떻게 할지를 머리에 담고 있어야 합니다.

뿐만 아니라 코드의 크기가 커지면 아무리 깔끔하게 정리를 하더라도 그 코드의 분석이 쉽지 않아집니다. 물론 이런 부분을 보완하기 위해 모듈화(subVI) 작업을 할 수는 있지만 그에 따른 추가 작업에 들어가는 시간이 만만치 않습니다.

B.2.2 메모리 관리

두 번째 단점은 사용자가 메모리 관리를 할 수 있는 방법이 없다는 것입니다. 이 부분은 보통의 경우 큰 문제가 되지는 않지만, 프로그램의 성능이 중요한 경우와 휴대용 장비와 같이 메모리의 크기가 작고 CPU의 연산 속도가 떨어지는 플랫폼을 사용하는 경우에는 치명적일 수 있습니다. 또한 프런트패널의 입출력 터미널 아이콘으로 인해서 같은 코드라도 그 크기가 클 수밖에 없습니다. 따라서 메모리 사용에 민감한 경우에는 LabVIEW의 사용이 어려울 수 밖에 없습니다.

결론적으로 LabVIEW는 초보자가 쉽게 사용할 수 있고, 디버깅이나 코드의 분석이 용이해서 프로토타입(Prototype)을 만든다든지 알고리즘 연습을 한다든지 등의 기초적인 프로그래밍에 아주 유용 합니다. 또한 하드웨어 컨트롤이 쉽고 사용자 인터페이스를 꾸미기 쉽다는 등의 장점도 있습니다.

반면에 코드의 크기가 커지면 코드의 분석이나 디버깅이 만만치 않아지고, 메모리 관리가 불가능하여 메모리 공간에 대한 활용이 필요한 경우에는 사용할 수 없습니다.

APPENDIX C

NI LabVIEW 국제인증 자격시험 가이드

Appendix C는 www.niedu.co.kr에서 전문 발췌했습니다.

C.1 국제인증 개요

National Instruments LabVIEW 국제인증 자격 프로그램은 3단계로 구성되어 있습니다.

단계별로 취득할 수 있는 자격시험의 종류는 다음과 같습니다:

- Certified LabVIEW Associate Developer(CLAD)
- Certified LabVIEW Developer(CLD)
- Certified LabVIEW Architect(CLA)

이전 단계의 자격증이 있어야 상위 단계의 자격시험에 응시할 자격이 주어집니다.

CLAD 단계에서는 LabVIEW Full Development System의 주요 기능을 완전히 이해하고 LabVIEW 모듈을 개발, 디버깅, 관리하는 데 필요한 지식과 능력을 갖추어야 합니다. 일반적으로 LabVIEW Full Development System을 대략 6~9개월간 사용하면, CLAD 수준의 경험을 쌓을 수 있습니다.

CLD 단계에서는 중대형 LabVIEW 어플리케이션을 개발, 디버깅, 배포, 관리할 수 있는 능력을 갖추어야 합니다. LabVIEW를 통해 중대형 어플리케이션을 총 12~18개월 정도 개발한 경험이 있으면, CLD 수준의 전문성을 쌓을 수 있습니다.

CLA 단계에서는 여러 명의 개발자가 참여하는 환경에서 LabVIEW 어플리케이션을 설계할 수 있는 수준의 숙달된 전문성을 갖추어야 합니다. CLA 단계에서는 프로젝트 설계에서 요구하는 사항들을 관리 가능한 LabVIEW 구성요소로 구분할 수 있는 전문 기술 및 소프트웨어 개발 경험뿐만 아니라, 프로젝트 및 설정 관리 도구를 효과적으로 활용하여 전반적인 프로젝트를 파악할 수 있는 경험이 있어야 합니다. LabVIEW 를 통해 중대형 어플리케이션을 총 24개월 정도 개발한 전문 경험이 있으면, CLA 수준에 이를 수 있습니다.

노트

CLAD 자격증이 있어야 CLD 자격시험을 응시할 수 있습니다.
CLD 자격증이 있어야 CLA 자격시험을 응시할 수 있습니다.
이 응시 자격에 대해 예외 사항은 없습니다.

C.2 Certified LabVIEW Associate Developer(CLAD) 국제인증 자격시험 개요

C.2.1 자격시험 개요

제품: Windows 용 LabVIEW Full Development System 2010 버전. LabVIEW Full Development System에서 사용 가능한 기능에 대한 자세한 사항은 LabVIEW 개발 시스템 비교 페이지를 참조하십시오.

- **시험 시간:** 1 시간
- **시험 문항 수:** 40
- **문제 유형:** 다지선다형
- **합격 기준:** 정답률 70% 이상
- **응시 비용:** 140 USD(학생 ₩76,000)
- **응시 방법:** 한국내쇼날인스트루먼트 교육센터 홈페이지(www.niedu.co.kr) 또는 전화 문의(02-3451-3400)

이 시험에서는 수험자의 어플리케이션에 대한 지식을 평가하며 메뉴 단계 또는 VI 와 구성요소의 이름을 외우는 능력은 평가 대상이 아닙니다. 시험 도중 LabVIEW 또는 다른 교재를 사용하는 것은 금지되어 있습니다. 수험자의 편의를 위해 시험에는 필요한 경우 LabVIEW 도움말의 스크린샷이 제공됩니다.

공정한 시험을 위해, 시험의 일부를 복사, 재생하는 것을 금지하고 있습니다. 이를 어기면, 불합격 처리됩니다. 시험 답안을 종이에 기록하는 방식으로 시험이 치뤄지는 지역에서는 시험지의 일부를 분리하면 시험 결과는 채점되지 않고 불합격 처리됩니다.

C.2.2 응시 방법

종이에 답을 기재하는 방식의 시험이며 시험 채점 및 결과 발표에는 약 4주가 소요됩니다. 자세한 사항 및 시험 일정에 대해서는 한국 NI 교육센터 홈페이지 www.niedu.co.kr 및 전화(02-3451-3400) 또는 이메일(Training.Korea@ni.com)로 연락하십시오.

일반 문의사항 또는 건의사항이 있는 경우, 이메일(certification@ni.com)로 연락하십시오.

C.2.3 시험 주제

CLAD 는 총 40문항으로 구성되어 있습니다. 시험은 다음 테이블의 각 항목에서 특정한 수의 문제를 추출하여 구성됩니다.

[표 C-1] 시험 주제 및 문항 수

	시험 주제	문항 수
테스트	LabView 프로그래밍 원리	3
	LabView 환경	2
	데이터 타입	2
	배열 및 클러스터	4
	에러 핸들링하기	2
	문서	1
	디버깅	2
구조	루프	4
	케이스 구조	1
	시퀀스 구조	1
	이벤트 구조	2
프로그래밍 태스크	파일 I/O	1
	타이밍	2
	VI 서버	2
	동기화 및 통신	2
	디자인 패턴	2
프런트패널	차트 및 그래프	2
	불리언의 기계적 동작	1
	프로퍼티 노드	2
변수	로컬 변수	1
	기능적인 글로벌 변수	1
합계		40

C.2.4 CLAD 주제별 세부사항

1. LabVIEW 프로그래밍 원리

a. 데이터 흐름

i. 데이터 흐름 정의

ii. LabVIEW 에서 데이터 흐름의 중요성 식별

iii. 블록다이어그램, VI 및 SubVI 에서 데이터 흐름을 강화하는 프로그래밍 기법 식별

iv. 데이터 흐름을 깨는 프로그래밍 기법 식별

v. VI 에서의 코드 실행 추적

b. 병렬처리

i. 병렬 실행 정의

ii. 병렬 코드 구조 식별

iii. 병렬처리에서 프로그래밍 시 주의할 점 식별

iv. 경합 조건 정의

v. 코드의 경합 조건 식별

vi. 정의되지 않은 실행 식별

2. LabVIEW 환경

a. 버추얼 인스트루먼트(VI)

i. 프런트패널 및 블록다이어그램

1. 프런트패널 객체와 블록다이어그램 객체 사이의 관계 식별
2. 프런트패널과 블록다이어그램을 시각적으로 검사하고 분석하여 기능을 설명
3. 주어진 블록다이어그램에 기반하여 프런트패널 결과 예측
4. 블록다이어그램이 없는 VI 타입 식별
5. 주어진 어플리케이션의 프런트패널 객체 프로퍼티 및 옵션 사용

ii. 아이콘 및 커넥터 팬

1. 아이콘 및 커넥터 팬의 용도 식별
2. 여러 연결 타입 구별

b. 기본 도움말 윈도우

i. 필수, 권장, 옵션 등 세 가지 커넥터 팬 터미널 타입 식별 및 정의

ii. 주어진 기본 도움말 윈도우에 근거하여 VI 또는 함수의 기능 정의

3. 데이터 타입 및 데이터 구조

a. 숫자형, 문자열, 불리언, 경로, 열거형

i. 프런트패널 및 블록다이어그램 객체에 가장 적합한 데이터 타입 식별

ii. 다음 데이터 타입과 관련된 함수를 식별하고 설명

1. 숫자형-숫자형, 변환, 데이터 조작 및 비교 팔레트
2. 문자열-문자열, 문자열/숫자 변환, 및 문자열/배열/경로 변환 팔레트
3. 불리언-불리언 팔레트
4. 경로-파일 I/O 팔레트의 경로 함수

b. 클러스터

i. 클러스터를 사용하여 데이터를 그룹화하면 이득을 볼 수 있는 어플리케이션 식별

ii. [묶기], [풀기], [이름으로 묶기], [이름으로 풀기] 함수 선택하여 적용

iii. 클러스터에 컨트롤 또는 인디케이터를 사용할 때의 영향 결정

c. 배열

i. 배열 팔레트에서 함수 선택하여 사용하기

ii. 메모리 사용 문제를 초래하는 기술 찾기

iii.메모리 사용을 최소화하는 기술 찾기

iv. 배열을 적절히 사용하면 이득을 볼 수 있는 어플리케이션 찾고 설명하기

d. 타입 정의

i. 타입 정의 또는 엄격한 타입 정의를 사용하면 이득을 볼 수 있는 어플리케이

션 찾고 설명하기

ii. 데이터 아이템을 나타내기 위해 타입 정의 또는 엄격한 타입 정의가 필요한지 결정하기

e. 웨이브폼

i. 데이터를 그래프 및 차트에 나타낼 때의 웨이브폼 데이터 타입을 선택하고 적용하기

ii. 주어진 어플리케이션에 대한 [웨이브폼 만들기] 및 [웨이브폼 구성요소 얻기] 함수 선택하고 적용하기

f. 타임스탬프

i. 타임스탬프 데이터 타입을 설명하고 이 타입이 측정 데이터에 어떻게 적용되는지 설명하기

ii. 주어진 어플리케이션에 대해 타이밍 팔레트에있는 타임스탬프 함수 선택하고 적용하기

g. 다이나믹 데이터 타입

i. 다이나믹 데이터 사용 사례 구분하기

ii. [다이나믹 데이터로부터 변환] 익스프레스 VI의 기능 설명하기

iii. 다이나믹 데이터를 받는 컨트롤과 인디케이터 및 입력과 출력 타입 구분하기

h. 데이터 형

i. 여러 데이터 형의 비트 사용 설명하기

ii. 컨트롤, 인디케이터 및 상수의 숫자형 데이터 타입 변경하기

iii. 데이터 형 범위 한도를 구분하고 범위를 초과할 경우 다른 정수 타입에 맞게 변환하기

iv. LabVIEW 고유의 빅 엔디언 형태 구분하기

i. 강제 변환

i. 강제 변환이 발생하는 것을 최소화하도록 가장 적합한 데이터 타입 선택하기

ii. 이기종 숫자형 작업의 메모리 사용 및 데이터 타입 결과 구분하기

iii. 변환 팔레트에서 올바른 함수 선택하고 적용하기

j. 데이터 변환 및 조작

i. 데이터 변환, 조작 및 타입캐스트를 정의하고 원리 적용하기

ii. 데이터 타입과 숫자형 사이의 변환에 사용되는 함수를 구분하고 선택하기

4. 배열 및 클러스터

a. 배열 함수

i. 배열 팔레트에서 함수 구분하기

ii. 배열 함수를 사용하는 블록다이어그램의 결과 예측하기

iii. 적합한 함수를 선택하고 적용하여 원하는 실행 동작 얻기

iv. 여러 대등한 디자인 비교하고 선택하기

b. 클러스터 함수

i. 클러스터, 클래스 & 배리언트 팔레트에서 클러스터와 관련된 함수 구분하기

ii. 클러스터 함수를 사용하는 블록다이어그램의 결과 예측하기

iii. 적합한 클러스터 함수를 선택하고 적용하여 원하는 실행 동작 얻기

c. 다형성 함수

i. 다형성 정의

ii. 다형성의 이점 구분

iii. 다형성 입력을 사용하는 VI의 데이터 원소 출력 결정

5. 에러 핸들링하기

a. 에러 클러스터

i. 에러 클러스터 구성 요소의 기능 정의 및 구분

ii. 에러 클러스터를 입력으로 받는 터미널 식별

iii. 에러와 경고 구분

b. 에러 핸들링 VI 및 함수

i. 대화 상자 및 사용자 인터페이스 팔레트에서 에러 핸들링과 관련된 VI 식별

ii. 에러를 핸들하고 보고하는데 가장 적합한 위치 식별

iii. 지정된 에러 핸들링 및 보고를 완료하는 VI 또는 함수 선택

c. 사용자 에러 코드

i. 사용자 에러 코드를 위해 예약된 범위 식별

ii. 에러 클러스터를 조작하여 VI 에서 사용자 에러 생성

d. 자동/수동 에러 핸들링

i. 자동 에러 핸들링의 효과 설명

ii. 에러를 철저하고 효과적으로 관리하는 VI 설계

iii. 주어진 블록다이어그램에서 에러가 발생했을 때의 실행 동작 설명

6. 문서

a. 중요성

i. VI 프로퍼티에 설명을 추가하는 것의 중요성 식별

ii. 팁 상자를 추가하는 것의 중요성 식별

b. 기본 도움말

i. VI 를 실행하는데 필요한 입력 결정

ii. 기본 도움말에 VI의 입력 및 출력 문서화하는 방법 설명

7. 디버깅

a. 도구

i. 실행 하이라이트, 브레이크포인트, 단계별 실행, 프로브 등의 디버깅 도구 식별

ii. 특정 디버깅 도구의 기능 및 적합한 사용 사례 설명

b. 기술

i. 주어진 상황에서 가장 적합한 디버깅 도구 또는 전략 선택

ii. 특정 블록다이어그램에서 에러가 발생할지 예측

8. While 루프와 For 루프

a. 루프 구성요소

i. 루프 구성요소를 식별하고 터널, 카운트 터미널, 조건 터미널, 반복 터미널, 시프트 레지스터 등의 기능 설명

ii. 루프 구성요소의 동작 설명

b. 오토인덱싱

i. 오토인덱싱 터널 식별

ii. 새 터널을 생성할 때 기본 인덱싱 설정 식별

iii. 오토인덱싱 터널을 설명하고 오토인덱싱 터널을 사용할 때와 사용하지 않을 때의 효과 예측

c. 시프트 레지스터

i. 시프트 레지스터의 적절한 사용 사례 및 데이터 저장 원소로 초기화하기 설명

ii. 루프가 일정한 횟수 반복한 후 또는 종료된 후 시프트 레지스터의 데이터 값 예측

iii. 다층 시프트 레지스터가 초기화된/초기화되지 않은 상태일 때 동작 식별

iv. 피드백 노드와 루프 안에서 사용 사례 식별

d. 루프 동작

i. For 루프와 While 루프의 특정한 동작 식별

ii. 가장 적합한 루프 구조 선택 및 적용

iii. 주어진 블록다이어그램에서 루프가 반복하는 횟수 예측

iv. For 루프에서 조건 터미널을 사용하는 사례 식별

v. 다양한 사항에서 코드 실행에 필요한 루프 터미널 결정

9. 케이스 구조

a. 케이스 선택자

i. 입력으로 사용 가능한 데이터 타입 식별

ii. 숫자형 값의 범위에 대한 여러 케이스 옵션 식별

iii. 주어진 블록다이어그램에서 어떤 케이스가 실행되는지 예측

b. 터널

i. 출력 터널의 여러 옵션 식별

ii. 각 터널 타입의 장점 및 단점 식별

c. 어플리케이션

i. 다른 구조 대신 케이스 구조를 사용해야 하는 경우 결정

ii. 케이스 구조에서 컨트롤 및 인디케이터의 적절한 위치 식별

10. 시퀀스 구조

a. 타입

i. 플랫 시퀀스 구조

ii. 다층 시퀀스 구조

b. 동작

i. 시퀀스 구조의 기본적 기능 식별

ii. 시퀀스 구조를 포함하는 블록다이어그램의 결과 예측

iii. 에러가 발생했을 때 시퀀스 구조의 동작 설명

iv. 다층 시퀀스 구조에서 시퀀스 로컬의 동작 설명

c. 어플리케이션

i. 다층 및 플랫 시퀀스 구조의 장점 및 단점 식별

ii. 다른 구조 대신 시퀀스 구조를 사용하는 것이 더 적절한 경우 결정

11. 이벤트 구조

a. 알림과 필터 이벤트

i. 필터 이벤트와 알림 이벤트 정의

ii. 필터 및 알림 이벤트의 각각 다른 동작 설명

iii. 블록다이어그램에서 필터와 알림 이벤트 식별

iv. 값(신호) 프로퍼티 노드를 이벤트 구조에 적용

b. 어플리케이션

i. 이벤트 드리븐 프로그래밍의 이점 식별

ii. 이벤트를 생성할 수 있는 여러 방법 식별

iii. 주어진 블록다이어그램에서 실행 결과 예측

12. 파일 I/O

a. 함수와 VI

i. 파일 I/O 팔레트에서 VI 와 함수 식별

ii. 이 함수를 사용하는 블록다이어그램의 결과 예측

iii. 상위 레벨 및 하위 레벨 파일 I/O VI의 장점 및 단점 식별

b. 어플리케이션

i. 블록다이어그램에서 에러가 발생할지 예측

ii. 주어진 블록다이어그램에서 특정 함수에 의해 쓰여진 바이트 수 결정

iii. 파일에 데이터를 쓸 때 가장 효과적인 방법 및 효과적이지 않은 방법 결정

13. 타이밍

a. 타이밍 함수

i. 타이밍 팔레트에서 함수 식별하고 설명

ii. [틱 카운트] 함수에서 실행 중 0으로 되돌아가는 동작의 효과 설명

b. 어플리케이션

i. 주어진 상황에서 가장 적합한 함수 선택

ii. 루프에서 CPU 사용을 감소하는데 적합한 함수 선택

iii. 장시간의 타이밍 어플리케이션에 사용하는 데 적합한 함수 선택

14. VI 서버

a. 클래스 계층구조

i. 메소드와 프로퍼티 상속 설명

ii. 컨트롤 및 SubVI 와 상호 작용하는데 적합한 참조 선택

b. 어플리케이션

i. 프로퍼티 노드와 인보크 노드의 적합한 사용 사례 식별

ii. 프로퍼티와 메소드를 호출하는데 적합한 프로퍼티 노드와 인보크 노드

iii. 엄격한 타입과 엄격하지 않은 타입의 컨트롤 참조 구별

iv. 호출 VI 와 VI 서버를 사용하는 SubVI 사이의 상호 작용 설명

15. 데이터 동기화 및 통신

a. 알림자(Notifiers)

i. 알림자 팔레트에서 함수 식별하고 설명

ii. 알림자를 사용하는 블록다이어그램에서 실행 결과 예측

b. 큐(Queues)

i. 큐 팔레트에서 함수 식별하고 설명

ii. 큐를 사용하는 블록다이어그램에서 실행 결과 예측

c. 세마포어(Semaphores)

i. 세마포어의 기능 설명

ii. 세마포어의 적합한 사용 사례 식별

d. 글로벌 변수

i. 글로벌 변수의 동작 설명

ii. 글로벌 변수의 적합한 사용 사례 식별

e. 어플리케이션

i. 주어진 디자인 사례에서 가장 적합한 데이터 동기화 메커니즘 선택

ii. 알림자와 큐의 기능상 차이 설명

16. 디자인 패턴

a. 상태 머신

i. 상태 머신 구조의 주요 구성요소 식별

ii. 상태 정보를 유지하는 데 사용되는 메커니즘 식별

b. 마스터/슬레이브

i. 마스터/슬레이브 구조의 주요 구성요소 식별

ii. 마스터/슬레이브 디자인 패턴의 장점 및 단점 식별

iii. 알림자가 제공하는 루프 타이밍 설명

c. 생산자/소비자(데이터 및 이벤트)

i. 생산자/소비자 디자인 패턴의 주요 구성요소 식별

ii. 생산자/소비자 디자인 패턴의 장점 및 단점 식별

iii. 큐가 제공하는 루프 타이밍 설명

d. 어플리케이션

i. 주어진 프로그래밍 태스크를 수행하는 데 가장 적합한 디자인 패턴 선택

ii. 디자인 패턴 비교하고 각 패턴의 장점 및 단점 식별

17. 차트와 그래프

a. 타입

i. 여러 다른 차트와 그래프 구별

ii. 웨이브폼 차트의 버퍼링 기능 설명

iii. 균일하지 않은 X 축 스케일을 지원하는 그래프 식별

iv. 여러 축을 지원하는 차트와 그래프 식별

b. 데이터 플롯하기

i. 차트와 그래프에서 사용 가능한 데이터 타입 식별

ii. 주어진 상황에서 가장 적합한 차트 또는 그래프 타입 선택

18. 불리언의 기계적 동작

a. 6개의 기계적 동작 설명

b. 각 동작의 적합한 사용 사례 식별

c. 주어진 블록다이어그램에서 실행 결과 예측

19. 프로퍼티 노드

a. 프로퍼티 노드의 실행 순서 정의

b. 프로퍼티 노드의 이상적인 사용 사례 식별

c. 프로퍼티 노드 실행 중 에러가 발생했을 때 어떤 일이 발생하는지 예측

20. 로컬 변수

a. 동작

i. 로컬 변수의 동작 설명

ii. 로컬 변수를 사용하는 블록다이어그램의 결과 예측

iii. 발생할 수 있는 경합 조건 식별

b. 어플리케이션

i. 통신에 로컬 변수를 사용하는 것이 적합한 경우 결정

ii. 로컬 변수를 부적절하게 사용하는 블록다이어그램 디버깅

21. 기능적인 글로벌 변수

a. 동작

i. 기능적인 글로벌 변수의 동작 설명

ii. 구성요소와 데이터 저장 메커니즘 식별

iii. 재호출이 아니어야 할 경우 식별

b. 어플리케이션

i. 기능적인 글로벌 변수의 동기화 기능 설명

ii. 정보 숨기기 설명

iii. 주어진 상황에서 적합한 기능적인 글로벌 변수가 사용되는지 결정

C.2.5 CLAD 시험 준비 참조 문헌

시험 준비 시 다음 참조 문헌을 사용하십시오:

1. CLAD 준비

a. CLAD 준비 E-Kit(시험 준비 가이드 및 견본 시험 포함)

2. CLAD 시험 준비 웹 세미나

a. National Instruments CLAD 시험 준비 과정(온라인) 웹 세미나

b. CLAD 시험에서 수험자들이 가장 많이 틀리는 개념

3. 무료 온라인 LabVIEW 교육 및 튜토리얼

a. 온라인 LabVIEW Graphical Programming Course(Connexions 사 제공)

b. LabVIEW Introduction Course? Three Hours

c. LabVIEW Introduction Course? Six Hours

4. National Instruments 강사 진행 코스 또는 자율 학습 코스

a. LabVIEW Core 1

b. LabVIEW Core 2

c. LabVIEW Core 3

d. LabVIEW Performance

5. 기타 National Instruments 리소스

a. National Instruments Academic Web

b. National Instruments Developer Zone

c. National Instruments LabVIEW Zone

d. National Instruments LabVIEW Support

C.3 Certified LabVIEW Developer (CLD) 국제인증 자격시험 개요

C.3.1 자격시험 개요

- **시험 도구:** 응시자용 컴퓨터에는 LabVIEW Full Development System 2010 또는 그 이후의 버전이 설치되어 있어서, 어플리케이션을 개발하는 데 사용할 수 있습니다. 2011년 10월 1일 이후에는 LabVIEW 2011이 설치될 수 있습니다.

  사전에 시험장 또는 시험 감독관에게 연락하여, 어플리케이션을 개발할 때 사용할 LabVIEW 버전에 대한 상세한 정보를 확인하고 시험을 준비하십시오. 익숙하지 않은 LabVIEW 버전을 사용하여 시험을 보는 경우가 발생해도, 추가 시간이 주어지지 않는다는 점을 유의하십시오.

  LabVIEW Full Development System에서 사용 가능한 기능에 대한 상세설명은 기능별로 옵션 비교하기를 참조하십시오.

- **시험 시간:** 4시간
- **시험 방식:** 실제 어플리케이션 개발
- **합격 기준:** 정답률 75% 이상

- **응시 비용:** 330 USD

본 시험은 LabVIEW를 사용하여 문제를 해결할 수 있는 능력, 측정 및 자동화 어플리케이션을 개발하는 데 필요한 지식과 경험을 검증하는 데 목표를 두고 있습니다. 시험 과정에서는 오직 소프트웨어 개발만 이루어지고, 하드웨어는 사용하지 않습니다.

LabVIEW에서 제공되는 LabVIEW 도움말, 예제, 템플릿 등의 리소스를 시험장에서 사용할 수 있습니다. 하지만 외부에서 개발한 VI 또는 리소스의 사용은 금지되어 있습니다.

시험 패킷에는 USB 메모리 스틱이 포함되어 있으며, 이 메모리 스틱에는 응시자가 어플리케이션 개발 시 꼭 사용해야 하는 VI 및 컨트롤이 일정한 폴더 계층 구조로 저장되어 있습니다. main(최상위) VI 및 제공된 구성요소의 이름을 바꾸어서는 안되며, 폴더의 계층구조를 변경해서도 안됩니다. 개발한 VI 및 컨트롤은 모두 주어진 폴더 계층구조 그대로 저장해야 합니다.

상세한 어플리케이션 스펙 정보가 제공될 것입니다. 스펙에는 어플리케이션에 대한 일반적인 요구조건과 기술적인 요구조건이 담겨 있습니다. 다운로드할 수 있는 견본 시험의 리스트는 이 문서의 끝부분에 있는 CLD 자격 시험 준비를 위한 참조문헌을 참조하십시오.

시험을 마친 이후에 시험 풀이 결과는 제공된 USB 메모리 스틱에 저장하여시험 감독관에게 제출해야 합니다. 공정한 시험을 위해, 시험의 일부 또는 풀이 결과를 분리, 복사, 재생하는 것을 금지하고 있습니다. 이를 어기면 불합격 처리됩니다.

C.3.2 응시 방법

1. 신청 동의서를 작성합니다.
2. www.niedu.co.kr에서 온라인으로 시험 일정을 확인하고 신청합니다. 또는 한국 NI 교육센터로 전화(02-3451-3400) 및 이메일(Training.Korea@ni.com)로 연락하여 시험 일정을 확인하고 신청합니다.
3. 자격시험 응시료를 지불합니다.

C.3.3 시험 주제

1. 디자인 개념
2. 사용자 인터페이스 디자인
3. 블록다이어그램 레이아웃 및 스타일
4. 프로그래밍 실습

5. SubVI 디자인 실습
6. 아키텍처 선택
7. 타이밍
8. 에러 핸들링하기
9. 문서
10. 테스트

C.3.4 CLD 주제 상세설명

1. 디자인 개념

a. 모듈화(Modularity), 확장성(Scalability), 가독성(Readability), 유지보수성(Maintainability)

i. 다음과 같은 특성의 LabVIEW 어플리케이션(VI) 개발하기:

1. 모듈화-VI 기능이 모듈 또는 subVI 로 세분화되어 있음
2. 확장성-대규모 데이터 세트를 처리하거나 프로그램 상태를 추가할 때 VI에서 사용자 인터페이스 및 블록다이어그램을 거의 변경하지 않아도 됨
3. 가독성-VI 자체의 효과적인 문서 및 프로그래밍 스타일을 통해 이해하기 쉬움
4. 유지보수성-모듈 또는 어플리케이션의 원래 목적을 변경하지 않고 VI를 손쉽게 수정할 수 있음

b. 응집성 및 의존성

i. 다음과 같은 특성의 LabVIEW 모듈 개발하기:

1. 강한 응집성-모듈의 목표가 명확하게 정의되고 공개되어 있음
2. 낮은 의존성-모듈의 기능을 수행 및 보완하는 데 있어서 다른 모듈에 대한 의존성을 최소화함

c. 계층구조 디자인

i. 위에 열거된 특성을 갖춘 LabVIEW VI를 개발하여 논리적인 계층구조 디자인 생성하기

d. 파일 구조

i. 소프트웨어의 계층구조적인 특성을 반영할 수 있도록 파일 시스템의 VI 구

성하기

ii. 어플리케이션을 위한 폴더를 생성하고 함축적인 이름 붙이기

iii. 어플리케이션 폴더에서 main(최상위) VI에 접근할 수 있도록 만들기

iv. SubVI 및 컨트롤에 대해 별도의 폴더 생성하기

2. 사용자 인터페이스(프런트패널 윈도우) 디자인 실습:

a. 색상 체계

i. 통일성 있는 시스템 색상 체계를 사용하여 VI의 사용자 인터페이스 디자인하기

ii. 필요에 따라 파스텔 계통의 색상을 사용하고, 밝은 색상은 가급적 피하기

iii. LabVIEW 도움말의 LabVIEW Style Checklist 토픽에서 배경색 및 사용자 인터페이스 객체의 색상에 대한 지침 사용하기

b. 객체 그룹화 및 정렬하기

i. 배열, 클러스터, 장식을 사용하여 논리적으로 연관된 사용자 인터페이스 객체 그룹화하기

ii. 통일성 및 일관성 있는 레이아웃을 위해 객체 및 객체 라벨 정렬하기

c. 프로퍼티 설정하기

i. 유용성 및 성능을 향상시킬 수 있도록 적절하게 프런트패널 객체 설정하기

d. 객체 사용자 정의하기

i. 프런트패널 윈도우 객체의 모양 변경하기

ii. 타입 정의 또는 엄격한 타입 정의의 사용자 정의 컨트롤을 생성하여 어플리케이션의 확장성 높이기

e. 상태 관리

i. 프로퍼티 대화 상자를 사용하여 정적(statically)으로 객체의 컨트롤 값 또는 속성을 설정하거나, 프로퍼티 노드를 사용하여 다이나믹하게(dynamically) 객체의 컨트롤 값 또는 속성 설정하기

ii. 어플리케이션을 로드, 시작, 정지할 때 컨트롤 값 초기화 또는 설정하기

f. 아이콘 디자인

i. 어플리케이션 또는 모듈의 기능을 반영할 수 있도록 main(최상위) VI 및 subVI의 아이콘 디자인하기

ii. Main VI와 subVI의 아이콘 디자인이 서로 연계되고 일관성 있도록 만들기

3. 블록다이어그램 디자인 실습

a. 데이터 흐름

i. VI 및 프로퍼티 노드에 에러 디미널을 사용하여 데이터 흐름 설정하기

ii. 시퀀스 구조를 사용하여 에러 터미널이 없는 VI 및 함수의 데이터 흐름 설정하기

b. 가독성 높이기

i. 1024 × 768 해상도에 맞는 블록다이어그램 개발하기

ii. 사용자가 한 방향으로만 스크롤해도 되도록 블록다이어그램의 크기 제한하기

iii. 좁은 공간에 모여있지 않도록 주의하면서 균일한 간격으로 VI 및 함수 놓기

iv. 일관성 있는 설계를 통해 균일하게 VI 및 함수 정렬하기

v. 굽은 와이어를 피하고 가급적 직선으로 와이어 사용하기

vi. 올바른 터미널에 연결된 것으로 나타나도록 와이어 연결하기

vii. 왼쪽에서 오른쪽 방향(left-to-right) 및 위에서 아래 방향의 데이터 흐름(top-to-bottom)을 따르도록 VI 및 함수에서 와이어 연결하기

viii. 와이어를 연결할 때 구조 아래 또는 구조 경계선 아래에 겹치지 않도록 주의하기

xi. 구조 경계선에 있는 여러 터널이 서로 겹쳐서 덮어쓰지 않도록 주의하기

x. 블록다이어그램의 섹션을 구분하기 위해 다양한 색 사용하지 않기(필요한 경우에만 시스템 색 사용하기)

4. 프로그래밍 실습

a. 데이터 원소

i. 컨트롤, 인디케이터, 상수에 대해 적절한 데이터 타입 사용하기

ii. 컨트롤로부터 직접 읽어오기(가급적 로컬 변수, 글로벌 변수, 프로퍼티 노드 사용하지 않기)

iii. 인디케이터 직접 업데이트하기(가급적 로컬 변수, 글로벌 변수, 프로퍼티 노드 사용하지 않기)

iv. 로컬 변수를 사용하여 컨트롤 업데이트하기

v. 프로퍼티 노드를 사용하여 컨트롤 및 인디케이터의 속성 설정하기

vi. 프런트패널 컨트롤 또는 인디케이터가 subVI의 영향을 받는 경우에만 참조 사용하기

vii. 경합 조건(race conditions)을 방지하기 위해 로컬 변수 및 글로벌 변수에 대한 접근 보호하기

viii. 데이터 원소를 타입 정의하여 모든 인스턴스에서 동일한 데이터 타입을 유지하고 확장성 높이기

ix. 사용자 인터페이스를 사용할 필요가 없는 데이터 원소에 대해 상수 사용하기

b. 함수 및 subVI

i. 함수의 사용 빈도 최적화하기(최소한의 함수를 사용하여 태스크 수행하기)

ii. 입력에서 데이터 강제 변환 피하기

iii. 사용 가능한 경우, 에러 터미널 활용하기

iv. 명시적(explicitly)으로 열린 참조 닫기

c. 프로그래밍 구조

i. VI 에 적합한 프로그래밍 구조 선택하기

ii. 필요한 경우 시프트 레지스터 초기화하기 및 초기화되지 않은 시프트 레지스터의 의미 이해하기

iii. 과도하게 중첩된 구조 피하기(2 단계 이상 중첩되지 않도록 주의하기)

iv. 와이어를 사용할 수 없을 때, 단일 프레임 플랫 시퀀스 구조를 사용하여 데이터 흐름 설정하기

v. 데이터 또는 상태 정보를 전달할 때 시퀀스 로컬의 사용 피하기

vi. 가능한 경우, 되도록 케이스 구조를 시퀀스 구조로 대체하여 확장성 향상시키기

vii. 구조 경계선에서 가급적 기본 터널 사용하지 않기

viii. 이벤트 구조를 사용하여 사용자 인터페이스 이벤트 처리하기

ix. Timed 구조를 사용하여 정확하게 타이밍 이벤트 처리하기

d. 데이터 구조

i. 논리적으로 연계된 데이터 원소를 적절한 데이터 구조로 그룹화하기

ii. 사용자 인터페이스로부터의 입력이 필요하지 않은 데이터 및 상태 정보를 그룹화하고 처리하기 위해, 블록다이어그램에 올바른 데이터 구조 생성하기

e. 참소, 프로퍼티 노드(참조 가져오기, 닫기)

i. 내부적으로 연결된 프로퍼티 노드를 사용하여 같은 VI 안에 있는 여러 객체의 속성 변경하기

ii. SubVI 안에서부터 속성이 변경되어야 하는 경우에만 프런트패널 객체에 대한 참조 사용하기

iii. 프로퍼티 노드 동작의 의미 이해하고 적절하게 사용하기

iv. 명시적으로 열린 경우에 참조 닫기

5. SubVI 디자인 실습

a. 응집성 및 모듈화

i. 명확하게 정의된 하나의 기능을 수행하도록 subVI 디자인하기

ii. 함수 및 subVI를 호출하여 subVI의 태스크 수행 지원하기

b. 프런트패널 윈도우 및 블록다이어그램

i. 입력, 출력, 데이터 섹션이 명확하게 정의되도록 subVI의 사용자 인터페이스 디자인하기

ii. 에러 입력 클러스터 및 에러 출력 클러스터를 포함시키고 커넥터 팬에 연결하기

iii. 에러/에러 없음 케이스 구조의 선택자 터미널에 에러 입력 터미널 연결하기

iv. 에러 케이스가 이전 프로세스에서 발생한 에러 정보를 전달하도록 만들기

v. 에러 없음 케이스에 모든 subVI 코드를 놓고 에러 와이어가 함수, subVI, 프로퍼티 노드의 에러 터미널을 연결하도록 만들기

vi. 서로 다른 소스의 에러를 통합하고, 에러 출력 터미널을 통해 호출 VI에 에러 전달하기

vii. 섹션4, 프로그래밍 실습의 프로그래밍 적용하기

c. 커넥터 팬 및 아이콘

i. LabVIEW 도움말의 LabVIEW Style Checklist 토픽에 있는 기법을 사용하여 커넥터 팬 만들기

ii. 필수, 권장, 옵션 터미널 구분하기

iii. Main VI 및 subVI의 기능을 나타내는 아이콘 디자인하기

iv. Main VI 와 subVI의 아이콘 스타일에서 일관성 유지하기

6. 디자인 패턴 선택

a. 확장성 및 유지보수성

i. 프로젝트 스펙을 분석하여 가장 적합한 main VI 디자인 패턴 결정하기

ii. 원하는 기능을 구현할 수 있도록 가장 적합한 subVI 디자인 패턴 결정하기

iii. 확장성 및 유지보수성을 저해하지 않는 아키텍처 활용하기

iv. 상태 및 데이터 관리를 위해 타입 정의된 데이터 구조 사용하기

b. 빠른 응답성 및 비독점성

i. 사용자 인터페이스 동작에 100ms 내로 응답하고, 합리적인 빈도로 인디케이터를 업데이트하는 디자인 패턴 활용하기

ii. CPU를 100% 사용하지 않는 디자인 패턴 및 기법 활용하기

c. 디자인 패턴

i. 사용자 인터페이스를 폴링(polling)하는 최상위 VI에 대해 간단한 상태 머신 디자인 패턴 선택하기

ii. 입력 상태에 따라 하나 또는 그 이상의 함수 및 subVI를 실행하는 subVI에 대해 간단한 상태 머신 디자인 패턴 선택하기

iii. 사용자 인터페이스 동작에 대한 신속한 응답이 요구되는 사용자 인터페이스 이벤트 핸들러 디자인 패턴 선택하기

iv. 하나 또는 그 이상의 상태를 저장하기 위해 큐 메시지 핸들러 디자인 패턴 선택하기

v. 데이터 소비자 루프와 병렬 구조를 이루는 생산자 루프에서 데이터/상태를 생성하고 저장하기 위해 생산자/소비자(데이터) 디자인 패턴 선택하기

vi. 생산자 루프에서 사용자 인터페이스에 응답하고, 하나 또는 그 이상의 소비자 루프에게 이벤트 처리를 맡기는 생산자/소비자(이벤트) 디자인 패턴 선택하기

vii. 성능 및 접근 컨트롤의 개선을 위해, 글로벌 변수 대신에 subVI 안에 기능적인 글로벌 변수 디자인 패턴 선택하기

7. 타이밍

a. 실행 및 소프트웨어 타이밍

i. 시스템에서 VI가 실행되는 속도를 제어하고 프로세서가 외부 이벤트 및 시스템 태스크에 응답하도록 허용하는데 가장 적합한 타이밍 함수 결정하기

ii. 지정된 시간이 지난 후에 소프트웨어 동작 또는 태스크를 실행하는 데 가장 적합한 매커니즘 결정하기

b. 타이밍 함수

i. [기다림] 함수를 사용하여 루프 실행 속도를 제어하고 프로세서가 외부 이벤트 및 시스템 태스크에 응답하도록 허용하기

i. [다음 ms 배수까지 기다림] 함수를 사용하여 루프 실행 속도를 제어하고 여러 루프를 동기화하기

iii. 소프트웨어 동작의 타이밍을 제어하기 위해 [기다림] 함수 사용하지 않기

iv. 소프트웨어 동작의 타이밍을 제어하기 위해 [틱 카운트(ms)] 함수 및 [날짜/시간을 초로 얻기] 함수 사용하기

v. [틱 카운트(ms)] 함수를 사용할 때 시간 상한값(time wrap) 고려하기

vi. [날짜/시간을 초로 얻기] 함수를 사용하는 경우, 시스템 시간의 변경으로 인해 발생하는 에러에 대해 사용자에게 경고하기

c. 타이밍 매커니즘

i. 이벤트 구조에서 타임아웃을 사용하여 소프트웨어 동작의 타이밍 제어하기

ii. 큐 및 알림자 관련 함수에서 타임아웃 입력을 사용하여 소프트웨어 동작의 타이밍 제어하기

iii. 정확한(Deterministic) 소프트웨어 타이밍 동작을 수행하기 위해 타이밍 구조 사용하기

d. 타이밍 익스프레스 VI 및 기능적인 글로벌 변수

i. [경과 시간] 익스프레스 VI 를 사용하여 소프트웨어 동작의 타이밍 제어하기

ii. 기능적인 글로벌 변수 패턴을 사용하고, [틱 카운트(ms)] 함수 또는 [날짜/시간을 초로 얻기] 함수를 활용하여 타이밍 subVI 개발하기

8. 에러

a. 에러 핸들링

i. 어플리케이션이 시작할 때 에러 클러스터 초기화하기

ii. 함수, subVI, 프로퍼티 노드에서 에러 터미널을 와이어로 연결하기

iii. 필요한 경우, 여러 소스로부터 에러 통합하기

iv. [일반 에러 핸들러] VI 를 사용하여 사용자 에러 코드 정의하기

v. 에러가 발생할 때 취할 동작 결정하기

vi. 가능한 경우, 교정하는 에러 핸들링(corrective error handling) 사용하기

vii. 에러 와이어를 직접 연결하거나 에러 핸들링 케이스를 사용하여, 치명적인 에러가 발생할 때 동작 중인 모든 루프가 종료하도록 만들기

b. 에러 리포트

i. 에러 핸들러 또는 대화 상자 관련 VI를 사용하여 에러 또는 경고 보고하기

9. 문서

a. 사용자 인터페이스(프런트패널 윈도우)

i. 사용자 인터페이스 객체의 라벨에 기능을 나타내는 이름 사용하기

ii. 사용자 인터페이스 컨트롤에 대해 간결한 팁 상자 제공하기

iii. 필요한 경우, 특수한 사용법 제공하기

iv. 클러스터 또는 장식으로 그룹화된 컨트롤에 대해 적절한 그룹 이름 제공하기

b. 블록다이어그램

i. Main VI 및 subVI에서 전반적인 알고리즘에 대한 간결한 문서 제공하기

ii. 각각의 프로그래밍 구조에서 기능에 대한 간단한 설명 문서화하기

iii. 와이어 상에서 데이터를 보여주고 데이더의 흐름을 나타내도록 와이어에 라벨 붙이기

iv. 상수에 그 기능을 함축하는 이름의 라벨 붙이기

v. 자체 문서화(Self-documenting) 프로그래밍 기법 사용하기

c. VI 프로퍼티

i. Main VI의 VI 프로퍼티에서 VI의 전반적인 목적을 포함하는 간결한 문서 제공하기

ii. SubVI의 VI 프로퍼티에서 subVI의 전반적인 목적과 터미널의 데이터 타입 및 관련 설명을 포함하는 간결한 문서 제공하기

10. 테스트

a. 코드 및 문서 리뷰

i. 앞서 열거된 요구사항 및 LabVIEW 도움말의 LabVIEW Style Checklist 토픽의 요구사항에 부합하는지를 검토하기 위해 사용자 인터페이스, 블록다이어그램, 프로그램 디자인 리뷰하기

ii. 앞서 열거된 요구사항 및 LabVIEW 도움말의 LabVIEW Style Checklist 토픽의 요구사항에 부합하는지를 검토하기 위해 문서 리뷰하기

b. 기능

i. 모든 subVI가 main VI에 연결되어 있고, 깨진 실행 버튼이 나타나지 않도록 점검하기

ii. 어플리케이션 데이터 파일에 접근하는데 상대 경로를 사용하고 있는지 점검하기

iii. 테스트 데이터를 사용하여 VI를 실행할 때 각각의 subVI가 의도한 출력값을 생성하는지 점검하기

iv. 통합된 어플리케이션이 지정된 기능을 수행하는지 테스트하기

v. 어플리케이션의 시스템 CPU 사용량이 100%가 아니고, 어플리케이션이 100 ms 내로 사용자 인터페이스에 응답하는지 점검하기

vi. 어플리케이션을 시작하고 종료할 때 프런트패널 컨트롤 및 인디케이터가 올바르게 설정되는지 테스트하기

c. 에러

i. 사용자 인터페이스 컨트롤에 의도하지 않은 데이터 입력이 들어올 때, 어플리케이션에 에러가 발생하는지 테스트하기

ii. SubVI 에서 에러가 올바르게 처리되고 있고 관련 호출자에게 에러를 전달하는지 테스트하기

iii. 에러를 적절하게 처리하고 사용자에게 보고하는지 테스트하기

C.3.5 CLD 시험 평가 기준

CLD 시험은 총 40점 만점이며, 다음과 같이 배점됩니다:

- **프로그래밍 스타일:** 15점
- **기능:** 15점
- **문서:** 10점
- **합격 기준:** 30점(정답률 75%)

다음의 시험 평가 기준이 적용됩니다:

스타일

- LabVIEW development guidelines에 부합하는 어플리케이션입니까?
- VI 관련 평가 기준:

  – 판독하기 쉽습니까?

  – 확장성을 고려하여 만들어졌습니까?

  – 손쉽게 유지보수할 수 있습니까?

  – 지나치게 복잡하지는 않습니까?

- 전문적인 방법으로 VI가 만들어졌습니까?
  - VI가 LabVIEW 프레임워크 또는 디자인 패턴을 사용하고 있습니까?
  - 상태 머신을 사용해야 합니다(최소 요구조건).
  - VI가 계층구조를 가지고 있습니까?
  - 반복적으로 사용되는 코드는 subVI에 있어야 합니다.
  - 상태를 정의할 때 타입 정의된 열거형 컨트롤을 사용하고 있습니까?
- VI가 불필요한 임시 변수를 사용하고 있습니까?
- 프런트패널 컨트롤에서 적절한 데이터 타입, 범위, 포맷/정밀도를 사용하고 있습니까?
- 데이터를 그룹화할 때 적절한 데이터 구조(배열 또는 클러스터)를 사용하고 있습니까?
- VI가 과도하게 중첩된 구조(2 개 이상)를 사용하고 있습니까?
- VI에서 초기화 또는 클린업이 아닌 다른 목적을 위해 시퀀스 구조를 사용하고 있습니까?
- VI가 로컬 변수 및 글로벌 변수를 사용하고 있습니까?
  - 컨트롤 업데이트를 위해 로컬 변수를 사용할 수 있습니다.
  - 경합 조건을 방지하기 위해 글로벌 변수로의 접근이 보호되고 있습니까?
- 인디케이터를 업데이트할 때 프로퍼티 노드(값)를 사용하고 있습니까?
- 프런트패널과 블록다이어그램 레이아웃이 적절하게 구상되었습니까?
  - 블록다이어그램이 너무 조밀하게 구성되어 있습니까?
- 와이어에 불필요한 꺾임이 있습니까?
- 객체/와이어가 겹쳐져 있습니까?
- 와이어가 구조 또는 구조 경계선 밑을 지나고 있습니까?
- VI에 에러 터미널이 와이어로 연결되어 있습니까?
- 참조가 올바르게 닫혀있습니까?
- VI의 메모리 및 성능이 최적화되어 있습니까?

기능

- 실행 화살표가 깨져있습니까?
- 스펙에 나열된 요구사항을 VI가 올바르게 수행하고 있습니까?

- 불리언 입력과 출력이 올바른 로직을 사용하고 있습니까?
- 지정된 제한 시간(100 ms)내로 VI가 사용자 입력에 응답합니까?
- VI/SubVI가 CPU 리소스를 100% 사용하고 있습니까?
- 파일 I/O가 올바르게 구현되었습니까?
- 에러가 발생하면 어플리케이션이 정지합니까?

문서

- 파일 → VI 프로퍼티를 통해 VI가 문서화되어 있습니까?
- SubVI가 문서화되어 있습니까?
- 적절한 라벨을 사용하여 와이어를 문서화했습니까?
- 기능에 대한 문서화를 했습니까?
  - 블록다이어그램 상에서
  - 주요 구조 및 중첩된 구조 상에서
- 프런트패널 컨트롤 및 인디케이터가 기능을 설명하는 이름을 갖고 있습니까?
- VI가 기능을 설명하는 아이콘을 갖고 있습니까?
- 상수가 문서화되어 있습니까?
- 프런트패널 컨트롤에 대한 팁 상자가 제공됩니까?
- 최상위 VI가 사용자 정의된 아이콘을 갖고 있습니까?
  - 모든 SubVI가 일관성 있는 디자인의 아이콘을 갖고 있습니까?

C.3.6 자격 시험 준비를 위한 참조문헌

자격 시험을 준비할 때 사용할 수 있는 참조문헌은 다음과 같습니다. 만약 일부 주제에 대해 복습할 필요가 있을 경우, CLAD 자격 시험 준비를 위한 참조 문헌을 사용하는 것도 고려해보십시오.

CLD 자격 시험 준비

- CLD 자격 시험 준비 E-Kit(자격 시험 준비 안내서, 견본 시험 및 웹캐스트 포함)

National Instruments 강사가 지도하는 교육과정 또는 자율 학습 교육과정

- LabVIEW Core 1
- LabVIEW Core 2

- LabVIEW Core 3
- LabVIEW Performance(주요 교육과정에는 포함되어 있지 않지만, 시험 준비 시에 유용한 보충 교육과정입니다.)

찾아보기

김영민

University of Pennsylvania(UPENN), Electrical Engineering 석사 졸업

삼성 탈레스, 테스트 엔지니어(2002~2003년)

한국 내쇼날인스트루먼트(NI), 어플리케이션 엔지니어(2007~2010년)

현) 한국 내쇼날인스트루먼트(NI) 교육센터, 전문 강사,

텀즈 앤 디스크립션즈(Terms & Descriptions, TnD) 대표

LabVIEW

LabVIEW로 배우는

프로그래밍 기초

인 쇄 2012년 4월 30일 초판1쇄
발 행 2012년 5월 7일 초판1쇄

저 자 김영민
발 행 인 채희만
출판기획 안성일
영 업 박지훈, 박지인
편집진행 이승훈, 장은화, 백진주
관 리 최은정
발 행 처 **INFINITYBOOKS**
주 소 서울특별시 마포구 서교동 460-35

대표전화 02)302-8441
팩 스 02)6085-0777

Homepage www.infinitybooks.co.kr
E-mail helloworld@infinitybooks.co.kr

I S B N 978-89-92649-82-7
등록번호 제313-2010-241호
판매정가 22,000원